복음주의 시리즈 14

21세기를 위한 전도 방법론

Introduction to Evangelism

복음주의 전도학

앨빈 레이드 지음
임채남 옮김

CLC

기독교문서선교회(Christian Literature Center: 약칭 CLC)는 1941년 영국 콜체스터에서 켄 아담스에 의해 시작되었으며 국제 본부는 미국의 필라델피아에 있습니다.
국제 CLC는 59개 나라에서 180개의 본부를 두고, 약 650여 명의 선교사들이 이동도서차량 40대를 이용하여 문서 보급에 힘쓰고 있으며 이메일 주문을 통해 130여 국으로 책을 공급하고 있습니다.
한국 CLC는 청교도적 복음주의 신학과 신앙서적을 출판하는 문서선교기관으로서, 한 영혼이라도 구원되길 소망하면서 주님이 오시는 그날까지 최선을 다할 것입니다.

INTRODUCTION TO EVANGELISM

Written by
Alvin Reid

Translated by
ChaeNam Lim

Copyright © 1998 by Alvin Reid
Originally published in English under the title
Introduction To Evangelism
by B&H Publishing Group
Translated and used by the permission of
B&H Publishing Group
One Life Way Plaza, Nashville, TN. 37234

All rights reserved.

Korean Edition
Copyright ⓒ 2018 by Christian Literature Center
Seoul, Korea

한국어판 감사의 글

앨빈 레이드 박사
Southeastern Baptist Theological Seminary 전도학 교수

예수 그리스도 안에서 친애하는 형제 자매들에게.

본서가 한국어로 번역된다는 것을 알고 나의 마음은 기쁨으로 가득 차 있다. 나는 개인적으로 한국인 형제들로부터 큰 은혜를 입었다. 내가 알고 있는 한국 분들이 내가 알지 못했던 깊이 있는 기도를 어떻게 보여주었는지를 이야기 할 수 있다. 그것은 나의 삶을 형성하는 데 도움이 되었다. 나는 여러분에게 빚진 사람이다.

특히 본서를 번역한 임채남 박사에게 감사드린다.

본서가 복음 안에서 여러분을 격려하기를 간절히 기도한다!

2017년 12월 10일

추천사 1

김현광 박사
한국성서대학교 대학원장, 신약학 교수

앨빈 레이드(Alvin Reid)의 『복음주의 전도학』(*Introduction to Evangelism*)이 한국어로 번역 출판된 것을 축하한다. 본서는 미국의 많은 복음주의대학교와 신학대학원에서 복음전도과목 입문서로 사용해온 책이다. 복음주의 교회에서 전도훈련을 위해서도 많이 읽혀져 왔다. 본서가 한국에 번역 소개됨으로 한민족 복음화에 크게 기여할 것이라 기대한다.

역자인 임채남 박사는 복음에 대한 열정을 가진 목회자이며 복음전도에 대한 전문적 훈련과 실천적 경험을 가진 학자이다. 임채남 박사의 훌륭한 번역과 기독교문서선교회(CLC)의 수고로『복음주의 전도학』이 한국 독자들의 손에 들려지게 된 것은 한국 교회를 위해 복된 일이자 하나님께도 더욱 감사할 일이라고 생각한다.

예수님은 승천하시면서 복음전파의 사명을 교회에 맡겨주셨다. 신약성경은 교회를 통한 복음전파의 역사를 기록하고 있다. 한국의 모든 그리스도인은 우리 시대의 복음전도자의 사명을 가지고 있다. 앨빈 레이드는 사명을 가진 우리에게 본서를 통해 복음전도자가 되기 위한 확신을 심어주고 복음전도의 성경적, 역사적, 신학적 기초를 제공하며 복음전도자로 살아갈 구체적 방법을 제안하고 있다.

본서는 든든한 이론적 기초 위에 실제적, 실천적이며 일상생활의 예를 제시하여 쉬우면서도 재미있다. 복음전도자로서 그리스도인의 영적 성장과 훈련을 위한 신앙생활의 지침서 역할도 하고 있다.

"복음은 우리가 전할 수 있는 가장 위대한 메시지"라고 말하며 앨빈 레이드는 복음전도자가 되라고 우리에게 도전하고 있다. 본서가 한민족 복음화를 위한 귀한 자료로 사용되기를 바란다. 학교와 교회에서 복음전도과목의 교재와 사역훈련의 필독서로서 널리 읽혀지기를 바란다. 이를 통해 본서를 읽는 모든 사람들이 지상명령에 순종하여 복음전도자로 살아가기를 소망한다.

추천사 2

김상구 박사
백석대학교 실천신학 교수

　오늘날에도 복음전도는 아무리 강조해도 지나치지 않다. 한국 교회는 짧은 기독교 역사에도 불구하고 양적인 큰 부흥을 이루었다. 하지만 기독교인 개개인의 질적인 부흥은 발전된 경제와 높아진 삶의 질과 함께 그 보조를 제대로 맞추지 못해온 것이 사실이다.

　삶이 힘들어도 믿음이 순수할 때는 하나님을 의지하는 정도가 강했다. 하지만 살기가 편해질수록 인본주의적인 경향이 농후해져 감에 따라 교회와 복음은 세상과 시대를 초월하지 못했다. 포스트모더니즘 시대를 지나 소위 제4차 산업혁명 시대에 접어든 이때에 우리의 복음은 더 급진적이 될 필요가 있다.

　날이 갈수록 영적인 공격은 심화될 것이다. 천국은 침노하는 자가 빼앗는다고 했다. 세상이라는 영적인 전쟁터를 살아가는 모든 신자들에게 예수 그리스도의 복음은 가장 강력한 무기이자 방패이다. 그 복음은 인간의 삶에 더 깊이 파고 들어야 하며 더 깊이 관여되어야 한다. 인생을 구원하고 삶을 움직이는 원동력이자 이유이며, 목적이 되어야 한다. 복음을 통해 하나님의 나라는 이미 승리했다. 『복음주의 전도학』(*Introduction to Evangelism*)은 이러한 시대적 요구에 적합한 복음전도에 관한 입문서이다.

본서는 크게 세 부분으로 나눠진다. 복음전도 확신의 기초와 영적인 기초, 그리고 방법적인 기초이다.

제1부 확신의 기초에서는 복음전도의 정의와 성경적, 신학적인 기준, 역사 속 복음전도에 관한 내용을 다룬다.

제2부 영적인 기초에서는 복음을 전하는 증인의 성품, 영적인 훈련, 기도와 성령의 역사, 증인의 개인간증에 관한 이야기를 다룬다.

제3부 방법적인 기초에서는 개인전도, 전도대상자, 다음 세대전도, 대중전도, 교회전도, 예배전도, 복음전도 리더십에 관한 내용들을 다루며, 실제적인 복음전도의 다양한 접근법을 제시하고 있다. 특별히 본서는 복음전도에 관한 복음주의적인 건실한 이론과 삶의 현장에서 일어나는 실천의 조화가 눈에 띈다.

시대가 지나면, 문화와 사회가 변하고 사람이 변한다. 하지만 시대가 지나도 변하지 않는 것이 복음이다. 본서는 변함없는 복음이 무엇이며, 변하는 세대에 어떻게 접근해야 하는지에 관한 풍부한 지혜를 제공하고 있다. 복음전도에 관심을 가져야 하는 모든 교회와 목회자들 및 신학생들에게 큰 도움이 되리라 확신한다.

무엇보다도 복음전도를 통해 잃어버린 영혼을 구원하고 하나님을 영화롭게 하며, 복음전도자의 삶을 살아야 할 모든 성도들을 위한 필독서로 일독하기를 적극 추천한다.

추천사 3

양현표 박사
총신대학교 전도학 교수

저자 앨빈 레이드(Alvin Reid) 박사는 남동침례신학교(Southeastern Baptist Theological Seminary) 교수이자 저명한 학자요 저술가이다. 그는 지금까지 복음전도학을 비롯하여 실천신학 전 영역에 걸쳐서 10여권 이상의 영향력 있는 책들을 저술하였다. 레이드 교수의 많은 저술 중에서도 『복음주의 전도학』(Introduction to Evangelism)은 복음전도학 영역에 있어서 매우 탁월한 결과라고 믿는다.

그는 본서에서 복음전도학과 관련하여 조직신학적 접근과 실천신학적 접근을 동시에 시도하고 있다. 일반적으로 복음전도와 관련된 책들이 지나치게 이론적이거나 아니면 지나치게 방법론적으로 치우치기 마련인데, 본서는 이론과 방법론 사이의 균형을 잘 유지하고 있다. 레이드는 복음전도가 이 땅 모든 교회의 핵심 사명이라는 전제하에 복음전도의 정의와 역사와 교리적 이슈들과 성경적 기초를 잘 설명하고 있다.

뿐만 아니라 미국의 정신이라 할 수 있는 실용주의적 접근을 시도하여 효과적인 복음전도 방법론에 대해서도 깊이 탐색하고 있다. 무엇보다도 복음전도자의 영적인 상태와 실제적인 준비가 복음전도 명령이라 여겨지는 지상 대명령을 이루어내는 핵심요소라고 강조하고 있다.

『복음주의 전도학』이 임채남 박사에 의해 번역되어 출간되었음을 진심으로 환영하고, 분주한 이민목회 중임에도 불구하고 이 큰일을 완수한 임채남 박사의 노고에 깊이 감사한다.

복음전도학 전공자로서 그동안 한국 교회에 탁월한 복음전도학 관련 책들이 많지 않다고 느껴왔다. 대학원에서 복음전도학을 강의하면서 학생들에게 추천할만한 교재를 찾기 힘들었음이 사실이다. 서점에 진열된 관련 서적들은 대부분 개인간증 차원의 방법론적인 것들이라고 생각되었다.

그런데 비로소 복음전도학 교재로 사용할 수 있는 본서가 번역되어 출간된 것에 대해 안도하는 마음이다. 본서는 목회자와 신학자 그리고 신학생들에게 좋은 지침서가 될 것이며, 나아가 일반 평신도들에게도 복음전도에 대한 좋은 안내서가 되리라 확신한다.

추천사 4

채경락 박사
고신대학교 실천신학 교수

본서는 영미권에서 전도학(evangelism)의 기본서로 통하는 책이다. 전도학 혹은 복음전도학은 영혼 구원의 최전선을 다루는 실천적인 학문이다. 한동안 한국 교회는 실천신학보다 교의와 성경신학 등 이론신학에 에너지를 많이 쏟아왔고, 상당 부분 의미 있는 성과를 거두었다.

그러나 복음으로 영혼을 구원하고 교회를 세우라는 주님의 지상 명령을 실행하는 것은 이론을 넘어 현장 실천이다. 모든 신학 영역이 주님의 지상 명령을 실천하는 방편이지만, 전도학은 가장 직접적으로 주님의 명령을 실행하는 통로다. 본서가 우리에게 선물하는 유익은 세 가지로 보인다.

첫째, 본서는 우리 안에 복음전도를 향한 거룩한 부담을 다시금 일으킨다.
근자에 한국 교회가 활력을 잃은 데는 전도의 열정이 식어진 것이 큰 이유일 것이다. 본서는 성경 연구로 시작하는데, 복음전도의 프리즘으로 성경 전체를 재정리하고, 교회 역사를 살핌에 있어서도 복음전도를 중심에 세움으로써 우리에게 복음전도의 거룩한 열정을 다시금 불러일으킨다. 성경과 교회 역사를 제대로 읽으면 복음전도를 신앙 실천의 중심에 세울 수밖에 없음을 역설한다.

"어거스틴 시대부터 종교개혁 시까지 복음전도는 방치되었다"는 저자의 고발이 매우 뼈아프게 다가온다.

둘째, 본서는 복음전도의 구체적인 길을 세밀하게 제시한다.

선언적인 부담만 던지고 실제적인 길을 제시하지 않는다면 마음만 답답할 뿐이다. 본서는 복음의 기본 내용을 숙지하기 위한 성경 읽기와 묵상에서부터 구체적인 복음전도의 방법까지 세밀하게 다룬다. 자기 간증문 혹은 영적 자서전 쓰기를 소개하고, 섬김 전도와 지정 방문, 생활방식 전도, 관계 전도 등 실제적인 전도 전략을 소개한다. 전도를 위한 대화에서 직면할 수 있는 상황별 대처법까지 소개한다. 매우 실제적이고 실천적이다. 성도들을 전도자로 양육하는 데 매우 유용한 길잡이가 될 것이다.

셋째, 개인을 넘어 목회적 차원의 복음전도 전략을 소개한다.

모든 사역이 그러하지만 복음전도에 있어서도 목회자가 최전방에 서야 한다. 저자는 구시대적이라고 치부하는 대중 전도집회의 현대적 가능성을 소개하고, 많이늘 힘겨워하는 다음 세대도 충분히 영석인 회심이 가능함을 다양한 자료를 들어 역설한다. 교회 성장과 개척, 열린예배와 구도자예배까지, 저자의 관심은 복음전도에 대한 논쟁이 아니라 열매를 향한 저돌적인 실천이다. "심리학자들의 의견보다 성령의 역사를 기대하라"는 저자의 조언은 너무나 당연하면서도 새롭다.

필자는 전도학이라는 이름을 미국 유학 시절에 처음 접하였다. 신학대학원 과목 중에 설교학도 있고 예배학도 있었지만, 전도학은 들어 보지 못했다. 그만큼 한국의 신학교육은 이론신학 중심이었다.

최근에 설교학을 비롯하여 실천신학에 대한 관심이 증대하고 있어서 매우 고무적인데, 바라기는 본서를 통해 전도학에 대한 관심과 실천이 강력하게 일어나기를 소망하고 기대한다. 예수님의 복음은 교회 안에 고인 물이 아니라 전도를 통해 세상으로 흘러가는 강물이 되어야 한다.

추천사 5

허 준 박사
침례신학대학교 전도학 교수

앨빈 레이드(Alvin L. Reid)는 다양한 기독교 언론 활동(잡지, 기사 및 블로그)과 강의 및 저서를 통해 미국 복음전도학 분야에서 잘 알려진 인물이다. 특별히, 그의 저서 『복음주의 전도학』(*Introduction to Evangelism*)을 통해 복음과 관련된 근본적 질문에 대한 성경적 답변과 복음전도 사역을 실천하기 위한 방법에 관해 이해하기 쉽게 설명해 주고 있다.

저자는 본서를 통해 복음전도의 성서적, 신학적, 역사적 배경에 대한 이해를 돕고, 복음전도 사역과 연관된 이론적인 기초와 실천적인 방법의 균형을 이루며, 복음에 대한 명확한 의미를 전달하고 있다. 복음전도자로 교회와 교단 현장에서 다양한 직, 간접적인 사역 경험에서 나온 실제적인 예화들과 오랫동안 강단에서 연구하고 가르쳤던 결과물들이 집약된 훌륭한 책이 한국어로 번역 출판된 것을 기쁘게 생각한다.

본서가 신학생들과 목회자, 복음전도학과 관련된 모든 기독교인들에게 널리 읽혀지고 사용되어 소중한 영적 자원과 자산이 되기를 기도한다. 또한 날이 갈수록 복음전도에 대한 내적, 외적인 장애물이 증가하고 있는 이런 때일수록, 본서가 예수 그리스도의 지상명령을 따르며 복음전도에 대한 새로운 도전과 격려를 하는 촉매제와 같은 역할을 할 수 있으리라 기대하며, 본서를 강하게 추천하는 바이다.

추천사 6

권 호 박사
국제신학대학원대학교 설교학 교수/로뎀교회 담임목사

현대 교회에서 가장 시급한 것이 복음전도다. 그러나 현대 교회에서 가장 결여되어 있는 것 또한 복음전도다. 복음은 시대를 초월해 생명으로 전달된다. 예수님의 복음은 여전히 우리 시대의 유일한 희망이다. 그럼에도 불구하고 우리가 복음전도에 소홀한 이유는 그를 위한 분명한 성경적 토대와 실제적 방법이 부족하기 때문이다.

본서는 복음전도의 견실한 성경적 토대와 실제적 방법을 완벽하게 제시하는 책이다. 다른 번역서와는 다르게 번역자의 수고로 원저자의 뜨거운 영적 도전과 생생한 메시지가 그대로 들어나고 있다는 것이 본서의 또 다른 장점이다. 지금 당신의 교회에 복음전도의 불을 타오르게 하고 싶다면 본서를 주저 없이 추천한다.

INTRODUCTION TO EVANGELISM

CONTENTS

한국어판 감사의 글 5
추천사 1 _김현광 박사(한국성서대학교 대학원장, 신약학 교수) 6
추천사 2 _김상구 박사(백석대학교 실천신학 교수) 8
추천사 3 _양현표 박사(총신대학교 전도학 교수) 10
추천사 4 _채경락 박사(고신대학교 실천신학 교수) 12
추천사 5 _허준 박사(침례신학대학교 전도학 교수) 14
추천사 6 _권호 박사(국제신학대학원대학교 설교학 교수/로뎀교회 담임목사) 16
들어가는 말 20
감사의 말 27

제1부 | 우리는 무엇을 알아야 하는가: 복음전도 확신의 기초 30

제1장 메시지를 단순하게 하라: 복음전도란 무엇인가? 34
제2장 혼란한 세상 가운데 확실한 음성:복음전도에 대한 성경적인 기준 67
제3장 다원적인 문화를 위한 유일한 예수: 초대 교회의 복음전도 90
제4장 운명 혹은 믿음에 의한 삶?: 기독교 역사 속의 복음전도 113
제5장 진리가 중요하다: 복음전도 신학 150

제2부 | 어떻게 살아야 하는가? 180

제6장 복음을 모델로 삼기: 증인의 성품 185
제7장 지상명령인가 대 제안인가?: 영적인 훈련으로써의 복음전도 210
제8장 당신의 친구들이 그리스도께 나오도록 기도하기:기도와 복음전도를 연결하기 232
제9장 복음전도자 하나님: 성령님의 역사 259
제10장 당신의 이야기를 하라: 그리스도인 증인의 간증 282

제3부 | 무엇을 해야 하는가? 304

제11장 지금 당장 필요한 것: 개인전도   308

제12장 예배당을 나와 현실 속으로: 개인전도를 위해 동원하기   338

제13장 죄인들의 친구들: 교회에 속하지 않은 사람들에게 도달하기   367

제14장 MTV와 인터넷, 혹은 예수 그리스도와 고기잡이 그물: 다음 세대 전도하기   394

제15장 과거의 잔재인가 다듬지 않은 보석인가?: 대중전도   425

제16장 교회전도: 성경적인 교회 성장   452

제17장 예배전도: 하나님의 영광을 복음과 연결하기   483

제18장 배움보다 더 붙잡힘: 복음전도 리더십   511

결론 527
부록 531

들어가는 말

앨빈 레이드 박사
Southeastern Baptist Theological Seminary 전도학 교수

아이들은 문제의 핵심을 찌르는 재주를 가지고 있다. 어느 주일에 4살 된 내 딸 한나가 설교를 준비하고 있는 나를 주목했다. 그 아이는, "아빠, 아빠는 왜 항상 사람들에게 예수님에 대해서 말씀하러 가세요?"라고 물었다. 나는 딸이 아빠가 다른 곳으로 설교하러 가는 대신 자기와 함께 예배드리러 가고 싶어 하는 마음에서 하는 질문이라는 것을 알고 있었다. 하지만, 딸의 질문은 4살짜리들에게만 중요한 게 아니다.

왜 누군가는 다른 사람에게 예수님에 관해 말할까?

본서는 예수님에 대해 왜 그리고 어떻게 다른 사람들에게 말해야 하는가를 상기시키기 위해 쓰여졌다. 우리는 기독교학교, 서점, 라디오 방송국, 교회, 캠프 등 더 얘기하자면 끝이 없는, 전례 없는 자료들을 가진 축복받은 나라에서 산다.

하지만 기독교인의 신앙은 우리 문화에서 기반을 잃어가고 있는 것 같다. 이런 딜레마에 쉽게 맞서는 방법은 우리를 둘러싼 어두움을 향해 돌을 던지든지 조롱하든지 거기에서 도망치는 것이다. 하지만, 성경은 어둠을 없애는 방법은 불을

밝히는 것이라고 말한다. 주 예수 그리스도의 순결하고 순수한 복음이야말로 이런 현재의 악한 세대에 어둠을 물리치는 여전히 가장 큰 힘이다. 본서는 세 개의 전선(前線)을 따라 흐른다. 그 모두가 중요하게 연결되어 있다.

첫째, 확신(conviction)이다.

즉 복음전도에 대한 사실들을 다룬다. 여기에는 핵심적인 성경적, 신학적, 그리고 역사적 핵심 이슈들을 포함한 본질적이고 확실한 진리들이 있다.

둘째, 열정(passion)이다.

복음전도와 관련된 영적인 자원들에 의해 불태워진 **열정**의 필수적인 역할이 있다. 대부분의 문헌은 이론과 실천의 문제들을 다루지만, 영적인 자원의 필수적인 역할을 거의 언급하지 않는다.

본서에서 대단히 중요한 특징들 중 하나는 신자나 교회의 영적인 삶의 발전을 돕는 그런 문제들을 연구한다는 것이다. 신자의 영적인 삶은 자연스레 하나님께 대한 열정으로, 궁극에는 하나님께 중요한 것들에 대한 열정으로 이끈다.

셋째, 방법(methodology)의 문제이다.

교회와 복음전도 지도자들을 도울 핵심적인 방법과 접근법이 검토될 것이다. 구약이나 신약 입문서들은 수없이 많다. 신학과 교회의 역사를 다루는 교과서도 풍부하다. 그러나 사실상 모든 복음주의 신학교와 많은 복음주의 대학에서 복음전도를 가르치고 있을지라도, 복음전도 과정에 대한 입문서들은 많지 않다. 본서는 그런 공백을 채우려는 시도이다. 또한 관심 있는 교회 지도자들과 평신도들에게 도움이 되길 바란다.

본서는 주로 교회들이 지상명령을 수행하도록 이끌려는 목회자들과 학생들을 위해 쓰여졌다. 그러나 또한 지상명령을 위임받은 그리스도인(Great

Commission Christian)이 되기를 원하는 사람을 위해서도 의도되었다.

본서는 나의 개인적 여정의 기록 이상이다. 오히려 복음전도 분야에서 핵심이 되는 자료들과 사람들에게서 모은 정보를 제시한다. 하지만, 이 정보는 역시 그리스도인으로서 나 자신의 순례라는 필터를 통해 당신을 찾아간다. 따라서, 복음전도 훈련을 익히도록 위대한 하나님께서 어떻게 나에게 특권을 주였는지 독자들에게 알리고자 한다.

나는 11살 소년이었던 1970년에 알라바마(Alabama)에 있는 교회에서 예수운동(the Jesus Movement)에 의해 감화되어 그리스도를 믿었다. 그러므로 부흥에 있는 많은 사람들을 짧은 시간에 근본적으로 변화시키는 하나님의 일하심에 대해 적어도 조금은 안다. 강력한 청소년 사역을 경험하면서, 청소년이 교회에 끼칠 수 있는 영향력을 알게 되었다.

대학에서, 나는 순회 복음전도자로 여름을 보냈다. 그리고 그 후 여러 해 동안 거의 200회 그런 모임에서 설교했다. 길거리 전도를 하며, 대학교에서 나의 믿음을 나누는 것을 배웠다.

나의 순례 기간은 목회자와 임시 목회자, 그리고 두 개 주에서 교단 소속의 직원 시절을 포함한다. 복음전도는 항상 이런 섬김의 영역에서 중요한 역할을 해왔다. 내 아내와 나는 인디애나에서 국내 선교사로 섬겼다. 이런 커다란 나라를 가로지르고 몇몇 외국에서 대략 500개 교회에서 복음전도 컨설턴트로서 강연이나 설교를 해 왔다.

또한 나는 교단 리더로서, 인디애나 주 침례교단의 복음전도 부이사와 이사로 섬기면서 큰 기쁨을 경험했다. 대학에서 복음전도를 가르쳤고 지금은 세계에서 가장 빠르게 성장하는 신학교들 중 하나에서 가르치고 있다. 또한 수많은 초교파위원회와 기관에서 섬길 특권이 주어졌다.

나는 한번도 글 쓰는 사람이 되려고 꿈꿔 본적이 없다. 대학교 신입생 때, 썼던 모든 보고서에서 B^+을 받았다. 그것은 내가 저술가로서 결코 뛰어날 수 없다는 확신을 갖게 했다. 그 후 한 신학교 교수님이 보고서에 "당신은 매우 좋은 작가입니다"라는 논평을 써 주셨다. 그 말은 내 생각을 바꿨다. 나는 곧 신학교에서 개최된 작가 컨퍼런스에 등록했고 그 후, 곧바로 논문을 출판했다. 그 이래로 나는 저술 활동을 해오고 있다. 세 가지 이유로 내 저술에 대한 소견을 나누고자 한다.

첫째, 그것은 언어의 힘을 분명히 보여준다.
우리가 읽은 것들이 우리의 삶에 영향을 미친다.
무엇을 말하는가를 통해 변화를 일으킬 수 있다!

둘째, 한 개인이 바뀔 수 있음을 보여준다.
간단한 논평이 나의 저술 능력에 대한 생각을 변화시켰다. 나는 본서의 말들이 복음전도에서 당신이 바뀔 수 있다(can)는 것과 만약 당신의 능력에 자신이 없다면, 당신이 바뀔 수 있다는 것을 확신시키기를 기도한다.

셋째, 우리의 능력을 잘못 판단할 수 있다.
나는 스스로 훌륭한 저술가라고 생각하지 않지만, 쓸 수 있다는 것을 믿는다. 나는 스스로를 잘못 판단해왔다.
당신이 목회자이든 집사이든, 사역자나 평신도이든, 학생이나 교사이든, 하나님 나라에 영향을 미칠 능력에 대해 의심을 갖는다면, 계속 읽어라.
당신도 자신을 잘못 판단했음을 발견할지 모른다. 우리는 반대 의견에 직면하는 대조에 의해서든 견고한 믿음에 서라고 격려 받는 확신을 통해서 배운다.
본서에서 나의 주된 초점은 후자이다. 본서를 읽은 대부분의 사람들은 이미 복음전도를 효과적이게 하는 것을 충분히 알고 있을 것이다. 나의 주된 관심은 하나님이 부르신 사명을 충분히 감당할 수 있다는 비전을 당신에게 주는 것이다. 여기 당신이 자신감을 가질 수 있는 몇 가지 확신들이 있다.

① 예수님을 통해 구원받기 전까지 모든 남녀는 길을 잃었다.

그러므로 우리는 긴급하게(urgently) 복음을 전해야 한다. 그리스도로부터 분리된 사람들은 길을 잃었고(눅 15장), 죄 가운데 죽었고(엡 2:1), 죄 아래 있으며(롬 3:9), 그리고 처벌 아래 있다(요 3:18). 한 때 임마누엘 칸트(Immanuel Kant)는 비관주의자 데이비드 흄(David Hume)이 독단적인 잠에서 자신을 깨웠다고 주장했다. 그렇듯, 두려움 속에서 종종 희망을 잃고 사는 회의적인 세상은 우리를 무관심의 상태로부터 깨울 것이다.

② 많은 사람들은 복음에 반응할 준비가 되어있다.

그러므로 우리는 정기적으로(regularly) 복음을 전해야 한다. 바울은 디모데에게 때를 얻든지 못 얻든지, 혹은 마음이 동할 때나 동하지 않을 때도, 말씀을 전하라고 했다. 1995년에 나는 남동침례신학교(Southeastern Baptist Theological Seminary)에서 교수 인사권을 가지고 있었다. 그 이전에는 휴스턴침례대학교(Houston Baptist University)에서 가르쳤다.

그 대학교을 떠나기 전, 복음을 들어야 한다고 느꼈던 학생들을 포함한 몇몇 학생들과 약속을 했다. 한 학생은 오드라(Audra)라는 젊은 여학생이었는데, 그녀에게 그리스도를 전했다. 그녀는 한 때 교회를 다녔어도, 그녀에게 복음은 새로운 것이었다. 나는 그녀에게 『영원한 삶』(Eternal Life)이라고 하는 작은 책자를 주면서, 그것을 반복해서 읽으라고 요청했다.

남동침례신학교에서 일을 시작한 첫째 주에, 나는 오드라로부터 편지 한 통을 받았다. "8월 9일, 저는 그리스도께 마음을 열었습니다.... 당신에게 큰 감사를 드립니다"라고 썼다. 그녀는 그리스도가 필요한 또 다른 사람에게 줄 전도지를 사진으로 복사하기까지 했다. 이것의 요점은 오드라에게 어떻게 구원받는지를 말해줄 사람이 필요했다는 것이다. 많은 사람들이 그리스도인이 되지 못하는 이유는 어느 누구도 그들에게 어떻게 구원받는지 말하지 않기 때문이다.

③ 신자들은 성경에 의해 복음을 전하라는 명령을 받았다.

그러므로 **순종하여**(obediently) 복음을 전해야 한다. 빌리 그레이엄(Billy Graham)은 복음을 증거해야 하는 가장 중요한 이유는 하나님께서 우리에게 전하라고 말씀하시기 때문이라고 말했다. 기독교가 우리의 필요만을 강조하는 소비자 시대인 오늘날, 순종은 많은 신자들의 우선순위 목록에서 낮은 위치를 차지한다.

④ 대부분의 신자들은 증거하고 싶어하지만 행하지는 않는다.

그러므로 **의도적으로**(purposefully) 복음을 전해야 한다. 신자들 중 3%에서 55%만이 지속적으로 자신들의 신앙을 나눈다고 통계에 나타난다. 하지만 나는 지난 십년 동안 수많은 교회에 있으면서, 증거하고 싶어하는 신자들의 숫자에 놀랐다. 그들은 사람들을 그리스도께 인도하는 것을 두려워하거나, 그 방법을 모르거나, 혹은 선행하기에 너무 바빠서 최고의 선행인 전도에 참여할 여유가 없다.

⑤ 복음은 우리가 전할 수 있는 가장 위대한 메시지이다.

그러므로 **자신 있게**(confidently) 복음을 전해야 한다. 침례대학교 학생 시절에, 나는 한 장로교 교인에 의해 훈련을 받았다. 어느 날, 커티스(Curtis)는 나에게 내 인생을 변화시킨 간단한 질문 하나를 했다.

"앨빈(Alvin), 이제까지 당신에게 일어났던 가장 좋은 일은 무엇인가요?"

나는 "제가 구원받았던 날이요"라고 주일학교 학생과 같은 미소를 지으며 진심으로 대답했다.

그는 계속해서 물었다.

"그럼, 앨빈, 다른 누군가를 위해 당신이 할 수 있는 가장 좋은 일은 무엇인가요?"

대답은 분명했다.

그러나 내가 너무 잘 알고 있었던 그 예수님을 다른 사람들에게 소개하는 즐거움을 내 삶이 반영하지 못했다는 것을 알았기 때문에, 나는 그 질문에 곧바로 부끄러움을 느꼈다.

당신은 다른 사람에게 말할 수 있는 가장 위대한 사실이 예수 그리스도에 관한 복음이라는 것을 실제로 믿는가?

그렇다면 다른 누군가에게 말하라!

본서가 출판되고, 다음 생일에 나는 60세가 될 것이다. 2018년이 되면, 내 나이가 얼마나 많을지 생각해 본 적이 있다. 예수님께서 지상에 오신 이래 2018년이 된 벽두에, 영광스러운 복음을 선포하는 멋진 특권을 누리기를 바란다.

나는 기대했던 것보다 더 젊어진 것을 느낀다!

본서가 당신의 지상명령 수행을 격려하고 도전하기를 바란다!

그런데, 내 딸 한나(Hannah)의 질문에 대한 나의 첫 대답은 농담이 조금 섞여 있었다.

"그럼, 한나야! 넌 내가 그들에게 **더러운 것**(dirt)에 대해 이야기하면 좋겠니?"

내 딸 한나는 미소를 지으며 대답했다.

"아니요, 아빠! **예수님에 대해** 말씀하세요!"

감사의 말

본서는 다소 모순적이다. 나의 처음 세 권의 책은 공동 편집 또는 공동 저술되었다. 그리고 그것은 내가 첫 번째 책을 단독 저술하는데 도움이 되었다. 그러나 본서에서 나는 그 어떤 책보다도 다른 사람들을 더 많이 의존했다. 몇 사람이 특별히 중요한 역할을 했다.

우선, 영광의 복음으로 인해 위대하신 하나님께 감사드리고 싶다. 하나님이 안 계셨다면 희망이 없고 본서도 불필요했을 것이다. 게다가 글을 쓰는 내내 나의 여정에 훌륭한 역할을 한 사람들에게 감사하고 싶다.

브로이힐 홀(Broyhill Hall)에 전화하는 떠들썩한 상황에서도 몇몇 교수들을 섬겨 준 리사 에스테스(Lisa Estes)는 친절하게도 오직 예수님 닮은 마음이 담긴 뛰어난 기술로 원고를 타이프하고 반복해서 타이프를 쳐 주었다.

"리사, 고마워요!"

나의 동료인 대니 포쉬(Danny Forshee)와 학생 빅토 리(Victor Lee)는 원고 전체를 읽고 도움이 되는 의견을 가미해 주었다. 박사과정 학생 래리 맥도날드(Larry McDonald)와 빌 브라운(Bill Brown)도 책의 일부분을 읽어주었다. 다른 동료들은 본서의 특별한 부분에서 통찰력을 더해 주었다. 지난 6년 동안 수업시간에 많은 자료를 제시하게 해 준 휴스턴침례대학과 남동침례신학교 학생들에게 특히 감사하고 싶다.

남동신학교 학생들은 세상에서 가장 훌륭하다!

그리스도의 신비로운 풍요를 가르치기 위해 이들 남녀 학생들 앞에 선다는 것은 영예로운 일이다. 그들은 내가 가르친 것보다 훨씬 많은 것들을 내게 가르쳐주었다. 수많은 사람들이 본서에 영향을 미쳤을지라도, 본서의 부족한 점들에 대한 책임은 나에게 있다.

나에게 복음전도를 가르쳤던 하나님의 사람들의 영향 없이는 결코 본서는 존재할 수 없었다. 나의 박사과정 지도교수이자 영웅이었던 로이 피쉬(Roy Fish) 박사의 영향은 본서 전체에 걸쳐 그의 학생들로 인해 인정될 것이다. 말콤 맥도우(Malcom McDow) 박사는 나에게 철학박사(Ph. D.)를 하도록 확신시켰던 때부터 집필 프로젝트를 위해 함께 작업해 온 최근까지도 변함없이 격려해 주었다.

짐 이비스(Jim Eaves)는 그의 조교이자 강의전담이었을 때, 남서신학교 박사과정에서 가르칠 수 있는 수많은 기회를 제공했다. 봄 학기 복음전도 실습과목을 가르칠 때, 나를 도왔던 댄 크로포드(Dan Crawford)는 기도와 학생들에 대한 사랑에 깊이를 더해 주었다.

존 애반트(John Avant), 팀 부거(Tim Beougher), 스티브 게인스(Steve Gaines), 덕 문톤(Doug Munton), 프레스톤 닉스(Preston Nix), 톰 레이너(Thom Rainer), 마이크 랜드리(Mike Landry), 그리고 데이비드 휠러(David Wheeler) 등 몇몇 다른 사람들에게도 감사해야 한다. 목회자인 웨인 와츠(Wayne Watts), 제리 서톤(Jerry Sutton), 펜톤 무어헤드(Fenton Moorhead), 존니 헌트(Johnny Hunt), 그리고 존 비사그노(John Bisagno)와 남침례교단(Southern Baptist Convention)의 훌륭한 복음전도 담당자들, 그리고 북남선교회(North American Mission Board) 복음전도 직원들은 내 인생에서 큰 영향을 끼쳤다. 브로드만&홀만출판사

(Broadman & Holman)의 존 랜더스도 한결같이 용기를 북돋아 주었다.

패이지 패터슨(Paige Patterson) 총장님께는 그의 확신과 개인전도자로서의 모범, 그리고 남동신학교에서 그의 리더십에 대해 특히 감사하고 싶다. 이 시대의 가장 유능한 목자이자 복음전도자들 중 한 사람인 배일리 스미스(Bailey Smith)는 소중한 친구이자 격려자이다. 그 때문에 교수직에 임명되어 일할 수 있는 것은 영광스러운 일이다.

본서 전체에 걸쳐서, 도움이 될만한 참고 서적들이 언급된다. 델로스 마일스(Delos Miles), 빌 브라이트(Bill Bright), 대럴 로빈슨(Darrel Robinson), 스티브 스토그렌(Steve Sjogren), 로이 피쉬(Roy Fish), 그리고 릭 워렌(Rick Warren)의 저술들을 포함해서 확실한 통찰과 자료들이 특히 유용했다.

나에게 가족은 인생 그 자체보다 더 많은 것을 의미한다. 오스틴 레이드 시니어(Austin H. Reid Sr.)와 마가렛 레이드(Margaret Reid)는 지상에서 가장 위대한 부모님이다.

조슈아와 한나는 아빠를 사랑하고, 우리는 서로 너무 사랑한다!

나는 정말로 학생들을 좋아하지만(like), 가족들은 **사랑한다**(love).

끝으로, 나의 가장 소중한 사람, 미쉘(Michelle)에 대해 하나님께 감사한다. 36년 동안, 그녀는 지나치게 과민한 남편을 참아주었다. 지구상에서 나를 사랑하고 지지해준 가족들이 가장 큰 기쁨이다.

나는 축복받은 사람이다!

제1부

우리는 무엇을 알아야 하는가

복음전도 확신의 기초

제1장 메시지를 단순하게 하라: 복음전도란 무엇인가?

제2장 혼란한 세상 가운데 확실한 음성:
　　　　복음전도에 대한 성경적인 기준

제3장 다원적인 문화를 위한 유일한 예수: 초대 교회의 복음전도

제4장 운명 혹은 믿음에 의한 삶? 기독교 역사 속 복음전도

제5장 진리가 중요하다: 복음전도 신학

필립 시멜바이스(Philip Simelvise)는 죽어가는 여성들이 산더미처럼 많을 때인 1818년에 태어났다. 필립 시멜바이스의 시대에는, 여성 6명 중 1명 꼴로 출산 중에 사망했다. 높은 사망률의 이유를 알기 위한 소망으로 결국 그녀는 내과의사가 되었다. 그녀는 이 여인들이 '해산병'(childbed fever)이라 불리는 무엇 때문에 죽어가고 있음을 발견했다. 그는 그 원인이 뭔지를 알아보기로 결심했다.

그녀는 그 시절 의사들이 어떻게 일하는지 연구하던 중 소름끼치는 사실을 발견했다. 근무를 시작하면, 의사들은 대체로 시체안치실로 먼저 가서 부검을 했다. 그들은 병균과 박테리아에 대해 무지했기 때문에, 산부인과 병동으로 이동할 때 손을 씻지 않았다. 그래서 아이들을 받을 때, 그들은 산모를 죽이고 있었다.

시멜바이스는 손을 씻는 실험을 시작했다. 동료들에게 염소용액으로 손을 씻도록 했다. 그러자 즉시 환자 사망률이 6명 중 1명에서 50명 중 1명으로 떨어졌다. 하지만 많은 내과의사들은 이 간단한 해결책을 의심했다. 마침내, 시멜바이스는 동료들의 컨벤션에서 이렇게 말했다.

이 병은 분해물질이 상처로 옮겨서 생깁니다. 나는 이것을 어떻게 예방할 수 있는지를 보여주었습니다. 그리고 내가 말한 모든 것을 증명했습니다. 그러나 여러분!

우리가 말하고, 말하고, 말하는 동안, 여성들은 죽어가고 있습니다. 나는 당신들에게 세상을 뒤흔들 뭔가를 하자고 요구하는 것이 아닙니다. 당신들에게 씻기만 하기를 부탁드립니다.

제발 손을 씻으십시오.

하지만 그들은 비웃으면서 그녀를 조롱했다. 필립 시멜바이스는 귀에 울려대는 수많은 여성들의 (죽을 때 목구멍에서 나는) 가래 끓는 소리 때문에 정신이상으로 47세의 나이에 사망했다.[1]

어쩌면 우리 주님이 오늘날 교회에, "너희는 부수적인 일들에 대해 말하고, 또 말하고, 또 말하기에 너무 바쁘구나. 너희가 말하는 동안, 세상은 죽어가고 있구나"라고 말씀하고 계실지도 모른다. 우리는 한 세대의 어머니를 구원할 수 있다는 소식보다도 더 가치 있는 진리의 메시지를 간직하고 있다.

우리는 영원히 생명을 변화시킬 수 있는 복음을 가지고 있다!

제1부는 지옥에서 세상을 구원하기 위한 필수적인 근본 문제들을 살핀다. 복음의 빛이 태울 수 있는 제단을 기반으로 해야 한다. 오늘날의 깊은 어두움에 직면하여, 우리는 더이상 희미하게 깜빡이는 빛을 들고 서 있을 수는 없다. 대신에, 성경적인 충성과 신학적인 교리, 그리고 교회사의 관점이라는 연료로 지펴진 성경적인 진리의 타오르는 맹화를 일으켜야 한다.

---

[1] 1996년 12월 3일, 남동침례신학교(Southeastern Baptist Theological Seminary)에서 John Avant의 예배 설교에서 발췌됨.

제1장
메시지를 단순하게 하라:
복음전도란 무엇인가?

잃어버린(Lost)이라는 이 단어는 1997년 7월 머틀 비치(Myrtle Beach)에서 가족 휴가의 평화로움을 산산이 부서뜨렸다. 첫날 수영을 마치고 우리는 부두의 식당에 앉아 있었다. 나는 음식을 주문하면서, 아내가 해변에 모여 있는 큰 무리의 사람들(구조 차량, 인명구조원들, 그리고 구경꾼들)을 쳐다보고 있음을 눈치챘다. 13살 된 소녀가 거센 조류에 휩쓸렸다. 18살 된 그녀의 사촌과 아버지가 그녀를 구조하려고 하였다. 결국 그녀는 구조되었지만, 아버지는 중상을 입었다. 다음 날 밤 아버지는 사망했다. 18살 된 사촌은 실종되었다.

인명구조원들이 인간 사슬을 만들었다. 철썩이는 파도를 지나 걸으면서 잃어버린 젊은이를 긴급하게 수색했다. 배는 출발했고, 수색은 수 시간 동안 계속되었다. 마침내, 날이 어두워져 수색이 중단됐다. 그 젊은이의 시체는 이틀 후에 마지막으로 목격된 곳에서 15마일 북쪽 해안으로까지 떠밀려갔다.

이 사건은 나에게 잃어버린(lost)이라는 단어에 대한 냉엄한 현실을 상기시켰다. 우리는 예수님과 분리된 사람들을 잃어버렸기 때문에 복음전도가 위급하다. 모든 인류의 생명선이자 유일한 하나님이신 주 예수 그리스도를 그들이 만나지 못한다면, 지옥의 나락으로 끌어당기는 죄의 조류에 빠져 영원히 헤엄치게 될 것이다. 그 젊은이가 처음 실종되었을 때 혼란스러웠던 것처럼, 메시지가 희석되었에 교회는 복음전도에 대해 혼란에 빠져있다.

외적인 것은 믿을 수 없다. 교회 등록에 추가하는 것 그 자체로 성경적인 복음전도를 나타내지는 않는다. 복음전도에 대해 이야기하는 자체만으로는 효과적인 복음전도가 일어지 않는다.

복음전도란 무엇인가?

어떻게 개인이나 교회는 복음전도가 성경적인지를 말할 수 있는가?

칼 마르크스(Karl Marx)는 "정의를 제공하는 사람이 사회운동을 지휘한다"라고 말한 적이 있다. 오늘날 복음전도는 많은 사람들에게 다양한 것들을 의미한다. 복음전도에 대한 실체적인 논의에 들어가기에 앞서, 그 단어가 무엇을 의미하는지 알아내야 한다.

1. 복음전도에 대한 오해

복음전도가 무엇인지 살펴보기 전에, 복음전도가 아닌 것을 고려해보자.

1) 무언의 접근

이런 견해를 가진 사람은 복음전도란 단순히 선하고 도덕적인 삶을 사는 것이라고 제안한다. 나는 이것을 '무언의' 접근이라고 부른다. 유능한 증인은 확실히 도덕적인 삶이라는 소명에 맞는 삶을 살아야 한다. 그러나 어떤 신자들은 그들의 삶이 그리스도를 반영하니, 말은 필요 없다고까지 이야기한다.

그러나 사람들이 당신을 보고 착하고 윤리적인 사람임을 안다면, 어떻게 예수님이 그 근거라는 것을 알겠는가?

선한 불교신자라고 같은 것을 보여주지 못하겠는가?

그들은 당신이 단지 승진하거나 큰 내기경마에서 이겼다고 생각할 수 있다.

우리가 그들에게 말하지 않는 것을 그들이 어떻게 알겠는가?

전파하는 자가 없이 어찌 들으리요(롬 10:14).

복음전도는 우리가 누구인지를 포함하지만, 그 이상이다.

2) 머리가죽 사냥 접근

어떤 사람들은 복음전도를 등록교인 모집 정도로 알고 있다. 이것은 '머리가죽 사냥'(scalp hunting) 또는 '양 훔치기'(sheep stealing) 접근이다.

더 푸른 풀을 기르는 것인지 교회들이 양을 훔치는 것인지 확실치 않기 때문에, '머리가죽 사냥'이 더 정확하다!

그러나 어떤 사람들은 다른 사람들의 삶보다도 복음전도 결과 차트에 하나 더 올리는 것에 더 큰 관심이 있다는 것을 인정해야 한다. 그들은 하나님께 대한 신실함보다 숫자로 인정받는 것에 더 관심이 있다.

수년 전 한 목회자는 복음전도 리더였던 나에게 자신의 목표는 그 주에서 세례를 가장 많이 주는 가장 큰 교회가 되게 하는 것이라고 말했다. 그 말에 나는 감동하지 않았다. 하나님 역시 감동하지 않으셨을 것이라고 확신한다. 가장 크거나 가장 대단한 것이 되고자 하는 욕망은 종종 하나님께 순종하는 것보다는 오히려 교만의 마음에서 생긴다.

3) 프로 어부 접근

이런 관점에 의하면, 복음전도는 오직 전문가들을 위한 일이다. 복음전도의 중요성을 확신하는 많은 신자들은 목회자, 직원, 그리고 순회 복음전도자들이 그 임무를 완수하는 것에 똑같이 감명을 받는다. 이 친숙한 이야기는 우리에게 모두가 물고기를 잡을 필요가 있음을 상기시킨다.

스스로 어부라고 불렀던 집단이 존재했다. 온 사방 물속에 많은 물고기가 있었다. 사실상, 전 지역이 물고기로 가득 찬 시내와 호수로 둘러싸여 있었다. 그리고 물고기들은 배가 고팠다.

매주, 매달, 그리고 매년, 스스로 어부라고 부르던 사람들은 모임을 가졌다. 어업에 대한 소명, 물고기의 풍토, 그리고 어떻게 어업을 시작할 수 있는지에 대해 이야기를 나누었다. 매년 그들은 물고기를 잡는 것이 무엇을 의미하는지 신중히 정의했고, 직업으로서의 어업을 옹호했으며, 어업은 언제나 어부의 주된 일임을 단언했다.

그들은 새롭고 더 나은 물고기 잡는 법과 어업에 대한 새롭고 더 좋은 정의를 지속적으로 찾았다. 더구나 그들은, "타는 것에 의해 불이 존재하듯, 물고기를 잡음으로써 수산업이 존재한다"라고 말했다.

그들은 "물고기 잡는 것은 모든 어부의 일이다" 같은 슬로건을 좋아했다. 그들은 '어부들의 캠페인'과 '물고기 잡는 어부들을 위한 달'이라고 부르는 특별한 모임들을 후원했다. 그들은 어업에 대해 토론하고 어업을 촉진시키고, 새로 나온 낚시 장비라든지 물고기를 부르는 소리라든지 새로운 미끼가 발견되었는지 등과 같은 물고기를 잡는 모든 방법들에 대한 소식을 듣기 위해 국내외 회의를 개최하고 후원했다.

이 어부들은 '어업본사'(Fishing Headquarters)라 칭한 크고, 아름다운 건물들을 설립했다. 그 명분은 모든 사람이 어부가 되어야 하고 모든 어부는 고기를 잡아야 한다는 것이었다.

그러나 그들이 하지 않았던 한 가지가 있었다.

그들은 물고기를 잡지 않았다.

정기적으로 모였을 뿐만 아니라, 물고기가 많은 다른 장소들에 어부를 보내는 이사회도 조직했다. 그 이사회는 직원을 고용했고 위원회를 갖추었으며 어업을 규정하기 위해, 어업을 옹호하기 위해, 그리고 새로운 조류에 대한 의견을 결정하기 위해 많은 모임들을 개최했다. 그러나 직원과 위원들은 물고기를 잡지 않았다.

크고, 정교하고, 값비싼 훈련 센터들이 지어졌고, 원래의 주된 목적은 어부들에게 고기잡는 법을 가르쳐 주기 위함이었다. 수 년 동안 물고기의 욕구, 물고기의 본성, 그리고 어디에서 물고기를 발견하는지, 물고기의 심리학적 반응, 어떻게 접근하여 먹이를 주는지에 근거한 교과 과정이 제공되었다.

가르쳤던 사람들은 '어업학'(fishology) 박사학위를 가지고 있었지만, 그 스승들은 고기를 잡지 않았다. 그들은 단지 어업을 가르쳤다. 해마다 지루한 훈련 후에, 많은 사람들이 졸업을 했고 어업 자격증이 주어졌다. 그들은 정규 어업을 위해 보내졌다. 어떤 사람들은 물고기로 가득 찬 먼 바다로 보내졌다.

어부가 되는 것에 소명을 느꼈던 많은 사람들이 반응했다. 그들은 위임되었고 고기 잡으러 보내졌다. 그러나 집으로 돌아온 어부들처럼, 결코 물고기를 잡지 않았다. 그들은 다른 종류의 모든 업무에 종사했다. 물고기를 위해 물을 퍼내는 전력공장을 건립했고 새로운 수로를 가꾸기 위해 트랙터를 만들었다. 물고기 부화장을 찾기 위해 모든 종류의 설비를 여기저기로 이동시켰다.

또 어떤 사람들은 어업부서의 일부가 되고자 했지만, 그들은 어업 장비를 제공하기 위해 부름받았다고 생각했다. 다른 사람들은 자신들의 일이 물고기와 호의적인 관계를 맺어 물고기가 선하고 악한 어부들의 차이를 알게 하는 것이라고 생각했다. 또 다른 사람들은 단순히 물고기가 그 사람들이 착하고 땅을 사랑하는 이웃이며, 얼마나 사랑스럽고 친절한가를 알게 하는 것으로 충분하다고 생각했다.

"어업을 위한 필요"(The Necessity for Fishing)에서 마음을 동요하는 어떤 회의를 한 후, 한 젊은 동료는 모임이 끝나자마자 물고기를 잡으러 갔다. 다음날 그는 두 마리의 걸출한 물고기를 잡았다고 보고했다. 그는 그의 뛰어난 포획에 대해 영예를 얻었고 어떻게 그렇게 했는지 이야기할 수 있는 모든 큰 집회에 방문할 스케줄이 잡혔다. 그래서 그는 다른 어부들에게 경험에 대해 말할 시간을 갖기 위해 자신의 어업을 그만두었다. 그는 또한 굉장한 경험을 가진 사람으로서 어부 주주 이사회에 임명되었다.

여기서 많은 어부들이 희생했고 모든 어려움들을 견딘 것이 사실이다. 어떤 사람들은 바다 근처에 살며 매일 죽은 물고기 냄새를 참았다. 하지만 그들은 자신들의 어부들 모임과 고기를 잡지 않으면서 자칭 어부라고 주장하는 자신들을 향한 비난을 받았다. 그들은 어업에 대해 이야기하는 주중 모임에 참석하는 것이 소용없다고 생각하는 사람들을 이상하게 생각했다.

무엇보다도, 그들은 "나를 따르라, 그리하면 내가 너를 사람 낚는 어부가 되게 하리라"고 말했던 주님을 따르고 있지 않았는가?

어느 날 어떤 사람이 고기를 잡지 못한 사람들은 아무리 스스로를 어부라고 불러도 실제 어부가 아니라고 말했을 때, 얼마나 상처를 입었을까 상상해 보라.

그러나 그것은 틀린 말이 아니었다.

어떤 사람이 수년 간 한 번도 물고기를 잡아 본 적이 없다면, 그 사람이 어부인가?

물고기를 잡고 있지 않다면 그는 따르고 있는가?[1]

복음전도는 그 일에 모든 사람을 관여하게 만든다.

---

1 Darrell Robinson, *People Sharing Jesus* (Nashville: Thomas Nelson, 1995), 21–2.

4) 책임회피 접근

복음전도는 교회에서 하는 모든 것은 아니다. 교회에 있는 모든 것이 명백하게 복음전도적일 필요는 없다. 사실상, 많은 것들이 그렇지 않을 것이다. 하지만, 너무 많은 교회들이 전혀 그렇지 않음에도 어떤 행사나 강조들을 복음전도적이라 부르는 것을 보아왔다. 교회는 분명하게 복음전도의 강조에 주의를 기울이고 복음전도를 위해 고안된 활동들과 그렇지 않은 활동들을 구별해야 한다.

내가 수년 전 설교했던 한 교회가 이것에 대한 가장 좋지 않은 사례이다. 그 작은 시골 교회는 수년이 지나도 단 한 사람도 세례를 주지 못했다. 그 목회자는 나에게 자신의 사역의 최고의 영광스러운 영예를 보여주었다.

그들은 교회의 첨탑을 올렸다!

그는 그것을 '교회 성장'(church growth)이라고 불렀다. 첨탑이 잘못된 것은 아무 것도 없지만, 오직 잃어버린 사람들을 복음화로 이끌 때만, 물리적인 구조물을 추가하는 것이 복음전도를 강화한다.

복음전도는 구원받은 사람들이 잃어버린 사람들에게 복음을 전하는 것이다. 그것은 사람들을 교회에 초청하거나 사람들을 종교적이 되게 하는 것이 아니다. 본질적으로, 복음전도는 위에서 말한 어떤 것도 아니다.

텍사스에 있는 파사데나제일침례교회(The First Baptist Church of Pasadena) 목사인 다렐 로빈슨(Darrell Robinson)은 어느날 자신은 그리스도를 증거하기 위해 직접 나서지 않겠다고 회중에게 말했다. 대신 모든 회원들이 참여해야 한다고 했다. 그는 특히 평신도복음증거훈련세미나에 참석한 주일학교 책임자, 여전도연합회(Women's Missionary Union) 담당자, 그리고 그 밖의 다른 사람들을 포함한 지도자들을 향해 강력하게 도전했다. 그러자 여전도연합회 담당자가 로빈슨에게 이렇게 말했다.

"목사님, 저는 WIN평신도복음전도학교(WIN Lay Evangelism School)에 갈

겁니다. 저는 불신 여성들에게 복음을 증거하는 법을 여성들에게 가르치는 법을 배울 것입니다.

목사님, 아세요?

저는 스스로 증거할 수 없습니다. 왜냐하면 저는 늘 실패했기 때문입니다. 그래서 저는 여성복음전도자들을 가르치는 법을 배울 것입니다."

훈련 4일째 밤이 지나서, 이 여성팀과 그 밖의 다른 모든 사람들은 복음을 증거하기 위해 지역 사회로 들어갔다. 그녀는 증거할 기회를 얻지 못했다. 하지만 하나님은 그녀에게 자신의 미용사에게 전도하라는 부담을 주셨다. 다음 약속 때, 그녀는 의자에 앉아 복음전도 소책자를 넘기고 있었다.

그 미용사가 물었다.

"무얼 읽고 있으세요?"

"예수님에 관한 소책자를 읽고 있어요. 제가 당신에게 그걸 함께 나눠도 될까요?"

그들은 그 소책자를 읽었고, 미용사는 흥미를 가졌으며, 구원받고 싶다고 말했다.

그 여전도연합회 담당자는 어떻게 반응했을까?

그녀는 몹시 흥분했다. 그녀는 운전하는 중에 눈물을 흘리며 교회안에 있는 로빈슨의 사무실로 서둘러 들어갔다. 그녀는 그에게 그 그물(net)을 당기도록 간청하면서, 그 상황을 이야기했다. 로빈슨은 그녀도 같이 가면 가겠다고 말했다. 그 두 사람은 다른 성도와 함께 미용사와 그녀 남편을 방문했다.

30분이 지나서, 두 사람 모두 그들의 삶을 그리스도께 드렸다!

그 때 그 새신자는 여전도연합회 담당자의 삶을 변화시키는 말을 했다.

그 미용사는 이렇게 말했다.

"당신은 저를 교회에 초대했습니다. 당신이 저를 주일학교에 초대했습니다. 당신이 저에게 목사님의 설교를 들어보라고 요청했습니다. 하지만 당신은 저에게 예수님에 대해 이야기한 적이 한 번도 없습니다.

왜인가요?"

여전도회연합회 책임자는 그 순간 다른 사람들에게 그리스도에 대해 말할 것을 약속했다. 그녀는 결국 미용사의 아들, 이웃, 그 후 자신의 아버지를 예수님께 인도했다. 그 때부터 그녀는 계속해서 신실하게 그리스도를 전했다. 그녀는 후에 자신이 증거에 실패했던 세 가지 이유를 적어 두었다.

첫째, 그녀는 하나님께서 모든 그리스도인이 증거할 것을 기대하신다는 것을 몰랐다.

그것은 단지 전문 사역자의 일이라고 생각했다.

둘째, 그녀는 효력 있는 간증이 있다고 생각하지 않았다.

그것은 감동적이지 않아서 어느 누구도 흥미를 갖지 않을 것이라고 생각했다.

셋째, 그녀는 단지 방법을 몰랐다.

그녀는 자신을 가르칠 사람이 필요했다.[2]

이 이야기는 복음전도에 대해 오해하는 많은 사람들의 이야기를 함축적으로 보여준다. 복음전도의 진정한 의미를 발견하기 위해 가야할 곳은 성경이다.

2. 복음전도에 대한 성경적인 용어

그린 배이 패커스(Green Bay Packers)는 쉽게 이겨왔던 한 팀에게만 유일하게 졌다. 빈스 롬바디(Vince Lombardi) 코치는 손에 풋볼을 들고 자신의 선수들에게 이렇게 말했다.

---

2 Darrell Robinson, *Total Church Life* (Nashville: Broadman & Holman, 1997), 177-8.

제군들! 오늘 우리는 기본적인 것들로 돌아갈 것이다. 이것은 풋볼이다.

복음전도의 기본적인 것들을 이해하는 것은 하나님의 말씀과 함께 시작되고, 결코 앞서가지 않는다. 복음전도에 대한 신약성경의 가르침을 온전히 증명하는 다양한 용어들이 있다.

1) 복음을 전하라

신약성경에서 복음전도(evangelism)에 대한 기초적인 단어는 '에방겔'(evangel, 명사)나 '에방겔리제'(evangelize, 동사)라는 영어로 음역된 용어이다. 몇 가지 유형의 동사형이 있다. '유앙겔리조'(euangelizo)라는 단어는 '나는 복음을 전한다'라는 뜻이다. '좋은'을 의미하는 접두사 '유'(eu)가 있다.

'유'(eu)로 시작하는 다른 단어들을 생각해보자.

'율로지'(eulogy)는 '고인에 대한 추도의 글'이다. '유레카'(eureka)는 '훌륭한 발견,' '유포리아'(euphoria)는 '좋은 감정'이다. 복음전도(evangelism)라는 단어의 주된 의미로는 영어 단어 천사(angel), 즉 메신저를 포함한다. 그래서 복음을 전하는 것은 좋은 메시지를 말하는 것이다. 신약성경에서, 그 단어는 승리할 때처럼, 좋은 메시지를 암시한다.

어떤 사람들은 복음전도가 다른 사람의 사적인 일에 주제넘게 나서는 것처럼 생각하게 할 수도 있겠지만, 우리는 예수 그리스도가 죄와 죽음, 그리고 무덤을 정복하셨다는 복음을 말하고 있음을 결코 잊지 말자!

신약성경에서 이것의 동사형이 33번 나온다. 누가복음, 사도행전, 그리고 바울 서신에서 흔히 볼 수 있다. 그것은 종종 "복음을 전하다!"로 번역된다. 중간태에서는 일반적으로 '나, 스스로, 복음을 말하다'는 뜻이다. 이 동사에 대한 몇몇 예들이 있다.

> 주의 성령이 내게 임하셨으니 이는 가난한 자에게 복음을 전하게(preach good news) 하시려고(눅 4:18).
>
> 그리스도께서 나를 보내심은 세례를 베풀게 하려 하심이 아니요 오직 복음을 전하게 (preach the gospel) 하려 하심이로되(고전 1:17).

'복음전도,' '좋은 소식,' 또는 '복음'으로 번역될 수 있다. 그것은 어떤 좋은 소식만이 아닌 특별한 메시지를 강조한다. 바울은 특히 이 단어를 아주 많이 사용했다. 주된 메시지는 예수님이 죽었다가 다시 살아나신 특별한 소식이다. 바울은 고린도인들에게, "형제들아 내가 너희에게 전한 복음을 너희에게 알게 하노니"(고전 15:1)라고 말했다. 그 다음에 그는 복음을 죽음, 장사 그리고 부활이라고 요약했다.

모든 사람에게 닥치는 두 가지 본질적인 문제들은 죄와 죽음이다.

십자가에서 예수님은 죄 문제를 다루셨다.

빈 무덤에서는 죽음을 이기셨다.

우리는 함께 나눌 복음이 있다!

로마서 1:15-16에 동사형과 명사형이 있다.

> 그러므로 나는 할 수 있는 대로 로마에 있는 너희에게도 복음 전하기를(에방겔리제[evangelize], 동사) 원하노라 내가 복음(에방겔[evangel], 명사)을 부끄러워하지 아니하노니 이 복음은 모든 믿는 자에게 구원을 주시는 하나님의 능력이 됨이라 먼저는 유대인에게요 그리고 헬라인에게로다(롬 1:15-16).

이 단어의 또 하나의 흥미로운 사용은 '에방겔리스테스'(evangelistes)라는 표현이다. 그것은 신약성경에서 3번 나타나고 '복음전도자'(evangelist)라고 번역된다. 빌립은 복음전도자로 불리워졌다(행 21:8). 에베소서 4:11은 복음전도자(evangelism이 아님에 주목하라)를 영적인 은사 중 하나로 칭한다. 바울은 디모데

(그리고 모든 사역자들)에게 "전도자의 일"(딤후 4:5)을 하라고 권고했다. 그래서 복음전도는 우리가 전할 특별한 승리의 메지지가 있음을 의미한다.

2) 전령으로서 선포하라

다음 단어는 '케루쏘'(kerusso)와 그 관련된 형태들이다. 이것의 동사형은 '전령처럼 선포하는 것'을 의미한다. 그것은 사건의 선언을 뜻한다. 동사형은 신약성경에서 61번 발견된다. 항상 복음을 선포하는 것을 말하지는 않지만, 종종 그것과 관련해서 사용된다.

사실상, '케루쏘'(kerusso)와 '에방겔리조마이'(evangelizomai)는 로마서 10:14-15에서처럼, 가끔 동의어로 기초된다. "케루쎄인 토 유앙겔리온"(kerussein to euanggelion), 즉 '복음을 전하다'라는 표현은 신약성경에서 12번 나오고, 두 단어 사이에는 긴밀한 관계를 보인다.

명사 '케리그마'(kerygma)는 신약성경에서 8번 나온다. 그것은 '선포'(the proclamation)를 의미한다. 이 단어는 현대에 특히 C. H. 도드(C. H. Dodd)의 책, 『변증적인 설교와 그 발전』(*The Apostolic Preaching and Its Development*) 때문에 특별한 관심을 받아왔다. '케리그마'에 대해서는 제4장에서 더 언급될 것이다.

3) 증인이 되라

'마르투레오'(martureo, 동사)와 '마르투리온'(marturion, 명사)으로 번역된 단어들에 주목하라.

오늘날 우리는 신앙을 위해 죽은 사람으로 순교자(martyr)를 생각한다. 순교자(martyr)의 헬라어는 문자적으로 '증인'을 의미한다. 증인이 겪었던 일들에 대해 증언하는 사람이라는 점에서 영어 단어와 비슷하다. 베드로는 "우리는 보고 들은 것을 말하지 아니할 수 없다"(행 4:20)라고 말했다.

그러나 증인은 말과 행동으로 증거를 제시했다. 그런 신실한 증인들을 묘사한 순교자(martyr)라는 표현이 있게 한 초대 교회의 많은 신자들은 그리스도에 대한 헌신 때문에 죽었다. 초대 교회 그리스도인들에게는 그리스도를 증거하지 않는 것보다 죽는 편이 더 나았다.

오늘날 많은 신자들이 자신들의 믿음을 나누려 하지 않는 이유는 자신들의 구원이 이루어졌기 때문이다!

초대 교회 신자들은 복음을 통해 경험한 자신들의 급진적인 변화를 그냥 지나치지 않았으며 사실상 그렇게 할 수도 없었다.

4) 제자 삼으라

'마세튜사테'(matheteusate)는 마태복음 28:19-20의 지상명령 구절에서 주동사이다.

> 가서... 제자 삼아(make disciples).

이 구절에서 동사는 명령형, 즉 하나의 명령문이다.

지상명령(Great Commission)은 대 제안(Great Suggestion)이 아니다!

단지 복음을 선포해야만 하는 것이 아니라 제자를 삼아야 한다. 복음서와 사도행전의 지상명령 구절에서도 이 단어들을 볼 수 있는 것이 흥미롭다.

① 좋은 소식, 복음(막 16:15).
② 전하다(막 16:15; 눅 24:47).
③ 증인(눅 24:28; 행 1:8).
④ 제자 삼다(마 28:19).

"나는 말한다"라는 뜻의 '라레오'(lareo)처럼 복음전도와 관련해서 사용되는 다른 단어들이 종종 있지만, 신약성경에서 복음전도의 의미를 이해하는데 있어서 위의 단어들이 제일 중요하다.

초대 교회의 메시지에 대한 통찰력을 주는 다른 표현들도 있다. 그리스도를 따르는 사람들은 사람 낚는 어부(막 1:16-20; 마 4:18-22), 세상의 소금(마 5:13), 세상의 빛(마 5:14), 열매 맺는 자(요 15:8) 그리고 대사(고후 5:20)로 부름받았다.

3. 복음전도에 관한 몇몇 정의들

이런 성경적인 단어들을 기초로 초대 교회와 우리 주님이 하신 일을 고려해서, 복음전도에 대한 간단명료한 정의를 결정할 수 있다. 몇몇 중요한 정의들이 주어졌다.

1) 영국 성공회의 정의

> 복음을 전하는 것은 성령의 능력 안에서 그리스도 예수를 제시하여, 사람들이 그분을 통해 하나님을 믿고, 그분을 구주로 받아들이며, 그분의 교회의 교제 안에서 자신들의 주님으로 섬기게 하는 것이다.[3]

마지막 절은 원래 "그분을 그들의 **왕**(King)으로 섬기다"였지만 1918년 이후 바뀌었다.

---

[3] *Reference: Commission on Evangelism* (Westminster, England: The Press and Publications Board of the Church Assembly, 1944), 1.

2) 루이스 드루몬드(Lewis Drummond)

루이스 드루몬드(Lewis Drummond)는 "하나님을 향한 회개와 우리 주 예수 그리스도를 믿게 하여, 결국에는 성령 안에서 성장할 수 있도록 그분의 교회 안에서의 교제로 인도할 목적으로, 비신자들을 예수 그리스도에 대한 진리와 우리 주님의 요구에 대면하게 하기 위해 성령의 능력 안에서 합심하는 노력"[4] 이라는 복음전도에 관한 뛰어난 정의를 제공한다.

3) 디 티 나일스(D. T. Niles)

나일스(D. T. Niles)는 '한 거지가 음식(또는 어떤 사람의 표현대로, 빵)을 얻으려는 곳에서 다른 거지에게 구걸하고 있는 것'이라며, 가장 친숙하고 간단한 정의 중에 하나를 내렸다. 이 정의는 신자들이 복음을 증거할 때 가져야 할 겸손을 강조하다는 점에서 도움이 된다.

우리는 복음을 증거할 대상보다 더 낫지 못하다. 우리는 예수님을 만났고 그분은 우리를 변화시켰다. 많은 구원받지 못한 사람들은 교회에 다니는 우리 같은 사람들의 태도를 보면서 "자신들보다 **더 거룩하다**"(holier than thou are)고 생각하는 이유는 우리들 중 아주 많은 사람들이 그들보다 더 거룩하기 때문이다.

그러나 우리가 나누는 빵의 내용에 대해서는 아무 말도 하지 못한다는 점에서 이 정의는 미흡하다. 그 정의는 나일스의 책의 더 넓은 문맥으로부터 보여질 때 더 명료하다. 홀로 남겨질 때, 이 정의는 불완전하다.[5]

---

4   Lewis A. Drummond, *The Word of Cross* (Nashville: Broadman & Holman, 1992), 9.

5   D. T. Niles, *That They May Have Life* (New York: Harper and Brothers, 1951), 96을 보라..

4) 교회 성장운동

교회 성장운동은 복음전도 과정을 3단계로 면밀히 살펴볼 것을 제안한다.[6] 이것들이 세 가지 요소들이다.

① 1-P. 현장전도(Presence). 예를 들어, 농촌 선교, 의료 선교.
② 2-P. 선포전도(Proclamation). 이해할 수 있는 방식으로 복음을 제시하는 것.
③ 3-P. 설득전도(Persuasion). 고린도후서 5:11은 듣는 사람들이 반응하도록 격려한다.

이 정의에 대한 하나의 비유로 집을 들 수 있다. 사람들의 필요를 충족시키는 현장전도(presence evangelism)에서 그들은 복음이 증명되는 것을 목격한다. 그러므로 복음을 전할 수 있는 기초를 세운다. 교회 성장운동은 선교현장에서 시작되었기 때문에, 그 중요성은 분명하다. 성공 가능한 복음을 제시할 때는 다른 문화 간의 문제들이 고려되어야 한다. 현장전도는 미국의 후기 기독교나 반기독교 문화에서도 점차 자리를 잡아가고 있다. (뒤에 언급된) 섬김전도(servanthood evangelism)는 우리의 상황에 멋지게 들어맞는다.

집 비유를 계속 들자면, **선포전도**(proclamation evangelism)는 복음의 빛이 창문을 통과하게 한다. 사람들은 기초가 필요할 뿐만 아니라, 방향이 필요하다. 복음은 증명에 의해서만 결코 제시될 수 없기에 또한 선포가 있어야 한다.

끝으로, **설득전도**(persuasion evangelism)는 사람들이 필요한 그리스도와의 관계로 인도한다. 사람은 한 집에서 살 수는 있지만, 가족이 될 수는 없다. 그리스도를 따르도록 설득함으로 그들을 하나님의 가족이 되도록 초청할 것이다. 이 정의에는 장점과 단점들이 있다.

---

6 "Evangelism: P-1, P-2, P-3," in Elmer Towns, ed., *Evangelism and Church Growth* (Ventura, Calif: Regal Books, 1995), 212-16.

1-P 단계에서 복음전도를 정의할 때 단점이 있다. 우리는 다리를 놓아야 하지만, 또한 더 많은 것을 해야 한다. 다른 사람들은 2-P 단계에서 더 많이 멈춘다. 전체적으로, 3가지 단계를 모두 포함시킬 때라야 이 정의는 완벽하다.

말했듯이, 복음을 완벽하게 제시하지 못하고 멈췄을 때도, 최소한 우리가 성령께서 사용하실 수 있는 복음의 어떤 측면을 제공했다는 것을 알기 때문에 긍정적이다. 다시 말해서 우리는 항상 현장, 선포, 그리고 설득을 통해 그리스도를 소개하려고 해야 한다. 그러나 우리가 할 수 없을 때, 어느 수준까지는 그리스도를 제시했다는 것에 감사할 수 있다.

5) 빌 브라이트와 대학생선교회(Campus Crusade for Christ, CCC)

복음전도(evangelism)에 대한 이 선교회의 정의는, "성령의 능력으로 예수 그리스도를 제시하는 것과 하나님께 결과를 맡기는 것"이다. 수많은 해 동안, 이 정의는 세상에서 가장 큰 탈교회 기관이자 기독교 역사상 가장 복음주의적인 단체 중 하나인 CCC라는 증인을 안내해 왔다. 아주 최근에, 데릴 로빈슨(Darrell Robinson)은 『예수를 나누는 사람들』(People Sharing Jesus)이라는 그의 책과 세미나에서 이 정의를 사용했다.

이 간단한 정의는 한 세대의 증인들을 자유케 했다. 그것은 증거하는 만남에서 성령의 필수적인 역할을 강조한다. 그것은 우리의 임무는 그리스도를 나누는 것이고 하나님만이 사람들을 변화시킨다는 것을 깨닫게 한다. 추수하는 것으로만 성공적인 증거를 정의하기 때문에, 너무 많은 신자들이 증거하는 것에 실패한다.

그러나 신약성경은 심고 물주는 것에 대해서도 자주 말한다. 한 친구가 나에게 이야기한 것처럼, 우리는 **잡는 것**(catching-회심시키는 것) 만큼 **물고기를 낚는 것**(fishing-전도 대상자에게 복음을 증거하는 것)에도 흥분된 사람들이 되어야 한다. 궁극적인 목적은 항상 그리스도께 사람들을 인도하는 것이지만, 이 정의는 하나님께서 우리의 신실함을 기대하신다는 사실을 상기시킨다. 이것은 어느 누구라도 할 수 있는 일이다. 하나님은 복음을 나누는 빈도수보다 구원한 사람의 숫자에는 관심이 덜하다는 것은 확실하다. 복음을 듣는 사람들의 반응을 우리가 통제할 수는 없다.

사실상, 어떤 사람이 구원받는다면, 그것은 우리가 아니라 하나님이 그들을 구원하셨기 때문이다. 하지만 우리는 믿음을 함께 나누는 빈도수를 조절할 수는 있다. 교회가 복음전도나 세례/침례의 목표를 정하는 것은 확실히 적합하다. 그러나 신자 개개인의 경우, 정해야 할 더 나은 목표는 다른 사람과 함께 복음을 나누는 빈도수이다. 이것은 확실한 숫자를 구원해야 한다는 압박감을 감소시키고 순수한 복음을 타협 없이 나누게 한다. 하지만 더 멋진 이유가 있다.

만일(If) 우리가 그리스도를 충분히 자주 나눈다면, 누군가를 그리스도께 인도할 **것이다**(will)!

증거한 것을 보고하도록 강요당한 학생들의 삶 속에서, 나는 이것을 반복적으로 보아왔다. 많은 그리스도인들이 누군가를 그리스도께 인도한 적이 한 번도 없는 이유는 복음을 거의 증거하지 않았기 때문이다.

4. 복음전도의 우선순위

실제로 우리가 말하고 있는 것이 복음전도 메시지라면, 그것을 나누는 것은 분명히 긴급하다. 하지만 꾸준히 믿음을 나누는 신자들이 너무 적다.

1) 하나님의 우선순위

하늘에 계신 우리 아버지께서 잃어버린 사람들이 구원받기 원하신다는 것을 알려면 요한복음 3:16로 돌아가야 한다. 잃어버린 세상의 필요는 하나님의 아들의 죽음이라는 결과를 가져왔다. 델로스 마일즈(Delos Miles)는 하나님의 계획 속에 있는 복음전도의 위치를 상기시킨다.

"복음전도는 역사의 소외된 구석의 쇼가 아니다. 반대로, 그것은 주요한 사건이다!"[7]

복음전도자 D. L. 무디(D. L. Moody)는 그가 만났던 모든 사람들의 이마 중간에 마치 대문자 'L'이 쓰여 있다고 상상했다. 무디는 사람들이 구원받았음을 알 때까지는 잃어버린 사람들이라고 간주했다.

'잃은'(lost)에 대한 헬라어는 '아폴루미'(appollumi)이다. 그것은 사용되거나 요구되지 않은 것을 묘사한다. 누가복음 15장은 잃어버린 것의 의미를 설명한다. 잃은 양, 잃은 동전, 잃은 아들은 모두 가치, 즉 찾을만한 가치가 있는 것을 의미한다.

양의 경우, 잃음은 들짐승에게 쉽게 잡혀가거나 도둑질 당하거나, 또는 방황하거나 굶주리는 것을 의미했다. 동전의 경우, 만들어질 수 없을 것을 의미했다. 잃은 아들의 경우, 유산을 낭비하는 것, 인생을 허비하는 것, 가족과의 친밀한 관계를 놓친 것을 의미했다. 마일스는 아들의 잃음에 대한 점진적인 성질에 주목했다.

첫째, 그는 아버지를 배반했고 돈 때문에 상속권을 팔았다.

둘째, 그는 집을 떠나 먼 나라로 갔다.

셋째, 그는 방탕한 생활로 돈을 낭비했다.

넷째, 그는 심각한 굶주림에 직면했다.

다섯째, 그는 사람보다는 기른 돼지를 더 닮게 되었다.[8]

---

[7] Delos Miles, *Introduction to Evangelism* (Nashville: Broadman Press, 1981), 138.

[8] Ibid., 141.

신약성경이 잃은 사람을 언급할 때, 그것은 경멸적인 단어가 아니다. 사람이 가치 있음을 의미한다. 사실상, 사람은 하나님의 아들 예수의 생명만한 가치가 있다(눅 19:10).

잃어버린 사람들에게 도달하기 위해 개인전도는 하나님의 계획 안에서 중요한 것이다. 이것은 초대 교회의 삶에서 명백히 나타난다. 예수님은 안드레를 구원하시고, 안드레는 베드로에게 이야기했다(요 1:40-42). 예수님은 우물가의 여인을 구원하셨고, 그녀는 성읍 사람들에게 말했다(요 4:29).

따라서 개인전도는 그리스도를 위해 세상에 도달하기 위한 가장 유익하고 효과적인 방법이다. 우리 신학교의 복음전도 분과에서 가르쳤던 모든 강의의 핵심은 복음전도이다. 필수과목으로, 매 학기마다 강의 시간들 중 한 번은 실제 밖으로 나가 일대일로 그리스도를 전한다.

2) 하나님의 열정

하나님은 사람들이 구원받기를 원하신다(눅 15장; 벧후 3:9). 웨이크 포레스트(Wake Forest)에서 첫 해에, 우리는 십년 만에 가장 심한 겨울 중 한 철을 보냈다. 눈과 얼음은 우리의 변함없는 친구였다. 내 아들 조슈아의 1학년 수업이 없는 날들이 지난 어느 주에, 조슈아와 나는 오두막 열병(cabin fever, 실내에 너무 오래 머물러 생긴 정서 불안-역자 주)에서 우리 가족들을 구조하기 위해 비디오를 빌렸다.

내가 비디오 테이프를 찾는 동안, 조슈아는 비디오게임에 심취했다. 나를 몰라 본 조슈아는 창문 너머로 내 외투와 비슷한 옷을 입고 길가로 걸어 올라오는 한 남자를 보았다. 조슈아는 그 사람이 나라고 생각하고 그를 쫓아서 가게 밖으로 나갔다. 그 남자가 자신의 아빠가 아니라는 것을 깨달은 조슈아는 몹시 당황했다. 그는 길가를 따라 더 멀리 올라갔다. 아빠 사라진 것이 너무 무서워, 그만 비디오가게로 다시 돌아가야 한다는 생각을 잊어버렸다.

그제서야 나는 조슈아가 가게 안에 없다는 것을 깨달았고, 신경이 곤두섰다. 몇 분이 지났는데, 어디서도 조슈아를 찾을 수 없었다. 나는 아들의 안전을 위해 기도했다. 조슈아도 가게 밖에서 울며 기도하고 있었다. 그 때쯤 우리 교회 두 분의 사역자들이 조슈아를 발견했다. 하나님은 우리의 기도에 응답하셨다. 우리는 다시 만난 것이 너무 기뻤다.

나는 조슈아에 대해 왜 그렇게 걱정했을까?

그가 나의 아들이기 때문에, 그리고 나에게 인생 그 이상의 의미이기 때문이다. 그를 너무나도 사랑하기 때문에, 그를 잃는다는 것은 나에게 깊은 상처를 준다.

복음전도가 왜 중요한가?

그것은 하나님께 중요하기 때문이다. 그분은 당신과 나를 위해 자신의 아들을 아끼지 않으셨다.

우리의 우선권이 그분의 아들과 비슷하지 않는가?

구세군을 설립한 윌리엄 부스(William Booth)는 영국의 왕에게 이렇게 말했다.

> 각하, 어떤 사람들의 열정은 금을 위한 것이고, 다른 사람의 열정은 명예를 위한 것이지만, 저의 열정은 영혼을 위한 것입니다.

피어슨(A. T. Pierson)도 이렇게 말했다.

> 하나님의 천국의 불이 타는 곳에 그분과의 은밀한 교제가 있다…. 그분의 눈을 통해 우리가 영혼들을 볼 때까지 하나님의 임재 안에 오래 머물 때 지치지 않는 열망으로 그들을 간절히 갈망하게 만든다.

오스왈드 스미스(Oswald J. Smith) 역시 이렇게 말했다.

> 확신시키는 능력으로 하나님이 일하시고 모든 남녀가 십자가의 길에서 울 때까지 나는 결코 만족하지 않을 것이다.... 오 영혼들의 구원을 위해 그분께서 나를 부서뜨리고 울게 하시는구나.[9]

5. 복음전도와 신자들

1) 복음전도와 순종

우리가 섬기는 유일신은 자녀들이 그분의 목적을 성취할 것을 기대하신다. 교회도 가지고 있는 "내게 이득이 되는 것이 무엇일까"(what's-in-it-for-me)라는 태도의 소비자 문화 속에서, 순종의 마음에서 하나님을 섬기는 것에 대한 수준을 높여야 한다.

앤드류 머레이(Andrew Murray)는 영혼 구원자와 배교자 두 종류의 그리스도인만이 있다고 말했다. 거듭난 하나님의 자녀는 복음전도라는 문제를 다루지 않고는 그리스도와 자신의 관계를 진지하게 맺을 수 없다. 영적인 성장에 중대한 역할을 하기 때문에 예수님을 따르는 사람들에게는 복음전도는 중요하다.

남서신학교(Southwestern Seminary)에서 나의 복음전도학 교수 중 한 사람인 제임스 이브스(James Eaves)는 많은 그리스도인들이 하나님과 동행함으로 더 나아가는 것을 방해하는 두 가지 장애물이 있다고 말하곤 했다. 그것은 십일조와 영혼 구원이다.

왜 그런가?

---

[9] Booth, Pierson, Smith는 Wesley Duewel의 『하나님을 위해 불타듯이』(*Ablaze for God*)를 인용한다. Wesley Duewel, *Ablaze for God* (Grand Rapids: Zondervan, 1989), 108, 111, 116.

그것들은 물질적인 안락함과 명예라는 아주 중요한 두 가지 것들에 영향을 미치기 때문이다. 이 장애물들을 뛰어넘기 위해서는 그것이 없이는 하나님을 기쁘시게 할 수 없다는 믿음이 필요하다(히 11:6).

사울과 나눈 사무엘의 대화를 기억하는가?

하나님께 불순종한 사울은 왕을 살려주었다. 가축들도 죽이지 않았다.

그 후 사울이 사무엘을 만났을 때, 그는 무엇을 했는가?

자신의 불순종을 다른 사람들 탓으로 돌렸다.

이에 사무엘은 어떻게 반응했는가?

> 순종이 제사보다 낫다(삼상 15:22).

하지만 그는 "이는 거역하는 것(rebellion)은 점치는 죄와 같고"(삼상 15:23)라며 더 나아갔다. 불행하게도 우리는 다른 사람들이 저지르는 죄들만을 실제로 악한 죄라고 생각한다. 그러나 사무엘은 불순종이 우리를 점치는 사람들과 같은 배에 태운다고 말했다.

그러나 이것에 긍정적인 면이 있다. 나는 많은 신자들이 그리스도께 순종하기를 원한다고 믿는다. 그들은 영적으로 성장하고 싶어한다. 많은 사람들이 부족하다는 생각 때문에 증거하지 못한다. 복음은 모든 신자가 순종할 수 있는 것이다. 은사, 능력, 그리고 때가 다를 수는 있다.

하지만 우리 모두 순종할 수는 있다.

그리고 하나님만이 우리가 끼칠 수 있는 영향력을 아신다.

간단한 퀴즈를 풀어보자.

① 마틴 루터(Martin Luther)에게 신약성경을 독일어로 번역하라고 격려한 신학 조언자는 누구였는가?

② 드와이트 무디(Dwight L. Moody)를 그리스도께 인도한 주일학교 선생님

은 누구였는가?

20년이 넘도록 빌리 그레이엄(Billy Graham)을 위해 신실하게 기도했던 나이 많은 여인은 누구였는가?

③ 인도에서 윌리엄 캐리(William Carey)의 사역에 재정을 지원했던 사람은 누구였는가?

사도 바울이 디모데에게 마지막 편지를 쓸 때, 로마의 지하 감옥에서 그를 격려했던 사람은 누구였는가?

④ 누가 사해 사본을 발견했는가?

좋다!

당신은 답을 맞췄는가?

그것은 알려지지 않은 사람들에 대한 것이 아니었는가?

교회 역사는 다른 이야기를 말할 수도 있었다.

아우카 인디언들에게 복음을 전하다가 순교한 짐 엘리엇(Jim Eliot)은 한때 선교사들을, "대단하신 분(Somebody)을 찬양하려고 노력하는 이름 없는 사람들"이라고 불렀다. 만일 하나님이 (루터가 아닌) 멜랑흐톤(Melanchthon)처럼, (무디가 아닌) 킴볼(Kimball)처럼, (바울보다는) 오네시모(Onesiphorus)처럼 당신을 사용한다면, 그것은 괜찮다. 요점은, 당신이 스스로를 쓸모있게 한다면, 하나님은 당신을 사용하실 것이라는 것이다.

대단하신 분(somebody)이 아주 주의 깊게 선택한 사람은 '보잘 것 없는 사람들'(nobodies)이다. 그리고 그분이 어떤 일을 위해 당신을 선택했을 때, 당신은 더 이상 하찮은 사람(nobody)이 아니라 대단한 사람(somebody)이다.[10]

격려가 되는가?

당신은 하나님께 순종할 수 있다. 그리고 본서는 당신이 그렇게 하도록 그분

---

10 Charles R. Swindoll, *Growing Strong in the Seasons of Life* (Portland: Multnomah Press, 1984), 87-8에서 각색됨.

이 어떻게 능력을 주실 것인지에 관한 많은 통찰력을 제공할 것이다. 나는 당신이 다른 사람의 영향으로 그리스도를 믿게 되었다고 짐작한다. 오직 예수님의 죽음이 우리를 구원에 이르게 했지만, 우리는 메지지를 전해준 사람들에게 빚을 졌다.

바울은 "헬라인이나 야만인이나 지혜있는 자나 어리석은 자에게 다 내가 빚진 자라 그러므로 나는 할 수 있는 대로 로마에 있는 너희에게도 복음 전하기를 원하노라"(롬 1:14-15)라고 말했다.

'하기를 원하는'(ready), 즉 '프로수몬'(prothumon)은 문자적으로 '불타서'(on fire)라는 뜻이다. 로이 피쉬(Roy Fish)는 바울이 '거룩한 가슴앓이'(holy heartburn)를 했다고 말한다. 다른 사람의 증거에 대한 감사의 마음은 우리도 다른 사람들의 삶에 그와 같은 영향을 끼치도록 격려한다. 여호와는 선지자 에스겔에게, 다른 사람들의 죄에 대해 그들에게 경고할 책임이 있다고 경고했다(겔 33:8을 보라).

2) 복음전도와 영적인 성장

우리가 복음을 증거하면, 영적 성숙을 향한 거대한 계단을 밟는다. 그리스도인의 성장은 훈련 그리고 항복과 관련된다.

갈릴리 바다의 그리스도인들을 예로 들어보자.

갈릴리 바다는 요단강으로 흐른다. 아름답고 물고기로 가득 차 있다. 요단강은 사해로 흐르지만 나가지 못한다. 사해는 고여있고 생명이 없고 독립적이다. 삶이 완전히 내향적이고, 영적인 자기 망상에 빠진 특징을 보이는 그리스도인만큼 불쌍한 사람도 없다.

그리스도를 함께 나누는 것은 사람로 하여금 잃어버린 사람들로 인해 일어난 문제들 때문에 성경을 연구하도록 동기를 부여한다. 그것은 세상의 우상들에 눈 먼 사람들에 대한 부담감으로 불타오르게 하여, 기도하고 싶은 욕구를 이끌어낸다.

내 경험으로, 가장 신나고, 극적이며, 복음전도적인 신자들은 회심 직후부터 복음을 증거하기 시작하는 사람들이다. 새신자를 위해 당신이 할 수 있는 최선의 일들 중 하나는 그들이 즉시 자신의 믿음을 나누도록 참여시키는 것이다.

3) 복음전도와 영원한 상급

그리스도인들은 하나님을 섬긴 것을 기초로 심판 때에 보상받을 것이다(고전 3:11-15). 바울은 또한 우리 모두 그리스도의 심판대 앞에 서게 될 것이라 말한다(고후 5:10-11). 이런 심판 때에, 우리는 스스로 하나님을 어떻게 섬겼는지 하나님 앞에서 고백할 것이다. 이것은 구원이 아니라 섬김의 심판이다.

바울은 우리가 한 일들이 선한 것인지 악한 것인지 심판받게 될 것이라고 기록한다. '악한'(evil)이라고 번역된 단어는 '가치 없는' 이나 '쓸모없는' 이라는 뜻도 있다.

나는 내 인생 비디오테이프를 가지고 주님 앞에 서게 될 것이라는 비유들기를 좋아한다. 우선, 주님은 내 인생의 다큐멘터리를 보여주시면서, 내가 그분을 어떻게 섬겼는지를 설명하신다. 그 다음에 두 번째 테이프가 보인다. 이 테이프는 내가 전심으로 주님을 섬겼다면, 내 인생이 그렇게 되었을(would have been) 것을 그려준다.

나의 목표는 두 테이프가 크게 다르지 않게 되는 것이다!

이 생각은 내가 거의 매일 신실하도록 동기를 부여한다. 또한, 우리가 받는 상급은 인간의 계산으로 가늠되지 않는다. 특히 아무도 보고 있지 않을 때 주님을 섬기는 것은 대단함과 관련이 있다. 그것은 정말로 대단한지를 시험하는 것이다.

추운 겨울밤, 폴 키팅(Paul Keating)은 맨하탄의 그리니치빌리지(Manhattan's Greenwich Village)에서 집으로 걷고 있었다. 27세였던 그는 한 대학생을 공격하고 있는 두 명의 무장 군인을 보았다. 매우 존경받던 「타임」(*Time*)지의 사진작가였던 키팅은 그런 곤란한 상황을 피할 충분한 이유가 있었다. 사람 숫자에서 열세였고, 그 학생은 외지인이었으며, 그는 얻을 것이 없었다.

하지만 그 젊은 학생을 구하려고 시도했다. 그 피해자는 도움을 요청하려고 도망쳐 달아났다. 폴 키팅은 두 발의 총상을 입고 도로에서 죽은 채 발견되었다. 뉴욕 시는 키팅이 죽은 후, 그에게 용감한 시민 메달을 포상했다. 메리 에그 콕스(Mary Egg Cox)는 시상식에서 다음과 같은 적절한 추도문을 작성해서 낭독했다.

> 어느 누구도 길거리에 있는 폴 키팅을 쳐다보지 않았습니다. 그날 밤 어느 누구도 위기에 처한 그를 도우려고 나서는 사람이 없었습니다. 그는 자신의 존재 때문에 그것을 했습니다.[11]

우리가 복음증거에 신실할 때, 우리의 존재는 우리가 하는 일을 뛰어넘는다. 그 후 얻는 한 생명을 위한 상급은 오직 이런 인생 안에서는 측정될 수 없다.

6. 복음전도와 잃은 자들

1) 개개인의 가치

사람들은 신이 사랑하는 대상이다.

> 우리가 아직 연약할 때에 기약대로 그리스도께서 경건하지 않은 자를 위하여 죽으셨도다 의인을 위하여 죽는 자가 쉽지 않고 선인을 위하여 용감히

---

11 Max Lucado, *The Applause of Heaven* (Waco: Word, 1996), 74.

죽는 자가 혹 있거니와 우리가 아직 죄인 되었을 때에 그리스도께서 우리를 위하여 죽으심으로 하나님께서 우리에 대한 자기의 사랑을 확증하셨느니라(롬 5:6-8).

크리스토퍼 핸콕(Christopher Hancock)은 영국 케임브리지에 있는 홀리트리니티교회(Holy Trinity Church) 교구 목사이다. 1980년대에 크리스는 케임브리지에 있는 막달레니대학(Magdalene College) 교수였다.

그가 교수실을 옮겼을 때, 이전에 한 신학교수가 쓰던 것들로 가득 차 있었다. 그가 사용하던 칙칙한 갈색 카펫이 눈에 띄었다. 책장은 형편없이 초라하고 옅은 녹색이었다. 그나마 책장은 다시 페인트칠을 했지만, 그 끔찍한 카펫은 그대로 있었다. 카펫을 치워달라고 요청했지만, 거듭 거절당했다.

어느 날, 그 사무실을 앞서 사용했던 신학교수를 만났다. 크리스는 허름한 카펫에 대해 말을 꺼냈다. 그 교수는 "그건 C. S. 루이스(C. S. Lewis)의 것이었소"라고 말했다.

갑자기 그 카펫의 가치가 올라갔다!

당시 카펫 전문가는 그 페르시안 양탄자를 250,000달러 가치로 평가했다.

우리는 그리스도께서 위하여 죽으신 잃어버린 사람들을 낡은 양탄자처럼 대우하지는 않는가?

한 영혼보다 더 귀중한 것이 있는가?

당신이 회계감사관들을 소집하여 모든 세상의 부를 계산하게 했다면, 그 숫자는 천문학적이었을 것이다. 그러나 성경에 의하면, **한 사람**(one person)이 그런 모든 부보다 더 가치 있다. 예수님께서 "사람이 만일 온 천하를 얻고도 제 목숨을 잃으면 무엇이 유익하리요"라고 말씀하셨다.

2) 그리스도를 위한 잠재적인 섬김

빌리 그레이엄은 자신 집안의 고장인 노스캐롤라이나 주, 샬롯(Charlotte)에서 열린 전도집회에서 복음전도자 모데카이 함(Mordecai Ham)이 사역할 때 회심하였다. 그가 회심하기 전에, 빌리의 아버지와 경건한 사업가들은 "주님이 세상 끝까지 복음을 전할 사람을 샬롯에서 일으키실 것"[12]을 위해 기도했다.

또 다른 사례가 복음전도자 무디이다.

무디를 그리스도께 인도했던 주일학교 교사 에드워드 킴볼(Edward Kimball)은 무식한(uneducated) 어린 신발 판매원의 잠재력을 어떻게 알 수 있었을까?

혹한의 겨울날 작은 감리교회에서 한 대리 설교자가 "예수님을 바라보라"고 젊은이들을 도전했을 때, 어떻게 어린 찰스 스펄전(Charles Spurgeon)의 영향력을 알 수 있었을까?

우리가 그리스도께 인도한 모든 사람이 이런 사람들의 영향력을 갖지는 못하겠지만, 어떤 사람은 가질것이다.

그리스도를 위해 끼칠 수 있는 한 사람의 영향력을 결코 과소평가하지 말라.

모든 개인이 하나의 목적, 즉 그리스도를 통한 하나님과의 관계로부터 떨어져서는 결코 깨닫지 못할 하나의 목적을 위해 창조되었다. 웨스트민스터 교리문답에, "하나님을 영화롭게 하고 그분을 영원토록 즐거워하기 위하여"라고 그 목적 중에서 가장 중요한 측면이 진술되어 있다.

1997년에 텍사스 주 달라스에서 모인 남침례교단(the Southern Baptist Convention) 총회에서 마이크 우디(Mike Woody)가 간증했다. 우디는 감옥에서 수많은 해를 보냈고, 근본적으로 인생을 낭비했다. 언젠가 그는 "하나님, 저에게 당신이 진짜이심을 보여주세요"라고 기도했다.

한 기독교인 감방동료가 자신의 성경책을 반으로 찢어 우디에게 주었다. 마

12　David Lockard, *The Unheard Billy Graham* (Waco: Word, 1971), 13.

침내 그는 그리스도를 믿고 다른 사람들을 구원하기 시작했다. 지금은 감옥에서 석방되어 포트 워스(Fort Worth)에 있는 노숙자들과 다른 사람들을 위한 중대한 사역을 이끌고 있다.

그가 발견한 것을 들어 보라.

"나는 내가 다른 사람의 삶에 뭔가 선한 것의 일부분일 수 있다는 꿈을 꿔본 적이 없습니다."

마이크 우디는 잃어버린 한 영혼의 잠재력을 알게 되었다.

3) 지옥과 심판의 실재

지옥이 우리 문화에서 아주 먼 것처럼 보이지만, 성경의 핵심과 밀접하다. 성경에서 지옥이라는 주제에 가장 일관된 설교자는 예수님 자신이셨다. 그분은 사람들의 잃음에 대한 자각과 심판의 실재를 가르치셨고, 전하셨으며, 사역하셨다.

잃어버림은 공허감을 의미한다. 1997년에 남침례교 총회에서 간증했던 릴리안 벨리스(Lillian Veles)는 죄된 인생에서 그리스도를 영접했다. "저는 언제나 나자신에게만 말했습니다. 그리고 외롭게 나 혼자만 들었죠. 하지만, 제가 그리스도께 나온 이후, 제 인생에 하나님이 함께 계셨습니다"라고 그리스도를 믿기 전의 그녀의 인생을 기록했다. 공허감과 상실감은 하나님과의 친밀감으로 대체되었다.

어린 소년의 엄마가 죽을 병에 걸려있었다. 의사는 그들이 살았던 시골마을로 왕진을 갔다. 그 의사는 수년 동안 그 가족을 알고 있었고 상황을 잘 알았다. 그녀는 미혼모였다. 그녀는 의사에게 자신이 곧 죽을 것이라고 아들에게 말해달라고 부탁했다. 어린 소년은 뒤뜰에서 놀고 있었다. 그리고 그 의사는 그에게 이야기하기 위해 밖으로 나갔다.

"토미야, 네 엄마에 대해 말할 게 있어."

"선생님, 무슨 말인데요."

"토미야, 거기 나무를 보렴."

"예, 선생님."

"토미야, 네 엄마는 여행을 떠날거야. 그리고 여행을 계속하면서, 돌아오지 않을 거야, 애야."

"선생님, 언제 엄마가 여행을 떠나세요?"

"이 나무에서 나뭇잎이 모두 떨어질 때, 그 때쯤, 네 엄마는 긴 여행을 떠날거야."

시간이 지나고, 가을이 되었다. 그리고 엄마의 병은 더욱 악화되었다. 마침내, 그녀는 거의 죽음에 이르렀고 의사는 그녀를 진료하러 갔다.

"선생님, 토미에게 무슨 일이 일어날지 다시 가서 이야기해 주세요. 그는 대부분의 시간을 밖에 있어요."

그래서 그 의사는 밖으로 가서 토미를 찾았다.

"토미, 어디 있니?"

"선생님, 여기 위에 있어요."

"토미야, 그 나무 위에서 무얼 하고 있니?"

"선생님이 나무에서 나뭇잎이 다 떨어질 때, 엄마가 긴 여행을 떠날 거라고 말씀하셨잖아요. 나뭇잎들이 요즘 너무 빨리 떨어졌어요. 그래서 나뭇잎들을 잡아 줄에 묶어 나무에 다시 붙여 놓고 있었어요."

어린 토미는 불가피한 것을 막으려고 노력했다. 우리는 지옥의 실재를 무시하려 하고, 그것이 멀리 있다고 설명하려 하고, 거기에 없는 것처럼 가장하려 한다. 그러나 그것은 거기에 있고, 실재한다. 그래서 우리는 크게 벌어진 깊은 지옥의 골짜기를 피하라고 사람들에게 경고하고 있어야 한다.

7. 적용

짐 이브스(Jim Eaves)는 사람들을 잃어버림에 대해 설명하도록 돕는 간단한 훈련을 나에게 가르쳐 주었다. 우리는 한 개인이 그리스도로부터 떨어진 채 직면하는 처절한 상실감에 대한 감각을 쉽게 잃어버리곤 한다. 사역 현장에서 다음과같이 시도하도록 당신을 격려해 보겠다. 그것은 수요일이나 주일 저녁 예배, 또는 소그룹 공부에서 가장 잘 된다.

그 그룹에게 에베소서 2장을 찾게 하라.

그리고 두 그룹으로 나누어라.

수가 너무 많다면, 3-4개의 소그룹을 만들어 두 팀으로 나누어라.

첫째 그룹에게 에베소서 2장을 읽고 '잃어버린 것이 의미하는 것'이라는 말과 관련된 모든 언급을 적게 하라.

성경 한 장에서만 모든 언급들을 찾기에는 현기증이 날 것이다.

둘째 그룹은 같은 본문을 조사하여 '구원받은 것이 의미하는 것'을 찾게 하라.

그 그룹들에게 10~15분을 주고 본문을 연구하게 한 후, 모든 사람이 그것을 볼 수 있도록 프로젝터, 마커 보드, 또는 칠판을 사용하여 찾은 결과를 보고하게 하라.

두 개의 세로 줄을 그려 그룹들을 비교하라.

다음을 포함한 진술 목록을 만들어라.

① 죄를 저지르고 죽은.

② 세상을 따라 걷는.

③ 불순종한.

④ 육체의 정욕.

⑤ 진노의 자녀들.

⑥ 기타.

그들이 이것을 할 때, 잃어버린 사람들의 삭막하고 궁핍한 상태에 주목하라.

선하고 고상한 사람이 될 수도 있는 그들의 이웃이 '희망이 없고,' '하나님께 적의를 품고,' '멀리 떨어지는' 등의 사람이 되는 것을 상기시켜라.

그리스도를 만나지 않았다면, 매우 도덕적인 것처럼 보이는 그 가족들은 '죄 가운데 죽고,' 자선 단체에 기부한 동료들은 '하나님과 함께 하지 못한다.' 나는 이것을 여러 번 사용했고, 사람들의 잃어버림에 대한 사람들의 자각을 높이는 데 아주 효과적인 것으로 입증되었다.

그리고 '구원받는 것이 의미하는 것'을 나열하라.

두 목록들의 차이는 충격적이다.

우리가 더 낫기 때문이 아니라 하나님이 우리를 변화시켰기 때문에, 오늘날 구원받는 사람들과 잃어버린 사람들 간에 그런 차이가 있다는 것을 사람들에게 상기시켜라!

이것은 구원에 대한 더 큰 감사의 마음을 갖게 할 것이다.

참고문헌

Miles, Delos. *Introduction to Evangelism*. Nashville: Broadman Press, 1981.

Salter, Darius. *American Evangelism: Its Theology and Practice*. Grand Rapids: Baker, 1996.

제2장
혼란한 세상 가운데 확실한 음성:
복음전도에 대한 성경적인 기준

한 목회자 청빙위원회가 최근 한 신학교 졸업생을 인터뷰했다. 그 목회자 후보생은 젊었기에, 위원회는 그의 성경 지식수준에 대해 궁금했다. 그 위원회의 위원장은 그 학생에게, "당신은 성경을 알고 있습니까?"라고 물었다. 그가 대답했다.

"물론이죠. 저는 신학교를 졸업했어요!"

"그럼, '선한 사마리아인'이라는 성경 이야기에 대해 말해 보세요"라고 위원장은 대답했다.

"문제 없어요"라고 그 목회자 후보생은 말했다.

니고데모라는 이름의 사마리아 사람들 중 한 남자가 있었습니다. 그는 밤중에 예루살렘으로 내려갔고 돌이 많은 땅에 넘어져서 가시가 박혀 거의 죽을 지경이 되었습니다. 그래서 그는 "나는 무얼 해야 하는가? 일어나서 내 아버지의 집으로 가야겠다"라고 말했습니다. 그리고 그는 일어나서 뽕나무 위로 올라갔습니다. 다음 날 세 명의 박사가 와서 그를 방주로 옮겨서, 모세가 돌볼 수 있게 했습니다. 하지만, 그가 방주의 동문으로 들어가고 있을 때, 나뭇가지에 머리카락이 붙잡혔습니다. 그리고 거기에서 40일 밤낮을 매달려 있었습니다. 나중에 배가 고팠는데, 까마귀가 와서 그를 먹였습니다.

다음 날 그는 배를 잡아타고 예루살렘까지 항해하였습니다. 그가 거기 도착했을 때, 벽에 기대고 앉아 있던 데릴라(Deliah)를 보았습니다. 그리고 그가 "소년들이여, 그녀를 던져라!"라고 말했습니다. 그들은 "우리가 얼마나 여러 번 그녀를 던졌을까?" '아니다, 7번이 아니라 70번씩 7번 던졌다"라고 말했습니다.

그래서 그들은 그녀를 490번 던졌고, 그녀는 갑자기 그들 속으로 떨어졌고, 그들은 거기 있었던 파편들 열두 바구니를 주웠습니다.

부활의 때에, 그녀는 누구의 아내가 될까요?

모든 위원들은 어안이 벙벙해서 앉아 있었다. 잠시 상의하고 나서, 위원장이 신학교 졸업생에게 말했다.

"자, 젊은 분, 우리는 당신을 우리의 다음 목회자로 추천할 것입니다. 당신은 젊기도 하지만, 성경을 완벽하게 파악하고 있는 것이 확실합니다!"

놀라운 것은 내가 이 이야기를 교회에서 말했는데, 그들은 그것을 이해하지 못했다는 것이다. 성경을 충실하게 이해하는 것이 복음전도에 중요하다.

성경은 복음전도에 대한 우리의 권위다. 드루몬드는 성경에서 구원과 현대 복음전도의 밀접한 관계에 주목한다.

"구원이 진실로 성경의 핵심이라면, 구원의 메시지를 나누는 교회의 책임은 교회사역의 바로 중심에 있다."[1]

성경에 관한 개인의 견해와 복음전도에 대한 개인의 헌신 사이에는 직접적

---

1 Drummond, *Word of the Cross*, 67.

인 상관관계가 있다.[2] 성경에 관한 높은 견해가 복음전도에 대한 깊은 헌신으로 이끈다. 우리는 하나님의 말씀을 인지하고 순종해야 한다. 어떤 사람들은 비극적인 결과가 있는 성경의 권위를 무시한다. 성경을 존중하는 사람은 그런 가르침을 무시한다.

1. 모세오경에서 복음전도

신약성경에서 지상명령은 예수님에 의해 주어지지만, 복음전도의 노래는 성경 전체에 걸쳐서 울린다. 구원이라는 주제는 하나님 말씀의 멜로디이다. 창세기는 구주에 대한 우리의 필요를 증명한다. 성경에서 첫 번째 질문은 하나님의 복음전도적인 마음을 입증한다.

> 아담아, 네가 어디 있느냐?(창 3:9)

창세기 3:9은 멀어진 피조물을 찾으시는 구원의 하나님을 나타낸다. 창세기의 처음 열한 장은 왜 인간이 하나님께 그렇게 중요한가와 왜 인류의 구원이 성경의 지배적인 주제인가를 드러낸다. 하나님이 죄 때문에 아담과 이브를 심판하실 때에도, 그분의 은혜를 발견한다. 창세기 3:15에서, '프로토에방겔리움'(protoevangelium)은 복음의 초기 표시를 나타낸다.

> 내가 너로 여자와 원수가 되게 하고 네 후손도 여자의 후손과 원수가 되게

---

2. John Avant, "The Relationship of Changing Views of the Inspiration and Authority of Scripture to Evangelism and Church Growth: A Study of the United Methodist Church and the Southern Baptist Convention in the United States Since World War II" (Ph.D. diss., Southwestern Baptist Theological Seminary, 1990)을 보라.

하리니 여자의 후손은 네 머리를 상하게 할 것이요 너는 그의 발꿈치를 상하게 할 것이니라 하시고(창 3:15).

이 한 구절은 신약성경의 진리로 그득하다. 이 구절은 적어도 다섯 가지 면에서 복음전도와 관련이 있다.

① "여자의 후손은 네 머리를 상하게 할 것이요"라는 표현은 성부께서 하와에게 여자의 후손이 승리할 것이라고 약속했다는 점에서 하나님의 은혜를 보여준다.
② 그 같은 구절은 사탄의 궁극적인 패배에 대한 약속을 시작으로, 예수님이 성육신하신 이유들 중에 하나가 "마귀의 일을 멸하려 하심이라"(요일 3:8)는 것을 상기시킨다.
③ 구원은 중재자를 통해 온다. "여자의 후손"인 이 중재자는 인류와 직접적으로 연관될 것이다.
④ 이 구원은 여자의 후손의 발꿈치가 상하는 고통을 통해 온다.
⑤ 하와가 모든 인생의 어머니이기 때문에, 구원은 전 인류에게 유효하다.

하와가 모든 인생의 어머니라면, 결국 우리 모두는 친척이므로, 모든 인류의 편견과 편협한 행위는 이 구절에서 끝나야 한다. 성경의 가장 이른 페이지들에서, 서로 다른 문화의 복음전도 필요성에 대한 충분한 증거를 발견한다.

홍수는 우리에게 복음전도에 대한 또 다른 모형을 제공한다. 사악한 인간들 사이에서 노아는 의롭게 살았다. 의로운 사람들은 대홍수에 휩쓸리지 않았기 때문에, 방주는 세상을 구원하고자 하는 하나님의 바라심의 모형이다.

더구나, 히브리 단어 '피치'(pitch, 창 6:14)는 '속죄'(atonement)를 의미한다. 이 외에도, 무지개의 찬란함 속에서 하나님의 은혜가 빛난다. 그리스도의 구속사역으로 의롭게 된 사람을 구원하실지라도, 하나님은 의인들을 구원하셨다.

얼마나 영광스러운 복음을 전하고 있는가!

창세기 11장의 끝까지, 독자는 살인, 음모, 간음, 만연한 완악함 그리고 하나님의 심판이라는 죄의 황폐함을 발견할 수 있다. 창세기 12장이 시작될 때, 우리는 인류를 구원하시기 위한 하나님의 명확한 계획을 읽는다. 아브라함은 모든 인류가 그의 후손을 통해 복받게 될 것이라는 말씀을 들었다. 복음서 기자는 우리에게 예수님은 "아브라함의 자손"(마 1:1)이라고 간단명료하게 이야기한다. 하나님의 구속의 목적과 함께 확실한 주제들이 울려퍼진다.

출애굽기에서도 복음 진리를 발견한다. 출애굽 사건은 구약성경에서 위대한 구원을 베푸시는 순간이 되었다. 그것은 구약성경 전체에 걸쳐서 반복적으로 회상되며, 구원하시는 하나님의 능력의 사람들을 생각하게 한다. 또한 어린 시절에 예수님이 이집트로 여행했다가 나왔던 것도 우연이 아니었다. 누가가 예수님의 변형을 이야기할 때도, **엑소더스**(exodus)라는 단어를 우연히 사용한 것이 아니었다. 바다를 거쳐서가 아니라 사망에서 생명으로 옮기게 하신 그분의 죽으심과 부활을 언급한 누가는 예수님이 자신의 **탈출**(exodus, 눅 9:31)에 관하여 모세와 엘리야와 함께 이야기했다고 우리에게 말한다.

시내산 언약을 맺은 장소는 하나님은 자기 백성들에게 그들이 "제사장의 나라"(출 19:6)가 될 것이라고 말씀하셨던 곳이다. 제사장은 사람들이 하나님을 향하게 하고, 다른 사람들을 대신해서 중재하며, 모든 백성들에게 하나님의 구속을 가르쳐야 했다. 이스라엘이 이 명령을 언제나 수행하지 않았다고 해서, 유일하신 참 하나님에 대해 열방에 전해야 하는 그들의 의무가 없는 것은 아니었다.

계명(율법)은 거룩하신 하나님의 기준을 제공했다. 갈라디아서는 우리가 얼마나 복음이 필요한지를 율법이 보여준다고 말하고 있다. 사람이 잃어버린 상태를 깨닫지 못하고는 구원받을 수 없듯이 하나님의 율법의 기준을 제쳐놓고 은혜를 이해할 수는 없다. 그러나 오직 십계명을 지키는 것이 구원할 수는 없다. 구약성경에서 계명들이 하나님의 언약 백성에게 주어졌다.

레위기에서 희생 제사제도는 구속의 수단을 모범으로 삼았다. 히브리서는 피흘림이 없이는 용서도 없다고 말한다. 희생 제사제도는 궁극적인 희생 제물이신 하나님의 아들 예수님을 위한 토대를 마련했다. 죄 용서를 위해 한때 매년 지켰던 속죄일은 그리스도의 대속사역에 의해 대체되었다.

민수기에서 우리는 놋 뱀에서 하나님의 구속사역의 모형을 발견한다(민 21장). 십자가에 달리신 그리스도의 사역에 대한 얼마나 아름다운 그림자인가! 교만하고 완고한 이스라엘 백성들이 독사에게 물렸다. 치료는 간단했다.

놋 뱀을 쳐다보아라!

대부분의 사람들이 그렇게 했지만, 소수는 너무 교만해서 죽고 말았다. 이와 같이 예수님은 갈보리 사역을 놋 뱀을 비유하시므로, 이스라엘 백성들이 오직 놋 뱀을 쳐다봐야 살았던 것처럼, 오늘날 우리도 살기 위해 예수님을 믿어야 함을 말씀하셨다(요 3:16).

2. 복음전도와 이스라엘 역사

모세오경에서 정복 시대로 이동하면, 약속 이행의 동기가 더 분명해진다. 약속과 성취라는 개념은 구약성경의 중심 메시지였다. 하나님은 여호수아의 때에 궁극적으로 성취될 특별한 땅에 대해 아브라함과 약속하셨다. 헬라어 '예수'(Jesus)에 해당하는 히브리어 여호수아는 백성들을 약속의 땅 **안으로**(into) 인도한 사람이다. 예수님은 우리를 어두움의 나라 **밖으로**(out) 인도하신다.

요나서는 회개하는 나라에 대한 하나님의 자비를 보여준다. 예레미야는 새 언약을 이야기했다. 그 언약은 예수님의 죽음에 의해 제공되었다(렘 31장을 보라). 에스겔은 "그러나 너는 악인에게 경고하여 돌이켜 그의 길에서 떠나라고 하되 그가 돌이켜 그의 길에서 떠나지 아니하면 그는 자기 죄악으로 말미암아 죽으려니와 너는 네 생명을 보전하리라"(겔 33:9)고 엄중히 경고한다.

예언의 기록들은 모든 세대에서 주님의 말씀을 선포할 때 열정의 중요성에 대해 충분히 증거한다. 메시아에 관한 구절들은 하나님의 구원하는 마음을 엿보는 예언적 시선으로 풍부하다. 수많은 구절들이 있지만, 여기서는 몇몇 선택된 구절들만 제시하기로 한다.

> 보라 처녀가 잉태하여 아들을 낳을 것이요(사 7:14).
> 기묘자라, 모사라, 전능하신 하나님이라, 영존하시는 아버지라, 평강의 왕이라 할 것임이라(사 9:6).
> 대속 제물의 모형이신 '고통당하는 종'(the Suffering Servant) 을 나타낸다 (사 53장).

선지자들은 때때로 엄청난 반대와 맞서 하나님의 말씀을 예언했다. 우리도 하나님께 대한 열정으로 그분에 대해 거리낌 없이 말해야 한다.

당신에게 작은 어린 딸아이가 있다고 상상해 보라.

그 아이가 당신의 시야를 벗어나 길에서 놀고 있다. 당신의 이웃인 빌이 정원 손질을 하다가 고개를 들어 당신 딸에게 달려 내려오는 화물자동차를 발견한다. 때마침 빌이 그 곳으로 달려가 그 아이를 안전하게 밀어낸다. 그녀는 긁힌 상처가 났지만, 크게 다치지는 않았다. 그러나 빌은 그렇게 다행스럽지만은 않았다. 다음날 그가 병원침대에서 깨어났는데, 다시는 걷지 못한다는 진단을 받았다.

당신은 빌에 대해 어떤 느낌이 들겠는가?

고마워서 병원으로 달려가, 그를 위해 할 수 있는 일이 있는지 물어보지 않겠는가?

그를 찾아갔는데, "아니에요. 전 괜찮아요. 제 가족이 있어요. 전 무사히 잘 해 낼 거예요"라고 말했다고 가정해 보라.

하지만 그 다음에 그가 당신을 쳐다보며 이렇게 말했다고 생각해 보라.

"당신이 나를 위해 할 수 있는 한 가지 일이 있어요.

앞으로 3~4년 동안 다섯 사람에게만 당신의 딸을 구한 저의 행동에 대해 말해주지 않겠어요?

그것은 저의 가족에게 큰 의미가 있을 거예요."

당신은 아마도 빌에게 이렇게 대답할 것이다.

"이미 당신의 행동에 대해 내가 만났던 사람들에게 이야기했어요. 저의 남은 인생 동안 당신에 대해 이야기할 거예요!"

구약성경은 구원의 주님에 대한 우리의 필요를 보여주었고, 그분께로 향하는 길을 가리켜 주었다.

우리가 그분을 알고 있는 이상, 또 우리를 위해 인내하셨던 모든 것을 생각한다면, 정말로 침묵할 수 있는가?

3. 예수님의 복음전도

성육신의 목적은 복음전도를 위한 것이었다. 바울은 예수님이 오신 것의 중요성을 기록하고 있다.

> 때가 차매 하나님이 그 아들을 보내사 여자에게서 나게 하시고 율법 아래에 나게 하신 것은 율법 아래에 있는 자들을 속량하시고 우리로 아들의 명분을 얻게 하려 하심이라(갈 4:4-5).

천사가 마리아에게 첫 아이의 이름을 예수(Jesus)로 부르라고 말했다. 왜냐하면, "그가 자기 백성을 그들의 죄에서 구원할 것"(마 1:21)이기 때문이었다. 이것은 "예수는 하나님은 구주시다"라는 뜻의 히브리 이름 여호수아(Joshua)의 헬라어 형태이다. 예수님은 자신이 왜 육신을 입으셨는지를 사역하는 동안 분명히 밝힌다.

천사가 이르되 무서워하지 말라. 보라 내가 온 백성에게 미칠 큰 기쁨의 좋은 소식을 너희에게 전하노라. 오늘 다윗의 동네에 너희를 위하여 구주가 나셨으니 곧 그리스도 주시니라(눅 2:10-11).

인자가 온 것은 섬김을 받으려 함이 아니라 도리어 섬기려 하고 자기 목숨을 많은 사람의 대속물로 주려 함이니라(막 10:45).

이튿날 요한이 예수께서 자기에게 나아오심을 보고 이르되 보라 세상 죄를 지고 가는 하나님의 어린 양이로다(요 1:29).

인자가 온 것은 잃어버린 자를 찾아 구원하려 함이니라(눅 19:10).

그리스도의 도래는 하나님의 복음전도적인 마음을 보여준다.

지배적인 세상 권력으로 로마가 출현했다. 어떤 나라도 그 힘에 대항할 수 없었다. 대서양 동쪽으로부터 유프라테스(Euphrates)까지, 사하라(Sahara)로부터 다뉴브(Danube)까지, 로마 제국은 **왕조**(dynasty)를 구현했다. 팔레스타인은 로마라는 거대한 조직의 지배 아래 하나의 작은 주로 존재했다. 세금 분량을 결정하기 위해 인구조사를 요구했던 냉소적인 시저(Caesar) 아우구스투스(Augustus)는 죽은 후에 신으로 공포되었다.

나사렛에서 남쪽으로 80마일을 여행하던 부부를 누가 주목할 수 있었을까?

로마에서 시저의 결정과 비교할 때 목수와 십대 소녀는 어떤 구별이 있을 수 있었을까?

베들레헴에서 태어난 이 유대 아기에게 누가 신경을 썼을까?

하나님이 관심을 가지셨다. 무심코, 그 대단한 아우구스투스가 미가 선지자의 예언을 수행하기 위한 심부름꾼이 되었다. 그는 하나님의 손 안에 있는 작은 인형이자 예언 사건들의 잔털 조각과 같았다.

로마는 역사를 만드는데 분주했지만, 그의 출생으로 우리의 달력이 시작되는 시간을 나누신 유일신이 도래했다. 세상은 주목하지 않았다. 역사는 알렉산더 대제, 헤롯 대왕, 그리고 대 아우구스투스를 바라보았지만, 하늘에 별들을 집어넣으신 유일신이 탄생하실 때는 놓쳤다. 역사는 그 작가의 도래를 빼먹었다. 그러나 지금 우리는, 요한이 그분을 "창세로부터 죽임당한 어린양"[3]이라고 불렀던 유일한 분임을 알고 있다.

예수님의 초기 사역은 복음전도의 모델이었다. 우리 주님은 **복음전도의 열정**(evangelistic passion)을 보여주셨다. 그는 사람들에 대한 특별한 동정을 나타내셨다. "그 땅의 백성들"이나 평범한 유대인들은 바리새인들에 의해 수치를 당했다. 하지만 예수님은 불쌍히 여기는 마음으로 그들을 바라보셨다. 갈릴리의 모든 성읍을 방문하는 힘든 사역의 시간 동안, 그분은 사람들에 대해 불쌍히 여기셨다.

> 이는 그들이 목자 없는 양과 같이 고생하며 기진함이라. 이에 제자들에게 이르시되 추수할 것은 많되 일꾼이 적으니, 그러므로 추수하는 주인에게 청하여 추수할 일꾼들을 보내 주소서 하라 하시니라(마 9:36-38).

이 구절에서 '불쌍히 여김'(compassion)이라고 번역된 단어는 헬라어 '스플란크논'(splanch-non)에서 왔다. 깊은 상처를 의미하는 이 단어는 내장, 즉 창자를 말한다. 우리가 잃어버린 사람들에 대한 고통을 기꺼이 느끼고, 그들의 죄의 깊이와 그들 앞에 있는 지옥이라는 갈라져 틈이 생긴 깊은 구렁을 이해할 때, 우리는 예수님의 긍휼을 아주 가깝게 느낄 것이다.

1) 예수님은 대중전도나 복음전도식 설교도 행하셨다.

그분은 대중들에게 하나님 나라의 복음을 전하셨다. 예수님의 메시지는 간단명료했다. 즉, "회개하고 하나님 나라의 복음을 믿으라"(막 1:14-15을 보라)였다.

---

[3] Swindoll, *Growing Strong*, 34-35에서 각색됨.

하나님 나라, 즉 모든 피조물을 다스리는 하나님의 통치는 복음주의자들에게 거의 관심을 받지 못했다. 이것은 1900년대 초에 천국에 대한 미래의 소망을 축소시켰던 많은 자유주의 신학자들이 크게 강조하므로 시작되었다. 한 가지 예는 C. H. 도드(C. H. Dodd)의 실현된 종말론이었다. 그러다가 최근 수 십년 동안 복음주의자들 사이에 '승리하는 그리스도인의 삶'에 대한 설교가 큰 관심을 받으며 실천적인 차원으로 자리잡았다.

예수님 안에 승리가 있다. 하지만, 예수님께서 하나님 나라의 복음을 전할 때 하셨던 것처럼, **하나님**(God)께 초점을 맞추는 것과 승리의 삶을 사는 **신자들**(believers)에게 초점을 맞추는 것은 균형을 이루어야 한다. 우리 주님이 전하신 메시지의 중심은 듣는 사람들의 유익보다 유일신의 영광에 더 집중되었다.

예수님은 복음전도의 중요성을 가르치셨다. 예수님은 복음전도의 **우선권**(priority)을 가르치셨다. 그분은 구원이 세상에서 가장 위대한 것이라고 가르치셨다. 예수님은 밭에 숨겨진 값비싼 진주와 보물에 관한 비유들로 이것을 설명하셨다(마13:44-46을 보라).

예수님은 잃어버린 한 영혼에 대한 **아버지의 사랑**(love of the Father)을 가르치셨다. 누가복음 15장은 잃은 양, 잃은 동전 그리고 잃은 아들에서 보여지듯이, 아버지의 사랑을 분명히 보여준다. 사실 예수님이 돌아온 탕자를 만나려고 서두르는 아버지를 말씀하실 때가 서두르시는 하나님을 묘사한 유일한 때이다.

예수님은 복음전도를 위해 다른 사람들을 훈련하기도 하셨다. 지상명령을 내리하시기 전, 예수님은 전도를 위해 12제자와 70명을 보내셨다. 『주님의 전도계획』(*The Master Plan of Evangelism*)에서 로버트 콜만(Robert Colman)은 복음 증거를 위해 제자들을 훈련할 때 예수님의 역할을 언급한다.

2) 예수님이 복음전도를 가르치신 방법

로버트 콜만의 『주님의 전도계획』에 나타난, 예수님이 제자들을 가르치셨던 방법의 여덟 가지 특징[4]은 다음과 같다.

① 택함(Selection)

사람들이 그분의 방법이었다.

"그분의 관심은 무리에게 도달하기 위한 프로그램이 아니라, 그 무리가 따르는 사람들이었다."

② 사귐(Association)

그분은 그들과 함께 머무셨다.

"그분의 제자들은 어떤 의식들에 겉으로 순응하는 것에 의해서가 아니라, 그분과 함께 하는 것에 의해서 그리고 그렇게 함으로써 그분의 교훈에 참여하는 것에 의해서 구별되었다."

③ 구별됨(Consecration)

그분은 순종을 요구하셨다.

"[제자들은] 많이 아는 것이 요구되지 않았고 그들은 충성해야 했다. 이것은 그들이 알려졌던 구별된 표시가 되었다."

④ 나눔(Impartation)

그분은 자신을 거저 주셨다. 그분은 아버지께서 자신에게 주셨던 것을 거저 주신, 주는 삶을 사셨다.

⑤ 보이심(Demonstration)

그분은 그들에게 삶의 방법을 보이셨다.

"예수님이 종종 제자들에게 아버지와 이야기하는 자신을 보게 하신 것

---

4 Robert E. Colman의 책에서 각각 발췌되어 인용됨. Robert E. Colman, *The Master Plan of Evangelism* (New York: Fleming H. Revell, 1972), 27, 42, 51, 61, 71, 72, 79, 89, 97.

은 확실히 우연이 아니었다.... 예수님은 그들에게 그런 교훈을 강요하지는 않았지만, 오히려 제자들이 마침내 너무 갈급해서 예수님이 하고 계셨던 가르쳐 달라고 요구할 때까지 계속해서 기도하셨다."

⑥ 맡김(Delegation)

그분은 그들에게 사역을 할당하셨다.

"예수님은 제자들이 자신의 사역을 물려받아 구원의 복음을 가지고 세상으로 나가야 할 때를 위해 자신의 사역을 세우고 계셨다."

⑦ 점검(Supervision)

그분은 그들을 계속해서 점검하셨다.

"예수님은 제자들의 섬김 여행 후에 그들을 만나 보고를 듣고 같은 일을 함에 있어서 그분의 사역에 대한 축복을 그들과 나눌 것을 확인하셨다."

⑧ 재생산(Reproduction)

그분은 그들이 재생산할 것을 기대하셨다.

"예수님은 세상으로 부터 모여진 제자들이 교회 안에서 그리고 교회를 통해서 그분의 형상을 생산할 것을 의도하셨다."

예수님은 개인전도(personal evangelism)를 실천하셨다. 복음서에는 예수님의 개인전도에 대해 40개가 넘는 기사들이 있다. 이런 기사들을 연구해 보면 몇 가지 사실이 나타난다. 예수님은 다른 청중들에 맞게 제시하는 것을 조정할 수 있었다. 그분은 분명히 사람들을 잘 알고 계셨다.

그분은 아버지의 리더십에 민감하셨다. 그분은 긴급했고 끈기가 있으셨다. 하지만 우리 주님도 나누었던 모든 사람에게 이르지는 못하셨다. 다음 설명은 예수님이 사람들에게 어떻게 복음을 전하셨는지 아는 것을 돕는다.

(1) 예수님은 사람들을 찾으셨다.

우리는 누가복음 19장에서 어떻게 예수님이 삭개오를 찾으셨는지 읽었다. 의도적으로 그를 만나기 위해 나섰고 세리의 집에서 그를 만나기로 약속까지 하셨다. 삭개오가 나무에 앉아있을 때, 그가 있었던 곳에서 만나셨다(5절).

그분은 결과에 상관없이 한 죄인과 만나셨다(7절). 더구나 예수님은 삭개오에게 자신의 죄를 깨닫게 하셨다. 결국, 이 기사는 예수님이 단순히 죄인을 만난(meet) 것이 아니었음을 보여준다. 그는 그들을 구원하기 위해 찾으셨다(9-10절).

(2) 예수님은 접근성이 좋으셨다.

요한복음 3장에서, 우리는 밤에 예수님을 찾은 니고데모에 관해 읽었다. 니고데모는 진리를 찾고 있었다(2절). 예수님의 대답은 직설적이었다. 복음에 관한 대화가 뒤따랐지만, 어떤 즉각적인 변화도 나타나지 않았다(4-21절). 하지만 니고데모에게 일어날 수 있는 변화에 대한 증거가 있다(요 7:50-52을 보라). 그는 예수님이 돌아가신 후에, 주검에 기름을 바르기 위해 선물을 가져왔다(요 19:39을 보라).

(3) 예수님은 모든 기회를 구원을 위한 최고의 시기로 만드셨다.

예수님을 증거하는 모든 사례가 중요하지만, 요한복음 4장에서 사마리아 여인을 만난 것은 특별한 영적 통찰력을 제공한다. 예수님의 복음전도에 대한 관찰은 많은 사람이 구원받지 못한 이유가 아무도 어떻게 구원받는지를 그들에게 말해주지 않았기 때문임을 상기시켜 준다!

예수님의 죽음과 부활은 복음전도 메시지를 구체화한다. 우리의 주된 필요는 교육이 아니다. 따라서 예수님의 사역은 본질적으로 가르침에 대한 것이 아니었다. 우리의 죄를 위해 죽으려고 오신 유일한 주요 목적이었다. 어떤 사람들은 그리스도께서 구원하려고 하시는 사람들을 '그리스도인이 되기 전의 사람들'(pre-Christians), 즉 잃어버린 사람들이라고 말한다. 그같은 용어는 성경적인 충실함보다는 오히려 정치적 조작의 냄새가 더 많이 난다. 잃어버림에 관한 신약성경의 강조를 깊이 생각할 때 그것은 주제넘은 용어이다. 그럼에도 불구하고 잃어버린(lost)이라는 단어는 큰 가치를 내포한다.

사람들은 하나님의 아들의 죽음을 가치 있게 여긴다!

최근에, 우편물을 분류하면서, 나는 실종된 아이 사진이 담긴 전단지를 보았다. '1-800-THE-LOST'라는 전화번호가 내 주의를 끌었다. 분명히 어떤 사람도 그런 상황에서 '잃어버린'(lost)이라는 단어를 부정적으로 보지 않는다.

창조주에게서 분리된 사람들에 대해 동일한 긴박성을 가져야 하지 않을까?

예수님의 죽음과 부활이 없다면, 우리가 전하는 복음은 단지 역사에 관한 또 다른 이야기에 불과할 것이다.

그러나 예수님의 죽음은 복음에 중요한 영향을 미친다!

예수님은 우리에게 어떻게 사는지에 대한 도덕적인 본을 보이려고 오지 않으셨다. 그분은 우리에게 어떻게 사는지를 가르치려고만 오지 않으셨다. 그분은 죽고 다시 살아나셔서, 우리가 죄에 대해 죽으므로 영원히 살 수 있게 하기 위해 오셨다.

(4) 예수님의 위임은 우리가 복음을 전하는 것을 요구한다.

모든 복음서 이야기와 사도행전에는 지상명령 구절들이 있다.

> 그러므로 너희는 가서 모든 민족을 제자로 삼아 아버지와 아들과 성령의 이름으로 세례를 베풀고 내가 너희에게 분부한 모든 것을 가르쳐 지키게 하라 볼지어다 내가 세상 끝날까지 너희와 항상 함께 있으리라 하시니라 (마 28:19-20).
>
> 또 이르시되 너희는 온 천하에 다니며 만민에게 복음을 전파하라 (막 16:15).

또 그의 이름으로 죄 사함을 받게 하는 회개가 예루살렘에서 시작하여 모든 족속에게 전파될 것이 기록되었으니 너희는 이 모든 일의 증인이라 (눅 24:47-48).

예수께서 또 이르시되 너희에게 평강이 있을지어다 아버지께서 나를 보내신 것 같이 나도 너희를 보내노라(요 20:21).

오직 성령이 너희에게 임하시면 너희가 권능을 받고 예루살렘과 온 유대와 사마리아와 땅 끝까지 이르러 내 증인이 되리라 하시니라(행 1:8).

우리 주님의 말씀이 얼마나 훨씬 중요한가?

예수님은 곧 하늘로 올라가실 것을 알고 계셨다. 그분은 그 사건을 통제하고 계셨다. 이 사실은 그분을 따르는 사람들에게 마지막 명령에 대한 중요성에 집중하도록 한다.

그는 우리에게 무엇을 하라고 말씀하셨는가?

건물들이나 사회사역이나 대단한 예배나 제자훈련 과정을 세우라는 것이 아니다. 이것들도 모두 귀하고 중요하다. 그러나 그분은 우리에게 모든 신자가 할 수 있는 중대한 일인 증인들이 되라고 말씀하셨다.

8. 바울의 복음전도

바울은 준비된 증인이었다. 회심하기 전, 다소의 사울은 미래사역을 위해 준비되고 있었다. 그는 위대한 선생인 가말리엘 문하에서 공부하면서 유대주의 교육을 받았다. 다소에서 자란 그는 로마 시민으로 태어났다. 이 남자는 헬라사상에 밝고, 열심과 지력을 갖추었기에 앞으로 영향력을 행사하도록 준비되었다. 또한 그의 회심은 사울이 사도 바울이 되도록 예비했다.

바울의 극적인 회심은 오해되어왔다. 때로 그리스도를 영접하지 못한 사람들이 '다메섹 도상'(Damascus road)에서의 회심 유형이 자신에게도 일어나기를 기대한다. 하지만 소수의 사람만이 그런 강력한 회심을 경험해왔다. 바울의 경우 그것은 예상되었고 필연적이었다.

그는 그것에 완전히 사로잡혔다!

그는 자신을 "죄인 중에 괴수"로 부르면서, 잃어버린 것이 무엇을 의미하는지를 결코 잊지 않았다. 바울은 주님으로부터 위임받은 것에 의해 자신을 준비했다.

> 주께서 이르시되 가라 이 사람은 내 이름을 이방인과 임금들과 이스라엘 자손들에게 전하기 위하여 택한 나의 그릇이라(행 9:15).

바울은 지중해 세계를 가로질러 복음을 전파하였다. 그는 이방인의 사도였지만, 유대인에게도 꾸준히 복음을 전했다. 그의 위임 중에서 가장 간과된 특징은 바울이 복음을 위해 엄청난 고난을 당할 것을 주께서 인정하신 것이다. 바울의 복음전도는 하나님에 향한 그의 열정으로부터 나왔다.

나는 가끔 학자들이 바울의 실효성에서 중요한 특징을 놓쳐왔다는 직감이 든다.

하나님이 팔레스타인을 둘러보실 때, 당신이 천국에서 그 모든 것을 함께 보고 있는 순간을 상상해 보라.

그분은 보통 남자가 아니라 걸음마 단계의 기독교운동을 이끌 한 남자를 찾고 계신다. 불같은 어부인 베드로가 핵심 지도자였을지라도 그를 그냥 지나치신다. 제자들 그룹 안에서 최고였던 야고보와 요한도 지나치신다. 사실상, 열두 제자 중 누구도 선택되지 못한다.

예수님의 지상사역 동안 그분을 따랐던 사람들 중 어떤 사람도 아니다. 수많은 초대 교회 회심자들도 건너뛴다. 일곱 집사들도 그들 나름대로 뛰어날지라도 그(the) 핵심 리더에 대한 하나님의 기준을 충족시키지는 못한다.

그 대신, 성부 하나님은 팔레스타인을 둘러보시고, 그 지역에서 가장 열정적이고 시기심 많고 순응적인 한 사람을 찾으신다. 그 남자가 목이 뻣뻣한 바리새인이거나 심지어 현재 하나님의 자녀를 박해하는 일에 가담해도 결코 신경 쓰지 않으신다.

그의 그런 모습은 변화될 수 있기 때문이다!

저기 그가 있다.

그는 하나님의 이름으로 자기 멋대로 행동한, 그리고 자신의 힘으로 교회를 막으려는 무자비한 다소의 사울 아닌가?

갑자기 밝은 빛이 비친다. 눈 먼 그 남자는 무릎을 꿇는다. 그는 한 음성을 듣는다. 그리고 그 사람 때문에 역사가 영원히 변화된다. 나는 바울의 열정적인 성격이 그의 사역 전체에 걸쳐 중요한 역할을 했다고 직감한다. 한 사람의 지도자로서 바울의 실효성은 그의 열정을 떠나서는 이해될 수 없다. 그의 소명이 자신의 인생을 이끌었다.

당신의 사명 선언은 무엇인가?

나는 바울의 사명은 '그리스도를 아는 것과 그분을 알게 하는 것'으로 요약될 수 있다고 생각한다. 바울은 일편단심이었다. 그는 역사상 가장 위대한 그리스도인이자 가장 위대한 전도자가 되었다. 그는 멈출 수 없었다. 죽음이 닥쳤을 때, 바울은 죽음을 못 본체하지 않았다.

그는 "죽는 것도 유익함이라"(빌 1:21)고 말했다. 자신의 생명이 지속되게 되었을 때, 그는 "내가 복음을 부끄러워하지 아니하노니"(롬 1:16)라고 자랑했다. 고통당할 때, 그는 "내가 그리스도와 그 부활의 권능과 그 고난에 참여함을 알고자"(빌 3:10) 하였고, "생각하건대 현재의 고난은 장차 우리에게 나타날 영광과 비교할 수 없도다"(롬 8:18)라고 상기했다.

바울의 복음전도는 그 남자의 소명, 열정, 희생적인 순종을 떠나서는 이해할 수 없다. 이런 강력한 기초를 바탕으로 몇 가지 방법들이 확립되었다.

1) 개인전도(personal evangelism)

바울은 끊임없이 사람들과 자신의 믿음을 함께 나눴다. 사도행전 13장에서, 우리는 그가 총독에게 증거하는 모습을 읽는다. 사도행전 16장은 빌립보에서 간수에게 복음을 전하는 중인 바울을 보여준다. 후에 아그립바(Agrippa)와도 개인적으로 복음을 나누었다(행 25: 23-27). 바울의 인생에서, 어떤 교회나 그리스도인에게 행한 개인전도는 다른 모든 방법들이 발전하는 기초가 되었다.

2) 대중전도(mass evangelism)

또한 사도행전에서, 우리는 바울이 전한 메시지들에 관한 언급을 최소한 아홉 개 정도 발견한다. 고린도전서 1:23에서, 바울은 고린도의 신자들에게 십자가를 전하는 것의 중요성을 상기시킨다.

3) 가정전도(household evangelism)

데살로니가에서, 바울은 그리스도를 나누는 곳으로 집을 이용했다. 빌립보에서 리디아의 집은 복음을 위한 관문이 되었다.

4) 변증전도(apologetic evangelism)

사도행전 18:4에서, 바울은 고린도에 있는 회당에서 "강론했다." 사도행전 17장은 아레오바고(Mars Hill)에서의 복음을 변호한 일을 기록하고 있다. 후에 변증자들과 논쟁자들의 사역은 박해의 시대에 신실한 사람들을 강하게 했을 뿐 아니라 많은 사람들을 회심으로 이끌었다.

5) 능력전도(power evangelism)

사도행전 13장에서, 우리는 총독의 구원으로 이어진, 소경된 마술사에 관해 읽는다(행 13:11-12을 보라). 기적이 바울과 초대 교회 다른 그리스도인들의 복음전도에 역할을 했을지라도, 바울은 기적 없이도 그리스도를 전했다. 안디옥, 루스드라, 더베, 데살로니가, 베뢰아 그리고 고린도에서도 기적에 관한 어떤 언급도 없다.

하나님은 몇몇 사람들에게 이르기 위해 기적을 사용하실 수 있지만, 대화의 기적이 치유 같은 기적들보다 부수적이 되지 않도록 주의해야 한다. 대화는 어떤 사람이 경험할 수 있는 가장 중요한 초자연적인 사건이다.

6) 교육/가르치는 전도(educational/teaching evangelism)

『변증적 신앙과 그 발전』(*The Apostolic Faith and Its Development*)에서 C. H. 도드(C. H. Dodd)의 잘못 중 하나는 케리그마(kerygma), 즉 복음전도의 선포와 디다케(didache), 즉 교회의 가르치는 사역 간의 선명한 구분이었다. 가르치는 것도 복음전도의 한 부분이었다. 이 접근의 뚜렷한 실례는 바울이 에베소를 방문하여 두란노서원에서 가르친 것에서 나타났다.

7) 문서전도(literary evangelism)

오늘날 문서전도의 이행이 빌 브라이트(Bill Bright)의 『사영리』(*Four Spiritual Laws*) 또는 빌리 그레이엄(Billy Graham)의 『하나님과 화목의 길』(*Steps to Peace with God*)과 함께 시작했다고 생각할 수도 있다. 하지만, 그렇지 않다. 로마인들에게 보낸 바울의 보고서는 복음 메시지에 대한 훌륭한 설명을 제공한다.

바울의 사역 이상으로, 요한복음 역시 복음전도의 의도로 쓰여졌다(요

20:31). 마가와 누가의 기사들도 최소한 복음전도의 목적의 일부로 쓰여졌다. 바울 역시 격려하고자 할 뿐만 아니라 복음전도를 하고자 편지를 썼다.

8) 교회 개척(church planting).

바울은 복음을 듣지 못했던 곳에서 전도했기 때문에, 그가 갔던 곳에 교회를 개척했다.

9) 도시전도(urban evangelism).

바울은 대도시의 중심으로 꾸준히 나아갔다. 에베소에 세워진 본부로부터 복음 메시지를 가지고 아시아에까지 도달했다. 도시에까지 도달하는 것의 중요성에 관한한 바울에게서 많은 것을 배울 수 있다.

10) 양육(follow-up).

바울은 양육전략을 활용했다.

첫째, 그는 전형적으로 자신이 그리스도께 인도한 사람들을 방문했다.
그의 선교여행은 보통 자신의 설교와 복음전도 사역의 발자취를 되짚었다.
둘째, 바울은 믿음이 어린 신자들을 격려하기 위해 편지를 썼다.
한 예로 데살로니가전서를 읽으라.
그는 또한 신자들을 격려하기 위해 에바브로디도와 같은 사람들을 보냈다.
셋째, 그는 자신이 전도했던 사람들을 위해 끊임없이 기도했다.

바울은 복음전도에 대해서도 가르쳤다. 그는 복음이 너무 중요해서 불순한 동기로 전도했던 사람들도 가치 있는 일을 하고 있다고 빌립보 사람들에게 이야기했다(빌 1:15-16).

복음전도에 관한 바울의 가장 중요한 가르침은 그가 디모데에게 맡긴 책임이었다. 바울은 디모데에게 말한 것처럼, 결과적으로 복음전도의 책임을 느낄 때나 느끼지 못할 때나 상관없이, "때를 얻든지 못 얻든지"(딤후 4:2) 그리스도를 위해 말씀을 전하려고 일하고자 하는 모든 사람들에게 말했다. 더구나 그는 디모데에게 "복음 전도자의 일을 하라"(딤후 4:5)고 가르쳤다. 성령의 감동으로, 복음전도 명령은 바울의 사역의 중심이 되었다.

휴스턴침례대학교에서 필수 과목인 신약성경을 가르칠 때, 내 반의 몇몇 학생들이 비신자였다는 사실을 알고 있었다. 나는 그들에게 전도는 하지 않으면서, 그 강의 내내 신약성경의 분명한 메시지를 설명하려 했다. 그 강의가 학생들을 위한 또 하나의 학문적인 활동 이상이 되기를 기도했다.

그리고 기말 시험 끝 부분에 쓰여진 언급 때문에 나는 겸손해졌다. 30세 정도의 기혼 여학생 한명이 수업 내내 한 마디도 하지 않았다. 하지만 그녀는 시험지에 이런 말들을 썼다.

"이 수업 때문에, 제 남편과 저는 둘 다 구원받고 세례/침례를 받 았습니다. 그리고 지금은 매일 밤마다 함께 성경을 읽고 있습니다. 이 수업 때문에 감사드립니다!"

하나님의 말씀에는 능력이 있다!

9. 적용

끝으로, 성경을 연구하는데 더 많은 시간을 들여 복음전도에 대해 배우라.
우리는 하나님의 말씀을 연구, 암송 그리고 묵상하는 것에 집중해야 한다.

나는 얼마 전에 북미선교회(North American Mission Board) 회장 로버트 레코드(Robert Reccord)와 함께 한 집회에 참석하였다. 그는 회중에게 최소한 5년 동안 그리스도인이었던 사람들은 손을 들어보라고 요청했다. 대부분 손을 들었다.

그 다음에 그들 중 얼마나 많은 사람들이 성경 25구절을 암송해서 인용할 수 있는지 물었다. 아주 적은 사람이 손을 들었다. 그리고 레코드는 "5년 동안 25구절을 암송하기 위해서 1년에 **다섯**(five) 구절만 외우면 된다는 것을 아십니까?"라고 말했다. 그는 사람들을 질책하고 있지 않았다. 그는 자신의 생각을 분명히 밝히고 있었다.

스펄전이 말했던 것처럼, "피 흘릴 때 우리가 성경이라는 피를 흘리게" 되기까지 성경을 배워야 한다. 그 때 우리는 잃어버리고 상처 입은 세상에 복음의 보화를 더 효과적으로 전달할 수 있다.

참고문헌

Coleman, Robert E. *The Master Plan of Evangelism*. Old Tappan, N.J.: Fleming H. Revell, 1972.

Dobbins, Gaines. *Evangelism According to Christ*. Nashville: Broadman, 1949.

Miles, Delos. *How jesus Won Persons*. Nashville: Broadman, 1982.

제3장

다원적인 문화를 위한 유일한 예수:
초대 교회의 복음전도

예수님께 위임받은 제자들은 능력 부족이 뚜렷했다. 웅장한 로마에서 멀리 떨어진 작은 지방의 거주민들이었고, 교육이 높거나 영향력도 없었던 그들은 성공에 적합하지 않았다. 그러나 그들은 자신의 능력을 통해서가 아니라 하나님의 능력에 의해서 성공했다.

1. 복음을 위한 준비

초대 교회 신자들은 큰 장애에 부딪쳤다. 그들은 신약성경의 기준도, 갖추어진 조직도 없었고, 명확히 확정된 지도자들도 거의 없었다. 그들은 위험한 박해에 직면했고, 크게 오해를 받았다. 여전히 복음전파도 도움을 받고 있었다. 바울이 적절히 기록했듯이, 예수님은 때가 찼을 때 또는 정확히 바로 그 시간에 오셨다(갈 4:4). 우주의 통치자이신 하나님은 사건들을 배열하셔서 지상명령을 위한 길을 준비하셨다.

복음이 퍼지도록 도왔던 것은 무엇이었는가?

로마에 의해 사람들에게 제공된 보편적인 평화, 즉 팍스 로마나(Pax Romana)가 있었다. 마이클 그린(Michael Green)은 "반세기 더 일찍 예수님이 태어나셨다면, 기독교의 전파는 상상할 수도 없었을 것이다"[1]라고 말했다.

로마는 A.D. 첫 번째 천년이 시작될 때, 당시에 알려진 전 세계를 통치했다. 강력한 군사력으로 아우구스투스 황제에 의해 시행된 지속적인 도로의 확장은 평화를 넘어 복음의 확산을 도왔다. 나는 잉글랜드 훨씬 북쪽까지 로마 도로의 유적을 보았고, 그것들은 수세기 후에도 여전히 횡단될 수 있었다.

로마에 정치적 평화가 있기 이전부터, **헬라 문화**(Greek culture)도 그 기틀을 마련했다. 알렉산더 대왕의 정복자들과 헬라화의 일치과정은 지중해 전 지역에 헬라어로 같은 언어를 말하는 하나의 문화를 만들어냈다. 초대 교회 선교사들이 그리스도를 전하는데 미친 평범한 언어의 영향력을 좀처럼 과소평가할 수 없다.

유대인의 신앙(Jewish faith)은 초대 교회 신자들에게 구축할 유산을 제공했다. 초대 교회 그리스도인들은 구약성경을 성경으로 알고 있었다. 더구나, 예수님의 태어나시기 전, 수세기 동안 유대인 디아스포라는 결과적으로 로마 제국 전역에 회당을 설립했다. 회당은 바울과 다른 사람들이 선교 여행에서 그리스도를 전하기 시작할 때 장소로 제공되었을 뿐만 아니라 초대 교회의 연합예배에 대한 모델도 제공했다.

영적 공백(spiritual vacuum)과 **정치적 통합**(political unity)도 복음전도를 위한 장을 마련하는 것을 도왔다. 브루스(F. F. Bruce)는 1세기에 대해 "정치적으로 그리고 종교적으로, 복음이 전에 없었던 그 때에 세상은 그것을 위해 준비됐다"고 언급했다.[2]

---

1   Michael Green, *Evangelism in the Early Church* (Grand Rapids: Eerdmans, 1970), 13.

2   F. F. Bruce, *The Spreading Flame* (Grand Rapids: Eerdmans, 1995), 24.

나는 오늘날의 세상도 복음에 대비한다고 믿는다!

브루스는 그 시기의 중요성에 관해 추가로 언급했다.

> 문명화된 세상의 더 큰 부분이 정치적으로 통합되었다. 하지만 오랜 고전적 종교들은 없어졌다. 많은 사람들은 악의 힘으로 부터의 자유와 내세의 축복에 대한 확신을 추구하려고 당시 인기 있는 신비적인 사이비 종교에 호소했다. 다른 사람들은... 유대교에 매료되었지만, 한 나라에 너무 밀접하게 얽매이므로 생기는 불이익으로 괴로워했다. 그리스도인의 메시지가 로마 제국 사람들 사이에 선포되기 시작했을 때, 그 메시지는 사이비 종교가 충족시키기 위해 공언했던 구원에 대한 열망과 많은 이방인들이 스토아철학에서보다 유대교의 삶의 방식에서 깨닫게 된 윤리적 사상들 둘 모두를 만족시키는 능력을 보여 주었다.[3]

예수님의 도래는 역사 속에서 하나님의 계획의 핵심이었다. 우리는 그분의 성육신을 기초로 달력에 날짜를 정했다. 새로운 세기의 시작으로 인한 흥분은, 예수님이 태어나셔서 죽었다가 무덤에서 다시 사셨기 때문이다.

2. 신약의 전략은 발전한다

신약성경의 복음전도 계획은 **총체적인**(total) 복음전도 중 하나이다. 다시 말해, 복음전도 명령이 초대 교회의 구조에 침투했다. 그 전략은 두 가지 방향으로 요약된다.[4]

---

[3] Ibid., 175.

[4] 내가 알기로, Leighton Ford는 다음 용어를 처음 사용했다. Roy Fish는 거의 한 세대를 위해 그 개념들을 가르쳤고 Darrell Robinson은 그의 책, 『총체적인 교회생활』(*Total Church Life*)에서 그 접근법을 대중화했다.

1) 전체 침투

전체 침투는 교회의 목표가 그리스도를 위해 모든 사람에게 도달하는 것임을 의미한다. 예수님은 이것을 분명하게 하셨다.

> 온(all) 천하에 다니며 복음을 전파하라(막 16:15).
> 모든(all) 족속으로 제자 삼으라(make disciples)(마 28:19-20).
> 그의 이름으로 죄 사함을 받게 하는 회개가 모든(all) 족속에게 전파되어야 한다(눅 24:47).

특별히 적용하자면, 각각의 교회가 복음으로 그 지역에 도달하고자 하는 것을 의미한다. 첫 세기 때, 세 개의 중요한 그룹들이 복음에 열려 있었다.

① 유대인들.
② 유대교 율법을 지켰던 비유대인 개종자들.
③ 유대교의 유일신론에 매력을 느꼈지만, 그 모든 율법에는 순종하지 않고 할례받지 않았던 비유대인들로서 하나님을 경외한 사람들.

오늘날 세계의 5~60억 사람들(실시간 세계 통계[Worldometers]에 따르면, 2017년 4월 세계 인구는 75억 명이 넘었다–편집자 주) 중에서, 대략 50%가 예수 그리스도를 듣지 못했다. 인기 있는 소프트 드링크는 2~3년 전에 전 세계가 자신들의 콜라 음료를 마실 것이라고 공약했다. 그들의 목표는 자기들의 제품을 가지고 세계 전체를 침투하는 것이었다. 전 세계적으로, 사람들은 기독교의 십자가보다 맥도날드 가게의 노란 아치를 더 많이 알아본다.

2) 전체 참여

전체 참여는 복음전도에 모든 신자들을 참여시키는 것을 의미한다. 예수님은 모든 신자들이 복음전도에 참여하기를 기대하신다. 성령을 받은 모든 사람은 증인이 되어야 한다(행 1:8을 보라).

복음주의자들은 점점 더 이 명령을 진지하게 받아들이고 있다. 다양한 선교 단체들이 가장 많은 비교인 그룹을 대표하는 지구 구획을 뜻하는 10/40창에 도달하는 것을 강조한 것이 모든 민족들에게 복음을 전하라는 도전에 대한 인식을 더 높여주었다.

역사상 이 특별한 시대의 다양한 전략들은, 미국에서 '미션 아메리카 2000'(Mission America 2000)을 포함한 'A. D. 2000'이라 부르는 더 큰 운동과 관련된다. 이것은 신약의 전략을 취하여 그것을 세계적으로 적용하는 시도이다. 그것은 세계 모든 사람들과 복음을 함께 나누려는 다른 교단들과 기관들의 공동 노력이다. 남침례교회들은 '볼드 미션 트러스트'(Bold Mission Trust)라고 부르는 것에 동일한 역점을 두어왔다. 이러한 모든 주안점들은 전체 복음전도, 즉 전체 참여를 통한 전체 침투에 집중한다.

나는 그런 고상한 목표를 지지하는 반면, 현실 속에서 더 중요한 일은 모든 교회들로 하여금 전 세계로 나아가 그 전략에 올인하는 동일한 철학을 적용하도록 만드는 것이다. 특정 지역을 그리스도께 인도하는 것에 헌신된 개개의 교회를 얻거나 그리스도께 가까운 이웃들을 인도하도록 개개의 신자들을 동기부여시키는 것보다, 함께 전 세계에 복음을 전하는 웅대한 계획을 세우는 것이 훨씬 더 쉽다.

신약의 복음전도 방식은 예루살렘에서 시작하여 거기로부터 열방을 향해 손을 뻗어가는 것을 포함한다. 우리는 이것이 사도행전에서 일어난 것임을 안다.

3. 사도행전의 복음전도

여러 해 동안 나는 복음전도 현장에 관한 수많은 책들을 읽어왔다. 많은 책들이 도움이 되었고 몇몇 책들은 훌륭했으며, 어떤 것들은 실망스러웠다. 지금까지 읽었던 복음전도에 관한 가장 훌륭한 책이 무엇이냐는 질문을 받았을 때, 나는 즉시 "성경"이라고 대답한다. 더 특별히, 사도행전은 다른 어떤 자료보다 초대 교회의 복음전도 사역에 관한 더 많은 통찰을 제공한다.

초대 교회는 어떻게 그 임무를 완수했는가?

1) 사도행전의 주제

사도행전 1:8은 책 전체의 기초이다. 누가의 이야기는 지역을 확장할 때, 초대 교회 신자들이 어떻게 성령의 능력으로 증거했는가를 기술한다. 모든 신자를 위한 **목적**(purpose)은, "당신들이 나의 증인들입니다"라는 말을 듣는 것이다. 제자들은 그 시대의 표적에 대해 물었지만, 예수님은 그들에게 점성술사가 아니라 전도자가 될 것을 대답으로 말씀하셨다.

증인에 포함된 **인원들**(personnel)인 모든 신자들이 사도행전 1:8에 기록되었고 나머지 28장에서 그것이 증명된다. 사도들, 평신도, 남자들, 여자들과 같은 모든 부류의 사람들이 다른 사람들에게 복음을 전했다.

윌리암 캐리(William Carey)는 사도행전 1:8의 명령은 초대 교회만을 위한 것이라는 당시 동료 교인들의 믿음에 맞섰다. 캐리 시대의 극단적인 칼빈주의자들은 하나님이 이방인들을 구원하기 원하셨다면, 하나님은 그렇게 하셨을 것이라고 말했다. 감사하게도, 캐리의 견해가 그 시대에 실행되었다. 그의 영향으로, 18세기 후반에 현대 선교가 태동했다. 그리고 교회 역사상 가장 위대한 선교운동들 중 하나로 성장했다.

세상의 구원을 위해 필요한 **능력**(power)은 성령님이시다. 어떤 현대 신자들은 문화적 부패에 직면하여 하나님의 능력이 약해지면서 영적 저하로의 균질화가 형성되어 있는 것처럼 살고 있다.

그렇지 않다!

하나님은 초대 교회 신자들의 생활 속에서 일하셨던 것처럼 오늘날도 여전히 일하고 계신다!

초대 교회에서 성령님이 행하셨던 것을 보라.

예를 들어, 베드로를 보라.

누가복음 22장에서의 비겁한, 예수님을 부인하는 제자에서 사도행전 2장에서의 용감한 설교자로 무엇이 베드로를 바뀌게 했는가?

베드로는 성령님이라는 구식 약을 복용했다.

사도행전이 복음전도에 관한 것을 우리에게 말한다면, 성령님이 지상명령 수행의 중심에 계시다는 것이다. 그래서 사도행전은 '성령행전'이라고 바르게 불릴 수도 있다. 왜냐하면 그 책의 핵심 인물은 성령님이기 때문이다. 예수님이 승천하신 후 또 다른 보혜사가 오셨고, 초대 교회 사역을 행하도록 신자들에게 권능을 주셨다.

사도행전 28장이 갑자기 끝나는 것에 주목하라.

왜인가?

왜냐하면 여전히 그 역사는 살아서 이어지고 있기 때문이다.

당신이 사도행전 29장이다. 내가 사도행전 29장이다. 모든 신자가 사도행전 29장이다.

당신 교회에 비전을 제시하라.

우리는 여전히 하나님께서 2,000년 전에 시작하셨던 것의 일부이다.

정경은 끝났지만, 교회는 여전히 성장하고 있다. 초대 교회의 복음전도에 관한 몇몇 측면은 자세히 조사할 만한 가치가 있다.

2) 모든 신자들이 개인전도에 참여했다.

강의나 세미나에서 개인전도의 개념은 초신자들에게 생소했다. 복음을 증거하는 것은 진정한 그리스도인을 정의하는 표지 중에 하나였다. 코난트(Conant)와 피쉬(Fish)가 기록했듯이, 베드로의 위대한 설교로 알려진 오순절에도 개인증거가 도시에 퍼졌다.

> 오로지 베드로의 설교만으로 삼천 명의 회심자(행 12장)가 그리스도께 인도되었다고 폭넓게 인정되고 있다. 그러나 이것은 사실이 아니다. 모든 제자들의 개인증거가 한 제자의 대중증거에서 절정에 달했고 그날의 결과를 가져왔다. 다시 말해, 베드로의 설교에 앞서 개인증거가 없었다면, 그런 결과가 따라올 가능성은 거의 없었을 것이다.[5]

오순절에 사도들은 하나님의 강력한 역사에 대해 모두 다른 언어로 말했다. 그렇게 120명 모두 함께 복음을 나누고 있었다. 그 다음에 군중들이 모였고 베드로가 그들에게 설교했다. 또 다른 구절인 사도행전 11:19도 다음과 같이 언급하고 있다.

평신도 구레네와 구브로 사람들이 복음을 전했다. 초대 교회 집사 스데반이 증인이었고, 빌립도 복음전도자라고 불렸다. 사실 사도행전에서 신자들이 말씀의 왕성함에 참여할 때마다, 복음을 증거하고, 하나님을 찬양하며, 사람들 사이에서 칭송을 받고 있었다.

사도행전에서 개인전도의 사례들은 수없이 많다.

내시에게 전한 빌립의 증거(행 8장), 고넬료에게 전한 베드로의 증거(행 10장), 그리고 총독에게 전한 바울의 증거(행 13장)를 주목해 보라.

---

5   Roy J. Fish and J. E. Conant, *Every Member Evangelism for Today* (New York: Harpe rand Row, 1976), 11.

오늘날은 개인전도가 규칙이 아니라 예외이다. 사실 사도행전에서는 그 반대였다. 지상명령은 그 동안 그 의미가 역전되었다. 적극적이고 마음을 끌고 부끄러워하지 않는 개인전도의 헌신을 회복하는 것이 극히 중요하다!

하르낙(Harnack)은 다음과 같이 말했다.

"우리는 기독교의 대사명이 비전문적인 선교사들에 의해 현실로 이루어졌었다고 믿는 것에 망설임이 없다."[6]

예수님의 최초 제자들 중 누구도 그 시대의 성직자 출신은 아니었다. 그래서 주로 '아마추어' 증인들을 통해 복음이 퍼졌다는 것에 놀랄 필요가 없다. 마이클 그린(Michael Green)은 1세기 교회의 평가를 통해 미국 교회를 고발한다.

> 기독교가 고도로 지성화되고 점점 더 중산층에 국한되어가는 전문 성직자에 의해 제공되는 오늘날과는 대조적으로, 초대 교회 시대에는 비전문 복음전도자에 의해 믿음이 즉각적으로 퍼졌고, 노동 계층사이에서 가장 큰 호소력이 있었다.[7]

역사도 같은 증거를 제공한다. 대각성 시대에, 개인전도에 새로워진 열정이 부어진다. 과거 부흥기 동안 지도자들의 간과된 특징들 중 하나는 개인의 영혼구원에 대한 그들의 헌신이다.

3) 대중전도는 영적으로 구별된 특정 신자들에 의해 행해졌다.

개인전도가 모든 신자들에 의해 행해졌다고 주장할 수 있다.
그러나 복음의 공적인 선포는 더 많은 한계가 있었다는 것에 주목하라.

---

6   Green, *Evangelism*, 172.

7   Ibid., 175.

모든 신자들이 아니라 베드로, 스데반, 바울, 그리고 그 밖의 다른 사람들이 복음을 전했다. 사도행전 2장이 증언하듯이, 복음의 대중설교는 개인증거에 의해 강화되었다. 초대 기독교 신자들은 교회 건물이 없었다.

오늘날 우리는, 사람들과 열정에 거의 관심이 없으면서, 건물과 예산을 지나치게 강조하는 '건축 컴플렉스'(edifice complex)로 고통당하고 있다. 초대 교회 때, 야외에서 전도하는 것은 예외적인 일이 아니라 일상적인 일이었다. 조지 휫필드(George Whitefield)와 존 웨슬리(John Wesley)는 18세기 영국에 대단한 영향력을 가지고 현장에서 전도를 시작했다. 그때, 그들은 그런 초라한 접근 방식으로 말씀을 전한다고 비난받았다. 하지만, 그들은 다만 초대 교회의 모범을 따르고 있었다.

4) 그들은 복음 메시지와 변화된 삶의 간증을 나눴다

초대 교회에서는 자신들이 전한 메시지에 대한 어떤 혼란도 없었다. 사도행전 전체에 걸쳐 변함없이, 그 메시지들은 유일한 강조점을 가진다.

사도행전에서 가장 논란이 되는 면들 중 하나는 초대 교회의 복음전도에서 정해진 방식이 있었는지에 관한 질문에 집중한다. C. H. 도드(C. H. Dodd)의 책, 『변증적 설교와 그 발전』(The Apostolic Preaching and Its Developments)은 초대 교회 당시에 주목할 만한 방식이 있었다고 주장했다. 이 패턴은 다음의 내용을 포함했다.

① 예수님은 메시아적 예언을 수행하기 시작하셨다.
② 그분은 선행과 기적을 행하고 다니셨다.
③ 그분은 하나님의 계획에 따라 십자가를 지셨다.
④ 그는 하늘에 올라가 찬양받으셨다.

⑤ 그는 심판하러 다시 오실 것이다.
⑥ 그러므로 회개하고 믿고 세례를 받으라.[8]

많은 학자들이 도드에게 동의했다. 마틴 디벨리우스(Martin Dibelius), 헌터 (A. M. Hunter)와 크레이그(Craig)도 이 사람들에 포함된다. 그들 사이에 초대 그리스도인의 전도에 관한 기본 요소에 대한 이견이 다소 있기는 하다.

최근 학자들은 도드가 발견한 것들에 점점 더 동의하지 않는다. 메시지는 초대 교회 모든 사람에게 분명한 것이었지만, 메시지의 적용은 다양했다고 말하는 것이 타당하다. 초대 교회 복음전도에 대한 조사에서 그린(Green)은 초대 그리스도인들의 선포는 "그 증언이 예수 그리스도께로 통일되었고, 듣는 사람들의 다양한 필요에 다양하게 그분의 계시를 제시하였으며, 결정에 대한 요구가 긴급"[9]했다는 것을 말한다. 사도행전에서 아주 명백한 것은 도처에 일관된 메시지가 선포된 것이다.

비교표에서 핵심설교의 비교에 주목하라(사도행전의 설교 비교).

십자가와 예수님의 부활이라는 객관적인 메시지가 초대 교회의 증거에 녹아들어갔다. 그들은 이런 객관적인 진리에, 개인간증이라는 더 주관적인 요소를 더했다. 십자가 메시지가 변화된 삶과 짝이 될 때, 여전히 지옥의 문을 기습하는 가장 강력한 무기이다.

성경에서 복음전도에 관한 가장 감동적인 구절들 중 하나는 사도행전 4:13이다. 베드로와 요한은 십자가와 예수의 부활 메시지를 전했다는 이유로 사두개인들에 의해 체포되었다. 종교 지도자들은 베드로와 요한이 "학문 없는 범인"이라고 말했다. 하지만 그들은 사도들의 변화된 삶을 설명할 수 없었다. "그들은 이상히 여겼다."

---

8   Robert H. Gundry, *A Survey of the New Testament* (Grand Rapids: Zondervan, 1981), 75.
9   Green, *Evangelism*, 66.

[사도행전의 설교 비교]

본문	행 2	행 3	행 7	행 13
설명	오순절에 베드로	못 걷는 사람이 치유된 후에 베드로	스데반	바울
예수님은 메시아적 예언을 수행하셨다.	2:14-21	3:11-13a	7:2-53	13:16-27
예수님은 선행과 기적을 행하셨다	2:22	3:13-15 (암시된)	7:52 "오직 유일한"	13:23-25
예수님은 십자가에 못 박히셨다.	2:23-24a	3:15	7:52	13:28-31
예수님은 승천하고 높임 받으셨다.	2:32a	3:21	7:54-56	13:32-35
그리스도는 심판자로서 다시 오실 것이다.	2:34-36	3:21-23	7:60 (암시된)	
회개하고, 믿고, 세례 받으라.	2:38	3:19		13:38-39

"또 전에 예수와 함께 있던 줄도 알았다."

이 사람들의 간증은 그들이 전한 메시지가 사실이라는 증거가 되었다.

우리를 위한 질문은 이것이다.

"우리가 예수님과 함께 있었다는 것을 그들이 알려면, 그들이 얼마나 오랜 동안 우리와 이야기해야 하는가?"

권력자들이 베드로와 요한을 위협했을 때, 베드로는 "우리는 보고 들은 것을 말하지 아니할 수 없다"(행 4:20)라고 대답했다.

이 초대 교회 신자들에게, 객관적인 복음의 메시지는 그들의 삶 속에서 다이나믹하게 역사하였기에 자신들이 전한 그리스도를 위해 죽을 수 있었다. 그들의 삶이 매우 근본적으로 변화되었으므로, 기꺼이 그분을 위해 살았다.

리틀 차드(Little Chad)는 수줍은 어린 소년이었다. 1월 말 어느 날 오후, 차드는 그의 엄마에게 자기 반 친구들 한 사람 한 사람에게 발렌타인 카드를 만들어 주고 싶다고 말했다.

그 엄마는 속으로 생각했다.

"나는 그가 그걸 하지 않았으면 좋겠어!"

그녀는 아이들이 자기 아들을 얼마나 무시했는지를 알고 있었다. 학교에서 집으로 걸어올 때마다, 차드는 항상 그들 뒤에 있었다. 차드는 결코 끼지 못했다. 그런데도, 그녀는 돕기로 결심했다. 그녀는 색도화지, 풀 그리고 크레용을 샀다. 차드는 3주 내내 밤을 새가며 손수 35장의 발렌타인 카드를 만들었다.

발렌타인 데이가 되었을 때, 차드는 신이 나 있었다. 그가 발렌타인 카드를 하나도 받지 않는다면 실망할까봐 두려웠던 그의 엄마는 학교에서 집으로 돌아오면 가장 좋아하는 과자를 구워놓겠다고 말했다.

그녀는 '아마 그게 조금이라도 고통을 덜어줄거야'라고 생각했다.

그날 오후 아이들은 평소보다 더 늦게 왔다. 차드의 엄마는 테이블에 과자와 우유를 준비해 놓았다. 마침내 그녀는 그들이 웃고 서로 이야기하며 오는 것을 들었다. 그리고 평소처럼 차드는 뒤에 있었다. 그녀는 그가 집에 도착하자마자 울음을 터트릴까봐 무서웠다. 그녀는 그의 팔에 아무것도 없는 것을 보고 알았다. 그리고 문이 열렸을 때, 그녀는 눈물을 억눌렀다.

"엄마가 너를 위해 따뜻한 쿠키와 우유를 준비했단다."

차드는 바로 옆으로 행진하듯 걸어와서는, "하나도...하나도"라고, 이야기한 것이 전부였다.

그녀의 가슴은 철렁 내려앉았다.

그리고 그는 말을 더했다.

"하나도 잊지 않았아요. 단 하나도 잊지 않았아요!"[10]

차드는 주는 것에만 너무 집중해서 받을 생각은 전혀 하지 못했다.

---

10   Charles R. Swindoll, *Improving Your Serve* (Waco: Word, 1981), 92-3.

그는 나눌 중요한 것이 있었다.
그리고 우리도 그렇다!

5) 그들은 장애물에도 불구하고 그리스도를 함께 나눴다

역사상 가장 위대한 성령의 부으심은 오순절에 있었다.
대부흥이 있을 때, 만사가 형통하다,
맞는가?
자, 그것이 부흥에 대한 당신의 의견이라면, 그것을 하나님께 간구하는 것을 그만두는 편이 더 낫다!
아니, 하나님이 일하실 때, 사탄은 추한 머리를 쳐든다. 초대 교회는 연속해서 내적, 외적 장애물에 봉착했지만, 이 장애물들을 하나님이 일하시는 기회로 돌렸다. 어떤 것도 영혼구원에 대한 그들의 열정을 멈추게 할 수는 없었다.
내적(inward) 장애물들 중 세 가지에 주목하라.

(1) 위선

위선은 20세기 현상이 아니다. 아나니아와 삽비라(행 5장을 보라)는 물질적인 헌금을 둘러싸고 일어난 일에 대해 거짓말을 했다. 베드로는 명백한 죄에 직면했다. 복음전도의 교회는 밝혀진 죄에 직면하기를 두려워하지 말아야 한다. 사도행전은 역사상 가장 위대한 복음 전도를 행한 영적 각성의 이야기이다.
그러나 초대 그리스도인들이 직면했던 어려움을 생각해 보라.
아나니아와 삽비라의 문제는 위선이었다.
당신은 교회에서 위선을 경험한 적이 있는가?
한 목회자 친구가 교회에서 위기에 직면했다. 그는 한 직원이 부도덕과 관련되어있음을 알게 되었다. 그 사람의 가족들에게 예민한 문제였기에 가능한 그들을 친절하게 대했지만, 그것을 처리하는 과정에서 그와 교회는 결국 죄와 마

주했고 그 직원을 해고했다. 후에 그 교회는 깊고 강력한 부흥을 경험했다. 그 교회가 죄를 처리하는 일에 실패했다면, 하나님 능력의 일부를 도둑질당했을 것이다.

(2) 사역의 필요

사도행전 6장은 무시당한 헬라파 유대인들의 과부에 대해 이야기한다.

과부들에 대한 불만은 실제적인 필요에 대한 것이었음을 주목하라.

문제를 제기한 모든 사람이 불만을 가진 사람은 아니다. 그리고 성장하는 교회는 합당한 필요들을 다루어야 한다. 사도들은 사역하는데 방해를 받았다. 그래서 교회는 조직을 확대함으로 그 문제를 처리했다.

하지만 그것은 그 문제를 해결했던 최초의 집사들을 따로 세움으로써 단순히 조직을 바꾼 것만은 아니었다. 성령 충만한 지도자들을 선택한 것이 중대한 변화를 가져왔다.

헬라파 과부들은 "우리는 무시당하고 있다"라고 말하고 있었다. 베드로는 "당신은 침묵할 것인가?"라고 말하지 않았다.

대신 이렇게 말했다.

"여기 문제가 있어요. 우리는 말씀과 기도사역으로 주님을 섬기고, 당신들은 구제하고 이런 사역의 필요를 처리하도록 몇몇 집사들을 임명합시다."

(3) 신학적 확신

또한 신학적인 문제들이 초대 교회의 복음전도에 핵심적인 역할을 했다. 사도행전 15장에 기술된 예루살렘집회는 "이방인들이 그리스도인들이 되기 위해 유대인들이 되어야 했는가?"라고 하는 복음전도와 직접 연관된 신학적 문제를 다루었다. 그날 이후, 교회의 복음전도 효과는 어떻게 신학의 문제를 다루느냐에 종종 달려 있었다.

복음전도는 방법 이상이다. 효과적인 복음전도를 위해 신학적인 문제들을 다루어야 한다. 교회는 **내부**(inward) 장애물 외에, 또한 **외부**(outward) 박해와도 맞서 싸웠다.

이 세 가지 사례들을 주목하라.

• 위협

사두개인들은 베드로와 요한을 붙잡아, 더 이상 복음을 전하지말라고 명령했다.

사도들은 어떻게 반응했는가?

우선, 그들은 담대하게 복음을 **전했다**(preached, 행 4:8-12).

그 후 그들은 침묵하고 싶지 않은 것에 관해 **증언했다**(testified, 행 4:20).

마침내, 석방되자마자 다른 신자들과 함께 **기도했다**(prayed, 행 4:23-31).

기도할 때, 그들은 하나님의 주권을 인정함으로 시작했다(행 4:24). 또한 창조와 역사의 주님으로서 하나님을 인정했다. 초대 교회 신자들은 기도할 때, **담대함**(boldness)을 위해 기도했다(행 4:29).

그 응답을 주목해 보라.

> 빌기를 다하매 모인 곳이 진동하더니 무리가 다 성령이 충만하여 담대히 하나님의 말씀을 전하니라(행 4:31).

바로 **그것이**(that's) 기도하는 것이다!

• 육체적인 구타

사도행전 5장은 핍박이 위협에서 실제적인 육체적 학대로 옮겨졌다고 말한다.

그러나 그들은 "능욕 받는 일에 합당한 자로 여기심을"(행 5:41) 기뻐했던 반응에 주목해 보라.

공산주의가 붕괴되기 전, 루마니아에서 심하게 박해를 당했던 조셉 츠온

(Joseph Tson)은 대부분의 미국 기독교인들이 기꺼이 고통당할만하다고 여길만한 박해를 당하지는 않았다고 말했다.

• 순교와 일반적인 박해

스데반은 복음에 대한 확신 때문에 결국 죽임을 당했다(행 7장과 8장을 보라). 제1차 대각성의 위대한 설교자 조지 휫필드(George Whitefield)가 한번은 설교를 하고 있는데, 한 남자가 자신의 발에 채찍을 휘둘렀다. 그날 밤 그는 "나는 이 날 군중들이 던진 크고 작은 돌들과 죽은 고양이의 파편들이 나를 향해 날라오는 하나님의 복을 받았다"라고 썼다. 그는 그날 2~3시간 동안 말씀을 전했고, 수백 명의 사람들이 그리스도를 영접했다.

한 번은 존 웨슬리가 설교할 때, 반대자들이 황소를 몰아 모여있는 무리들 사이로 지나가게 했다. 그는 자신의 일기에, 자신이 입에 피를 흘리면서, 계속 설교를 했다고 기록했다. 복음은 희생할 가치가 있음을 이해해야 한다.

폴 브랜드(Paul Brand)와 필립 얀시(Philip Yancey)는 『고통: 누구도 원하지 않는 선물』(*Pain: The Gift Nobody Wants*)이라는 제목의 감동적인 책을 저술했다. 그 책은 나병과 일반적인 고통에 관한 것이다. 브랜드는 인도에 있는 나병환자촌과 루이지애나에 있는 미국에서 가장 큰 나병환자촌을 묘사했다.

나병의 주된 문제는 감각을 잃게 한다는 데 있다. 나병환자촌에 있는 사람들은 계속해서 손가락과 귀를 잃었고, 왜 그런지 그 이유를 몰랐다. 그들은 숙소에 카메라를 설치했다. 이 사람들이 잠자고 있을 때, 쥐가 손가락을 씹어먹는 것을 발견했다. 나병환자들은 그것을 알아채지도 못했다. 그들은 느낄 수 없었다.

그 책의 요점은 고통보다 더 나쁜 것은 고통을 느끼지 못하는 것이라는 것이다. 나병환자들은 고통을 느끼기 위해서라면 뭐라도 줄 것이다. 오늘날 미국에서 가장 많이 처방받는 세 가지 약들은 항우울제나 통증완화제로 분류된다.

우리는 교회에서도 고통을 완전히 없애려고 한다!

고통 없이 하나님을 섬김은 없음을 이해해야 한다. 그의 바람은 우리를 평안하게 하는 것이 아니라 우리 안에 그리스도의 성품을 양육하는는 것이다.

4. 1세기 직후의 역사

1) 2, 3세기의 복음전도 지도자들

초대 교회가 만든 복음전도 방식은 다음 세기까지 계속되었다. 서머나의 주교 폴리갑(Polycarp)은 용감한 순교로 가장 유명하다. 2세기 교회 교부인 그는 원형경기장에서 총독 앞에 섰다. 총독은 이 나이 지긋한 성인에게 그리스도에 대한 믿음을 부인할 것을 명령했다.

폴리갑은 이렇게 대답했다.

"나는 그분을 86년 동안 섬겨왔습니다. 그리고 그분은 결코 나에게 어떤 해도 입히지 않았습니다.

그런데 내가 어떻게 나의 왕이요 구주를 모독할 수 있겠습니까?"[11]

야수들로 위협할 때도 폴리갑은 줄곧 두려워하지 않았다. 불로 위협할 때에도 그는 "그대는 한 시간 동안 타다가 금방 꺼지는 불로 나를 위협하지만, 다가올 심판과 영원한 징벌의 불에 대해서는 무지합니다"라고 대답했다.[12]

폴리갑은 화형을 선고받았다. 그러나 불은 그를 태우지 못했다. 마침내, 그는 단검에 찔려 죽었다. 그는 보여준 용기 때문이 아니라 죽는 순간까지 "변함없이 그리스도의 복음과 함께"[13] 했기 때문에 칭송받았다. 또한 폴리갑은 복음을 새로운 땅으로 전진시켰다. 이레니우스(Irenaeus)는 포티노(Pothinus)를 켈트

---

11 *The Ante-Nicene Fathers*, Alexander Roberts and James Donaldson, eds. vol. 1: "The Epistle of Polycarp to the Philippians," 89.

12 Ibid., 90.

13 Ibid., 94.

고울(Celtic Gaul)에 보낼 때, 복음전도자로서 폴리갑의 역할을 기록했다.

안디옥의 주교 이그나티우스(Ignatius)는 폴리갑에게 서신을 보내, 자신을 예수 그리스도의 증인이라고 밝혔다. 이 초대 교회 교부들은 복음전도를 기독교 신앙의 중심으로 보았다.

이레니우스는 폴리갑의 제자였다. 그의 작품『이단에 대항하여』(*Against Heresies*)는 초대 교회의 복음전도에 대한 열정을 빼앗으려고 위협했던 영지주의 이단을 반박했다. 로마에 있는 동안, 이레니우스는 유명한 순교자 블란디나(Blandina)가 죽임을 당했다는 리온(Lyons)에서의 끔찍한 박해 소식을 들었다. 야생동물, 매질, 불에 달구어진 구리, 그리고 다른 포악한 행위들로 블란디나는 순교당했다. 리온의 많은 신자들은 순교의 면류관을 받을만했다.

이레니우스는 주교가 되기 위해 리온으로 갔고, 결국 그 도시가 기독교 도시로 변화되었다. 몇 년 후에 터툴리안(Tertullian)이 쓴 "순교자들의 피는 그리스도인들의 씨앗이다"라는 유명한 말은 리온에서 확실하게 증명되었다. 결국 이레니우스는 고울의 다른 지역과 그곳 너머까지 선교사들을 파견했다.

또 한 명의 2세기 성인인 변증가 저스틴 마터(Justin Martyr)는 자신의 순교와 기독교를 옹호한 저술들로 알려져 있다. 이 기독교 철학자도 또한 복음전도를 최우선 순위로 보았다.

> 마침내 죽음 앞에서 그리스도인들이 보여주었던 비범한 담대함, 그리고 구약성경 교훈의 장엄함과 안정성, 그리고 진리로 인해 감동받은 [저스틴은] 그리스도교를 알게 되었다. 이 시간부터 그는 복음전도자로서 행동하면서 유일하게 안전하며 확실한 철학이자 구원에 이르는 유일한 길인 복음을 선포할 모든 기회를 붙잡았다.[14]

14　Ibid., "Introduction Notes to the First Apology of Justin Martyr," vol. 1, 297.

205년경에 태어난 그레고리 쏘마터고스(Gregory Thaumaturgos)는 네오 가이사랴(Neo-Caesarea)성에서 복음을 전했다. 전승에 의하면, 그레고리가 거기에 갔을 때, 17명의 기독교인만 있었지만, 그가 죽었을 때는, 17명의 이교도만이 그곳에 있었다. 그의 이름은 "기적의 일꾼"을 의미하는데, 그의 사역에 나타난 기적들 때문이었다. 마이클 그린(Michael Green)은 신약 시대 직후의 복음전도에 대한 적합한 개요를 제공한다.

> 초창기 복음전도의 가장 놀라운 특징들 중 하나는 그것에 참여했던 사람들이었다. 믿음을 증거하는 것은 아주 열성적인 사람들이나 공식적으로 임명된 복음전도자만의 것으로 간주되지 않았다. 복음전도는 모든 교인의 특권이자 의무였다.
>
> 우리는 그리스도께서 교회에 위임한 이런 주요한 일에 열정적으로 참여하는 사도들과 유랑하는 예언자들, 귀족들, 그리고 빈곤자들, 지성인들과 어부들 모두를 본다. 교회의 일반 신자들은 그것을 자신들의 일로 보았다. 즉, 기독교는 비전문적인 선교사들에 의해 퍼지는 최고의 평신도운동이었다.
>
> 또한 교회의 성직자도 그것을 자신들의 책임으로 보았다. 오리겐(Origin)과 클레멘트(Clement) 같은 교회의 의사들, 그리고 저스틴(Justin)과 타티안(Tatian) 같은 철학자들과 더불어 주교와 장로들은 복음 전파를 자신들의 주된 임무로 여겼다. 그들은 불신앙에서 신앙으로 이끄는 일에 너무 바빠서 개인과 그룹을 가르치고, 돌보고, 운영하는 일을 할 수 없을 정도였다. 전체 그리스도인 공동체의 자발적인 활동은 처음부터 그 운동에 엄청난 자극을 주었다.[15]

---

15 Green, *Evangelism*, 274.

여러 해가 지나면서, 교회는 구약 이스라엘의 방식을 따랐고, 점차 하나님을 향한 열정을 예식으로 대체했다. 신약 시대 이후 수 세기 동안, 성찬 제도가 발전했다. 그러면서 교회는 세상에서 살아계시는 그리스도와의 관계보다는 오히려 교회에서 어떤 형식들을 실행하는데 더 많은 관심을 가졌다. 복음전도는 특히 세례/침례의 성례로 타격을 입었고 성찬이 복음메시지를 대신했다.

몬타누스주의(Montanism)는 성장하는 교회의 형식주의에 대응해서 2세기 후반에 출현했다. 그 운동은 신비적인 행동, 그리고 성령과 그리스도의 임박한 재림에 초점을 두는 것으로 특징지어진 소아시아의 몬타누스(Montanus)의 이름을 따서 붙여졌다. 몬타누스주의의 가장 주목할만한 신자는 터툴리안(Tertullian)이었다. 몬타누스주의자들은 교회에서 성직자와 평신도 사이의 구분이 커져가는 것을 비난했다.

노바티안주의(Novatianism)는 3세기 로마에서 영적인 개혁운동의 지도자 노바티안(Novatian)의 영향으로 발생했다. 테일러(Taylor)는, "복음에 대한 그의 열정은 그에게 많은 영예를 안겨주었다"[16]라고 말했다. 노바티안주의는 성장하는 교회의 세속주의에 저항한 개혁운동이었다.

도나투스의 이름을 따서 붙여진 **도나투스파**(Donatists)는 로마 황제 디오클레티안(Diocletian, 284-305)의 박해 후에 생겨났다. 도나투스파는 박해받을 때 신앙을 버린 사람들을 적대시했다. 도나투스파는 경건한 살아있고 훈련된 그리스도교를 강조했다. 의식주의에 맞서서 우선순위로써 복음전도를 지키기 위한 싸움은 지금도 여전하다. 그린(Green)은 이렇게 기록한다.

> 현재 교회생활에서 또 다시 복음전도하는 일이 모든 세례/침례 받은 기독교인의 의무로 보여지고, 불신앙인이 행할 수 있는 최선의 삶을 능가하는 더 뛰어난 질 높은 삶이 뒷받침된 뭔가를 하도록 그리스도인들에게 변화가

16　Mendell Taylor, *Exploring Evangelism* (Kansas City: Nazarene Publishing House, 1964), 77.

있지 않으면, 여전히 교회는 복음전도의 기술을 통해 많은 전진을 이루게 될 것 같지는 않다.

그리스도인들, 즉 주교들과 제빵사들, 대학교수들과 주부들, 버스 운전기사들과 길거리 모퉁이 설교자들이 방법은 다를 수 있지만, 세상 사람들이 그들에게서 간절히 열망하는 동일한 것을 발견하기 전까지는 그리스도인들이 함께 나눌 복음이 있다고 믿지 않을 것이다.

세상 사람들은 그리스도인들에게서 그 동일한 것, 즉 교회 그룹들과 개개의 그리스도인들 안에서 초대 교회의 참모습에서 나타난 돌봄, 기쁨, 교제, 자기희생, 그리고 개방성을 발견할 때라야, 교회가 '존경할만한' (respectable) 사람들로 구성된 내향적인 사회이며 자체 보존에 열중하는 내향적인 사회라는 것을 계속해서 믿을 것이다.[17]

5. 적용

복음전도에 대한 신약성경의 전략이 당신의 교회 현장에 어떻게 적용될지 잠시 생각할 시간을 가지라.

교회가 전체 침투와 전체참여라는 이런 개념을 얻을 수만 있다면, 아메리카 전역에 대단한 영향을 미칠 수 있을 것이다.

나는 목회자로 그리고 교회 직원로 있었을 때, 내가 섬긴 교회가 그리스도를 위해 지역공동체에 도달하는 것에 대해 하나님께 모든 책임이 있다고 믿었던 적이 있었다. 하지만 그것은 잘못된 생각이었다.

오히려 그 반대다.

교회 지도자들은 성도들이 그리스도를 위해 그들의 삶은 현장에 이르러야

---

17 Green, *Evangelism*, 275.

한다는 것을 반드시 이해시켜야 한다.

이 장면을 상상해 보라(그림 3.1).

노스캐롤라이나의 로차피플(Lotsapeople, North Carolina)에 있는 새생명침례교회(New Life Baptist Church)가 당신의 교회 현장이다.

신약성경의 방식을 따르는 당신은 복음으로 이 교회 현장에 이르기 위해 무엇을 할 수 있는가?

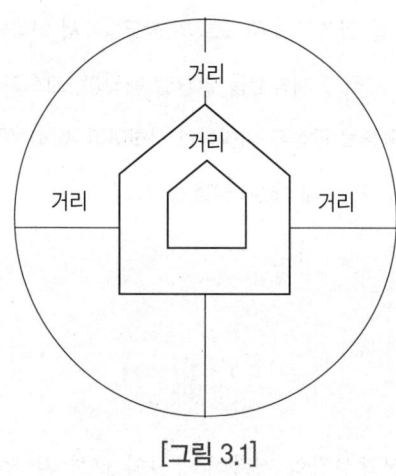

[그림 3.1]

참고문헌

Autrey, C. E. *Evangelism in the Acts*. Grand Rapids: Zondervan, 1964.

Coleman, Robert E. *The Master Plan of Discipleship*. New York: Revell, 1987.

Bruce, F. F. *The Spreading Flame*. Grand Rapids: Eerdmans, 1958.

Green, Michael. *Evangelism in the Early Church*. Grand Rapids: Eerdmans, 1970.

제4장
운명 혹은 믿음에 의한 삶?:
기독교 역사 속의 복음전도

대학교수로서 나는 돈과 성적이라는 두 가지 중요한 문제로 분투하는 대학생들에 대한 이야기를 많이 들었다. 그것이 내가 척 스윈돌(Chuck Swindoll)에게 들은 한 여대생 이야기를 좋아하는 이유이다. 오랜 고군분투 후에, 마침내 그녀는 자기 부모님께 소식을 전하는 기발한 편지를 썼다.

> 사랑하는 엄마와 아빠.
> 전 그저 두 분께 제 계획에 대해 알려드릴 메모를 빠뜨린 것 같아요. 전 짐이라는 한 남자와 사랑에 빠졌어요. 그는 결혼하려고 11학년 마치고 고등학교를 그만두었어요. 그는 1년 전쯤에 이혼했어요.
> 우리는 두 달 동안 정식으로 사귀었고 가을에 결혼할 생각이에요. 그때까지 전 그의 아파트로 이사를 가기로 결정했어요(저 임신했을 수 있어요).
> 하여튼, 전 나중에 언젠가는 대학교를 마치고 싶지만, 지난 주에 학교를 그만뒀어요.

그녀는 다음 페이지에서 계속했다.

엄마, 아빠!

전 단지 이 편지에 지금까지 쓴 모든 게 사실이 아니라는 것을 아셨으면 해요.

전부 사실이 아니에요(NONE).

하지만, 엄마, 아빠!

프랑스어에서 C를 받고 수학에서 낙제점을 받은 것은 사실이에요(IS).

수업료로 좀 더 많은 돈이 필요할 거라는 것도 사실이에요(IS).[1]

정말, 독창적이지 않은가!

엄마와 아빠에게 불합리와 부당한 결혼보다는 부족한 점수와 빈 지갑이 더 낫다.

역사를 연구하는 것이 아주 중요한 이유는 매우 명료하다. 역사는 현재 사역에 대한 기초와 전망을 제공하는 것을 돕는다. 산티아나(Santyana)의 격언은 역사에서 배우지 못한 사람들은 그것을 다시 체험할 운명이라고 슬기로운 충고를 한다.

대략 어거스틴(Augustine)의 시대(354-430)로부터 종교개혁 때까지, 복음전도는 방치되었다. 하지만 서유럽의 머나먼 지평선을 밝힌 희미한 별들이 있었다. 종교개혁은 지구 전체에 복음전도가 두드러지게 확장되기 위한 길을 닦았다. 근세에 일어난 몇 번의 대각성운동과 세계선교 확장은 실로 엄청나게 많은 사람들을 하나님의 나라로 인도했다.

1. 중세의 복음전도

복음전도에 대한 교회의 헌신을 잣대로 역사 속에서 교회 건강의 흔적을 발

---

1 Swindoll, *Growing Strong*, 71-3.

견할 수 있다. 암흑 시대(Dark Ages)란 이름이 붙여진 데는 많은 이유가 있다. 하지만 영적인 관점에서, 이 시대에는 대부분의 기존 교회에서 복음전도에 대한 자각과 사역의 쇠퇴기임을 알 수 있다. 로마 가톨릭교회의 커져가는 지배력은 필적할 것이 없는 성경의 권위로부터 신학의 권위로의 이동과 의식주의의 증가로의 변화를 가져왔다. 신약의 복음에서 교회의 성례로의 초점 변화는 구원의 참된 메시지 확산을 둔화시켰다.

하지만 여전히 하나님은 한 민족, 신실한 사람들 중 의로운 한 사람의 남은 자를 항상 갖고 계셨다. 역사를 조사함으로 특정 개개인들은 언급할 만한 가치가 있다.

울필라스(Ulfilas, 318-388)는 A.D. 4세기에 자기 민족인 고트인들(Goths)에게 영향을 미쳤다. 로마 제국의 북쪽 경계를 따라 살았던 야만인들은 많은 로마사람들을 포로로 잡아 노예로 부렸다. 울필라스는 노예가 되었던 로마 그리스도인 중인들에 의해 그리스도를 믿게 되었다. 결과적으로 울필라스는 신약성경의 많은 부분을 고트어로 번역해서 수많은 자기 민족을 기독교인이 되게 했다.

아일랜드의 패트릭(Patrick of Ireland)은 5세기에 영국의 일부를 복음화시켰다. 약탈하는 해적은 그의 고향 스코틀랜드에서 북아일랜드까지 포로로 잡아갔다. 그가 잡힌 후, 경건한 어머니의 가르침과 기도를 회상하며 16세에 회심했다. 모든 아일랜드 사람들과 함께, 감옥에서 6년 동안 그는 자기를 잡았던 사람이 회심되기를 간절히 바랬다. 패트릭은 365개 이상의 교회를 세웠고, 그리스도를 위하여 120,000명 이상의 사람들에게 쉽게 다가갔다.[2] 그는 지금 아일랜드의 수호성인으로 존경받고 있다.

6세기에 스코틀랜드 많은 지역에 복음전도를 담당한 사람은 콜럼바(Columba, 521-597)였다. 21세에 회심한 그와 12명의 성직자들은 563년에 아일랜드에서 스코틀랜드를 향해 떠났다. 콜럼바는 이오나(Iona)섬에서 주로 사

---

2 Ibid., 95.

역했고, 그곳에서 34년 동안 주님을 위해 일했다. 다른 사람들도 이오나로 와서 그곳에서 준비를 갖추고, 나아가 복음을 증거했다.

6세기 말 즈음, 켄터베리의 어거스틴(Augustine, 545-605)은 영국을 복음화시켰다. 더 유명한 히포(Hippo)의 어거스틴과 혼동되지 않기를 바라는데, 이 어거스틴은 어쨌거나 그리스도를 위한 중요한 사역을 하였다. 597년에 영국제도(British Isles)를 여행한 어거스틴과 그의 동료들은 그 지역의 통치자 에설버트(Ethelbert)를 그리스도께 인도했다.

그 왕은 어거스틴에게 자기 백성들은 "당신이 믿는 신앙으로 개종한 사람들로서 당신이 복음을 전하고 할 수 있는 사람을 구원하는 일을 방해"[3]하지 않을 것이라고 말했다. 그 왕은 복음을 듣게 하려고 매일 한 장소에 백성들을 모았다. 어거스틴은 켄터베리(Canterbury)라는 사역센터를 건립했다. 마침내 그는 그곳에서 첫 번째 대주교가 되었다. 어거스틴의 활동으로 많은 앵글족과 색슨족이 그리스도께 인도되었다. 그의 사역은 남부 잉글랜드에 기독교를 확립했다.

보니페이스(Boniface)는 독일(Germany)과 벨기에(Belgium)에 처음으로 복음을 전했다. 그는 "독일의 사도"라는 칭호를 얻었고, 마인츠(Mainz)의 첫 번째 대주교가 되었다. 그의 활동이 너무 성공적이어서 로마 교황에게 의심을 받았다. 그의 사역은 근대 선교사들이 곧 "동질집단 회심운동"(people movements)이라 부른, 그리스도를 향한 전체 공동체운동을 경험했다.

그는 이방신 토르(Thor)로 신성시되는 나무를 베어버렸다. 그에게 아무 일도 일어나지 않았을 때, 그는 복음을 가지고 많은 사람들에게 다가갔다. 보니페이스는 754년에 이방인들의 손에 순교당했다. 역사가 라투렛(Latourette)은 그에 대해, "겸손한, 기도의 사람, 자기희생적인, 용기 있는, 성경에 깊이 빠진... 그는 동시에 위대한 그리스도인이자, 위대한 선교사이며, 위대한 주교였

---

[3] N. E. Schneider, *Augustine of England* (New York: F. M. Barton Co., 1944), 126.

다"[4]라고 말했다.

2. 종교개혁 직전의 복음전도

이 시기에 가톨릭교회에서 아주 흔한 의식주의와 세속적인 가치에 맞서, 성경적 복음전도를 강조한 몇몇 운동들이 종교개혁 전에 일어났다. 피터 왈도(Peter Waldo)는 12세기에 사역했다. 프랑스 리옹(Lyons) 시에서 부유한 상인이었던 왈도는 돈 때문에 낙심하게 되면서, 회복과 회심을 경험했다. 그는 가난을 맹세했고 결국 생필품을 위한 자선을 구걸했다. 그의 제자들은 '리옹의 가난한 사람들'이라 불려졌고, 결국 "왈도파"(Waldenses)가 되었다.

많은 왈도파 사람들은 회심 이후, 신자의 세례/침례에 관한 확신 때문에 가톨릭교회의 손에 종종 순교당했다. 그들은 적극적인 복음전도를 촉진시켰고, 그들의 목표는 초대 교회의 역동적이고 성경 중심적인 프로그램을 회복하는 것이었다.

왈도파 사람들은 복음을 선포했고, 헨리파(Henricians), 아놀드파(Arnoldists), 카타리파(Cathari), 롤라드파(Lollards), 그리고 페트로브루스파(Petrobrusians)와 같은 다른 단체들이 했던 것처럼 기성 교회를 반대했다. 그런 단체들은 16세기 종교개혁의 선구자들이었다.

아시시의 프란시스(Francis of Assisi, 1181-1226)는 13세기 이탈리아(Italy)에서 복음의 사역자였다. 그가 그리스도께 돌아왔을 때, 그의 방탕하고 어리석은 젊은 날은 끝이 났다. 그는 부자로부터 누더기를 걸친 사람에게까지 가서, 가족에게서 어떤 유산도 거절하고 그리스도를 전파하는 일에 생명을 바치면서, 그들을 그리스도께 인도했다. 프란시스의 풍성한 사랑과 기쁨은 사람들에게

---

[4] Kenneth Scott Latourette, *A History of Christianity: Beginnings to 1500*, rev. ed., vol. 1 (New York: Harper and Row, 1975), 349.

커다란 영향을 끼쳤다.

그는 대중들에게 복음을 전하기 위해, 추종자들을 두 명씩 짝지워 파송했다. 결국 이런 추종자들은 "프란시스코파"(Franciscans)라 불렀다. 프란시스코파는 서민들에게 복음을 전하는데 특히 효과적이었다.

기도와 설교의 거장, 제롬 사보나롤라(Jerome Savonarola, 1452-1498)는 15세기 이탈리아에서 복음을 전하려고 애썼다. 젊은 시절 그의 정신력은 대단했고, 학계에서 전도유망한 경력에 다다르고 있었다. 그러나 하나님은 이 총명한 젊은 이태리 청년을 향한 다른 계획을 가지고 계셨다. 1475년 그는 자신을 섬김의 산 제사로 드렸던 볼로냐의 수도원에 들어갔다. 그 후 7년 동안, 성경 연구와 기도에 자신을 바쳤다.

사보나롤라는 곧 플로렌스의 성 마가수도원(St. Mark's monastery)으로 옮겨졌다. 하지만 거기서 그가 설교할 때 효과적인 복음전파가 실패하기 시작했다. 그는 성경 읽은 시간 이상으로 기도와 금식에 많은 시간을 보냈다. 마침내 주님은 그를 계시록과 종말의 메시지로 인도했다. 이것은 당시 사람들을 위한 하나님의 메시지임을 증명했다. 사보나롤라의 계시록 설교는 플로렌스에 강력한 각성과 개혁을 가져왔다.

전기 작가 미시아텔리(Misciattelli)는 자기 설교를 기술한 당시 사보나롤라를 이렇게 인용했다.

> 사보나롤라는 소위 하나님의 말씀을 전하는 새로운 방식을 소개했다. 그것은 설교를 부분으로 나누거나 우아한 높은 소리 나는 말들로 꾸미지 않고, 성경을 설명하는 것을 유일한 목표로 삼고 초대 교회의 단순성으로 돌아가는 사도적 방법이다.[5]

---

[5] Piero Misciattelli, *Savonarola* (New York: D. Appleton and Company, 1930), 46.

사보나롤라는 결국 플로렌스에서 영적이고 정치적인 지도자로 추대되었다. 그는 플로렌스를 신정 국가로 선포했고 도시 전체의 부흥을 이끌었다. 이것은 부패한 지도자들이 다음을 잇기까지 약 2년 동안 지속되었다. 사보나롤라는 결국 교황의 부도덕한 행동에 대항하는 편에 섰다는 이유로 순교 당했다.

종교개혁까지 여러 해 동안 이끌었던 다른 주목할만한 기독교인 지도자들을 단 몇 사람만 거명하자면, 클레르보어의 버나드(Bernard of Clairvaux, 1092-1153), 독일의 신비주의자 요한 타울러(John Tauler, 1290-1361), 존 위클리프(John Wycliff) 그리고 얀 후스(Jan Hus) 등을 예로 들 수 있다.

또한 영원한 세상에서나 알려질 그외 많은 사람들이 이 시대 동안 복음전파에 헌신했다. 여전히, 정치적 힘과 함께, 기존 가톨릭교회의 나쁜 영향으로 그리스도를 따르는 사람들의 복음전파가 방해되었다. 그러나 종교개혁(Protestant Reformation)이라는 하나의 빛이 수평선에 떠오르고 있었다.

3. 종교개혁 동안의 복음전도

16세기는 인류 역사의 중요한 분기점에 서 있었다. 오늘날도 여전히 고전 학습의 부활과 함께 르네상스의 영향과 후기 영적 각성운동의 기틀을 마련했던 종교개혁을 생각해 볼 수 있다. 종교개혁이 주된 복음전도운동은 아니었지만, 복음전파의 신학적인 기초를 제공했다.

마틴 루터(Martin Luther, 1486-1546)는 믿음에 의한 칭의 교리를 확신했다. 루터는 "믿음의 사도"로 불려졌다. 그의 믿음에 의한 구원의 강조는 사람들에게 공로에 대한 가톨릭 교회의 행위 구원 제도의 잘못을 지적했다. 복음전도와 교회 성장 분야에 그의 헌신은 네 가지이다.

① 루터는 분명하고 간결한 복음을 일으키는 것을 도왔다. 그는 교회를 위해 행함이 아닌, 믿음에 의한 구원의 메시지를 분명히 했다.
② 그는 하나님 말씀을 전하고 가르치는 것을 강조했다. 설교는 공 예배의 중심이 되었고, 설교에서 중심은 하나님 말씀이었다. 종교개혁은 하나님 말씀으로 돌아가는 부르심이었다.
③ 루터는 영적인 신분제도 폐지를 도운 신자들의 성직을 강조했다. 또한 이것은 신자들이 그리스도의 종이 되기 위한 개인적인 책임의 강조로 이어졌다.
④ 루터는 복음전도를 아주 중요하게 간주했다. 그는 자신을 복음전도자로 생각했고 복음전도에 적합하게 전했다.[6]

존 칼빈(John Calvin, 1509-64) 또한 종교개혁과 복음전도 훈련에 네 가지 헌신을 했다.

① 그는 개인구원시에 하나님 은혜의 역사를 강조했다. 이것에서 구원의 유일한 요소로써 신의 은총의 원리를 기초한 구원의 교리의 강조가 야기되었다. 그의 기본 전제들(하나님의 통치, 인간의 절망, 그리스도의 타당성, 은혜를 통한 구원 그리고 신의 선택을 통해 부여된 은혜)과 함께, 칼빈은 행함에 의한 구원을 거부했다.
② 그는 성경 중심의 노래를 주장하며, 찬송가 부르기를 강조했다. 따라서 그는 하나님의 진리를 예배와 연결했다.
③ 복음전도의 강조와 관련된 유창한 언변을 강조한 칼빈은 즉흥적으로 설교했다.
④ 그는 개인적인 호소와 대응으로 개인전도를 실천했다. 그는 모든 계층의

6　Taylor, *Exploring*, 154-55.

사람들이 그리스도께 오기를 소원했다.

종교개혁 동안 성경적인 부흥을 강조한 가장 실질적인 단체는 **재세례파 / 재침례파**(Anabaptists)였다. 이 단체는 교회가 신약의 근원으로 돌아오기를 바랐다. 1525년 1월 21일, 펠릭스 만즈(Felix Manz)의 집에서 한 그룹이 세례/침례를 받은 후 재세례파/재침례파가 성장했다.

그들은 회심 후 신자의 세례/침례라는 신약의 개념을 강조했다. 발타자르 후브마이어(Balthasar Hubmaier, 1481-1528)는 재세례파/재침례파 신학자이자 복음전도자였다. 그는 일년에 6,000명의 사람들에게 세례/침례를 주었고, 1528년에 자신의 믿음 때문에 화형 당했다.[7]

4. 근대 영적 각성운동과 복음전도

근대 서양에서, 효과적인 복음전도는 거의 항상 영적 각성운동과 관련있었다. 가장 위대한 복음전도의 결과, 방법, 그리고 지도자들은 부흥회에서 나왔다. 사실상, 서양의 근대 교회 역사 대부분은 계몽주의의 영향과 위대한 영적 각성운동의 계승이라는 두 개의 중심 주제를 따라 추적될 수 있다.

최근 수세기 동안, 영적 각성운동은 회심자의 수와 새로운 방법 둘 모두에서 거의 모든 복음전도의 진보를 이끌었다. 대부흥 시대와는 동떨어진 복음전도의 강조와 헌신들이 확실히 있었다. 그러나 근세에 가장 중요한 복음전도의 영향은 각성운동과 관련이 있다. 복음전도가 항상 부흥으로 이어지지는 않지만, 부흥은 항상 교회에 갱신된 복음전도의 열정으로 돌아가게 한다.

현대의 복음전도의 일반적인 개요는 역사적 부흥운동의 조사에 초점을 맞

---

7 John Mark Terry, *Evangelism: A Concise History* (Nashville: Broadman & Holman, 1994), 82.

춰야 한다. 영적 각성이나 부흥은 개인적 죄에 대한 진지한 고찰과 죄의 공개적 고백으로 이끄시는 교회에 대한 하나님의 간섭이다. 이것은 하나님의 임재에 대한 갱신된 인식과 사역을 위한 새로운 능력이라는 결과를 가져왔다.[8]

부흥(revival), **각성**(awakening), 그리고 **영적 각성**(spiritual awakening)이라는 용어에 대해서 오늘날 많은 혼란이 있다. 어떤 사람들은 신자들 사이에 하나님의 역사를 언급하기 위해 **부흥을**, 그리고 대중들이 그리스도께 회심하는 것을 말하기 위해 **각성**을 사용한다. 이것은 18세기 조나단 에드워즈(Jonathan Edwards)의 글과 헨리 블랙가비(Henry Blackaby)와 클로드 킹(Claude King)의 『새로운 만남』(*Fresh Encounter*)과 같은 최근의 책들에서 나타나는 타당한 사용이다. 그러나 나는 다음의 이유들 때문에 이 단어들을 동의어로 선택하여 사용한다.

첫째, 너무 많은 복음주의자들이 '부흥'(revival)**을 잃어버린 사람들에게 도달하는 것을 목표로 하는 복음전도자와 함께 하는 4일간의 집회를 의미한다고 생각한다.**
이것은 사실상 대중전도이다. 그런 집회도 중요하지만, 그것들은 부흥이 아니다. 오늘날 많은 교회들이 성도들의 부흥과 잃어버린 사람들의 회심을 목표로 그런 집회를 개최하지만, 하나님이 위대한 방식으로 움직이지 않으시면, 그것은 여전히 하나의 **모임**(meeting)에 불과하다. 그런 연장된 예배들을 '부흥회'(revival meetings)라고 부를 수 있겠지만, **부흥**(revival)은 아니다. 때때로, 하나님은 집회 중에 부흥을 허락하신다!
그래서 나는 **부흥**이라는 단어는 많은 사람들에게 참다운 의미를 상실했기 때문에, **각성과 부흥**을 동의어로 사용한다.

둘째, 내가 이 두 단어를 동의어로 사용하는 이유는 그것들과 관련된 성경 용어 때문이다.

---

8 이 부분에서 자료의 정교함을 위해, Malcolm McDow and Alvin L. Reid, *Firefall: How God Shaped History through Revivals* (Nashville: Broadman and Holman, 1997)을 보라.

성경에서 몇몇 단어들은 영적 각성과 관련있다. 구약성경 시편 85:6의 "주께서 우리를 **다시 살리사**(revive) 주의 백성이 주를 기뻐하도록 하지 아니하시겠나이까?"에서 발견된, '살거나 다시 사는 것'이라는 의미의 '차이아'(chayah)를 포함한다. 이 단어는 또한 하박국 3:2과 호세아 6:2에서도 나타난다.

시편 51:10, "하나님이여 내 속에 정한 마음을 창조하시고 내 안에 정직한 영을 '새롭게 하소서'"에서 보여지듯이, '차다쉬'(chadash)는 "고치거나 새롭게 하는 것"을 의미한다. 밧세바의 일로 범죄한 후 행한 다윗의 회개기도는 개인적 부흥을 구하는 성도의 부르짖음이 나타난다. '바꾸거나 변화시키는 것'이라는 뜻의 '차다프'(chadaph)는 이사야 40:31에서 발견된다.

'다시 새롭게 되는 것'이라고 번역되는 '아나카이노'(anakaino)가 신약성경 용어에 들어있다. 이 단어는 로마서 12:2, "마음을 **새롭게 함**(renewing)으로 변화를 받아"에서 나타난다. 그것은 또한 고린도후서 4:16, 골로새서 3:10 그리고 디도서 3:5에서도 볼 수 있다. '깨어 의를 행하고'라고 뜻의 '에크네포'(eknepho)는 고린도전서 15:34에서 나타난다.

마지막으로 '잠에서 깨는 것'을 의미하는 '에게이로'(egeiro)라는 단어는 '영적 각성'에 가장 밀접한 성경적인 표현이다. 신약성경에서 진정한 부흥에 관해 가장 잘 나타난 본문 중 하나인 로마서 13:11-13의 11절, "자다가 **깰**(awake) 때가 벌써 되었으니"에서 이 단어를 사용하고 있다.

그렇게, 어떤 사람들은 하나님의 백성들 사이에서 일하시는 그분의 활동을 나타내기 위해 **부흥**(revival)이라는 용어를 사용하고, 문화 부흥의 결과를 나타내기 위해 **각성**(awakening)이라는 용어를 사용하는 반면, 이 용어들은 다음 개관에서 교차해서 사용될 것이다.

영적 각성은 하나님의 초자연적인 역사이다. 신의 능력으로 시작된다. 역사에 하나님의 개입하심에 관한 이야기이다. 그것은 원래 우리의 유익을 위함이 아니라, 하나님의 영광을 위한 것이다. 보통 영적 각성은 교회의 영적 쇠퇴와 문화 공동체의 도덕적 부패 뒤에 따라온다. 너무 많은 사람들이 교회가 성장하는 것을 돕거나 문제를 해결하거나 도덕적 타락을 막기 위해서만 부흥을 추구한다.

이런 것들은 부흥의 결과로 생길 수 있지만, 오로지 우리가 하나님을 알고 하나님께 영광을 돌리기 원하기 때문에 부흥을 추구해야 한다!

각성은 교회로 하여금 하나님을 향한 갱신된 경이로움을 갖도록 이끈다. 우리집은 삼림지대의 막다른 골목의 끝 아늑한 곳에 있다. 얼마 전부터 내 아내는 사슴에게 먹이를 주고 있다. 여름에 밤 여덟시 정도면, 우리 집 뒤뜰에는 암사슴이 먹을 것을 찾아온다.

아이들은 사슴보는 것을 좋아한다!

도시화된 휴스턴에서 살면서, 그처럼 동물들을 보는 것은 흥미 있는 일이다. 어느 날 밤 나는 침실을 지나 걸어서 침실 창문 밖을 흘낏 보고 있었다. 멀리서 풀을 뜯고 있는 암사슴이 있었다. 우리는 침실로 들어와 지켜보았다. 그 때 두 마리의 어린 수사슴이 소금 블록을 핥고 알갱이를 먹기 위해 걸어 올라왔. 네 살 난 한나가, "우...와..."라고 말하며, 그저 창문 안쪽에 서 있었다. 한나는 가능한 한 가까이서 사슴을 보려고 창문 너머로 기어가고 싶어했다. 네 살 난 아이에게, 침실 바깥을 지켜보며 그렇게 아름다운 동물들을 본다는 것은 놀라운 일이었다. 이런 아이 같은 놀라움과 경탄은 그리스도인인 우리에게 필요한 하나님 앞에서 갖는 경이감이다.

하나님은 자신의 방식으로 자신의 때에 행하시지만, 자신의 활동을 위한 조력자로 자녀들을 사용하시기 위해 선택하셨다. 역대하 7:14에, "만약 내 백성이..."라고 기록되어 있다. 이 성경 구절의 방식이 역사적인 부흥에서 나타난다. 하나님이 일하실 때, 그분의 백성들은 다음을 행한다.

(1) 스스로 낮추라

현 시대에 부흥에 가장 큰 방해는 자기 자신이다. 헨리 바레이(Henry Varley)가 무디(D. L. Moody)에게, "세상은 전적으로 그분께 헌신된 한 사람을 통해 하나님이 하실 수 있는 것을 여전히 보아야 합니다"라고 말했다.

(2) 기도하라

모든 대각성은 연합된 합심기도가 선행되었다. 내가 영적 각성 강의를 듣는 신학생이었을 때, 객원강사가 레오날드 라벤힐(Leonard Ravenhill)의 "부흥기도를 할 때, 하나님은 기도에 응답하지 않으십니다. 그분은 **절망적인**(desperate) 기도에 응답하십니다"라는 말을 인용하는 것을 들었다. 나는 결코 그것을 잊지 못한다. 부흥할 때, 사람들은 특별한 기도를 한다.

(3) 하나님의 얼굴을 구하라

로마서 13:14에는 "주 예수 그리스도로 옷 입고"라는 표현이 있다. 찰스 스탠리(Charles Stanley)는 "하나님은 가장 좋아하는 것을 갖고 계시지 않다. 주도권을 갖고 계신다"라고 말했다. 우리가 구할 것은 하나님의 **얼굴**(face)이지 손이 아니다. 영적 각성은 교회 문제에 대한 주된 해결책이 아니다. 교회 성장 계획이나 도덕적 갱신 계획이 아니다.

그것은 신자들을 하나님 자신에게 더 가까이 이끄는 것이다.

모든 다른 필요들은 하나님을 경험하는 결과로써 충족된다. 역사상 가장 큰 복음주의적인 교회 성장은 영적 각성의 결과였다.

(4) 그들의 악한 방식에서 돌아서라

로마서 13:12은 신자들에게 더러운 옷을 벗듯이 죄악을 벗어 던지라고 말한다. 요한계시록 2:5의 "회개하라"는 더 직접적이다. 예외 없이, 성경과 역사에서 모든 각성은 죄를 깨뜨리는 특징을 나타냈다. 하나님은 그것이 깨끗하기만 하다면, 크거나 작거나 어떤 크기의 그릇이든 사용하실 것이다. 참 부흥이 올 때, 교회와 사회 둘 모두에게 유익이 있다. 각성할 때, 신자는 영향을 받고 사회의 모든 사람들도 연관된다.

역사가들은 최근 수세기 동안 일어난 각성운동의 수에 대해 동의하지 않는다. 첫 번째 대각성은 분명한 하나님의 영의 운동이었다. 그밖에, 첫 번째와 다섯 번째 사이 어딘가에서 각성운동이라고 지정되었다. 각성운동의 깊이와 정도는 다르지만, 지난 4세기 동안, 적어도 네 번의 각성운동들이 나타났다고 확신한다. 가장 현저한 것은 처음 둘이지만, 나중 둘은 자체로 이름을 떨쳤다. 18세기에 각성은 세 개의 영역에서 일어났다. 유럽의 경건주의, 영국의 복음주의 각성운동 그리고 미국 식민지의 제1차 대각성운동이 그것이다.

5. 경건주의

냉정한 형식주의에 대응하여, 1600년대 후반 유럽에서는 경건주의로 알려진 운동이 시작되었다.[9] 이 각성운동의 초대 지도자 중 한 사람은 필립 슈페너(Philip Spener)였다. 그는 영적 개혁을 호소하는, 『피아 데지데리아』(*Pia Desideria*, 경건한 열망)이라는 책을 썼다.

경건주의의 기원은 외형적으로는 1675년에 출판된 『피아 데지데리아』와 관련 있다.[10] 많은 사람들이 경건주의의 아버지라고 불렀던 슈페너는 그리스도를 경험한 개인의 본성을 강조했다. 그는 1692년에 할레대학교에서 헤르만 프랑케(A. H. Franke)를 임명하였다.

프랑케의 지도하에, 할레는 "더 높은 교육과 부흥운동의 경건센터"가 되었다.[11] 니콜라스 루드비히 폰 진젠도르프(Nicholaus Ludwig Von Zinzendorf, 1700-

---

9 다음 자료의 대부분은 『변화하는 세계에 대한 복음전도』(*Evangelism for a Changing World*)의 Alvin L. Reid의 "젊은이의 열정: 부흥의 역사에서 학생들의 역할"에서 응용되었다. *Evangelism for a Changing World*, Timothy Beougher and Alvin L. Reid, eds., (Wheaton: Harold Shaw, 1995).

10 Fortress Press는 기독교 영성의 고전으로서의 위치를 보여주면서 계속해서 책을 출판한다.

11 Earle E. Cairns, *An Endless Line of Splendor: Revivals and Their Leaders from the Great Awak-*

1760)가 할레에서 공부했다. 대학생 시절 진젠도르프는 학생들과 기도 그룹을 조직했다.[12] 진젠도르프는 마침내 1718년에 겨자씨회(the Order of the Grain of Mustard Seed)를 결성했던 비텐베르크대학교(the University of Wittenberg)에 갔다. 1722년 그는 후스교회(the Hussite Church)의 핍박받은 회원들을 위해 안전한 피난처가 되었던 토지를 획득했다.

이 단체에서 형제회(Unitas Fratrum)와 모라비안 교도가 생겨났다. 1727년 8월 12일에, 성찬식에서 특히 강력한 성령운동이 있었다. 그 후, 지속적인 기도 조직이 발전되었고, 모라비안 사람들 매 60명마다 선교사를 한 명을 배출한 선교 단체가 시작되었다.

진젠도르프의 영향은 할레에서의 어린 시절로 거슬러 올라갈 수 있다. 이 각성의 핵심적인 강조점은 분명한 회심 경험과 체험 신앙, 소그룹 제자도 그리고 국외 선교를 포함했다. 경건주의는 궁극적으로 경험을 강조하고, 신학은 도외시하기에 이르렀다. 하지만, 그 영향력을 막기 위한 움직임이 있었다.

6. 제1차 대각성운동

비록 말년에 남부에서 부흥의 잔화들(embers)이 다시 불붙기 시작했어도, 제1차 대각성운동은 일반적으로 1720년대에서 1740년대까지를 포함한다. 뉴저지의 네덜란드개혁교회(the Dutch Reformed Church)에서 데어도어 프레링하이젠(Theodore Freylinguhusen)의 사역을 통해, 부흥의 불은 이미 1726년에 활활 타올랐다. 그는 다음의 4가지를 강조했다.

---

ening to the Present (Wheaton: Tyndale House, 1986), 34.

12 David Howard, "Student Power in World Missions," in *Perspectives on the World Christian Movement* (Pasadena: William Carey, 1981), 211-14을 보라.

① 복음전도적(evangelistic) 설교.

② 열정적인(zealous) 심방.

③ 교회(church) 훈련.

④ 평신도(lay) 설교자들.

테넌트(Tennent) 가는 펜실베니아의 장로교회에서 각성을 목격했다. 아버지 윌리엄(William)은 그의 아들들과 다른 청년들을 훈련하는 장소인 "통나무대학"(log college)을 시작했다. 이것은 신학교의 전형이었다. 많은 복음전도자들, 교회개척자들 그리고 부흥회 인도자들이 윌리엄의 영향을 받았다. 길버트 테넌트(Gilbert Tennent)는 정직한 지도자였다. 그는 '회심되지 않은 사역의 위험들'(The Dangers of an Unconverted Ministry)이라는 유명한 설교로, 그 시대 희생 의지가 없는 성직자들을 맹렬히 비난했다.

조나단 에드워즈(Jonathan Edwards)는 뉴잉글랜드(New England)의 촉매제였다. 에드워즈는 16세에 졸업생 대표로서 예일(Yale)대학을 졸업한 총명한 학생이었다. 그는 6세에 라틴어를 읽었다. 그는 메사추세츠 노샘프턴(Northampton, Massachusetts)의 의미가 큰 회중 교회에서 목회했다.

그는 1734-35년의 골짜기 부흥을 포함해서, 제1차 대각성운동 동안 두 번의 주요 부흥운동을 목격했다. 에드워즈는 『놀라운 회심의 이야기』(*Narrative of Surprising Conversions*)에서 이 부흥을 기록했다. 에드워즈와 그의 교회를 놀라게 했던, 하나님 영의 부으심의 핵심은 세 가지이다.

① 성경적인 설교.

② 개인적인 비극적 사건들.

③ 청소년 참여.

영적 각성의 역사에서 가장 위대한 신학자요, 실천가이자 저술가 중 한 사람이었던 에드워즈는 1734-35년에 그가 목회했던 메사추세츠 노샘프턴과 그 주변에서 시작했던 강력한 부흥을 설명하기 위해 그의『이야기』(Narrative)를 썼다.

그는 그의 조상이자 할아버지, 솔로몬 스토다드(Solomon Stoddard)의 긴 재임기간 동안 다섯 번의 강력한 부흥을 이 이야기의 서문으로 기록했다. 믿음에 의한 칭의에 대한 시리즈 메시지를 하고 나서 부흥이 일어났고, 그것은 이웃 도시에 빠르게 퍼졌다. 에드워즈는 부흥의 효과를 이렇게 묘사한다.

> 현재 이곳에, 즉 종교의 위대한 것들과 영원한 세상에 관한 크고 진심어린 우려가 도시 전체에, 그리고 모든 학력과 모든 연령층의 사람들 사이에 보편적(universal)이 되었다.… 영적이고 영원한 것들을 제외하고 모든 다른 이야기는 입밖으로 나오지 않았다. 즉, 모든 단체에서와 모든 경우에, 평범한 세상 일을 계속하는 사람들에게 조차도 꼭 필요하지 않았다면, 오직 모든 대화는 이런 것들에만 있었다.[13]

1740-42년에 제1차 대각성운동 동안, 가장 강력한 부흥의 계절이 왔다. 이 시기 동안, 에드워즈는 "분노하신 하나님의 손 안에 있는 죄인들"이라는 유명한 설교를 했다. 같은 기간에, 에드워즈는 "뉴잉글랜드의 현재 종교 부흥에 관한 몇몇 생각들"(Some Thoughts Concerning the Present Revival of Religion in New England)이라는 제목의 논문을 썼다.

1741년에 에드워즈는 부흥회에서 성령의 진정한 활동을 묘사한 다섯 가지 표지들이 들어있는 설교 모음집,『하나님 영의 역사의 현저한 특징』(The Distinguishing Marks of a Work of the Spirit of God)을 출간했다.

다음의 다섯 가지 특징을 보라.

---

[13] Jonathan Edwards, "Narrative of the Surprising Work of God," in *The Works of Jonathan Edwards*, ed. Sereno E. Dwight (Edinburgh: The Banner of Truth Trust, 1834), I:348.

✦ 다섯 가지 특징

① 예수님에 대한 찬양을 일으키려는 활동이 있을 때.
② 죄를 격려하고 확고히 하며, 인간들의 세속적인 유혹을 소중히 여기는 사탄의 왕국의 이익에 대항하여 하나님의 영이 활동할 때, 즉 이것은 그분이 진실하고 거짓 영이 아니라는 확실한 표시이다.
③ 사람들은 성경에 더 큰 관심을 보인다.
④ 개개인을 참된 것들이라고 확신하는 진리로 이끌 때, 그것이 옳고 참된 영이라고 안전하게 결정할 수 있다.
⑤ 한 민족 가운데 일하시는 영이 하나님과 사람에게 사랑의 영으로 활동한다면, 그것은 하나님의 영이 확실하다는 표시이다.

에드워즈는 자신의 저작들로 영적 각성의 현장에 크게 공헌했다. 또한 존과 찰스 웨슬리(John and Charles Wesley)와 함께 영국의 복음주의 각성운동(Evangelical Awakening)에 참여했던 조지 휫필드(George Whitefield)는 몇 번이나 식민지로 갔다. 다양한 운동들과 연합한 그는 북에서 남으로 복음을 전했다.

남부 식민지에서, 부흥은 주로 감리교도와 침례교도들을 통해 확산되었다. 침례교도들 사이에 지도자들은 슈발 스턴스(Shubal Sterns)와 다니엘 마샬(Daniel Marshall)이었다. 대부분의 남침례 역사가들은 이 운동, 특히 스턴스와 노스캐롤라이나의 샌디크릭교회(Sandy Creek Church)의 사역에까지 그 부흥 뿌리를 추적했다. 17년 동안 샌디크릭교회는 42개의 교회를 탄생시켰고, 125명의 사역자를 배출했다.[14] 1700년대 후반에 감리교는 남부로 빠르게 퍼졌다.

제1차 대각성운동에서 몇 가지 사실들을 얻을 수 있다. 하나님은 길버트 테넌트, 조나단 에드워즈, 조지 휫필드, 데어도어 프렐링하이젠, 그리고 많은 사람들처럼 다른 유형의 사람들과 다른 교단의 관점들을 사용하셨다는 것이다.

---

14 McDow and Reid, *Firefall*, 222.

더 커다란 강조점은 기쁨과 열정에 있었다. 헌신된 삶이 뒤따르는 회심 경험이 강조되었다. 실질적인 사역훈련이 개발되었다. 통나무대학과 많은 대학의 탄생이 그 예이다. 많은 평신도가 사역에 참여했다. 성경적인 신학이 강조되었다. 진정한 부흥은 경험 이상의 하나님 말씀의 진리에 대한 깊어진 이해를 포함한다.

7. 영국의 복음주의 각성운동

존 웨슬리(1703-91)와 조지 휫필드(1714-70)는 18세기 영국 복음전도 각성운동에서 두 명의 핵심 지도자들이었다. 어떤 역사가들은 영국이 프랑스혁명(French Revolution)처럼 시련을 겪을 것을 이 각성운동이 막았다고 진술했다. 옥스퍼드 대학생이었던 웨슬리의 경험은 존과 그의 형제 찰스, 조지 휫필드, 그리고 몇 안되는 다른 사람들이 참여한 "홀리클럽"(Holy Club)에 의해 아마도 가장 잘 기억된다. 휫필드는 이 시기에 회심했다.[15]

사실 웨슬리가 옥스퍼드대학교 시절 수년 후에야 비로소 회심했다는 사실은 홀리클럽이 지속적으로 사역에 영향을 미쳤다는 것을 최소화하지는 못했다.[16] 옥스퍼드의 홀리클럽은 영국과 미국 식민지들의 각성운동에서 나타난 중요한 사람들 사이의 관계들을 구축했기 때문에 이 경험이 중요하다.

1738년에 있었던 웨슬리의 회심은 자주 언급된다. 1738년 5월 24일, 존 웨슬리는 런던에 있는 알더스게이트(Aldersgate Street)의 학회에 참석했다. 누군가가 마틴 루터의 로마서 주석 서론을 읽고 있었을 때, 웨슬리는 회심했다. 그

---

15 조지 휫필드의 생애에 관한 더 많은 정보를 위해서는, Arnold Dallimore, *George Whitefield*, 2 vols. (Edinburgh: Banner of Truth, 1970)을 보라.

16 존 웨슬리의 생애에 관한 더 많은 정보를 위해서는, Nehemiah Curnock, ed., *The Journal of John Wesley*, 8 vols, (London: The Epworth Press, 1938); John W. Drakeford, ed., *John Wesley* (Nashville: Broadman Press, 1979); Robert G. Tuttle, *John Wesley: His Life and Theology* (Grand Rapids: Zondervan, 1978)을 보라.

의 『일기』(*Journal*)에, "약 9시 15분 전에, 그가 그리스도를 믿음으로 하나님이 마음 속에서 일하시는 변화를 설명하고 있었을 때, 나는 이상하게 마음이 따뜻해지는 것을 느꼈다"라는 이야기가 있다.[17]

횟필드의 영향과 찰스 웨슬리의 찬송가 작사와 함께, 그의 놀랄만한 사역은 나라 전체의 영적인 삶에 영향을 미쳤다. 웨슬리는 영국 국교회(Church of England)와 결속을 결코 끊고 싶지 않았지만, 복음주의 각성운동은 결과적으로 감리교의 형성이라는 결과를 낳았다.

웨슬리 가의 영향 아래, 감리교가 탄생했다. 1791년 존 웨슬리가 죽을 때까지, 영국에 79,000명과 전 세계에 119,000명의 감리교도들이 있었다. 웨슬리 가와 횟필드가 발전시켰던 '방법'(methods, 여기서 "Methodist"라는 이름이 되었다)은 다음의 것들이 포함되었다.

① 공동체.
② 현장 설교.
③ 찬송가 부르기.
④ 훈련된 삶.
⑤ 출판물.

호웰 해리스(Howell Harris), 다니엘 로우랜드(Daniel Rowland), 그리고 그 밖의 다른 사람들이 웨일즈 부흥에 중요한 역할을 했다. 영국에서의 그의 영향력을 넘어서, 횟필드는 신세계(the New World)를 일곱 번 여행했다. 그의 순회 사역은 전 식민지들에 복음을 확산시켰다.

더욱 인상 깊은 것은 제1차 대각성운동이 절정에 다다랐을 때인 1741년에 횟필드의 나이는 고작 26세였다는 것이다!

---

17 John Wesley, *The Journal of John Wesley*, Nehemiah Curnock, ed. (London: Epworth, 1938), I: 475-76.

8. 제2차 대각성운동

18세기 대부흥의 때의 여러 운동들이 지난 후, 19세기로 바뀌면서 제2차 대각성운동과 함께 다음 대각성 시기가 찾아왔다. 이 부흥은 신흥 국가인 미국에 하나님을 향한 새로운 열정이 스며들게 했다.

이것은 독립전쟁 바로 후에 있었다. (이신론, 회의주의 등) 다양한 이념들이 교회에 영향을 미쳤다. 더불어, 사회에 도덕적 결함이 만연했다. 부흥은 대서양 해안의 기존 주들과 애팔래치아산맥 넘어 서쪽 경계 모두에까지 닿았다.

한 무리의 뉴잉글랜드 사역자들에 의해 기도합주회(concerts of prayer)라는 이름을 얻었다. 이것은 전국적으로 관심과 그 매력에 호평을 받았다.

〈부흥기도합주회를 요청한 뉴잉글랜드 사역자 23명의 회람장〉

미국의 모든 기독교 교단의 사역자들과 교회들에게, 그들의 노력으로 연합하여 지상에 그리스도 나라의 진보와 종교 부흥을 위한 특별기도에서 하나님 백성들의 명시적 동의와 가시적인 연합을 촉진하기 위한 겸손한 시도를 실행에 옮기기 위하여. 이 계획을 실행함에 있어서, 하나님 말씀에 이 명령이 수반되어 적절하다고 판단되었습니다. 모든 기독교 교단의 사역자들과 교회들을 공적인 기도와 찬양에 초대합니다. 1795년 1월 첫 번째 화요일을 시작으로, 매년 분기별, 매 첫 주 화요일, 오후 2시에 시작하려고 합니다. 그래서 기도합주회가 시작되어, 분기마다 해마다 하나님의 멋진 섭리가 우리의 노력을 성공시키기까지 계속되어 무르익는다면, 우리가 기도한 복을 얻을 것입니다.

이 운동의 주된 촉발 요인은 대학교 캠퍼스들에서 부흥의 발발이었다. 회의주의와 불신은 대학교의 특징이었다. 미국 연방의 탄생 직후였던 이 기간 동안, 동부 대학교들은 종종 유럽의 계몽주의 사상가들에 의해 크게 영향을 받았다.[18]

연달아 일어나는 대학교 부흥에서 버지니아 햄던-시드니대학(Hampden-Sydney College in Virginia) 캠퍼스가 가장 첫 번째가 되었다. 젊은 학생들의 비옥한 땅이 중심 역할을 했다. 1737년과 다음 수년 동안 햄던-시드니의 부흥 초기에, 윌리엄 힐(William Hill), 캐리 알렌(Carey Allen), 제임스 블라이스(James Blythe) 그리고 클레먼트 리드(Clement Read) 네 명의 젊은이들이 중요한 역할을 했다.

네 명의 젊은이들은 다른 학생들의 심한 적대감을 두려워했기 때문에, 그들은 기도와 공부를 위해 숲에서 비밀리에 만나기 시작했다. 그들이 발견되었을 때, 동료 학생들에 의해 조롱당했다.

총장 존 블레어 스미스(John Blair Smith)는 그 상황을 듣고 캠퍼스 불신앙에 의해 잘못을 자각했다. 그는 네 명의 학생들과 다른 학생들을 초대해서 그의 응접실에서 함께 기도했다. 곧, "학생들의 반이 깊게 감명받았고 확신을 갖게 되었으며, 부흥은 대학 전체에 그리고 그 주변 지역에까지 급속도로 퍼졌다."[19]

나중에 힐은 부흥의 영향력을 연대순으로 기록했다.

사회에서 모든 계급, 모든 연령의 사람들은... 이러한 일의 주체가 되었다. 벤치에 치안판사(Magistrate)나 술집에 변호사는 거의 없었고, 그들은 교인들이 되었다.... 이전에 종교적인 사람을 찾을 수 있었던 것처럼, 지금은 종교적이지 않은 사람을 거의 찾을 수 없었다. 한때 너무 팽배했던 경솔한 언행과 놀이들

---

18 Daniel Dorchester, *Christianity in the United States* (New York: Hunt and Eaton, 1895), 316.

19 Benjamin Rice Lacy, *Revival in the Midst of the Years* (Hopewell, Va.: Royal Publishers, 1968), 70.

은 모두 버려졌고, 찬양, 진지한 대화, 그리고 기도 모임으로 대체되었다.[20]

더구나, 1802년, 1814-1815, 1822, 1827-28, 1831, 1833, 그리고 1837년에 학교에서 계속된부흥운동이 일어났다.[21]

조나단 에드워즈의 손자였던 총장 티모시 드와이트(Timothy Dwight)가 이끌었던 예일대학의 부흥이 시작되었다. 학교에 불신앙이 가득 했을 때, 드와이트가 학교에 왔다. 그는 대학 채플에서 불신앙에 반대하는 설교를 시작했다. 1797년까지 도덕 상태와 부흥을 위한 기도를 향상시키기 위한 학생들 그룹이 형성되었다. 1802년 봄, 강력한 영적 운동이 학교를 휩쓸었다. 학생 전체의 1/3이 회심했다. 굿리치(Goodrich)는 캠퍼스에서의 태도 변화를 기록했다.

"생각과 대화와 마음을 끄는 관심의 대 주제는 영혼 구원이었다. 많은 학생들의 확신에 찬 믿음은 아주 자극적이고 압도적이었다. 그리고 '믿음의 평화'는 지속되었고 아주 두드러졌다."[22]

그 운동은 다트머스(Dartmouth)와 프린스턴(Prinston)으로 확산되었다. 프린스턴에서 학생들의 3/4이 믿음을 고백했고, 1/4은 목회자가 되었다.[23] 매사추세츠 윌리엄스대학(Williams College in Massachusetts)의 학생들의 무리는 선교에 엄청난 영향을 끼쳤다. 사무엘 밀스(Samuel Mills)는 1804년과 1806년 사이에 그곳 각성운동의 시기에 그 대학에 들어갔다. 그와 네 명의 다른 학생들은 선

---

20 Arthur Dicken Thomas, Jr. "Reasonable Revivalism: Presbyterian Evangelization of Educated Virginians, 1787-1837," *Journal of Presbyterian History* 61 (Fall 1983): 322에 있는 Hill의 전기에서 인용됨.

21 Lacy, *Revival*, 68ff와 Thomas, "Reasonable Revivalism," 322를 보라.

22 Chauncy A. Goodrich, "Narrative of Revivals of Religion in Yale College," *American Quarterly Register* 10 (Feb. 1838): 295-96을 보라.

23 Cairn, *An Endless Line of Splendor*, 92.

교를 위해 정기적으로 기도하기 시작했다. 1806년에 한 특별한 모임에서 그들은 비를 피할 피신처를 건초더미에서 찾아야 했다. 이 '건초더미모임'(haystack meeting)에서, 밀스는 아시아 선교를 제안했다.

이 사건은 주된 해외 선교 사업으로 이끄는 촉발 요인이었다. 첫 번째 선교사들로 아도니람 저드슨(Adoniram Judson)과 루터 라이스(Luther Rice)가 포함되었다.[24] 대학 이외에, 코네티컷 노팅턴(Northington, Connecticut)에서 청년들에 의해 주도된 모임에서 부흥이 시작되었다.[25]

1799년에 일련의 모임들 후에, 1800년 6월에 켄터키에 있는 레드리버교회(Red River Church)에서 첫 번째 실제 캠프 집회가 열렸다. 예배와 성찬식 준행을 위해 특정한 지역 사회에서 무리들이 삼사일 동안 함께 모였다.

그 후, 1801년에 켄터키 카인 리지(Cain Ridge)에 25,000명이 함께 모였다. 장로교인이었던 제임스 맥그리디(James McGready)와 바톤 스톤(Barton Stone)이 지도들에 포함되어 있었다. 몇몇 캠프 집회의 일부에서는 특이한 현상들이 일어나기도 했다. 감리교 순회 목회자 피터 카트라이트(Peter Cartwright)를 포함한 많은 지도자들은 그 같은 일을 좌절시켰다.[26]

찰스 피니(Charles Finney)는 '미국 부흥운동의 아버지'라 불려졌다. 견습 변호사였던 피니는 1821년에 강렬하게 회심했고, 부흥회와 복음전도 사역을 시작했다. 피니는 아마도 그의 사역 속에 포함한 혁신적인 접근 방법들인 '새로운 방법들'(new measures)로 잘 알져져 있다. 이것들에는 오래 지속된 부흥집회와 '구도자 의자'(anxious benches)가 포함되었다. 피니가 설명했듯이 '구도자 좌석'(anxious seats)는 현대 공개 초청의 전신이었다.

---

24   Gardiner Spring, *Memoir of Samuel John Mills* (Boston: Perkins and Marvin, 1829); Thomas Richards, *Samuel J. Mills: Missionary Pathfinder, Pioneer, and Promoter* (Boston: Pilgrim Press, 1906); Cairns, *An Endless Line of Splendor*, 261–62를 보라.

25   *Connecticut Evangelical Magazine*, vol.1, 100–05.

26   John B. Boles, *The Great Revival 1787-1805* (Lexington: The Univ. of Kentucky Press, 1972), 68; and Hank Hanegraaff, *Counterfeit Revival* (Dallas: Word, 1997), 117–21을 보라.

내가 처음 이 방법을 소개했던 것은 로체스터에서 였다.... 나는 기꺼이 죄를 버리고 자신들을 하나님께 드린 사람들을 처음으로 초청해서, 그들이 기도의 주체가 되도록 내가 비워 놓으라고 했던 특정 좌석으로 나오게 했다. 기대했던 것보다 훨씬 더 많은 숫자가 앞으로 나왔다.[27]

✦ 부흥에 대한 피니의 견해

부흥은 그리스도인들의 첫 사랑의 회복이며, 하나님께 죄인들의 각성과 회심을 일으킨다. 참 기독교의 부흥은 하나님의 명령에 주의하여 지키면서, 타락한 교회를 일으키고, 촉진하며, 회복하고, 모든 계층의 사람들을 일깨운다. 부흥은 교회가 타락한 상태의 수렁에 빠진 것을 전제로 한다.
(찰스 피니, 『종교 부흥에 대한 설교』(*Lectures on Revivals of Religion*) [Minneapolis: Bethany, 1988] , 15). 여기 피니의 견해에 대한 샘플이 있다.

✦ 부흥에서 어떤 일이 일어나는가?

① 그리스도인들은 그들의 죄에 대해 정죄 당한다.
② 타락한 그리스도인들이 회개한다.
③ 그리스도인들의 믿음이 갱신된다.
④ 신자들의 인생에서 죄의 능력이 깨어진다.
⑤ 효과적인 복음전도의 결과를 얻는다.

---

27 *The Autobiography of Charles G. Finney* (Minneapolis: Bethany House, 1977), 159에서.

✦ 언제 부흥을 기대할 수 있는가?

① 일어난 사건을 정돈하시는 하나님의 섭리가 (흔하지 않은 효과적인 도구, 사건 등에 의해) 각성이 가까이에 있다는 것을 신호로 나타낼 때.
② 죄인들의 사악함이 그리스도인들을 슬프게 할 때. 죄의 만연함은 꼭 부흥이 멀리 떨어져 있다는 신호는 아니다. 사실상, 부흥은 종종 큰 죄를 지을 때, 찾아온다.
③ 부흥을 위한 기도의 영이 있을 때. 즉 "그들은 자신들이 그것을 원하는 것처럼 기도한다."
④ 목회자가 부흥과 죄인들의 각성을 그들의 목표로 삼을 때.
⑤ 그리스도인들이 그들의 죄를 서로 고백하기 시작할 때.
⑥ 그리스도인들이 기꺼이 희생해서 그것을 수행할 때.

제2차 대각성운동은 회심한 군중에게 강력한 복음전도운동을 불러일으켰다. 더구나 그것은 두드러진 새 방법들, 즉 캠프 집회와 다른 것들 중에서 찰스 피니의 '새로운 방법'(new measures)을 소개했다. 이 부흥의 가장 큰 결과들 중 하나는 선교할 때 나타났다.

아도니람 저드슨(Adoniram Judson)과 루터 라이스(Luther Rice)는 1810년에 미국해외선교위원회(American Board of Commissioners for Foreign Missions)에 의해 외국으로 보내진 첫 번째 선교사들 중 두 명이었다. 이 선교운동은 대영제국의 윌리엄 캐리(William Carey)와 같은 사람들의 인생에 영향을 미쳤던 유사한 부흥의 때 다음에 있었다.

또한 많은 학회가 탄생했다. 1816년에 미국성경학회(American Bible Society)가 시작되었고, 1825년에는 미국소논문학회(American Tract Society)가 생겨났다. 교육적인 영향으로 1808년에 앤도버(Andover), 1812년에 프린스턴(Princeton), 그리고 1818년에 예일신학교(Yale Divinity)를 포함한 미국 최초의 신학교들이 형성되었다. 추가로, 1824년에 미국주일학교연합(American Sunday School Union)이 설립되었다. 마침내 사회가 변화되었다. 제2차 대각성운동은 사람들이 "기독교의 황금기"라 부르던 시작이었다.

9. 1857-59년의 평신도 기도부흥

성장하는 경제, 노예제도로 인한 정치적 혼란 그리고(1843-44년 예수님의 재림을 그릇 예언했던 밀러라이츠[Milerites] 같은) 종교적 극단주의까지 부분적인 이유로, 19세기 중엽까지 제2차 대각성운동의 효과는 가라앉았다.

평신도 기도부흥(Layman's Prayer Revival)으로 알려진 이 운동 초기에, 몇몇 사건들이 동시에 일어났다. 1857년에 예레미야 랜피어(Jeremiah Lanphier)가 이끈 연합기도모임이 시작되었다. 그 모임은 미 동부 전역에 6개월 동안 빠르게 퍼져 50,000명 이상이 참여했다.

1856-57년에 캐나다, 매사추세츠, 사우스캐롤라이나 그리고 다른 지역에서, 흔치 않은 교회의 부흥이 알려졌다. 1857년에 부흥이 일어난 장로교회에서 복음전도집회가 열렸다. 동부의 주일학교 전도활동들도 또 하나의 요인이었다. 뉴욕과 필라델피아에서는 많은 사업장들이 매일 기도하기 위해 문을 닫았다.

수많은 대중들이 회심했다. 브루클린(Brooklyn)교회부흥회에서 75명이 회심했다. 캐츠킬(Catskill)교회에서는 며칠 만에 115명이 믿음을 고백했다. 뉴왁(Newark)에서 두 달만에 3,000명이 회심했다. 뉴욕 사람들처럼 필라델피아에서도 한 사람이 기도회를 시작했다. 곧 매일 6,000명이 모임에 참석했고, 천막부흥회가 열렸다. 그것은 4개월 동안 계속되었고, 150,000명이 참석했다. 1년에 10,000명 이상이 회심했다.

이 부흥으로 하나님이 찬양받으셨다. 이것은 단 한 명의 명성있는 지도자도 없는 유일한 각성운동이었다. 또한 그것은 예기치 않게 찾아왔다. 더욱이, 신자들 사이에 대단한 협력이 있었다. 그것은 1859년 웨일즈부흥과 남아프리카에서 앤드류 머레이(Andrew Murray)의 사역에서의 부흥을 포함한 세계적인 운동의 일부였다.

그것은 청소년 시기의 무디(D. L. Moody)에게 강한 영향을 끼쳤다. 1857-59년의 평신도 기도부흥운동은 광범위한 호소력이 특징이다. 이 시기 동안 몇몇 대학교들도 부흥을 경험했다. 에드윈 오르(J. Edwin Orr)는 오버린(Oberlin), 예일(Yale), 다트머스(Dartmouth), 미들버리(Middlebury), 윌리암스(Williams), 암허스트(Amherst), 프린스턴(Princeton) 그리고 베일러(Baylor)대학에서의 부흥운동들을 기록했다.[28]

10. 1900-10년의 세계적인 각성운동

20세기로 바뀌면서, 성령의 새로운 바람이 다시 많은 사람들에게 영향을 미쳤다. 그 기간에 가장 눈에 띄는 예는 1904-08의 부흥이었다. 이것은 웰시(Welsh)부흥과 기타 미국과 국외에서 일어난 것들도 포함했다. 1901년 근대 오순절운동의 탄생과 그 후의 아주사거리 부흥운동(Azusa Street Revival)을 포함한 이 기간의 몇몇 특징들은 논란의 여지가 있다.[29]

웰시부흥운동은 웨일즈라는 작은 시골에서 1904년에 시작된 운동과 특히 관련된 것이다. 이 시기에, 6개월이 못되어 100,000명의 사람들이 회심했다. 핵심 지도자는 이반 로버츠(Evan Roberts)였다. 로버츠는 부흥에 위한 4가지 원칙을 가지고 있었다.

---

28 J. Edwin Orr, *Fervent Prayer* (Chicago: Moody Press, 1974), 11-12.

29 Cairns, *An Endless Line of Splendor*, 177은 1900년에 시작한 '세계적인 각성'의 의의를 특징지을 때, 오순절운동에 우선성을 부여한다.

① 모든 알려진 죄를 고백하라.
② 모든 수상쩍은 습관을 제거하라.
③ 성령님께 즉각 순종하라.
④ 예수 그리스도를 공개적으로 시인하라.

미국의 많은 교단들이 기록적 성장을 보고했다. 이 시기 동안 남침례교단 국내선교회(Home Mission Board of the Southern Baptist Convention)는 복음전도 분과를 시작했고, 남서신학교(Soutnwestern Seminary)가 설립되었다.

또한 19세기의 말과 20세기 초반에, 많은 뛰어난 복음전도자들이 사역하기 시작했다. 무디의 뒤를 이은 이 복음전도자들은 회심한 많은 군중들과 많은 진짜 부흥 사례들을 목격했다. 이 복음전도자들에는 R. A. 토레이(R. A. Torrey), 빌리 선데이(Billy Sunday), 샘 존스(Sam Jones), 모디카이 햄(Mordecai Ham) 그리고 윌버 채프만(Wilbur Chapman)이 있었다.

이 기간에 음악 복음전도자들의 증가도 나타났다. 아이라 생키(Ira Sankey)가 무디와 함께 사역했다. 또 호머 로디히버(Homer Rhodeheaver)와 찰스 알렉산더(Charles Alexander)도 있었다.

11. 최근의 부흥운동들

1904-08년 각성운동 이후로 미국에는 '대각성'이라 부를 수 있는 어떤 부흥도 없었다. 반면, 그 이후로 몇몇 지방화되거나 더 특성화된 부흥운동들이 생겨났다. 1940년대 후반과 1950년대는 유례없는 교회 성장과 복음전도의 시기였다. 남침례교단이 가장 크게 성장한 해도 이 기간 동안이었다. 에드윈 오르(J. Ediwin Orr)는 사망하기 전 마지막으로 전했던 자신의 메시지에서, "1949년

정도에, 미 전역의 대학에서 부흥의 물결이 있었다"라고 언급했다.[30]

베트남전쟁을 둘러싼 청년 시위 중에, 예수운동(Jesus Movement)은 청년들을 예수님께 급진적인 헌신으로 부르는 역할을 했다. 청년들에게 영향을 미쳤던 영적 각성에 가장 밀접한 것은 특히 1960년대 후반과 1970년대 초반의 예수운동이었다. 초기 각성운동들과 비교할 수 없을 정도로 영향력이 있었던 이 운동은 이 시기 동안 미국 청년들 사이의 불만과 일반적으로 병행을 이뤘다. 여기서 간단한 요약을 제공할 수 있다.[31]

예수운동에 친숙한 많은 사람들은 반문화적인 예수 사람들(또는 예수'광들') 을 주장하는 경향이 있었지만, 사실상 젊은이들 중에는 갱신이 훨씬 더 광범위했다. 그것은 지하 신문, 커피 전문점과 지역 사회 그리고 새로운 음악과 같은 더 다채로운 현상들뿐만 아니라, 강력한 교회 부흥과 캠퍼스 각성운동들을 포함했다. 청년 성가 여행, 청년 전도집회, 그리고 음악 축제에서 나타났다. 현대 기독교 음악과 찬양과 경배송의 증가는 이 청년 부흥의 줄기에서 나왔다.

남침례교단(SBC)은 1970년대 초의 세례/침례 기록보고를 보면, 주로 청년 세례/침례의 놀랄만한 증가에 의해 성장했다. 예를 들어, SBC는 1972년에 445,725명의 세례/침례를 기록했다. 그중에 137,667명이 청년이었다. 그것은 SBC 역사상 어느 해보다도 청년 세례/침례 수에서 가장 많은 수와 가장 높은 비율이었다. 청년 세례/침례에서 두 번째로 가장 높은 수는 1971년에 있었다. 전체 세례/침례 수보다도 더 현저한 것은 더 실질적인 청년 세례/침례수였다. 예수운동은 1970-71년에 절정에 다다랐다.

---

30 J. Edwin Orr, *Revival Is Like Judgment Day* (Atlanta: Home Mission Board, 1987), 9.

31 더 자세한 연구를 위해서는, Alvin L. Reid, "The Impact of the Jesus Movement on Evangelism among Southern Baptists," (Ph. D. diss., Southwestern Baptist Theological Seminary, 1991)을 보라.

[1971–88년 남침례교단 청년 세례/침례자 수의 15년 조사][32]

년도	세례/침례 받은 청년	세례/침례 받은 총수	청년 비율	미국 청년 인구	세례/침례 받은 청년 인구 비율
1971	126,127	409,659	30.7	N/A	N/A
1972	137,667	445,725	30.8	24,997,000	0.550
1973	119,844	413,990	28.9	25,287,000	0.473
1974	115,345	410,482	28.1	25,454,000	0.453
1975	116,419	421,809	27.6	25,420,000	0.457
1976	103,981	384,496	27.0	25,305,000	0.410
1977	88,838	345,690	25.6	25,014,000	0.355
1978	97,118	336,050	28.9	24,549,000	0.395
1979	93,142	368,738	25.2	23,919,000	0.389
1980	108,633	429,742	25.2	23,409,576	0.464
1981	101,076	405,608	24.9	23,409,576	0.444
1982	102,259	411,554	24.8	22,358,000	0.457
1983	97,984	394,606	24.8	22,199,000	0.441
1984	91,431	372,028	24.6	21,958,000	0.416
1985	86,499	351,071	24.6	21,632,000	0.399
1986	86,387	363,124	23.8	21,300,000	0.405

추가로, 예수운동 후 십년 동안 기록적인 등록과 연속된 증가는 남침례교단 신학교 여섯 개 모두의 특징이 되었다.

대학선교단체 사역을 하는 대학생선교회(Campus Crusade for Christ)가 달라스에서 엑스플로 72(Explo '72)를 개최했다. 그것은 "한 도시에 몰려든 학생들과 그리스도인 평신도들이 모인 가장 큰 대규모의 집회"가 되었다.[33] 그 목적은 복음전도를 위해 젊은이들을 준비시키고 격려하기 위함이었다. 80,000명 이상이 이 행사에 등록했고, 그 모임의 마지막 토요일 음악 축제에는 약 150,000

---

32 Billy Beachem, Student Discipleship Ministries, Fort Worth, Texas, to Alvin L. Reid, Indianapolis, Indiana, 8 January 1990, Transcript in the hand of Alvin L. Reid, and *Quarterly Review* (July–August–September 1972): 20–21.

33 "Baptists among 80,000 Attending Explo '72," *Indiana Baptist* (5 July 1972), 5.

명이 참석했다.³⁴ 복음전도자 빌리 그레이엄(Billy Graham)은 '예수 혁명'(Jesus revolution)이라고 부르기를 아주 좋아했다. 그는 그 운동에 대한 책을 쓰기도 했다.³⁵ 그레이엄은 그 기간 동안 특히 많은 수의 청년들이 참석했고, 그 운동에서 예수님에 대한 믿음을 고백했다고 기록했다.

채플 예배에서 즉흥적으로 시작된 유명한 부흥이 1970년에 애즈버리대학교에서 일어났다.³⁶ 그 대학교의 학장은 강연을 하려다가, 감동되어 간증 예배를 드렸다. 학생들은 기도하기 위해 강단으로 몰려들기 시작했다. 그들은 185시간 동안 계속해서 기도하고, 찬양하고, 간증했다. 그 대학교 출신의 헨리 제임스(Henry James)는 당시 일어났던 일을 다음과 같이 기록했다.

> 곧 애즈버리 학생들이 와서 그 이야기를 말해 달라며, 다른 캠퍼스로부터 요청이 오기 시작했다. 이것은 하나님께서 하실 일에 대한 기대를 높였듯 이 기도의 부담도 심화시켰다.... 그 부흥은 전국적인 운동의 차원을 띠기 시작했다. 1970년 여름까지 적어도 130개 대학, 신학교 그리고 성경학교가 부흥운동의 영향을 받았다.³⁷

최근의 다른 많은 부흥 사례들이 거명될 수 있다. 지역교회에서 일어난 예는 휴스턴제일침례교회이다. 존 비사그노(John Bisagno)는 1970년에 침체하고 있는 시내의 교회였을 때, 제일침례교회에 왔다. 비사그노는 예수운동에 관심을 가졌다. 남침례교 출신의 많은 사람들과 달리, 비사그노는 그 시대의 젊은이들을 지지하면서, 마약을 복용하며 주차장 비탈에 맨발로 앉아있는 보는 것보다

---

34 Ibid.

35 Billy Graham, *The Jesus Revolution* (Grand Rapids: Zondervan, 1971).

36 Robert Coleman은 그 당시 교수였고 *One Divine Moment* (Old Tappan, N.J.: Fleming H. Revell, 1970)이라는 제목의 부흥 역사서를 편집했다.

37 Henry C. James, "Campus Demonstrations," in *One Divine Moment*, 55.

예수님께 소리 지르는 젊은이들을 보는 편이 낫다고 주장했다.

비사그노는 복음전도자 리차드 호그(Richard Hogue)가 이끄는 스피레노(SPIRENO, Spiritual Revolution Now의 준말)라 칭하는 활동에 교회가 참여하도록 이끌었다. 결과적으로 1970-71년 동안, 교회는 대다수의 젊은이들을 포함하여 1,669명에게 세례/침례를 주었다.[38] 어떤 기자는 "그들은 솔선수범하여 자신들의 교회와 다른 수많은 휴스턴 사람들에게 이번 예수운동의 흐름 속으로 뛰어들 기회를 제공했다"[39]라고 진술했다.

커피하우스 사역(Coffeehouse ministries), 바다 세례/침례, 새 음악, 개인전도, 그리고 많은 다른 현상들이 그 시기의 특징이었다. 복음과 감정적인 경험들, 은사주의운동, 그리고 많은 반문화적인 회심자들의 출현으로 단순화된 접근에 대한 지나친 강조를 포함해서 논쟁의 요소들이 있었다.

하지만 확실히 책임보다 유익이 더 컸다. 위에서 언급된 복음전도의 결과들에 더하여, 예수운동은 많은 전통 교회들이 다시 성령의 사역에 집중하도록 도왔다. 오늘날 많은 복음전도 지도자들이 예수운동 때에 회심했거나 근본적으로 영향을 받았다.[40]

---

[38] "Texas Baptist Church Sets New SBS Baptism Record," *Indiana Baptist* (15 December 1971), 5. 지난 해 단지 395명이 가장 많은 수였다.

[39] Dallas Lee, "The Electric Revival," *Home Missions*, June/July 1971, 32.

[40] 명시된 수가 아주 많지만, 예수운동의 영향을 받거나 몇몇 리더십을 보인 사람들의 사례들로는 복음전도자 제이 스트랙(Jay Strack), 오하이오 복음전도 책임자 마이크 랜드리(Mike Landry), HMB 복음전도국 직원 잭 스미스(Jack Smith), HMB에서 기도와 영적각성국(the Office of Prayer and Spiritual Awakening)을 처음으로 지도했던 글랜 쉐파드(Glenn Shepard) 그리고 다른 많은 사람들이 있다. 예수운동에 관한 논문에서 이 책의 저자는 오늘날 얼마나 많은 사람들이 그들의 삶 속에서 예수운동의 긍정적인 영향력을 지속해서 보여주는지를 발견하고는 깜짝 놀랐다.

12. 20세기 복음전도의 혁신

19세기에 도시적인, 교파 상호 간의 전도운동이 시작되었고, 20세기에 꽃을 피웠다. 무디(D. L. Moody, 1837-1899)는 도시 복음전도자들 군대의 행군을 시작했다. 무디는 첫 번째 성공적인 복음전도팀을 구성하기 위해 음악가 아이라 생키(Ira Sankey)와 팀을 이루었다. 그들의 집회는 미국에서 영국까지 도시의 수많은 사람들을 끌어당겼다. 복음전도의 결과가 항상 일어났고, 때때로 깊은 부흥이 일어나기도 했다.

무디는 그의 전도운동을 위한 준비를 지도하기 위해 집행위원회를 조직하는 일을 개발했다. 빌리 그레이엄을 포함하여, 많은 사람들이 그의 지도를 따랐다. 19세기와 20세기에 그 도시들에서 사역한 다른 복음전도자들은,

① 미국 남부에서 특히 유력했던 감리교 복음전도자 샘 존스(Sam Jones, 1847-1906).

② 무디의 영향을 받고 빌리 선데이(Billy Sunday)를 시작하게 도왔던 장로교 복음전도자 윌버 채프만(Wilbur Chapman, 1859-1918).

③ 미국에서도 말씀을 전했던 영국 복음전도자 로드니 '집시' 스미스 (Rodney 'Gypsy' Smith, 1860-1947).

④ 화려했던 전직 야구선수 빌리 선데이(Billy Sunday, 1862-1935). 그는 톱밥으로 덮여진 마루로 된 예배당을 설립했다. 여기서, '전도집회의 여정을 밟는'(hitting the sawdust trail)이라는 표현이 나왔다.

물론, 역사상 가장 잘 알려진 복음전도자는 윌리엄 프랭클린 '빌리' 그레이엄(William Franklin 'Billy' Graham)이다. 그레이엄은 또 다른 뛰어난 복음전도자, 모데카이 햄(Mordecai Ham)의 설교를 듣고 노스캐롤라이나 샬롯(Charlotte, North Carolina)에서 회심했다. 그레이엄은 역사상 어떤 다른 설교자보다도 더

많은 사람들에게 설교했다. 그는 성실한 사람의 모델로서 섬겨왔고, 여전히 복음전도자로의 부르심에 있어서 일편단심이다.

13. 기타 20세기 혁신들

20세기 핵심 복음전도 발전의 마지막 요약은 간단한 개관으로 결론을 내려야 한다. 교단 복음전도는 1900년대에 번성했다. 세계적인 전도운동으로 유명한 윌버 채프만(J. Wilbur Chapman)은 처음에 미국의 장로교회들을 위한 복음전도 책임자로 잠시 섬겼다.

처음 10여 년간 남침례교단은 (지금의 북아메리카선교회의 복음전도 그룹인) 국내선교회의 복음전도 분과를 시작했다. 처음에는 집회에서 말씀을 전하는 복음전도자들로 팀이 구성되었다. 이 기관이 교단의 전략과 프로그램을 만드는 부서로 발전되었다. 1950년대에 남침례교의 복음전도 프로그램은 가장 성공한 캠페인들 중에 하나였다. 더 최근에, 동시 대중 복음전도 활동과 (크로스오버로 알려진) 연중 남침례교단 총회와 공동으로 하는 복음전도 활동은 교단의 복음전도 리더십 사례의 예증이다.

또한 캠퍼스전도는 이 세기 동안 두드러지게 나타났다. 이 중 가장 잘 알려진 예는 지금 세계에서 가장 큰 캠퍼스선교단체 기관인, 국제대학생선교회(Campus Crusade for Christ, International)이다. 이 단체의 현저한 공헌들로는 『사영리』(Four Spiritual Laws) 증거 소책자, '여기에 생명이 있다'(Here's Life) 캠페인과 1970년대 초반의 'Explo '72,' 그리고 전 세계에 '예수'(Jesus) 비디오의 사용이 포함된다.

복음전도에 약간의 강조를 둔 다른 선교단체 기관들에는 YFC(Youth for Christ), YWAM(Youth with a Mission), 네비게이토, 영 라이프(Young Life) 그리고 더 최근에는 프라미스 키퍼스(Promise Keepers)가 있다. 1990년대에 선교단체들과 교단은 2000년까지 세상 모든 사람들에게 복음을 전하는 목표와 함께, 수십 개의 복음주의 교단들과 선교단체 사역에 참여하는 협동 활동인 A. D. 2000년의 일부로써 협력해 왔다.

방법적인 복음전도는 기타 중요한 강조를 위한 슬로건이다. 제임스 케네디(D. James Kennedy)은 1970년에 코랄리지장로교회(the Coral Ridge Presbyterian Church)에서 개인전도 방식인 전도폭발(Evangelism Explosion) 접근법을 시작했다. 다양한 교단의 교회가 이 접근법으로 훈련받았다. 교회 성장운동(Church Growth Movement)의 영향력은 이 세기 후반에 과소평가될 수 없다. 그러나 그것은 뒤에서 다루어질 것이다.

14. 적용

오늘날 각성에 관한 커다란 관심이 증가했다. 1995년 텍사스 브라운우드(Brownwood, Texas)에서의 각성운동 시기처럼, 진정한 부흥의 인상적인 사례들이 있어왔다.[41] 적잖은 운동들이 하나님의 말씀에 집중하기보다는 다른 현상들을 강조해 왔다.[42]

하나님이 부흥하게 하신다면 어떨까?

강력한 각성이 불붙는다면 어떨까?

두 천사들이 아래의 교회를 응시하면서 천국에 서 있는 순간을 그려보라.

첫째 천사가 묻는다.

"넌 하나님이 그 교회에 부흥을 보낼 것이라고 생각해?"

그러자 둘째 천사가 이렇게 대답한다.

---

41 상세한 설명을 위해서는 John Avant, Malcolm McDow, and Alvin L. Reid, *Revival!* (Nashville: Broadman & Holman, 1996)을 보라.

42 Hanegraaff, *Counterfeit Revival*.

"글쎄, 난 하나님이 거기로 부흥을 보내고 싶어하신다고 믿어. 그런데, 넌 그 교회에 부흥을 보내기에 충분한 교회라고 하나님이 **신뢰**(trust)하실 수 있다고 생각해?"

참고문헌

Hanegraaff, Hank. *Counterfeit Revival*. Dallas: Word Books, 1997.

McDow, Malcolm and Alvin L. Reid. *Firefall: How God Shaped History through Revivals*. Nashville: Broadman & Holman, 1997.

Taylor, Mendell. *Exploring Evangelism*. Kansas City: Beacon Hill, 1964.

Terry, John Mark. *Evangelism: A Concise History*. Nashville: Broadman & Holman, 1994.

제5장
진리가 중요하다:
복음전도 신학

타 즈 마할(Taj Mahal)을 둘러싼 전설들 중 하나는 황제 샤 자한(Shah Jahan)이 가장 좋아하는 아내의 죽음과 관련된다. 그녀를 여의고 절망감에 사로잡혀있던 왕은 그녀의 무덤 위에 사원을 지어 정절을 지키기로 결심했다. 건축 현장의 중앙에 관을 놓았다. 비싸고 정교한 건축물을 관 주위에 올리기 시작했다. 수주가 수개월이 되어, 그 프로젝트에 대한 샤의 열정은 슬픔을 뛰어넘었다.

건축하는 동안 어느 날, 한 나무 상자(관)가 발견되었다. 황제는 일꾼들에게 그 상자(관)를 밖으로 던지도록 명령했다. 그것은 방해가 될 뿐이었기 때문이다. 샤 자한은 시간이 흘러 먼지가 쌓여 가려져 아래층에 던져져 있던 아내의 관을 배열하도록 했던 명령을 잊어버렸다. 사원이 지어졌을 때, 바로 그 영예로운 황제의 아내는 잊혀졌다.[1]

비극적인가?

---

1 Lucado, *Applause*, 121에서 각색됨.

그렇다. 하지만 우리에게 같은 일이 일어날 수 있다. 하나님의 말씀에 기초한 신학에 계속해서 초점을 맞추지 않을 때, 최우선으로 복음을 전해야 하는 이유를 잊어버릴 수 있다.

기독교는 창조의 하나님이 인간에게 자신을 계시하신다는 확신에 기반을 둔다. 하나님의 자기계시에 대한 기록이 성경에서 발견된다. 가장 특별하게 그리고 마침내, 하나님은 자신을 그의 아들 예수님을 통해 계시하셨다.

본 장은 이런 실재를 증명하려는 것이 아니라 어떻게 그런 확신이 복음전도 사역과 관련이 있는가를 논증하려 한다.[2] 작동하는 방법을 찾아서, 그 방법이 좋다는 것을 증명하기 위해 성경 구절을 찾는 것이 오늘날의 경향이다. 성경에 기초한 복음전도가 필요하다.

1. 복음전도와 신학의 관계

사람은 역사에 뿌리를 두고 명백한 신학에 기반을 둔 확고한 성경적 기초와 동떨어져서는 복음전도를 적절하게 실행할 수 없다. 동시에, 신학은 복음전도를 향한 관점이 없이는 불완전하다. 따라서 **복음전도와 신학을 함께 유지할 필요가 있다.** 이것은 몇 가지 이유 때문에 그렇다.

1) 복음전도와 신학은 극단주의를 피하기 위해 함께 유지되어야 한다.

사람들은 성경을 잘못된 해석과 적용에 사용하므로, 많은 사람들을 사이비와 다른 이단들로 끌어들였다. 복음전도는 성경과 밀접하게 연관된 신학을 유지한다. 복음전도와 신학을 연결하는 것은 특정한 일탈을 방지한다.

---

[2] 하나님의 특별계시 같은 성경 진실성의 증거를 위해, Drummond, *Word of the Cross*, 16-63을 보라.

신학에서 분리된 복음전도는 피상적인 기독교로 이끈다. 그것은 넓이는 10마일인데, 깊이는 0.5인치인 그리스도인들을 양산한다. 남서침례신학교의 초대 총장 캐롤(B. H. Carroll)은 그의 후임자 스카보러프(L. R. Scarborough)에게 신학교를 계속해서 십자가에 묶어놓아야 한다고 말했다. 신학은 복음전도를 오류에서 안전한 성경적인 진리에 계속해서 묶여있게 한다.

교리적인 기초가 없을 때, 결국 전하는 그 본연의 목적을 잊어버릴 수 있다!

우리의 기술이나 능력보다 진리가 훨씬 중요하다. 본질적으로, 우리가 나누는 진리는 우리가 행하는 그 밖의 모든 것을 침투하고 초월한다.

나는 '장난치는 작은 강아지회사'(Little Frisky Dog Food Company)에 대한 이야기를 들었다. 세일즈 매니저가 매출이 떨어지자, 판매원들을 격려하기 위해 모두를 안으로 데리고 왔다. 그리고 이렇게 말했다.

"여러분, 우리는 세상에서 가장 훌륭한 몇 명의 판매원들이 있습니다. 우리는 가장 좋은 몇 가지 광고 캠페인들이 있습니다. 우리는 가장 멋진 몇 가지 슬로건들이 있습니다."

그들은 "맞아요, 확실히 그래요"라고 대답했다.

그는 이어서 이렇게 말했다.

"우리는 이 상품을 판매하기 위한 가장 좋은 몇몇 접근 방식들이 있습니다. 우리는 최첨단에 있습니다."

판매원들은 용기가 나고 흥분되기 시작했다.

그래서 그들은 "그래, 맞아요, 맞아요. 매니저님, 우리는 할 수 있습니다"라고 말하기 시작했다.

그는 다시 이렇게 말했다.

"여러분들은 그 가방이 정말 좋아보인다는 것을 알아요. 우리는 모든 주요 시장에 들어갔다는 것도 알아요. 최고의 판매팀이 있다는 것도 알아요."

스스로 흥분한 모든 사람들이 점점 더 신이 났다.

마침내, 뒤에 있던 한 사람이 손을 들었다.

"그런데 한 가지 문제가 있어요."

"그게 뭐예요?"

"문제는 개밥입니다. 개들이 그걸 **싫어해요!**"

진품의 품질을 떨어뜨리는 값싼 모조품이 아닌 **진짜**(truth)를 제시해야 한다. 메시지를 변질시키지 않으면서, 삶을 변화시키고 하나님의 감동으로 된 복음을 사람들에게 제공해야 한다.

복음전도 없는 신학은 죽은 전통으로 이끈다. 밴스 해브너(Vance Havner)는 마치 텅 비어있는 총신(gun barrel)처럼 올곧게 될 수 있다고 말했다. 미국 전역에 걸쳐 수많은 효과적이지 못하며 영적으로 죽은 보수적인 교회들이 있다. 그들은 바른 교리를 가지고 있지만, 실천은 성경적인 기준에서 멀다. 사실상, 복음전도를 우선으로 하지 않은 신학은 실제로 신학을 이해하지 못한 것을 의미한다.

2) 성경은 신학을 복음전도와 같은 실제적인 문제들과 결합시키기 때문에 신학과 복음전도는 연결된 채로 있어야 한다.

사도행전에서, 우리는 교리적인 내용으로 가득 찬 설교들을 읽는다. 동시에, 신자들의 간증, 즉 행함이 있는 믿음은 그들의 선교에 중요한 역할을 했다. 바울의 편지들은 종종 교리와 실천을 강조했고, 바울이 신학자와 복음전도자 둘 다였다는 것을 인정한다.

3) 하나님께 친숙해진 사람들은 일반적으로 신학과 복음전도를 조화롭게 유지해왔다.

교회 역사에서 모든 위대한 리더가 뛰어난 신학자는 아니었다. 하지만 역사적으로 중요한 지점에서, 하나님은 기독교 신앙 발전에 전략적인 역할을 할 개인들을 일으키실 때, 거의 예외 없이 그런 지도자들은 숙련된 신학자들이자 활동적인 복음전도자들이었다. 마틴 루터는 비록 신학자였을지라도, 자신을 복음전도자라 불렀다.

영국 역사에서 아주 중추적인 인물이었던 존 웨슬리는 교리적인 내용과 복음전도의 주제로 가득 찬 설교를 했던 옥스퍼드대학교 출신자였다. 조나단 에드워즈는 미국에서 배출된 지성인들 중 한 사람이었다. 그의 글들은 다소 의기양양한 교리들을 포함하지만, 그는 또한 제1차 대각성운동에서 대중들의 대화에 중요한 역할을 했다.

2. 복음전도와 위대한 교리

모든 교리는 복음전도와 관련이 있지만, 본 장은 복음전도 사역과 관련된 중요한 주제들을 검토할 것이다. 전체 내용들이 복음전도 신학에 특히 집중되었다.[3] 아래에 중심 이슈들이 고찰되었다.

1) 성경

내가 지금껏 가장 좋아하는 영화는 "쥬라기 공원"(Jurassic Park)이다. 하지만, 실재 있는 것처럼 진짜 같은 특수 효과 때문에 좋아하는 것은 아니다. 소년 시절 나는 고생물학자가 되고 싶었지만, 마찬가지로 공룡도 되고 싶었다. 과학이 아주 높고 강하고 신의 자리에 앉아 있다는 기본적인 메시지 때문에 영화를 좋아했다.

이 메시지는 우리의 문화에도 필요하다. 인간의 천재성을 강조하는 것은 성

---

[3] 특히, 나는 Drummond, *Word of the Cross*에 주목할 것이다.

경에 대한 경멸을 격려한다. **어떤 것도**(nothing) 하나님 말씀의 교훈에 대한 존중의 부족보다 더 빨리 복음전도의 끈을 잘라 버리는 것은 **없다**.[4]

나는 여기서 성경의 유일성과 권위를 주장하지 않을 것이다. 다른 책들이 그것을 잘해왔기 때문이다.[5] 나는 단지 기독교의 유일성이 그 '거룩한 책'(Holy Book)과 함께 시작한다는 것에 주의한다. 성경은 그 위치에 대한 어떤 두드러진 변명도 없이 역사의 주님 되시는 유일한 참 하나님의 특별한 자기폭로라는 대담한 주장을 한다.

가장 중요한 것은 하나님의 아들이시고, 우리의 구주이신 예수 그리스도에 대해 알아야 함을 우리에게 계시한다는 것이다. 그가 살아나셨다는 것을 증명하기 위해 그리스도의 생명에 대한 성경 외의 설명들이 충분하지만, 하나님의 마지막 자기 계시에 대한 모든 중요한 정보를 찾기 위해 인간은 성경에 이르러야 한다.

성경은 우리에게 하나님과 그분과의 관계에 대한 객관적이고, 검증 가능한 정보를 제공한다. 하지만, 그것은 근본적으로 믿음의 책이다. 성경은 우리에게 현실에 관해서 우리가 알기를 **원하는**(want) 모든 것을 말해주지는 않는다.

하시만, 그것은 우리가 알 필요가 있는(need) **것을 말한다!**

성경의 역사적이거나 다른 사실적인 정보가 관련이 없거나 부정확한 것임을 암시한다는 뜻은 아니다. 하지만 성경을 읽고 그 위대함을 존중하는 것보다 더 많은 행함이 있어야 한다. 사람들은 생명의 말씀들을 진실로 이해하기 위해 주 '저자'(Author)를 만나야 한다. 사람들은 성경을 **살아**(live)야 한다.

나는 성경이 오류가 없고, 영감받은 무오한 하나님의 말씀임을 믿는다. 그것은 전적으로 신뢰할 수 있고 정확하며, 하나님의 말씀일 뿐만 아니라 하나님의

---

4 John Avant는 최근에 성경과 복음전도의 하나의 견해 간의 특별한 관계성을 보여주었다. Avant, "The Relationship of Changing Views of the Inspiration and Authority of Scripture to Evangelism and Church Growth"를 보라.

5 예를 들어, F. F. Bruce, *The New Testament Documents: Are They Reliable?* (Grand Rapids: Eerdmans, 1943)을 보라.

특별계시이다.⁶ 물론, 우리는 성경의 높은 관점을 고수하면서 복음을 전하지 않을 수 있다. 하지만 사람이 믿음의 마음으로 성경에 다가가도록 압박을 받으면서 성경에서 복음 메시지를 선포하라는 명백한 암시와 명령들을 발견치 못하기는 불가능하다.

그러나 성경의 권위에 대한 더욱 교활한 모욕으로 근대 교회의 생명을 약화시킨 것이 있다. 이것은 성경의 유일성을 의심한 자유주의의 침투이다. 근대사에서 이 방향을 따랐던 사람들은 복음을 전해본 적이 한 번도 없었다. 고등 비평을 포함한 근대 학문의 발견들이 우리의 성경 이해에 어느 정도까지는 도움을 주었다.

하지만 핵심은 사람들이 성경에 대해 취하는 전제이다. 다시 말해서, 성경해석이 성경 권위 견해처럼 중요하지만, 그 둘은 쉽게 분리되지 않는다. 드루몬드(Drummond)는 다음의 말들로 성경의 권위에 관한 그의 글을 간단명료하게 결론짓는다.

> 그래서 그것은 바로, 거룩한 성경에서 하나님은 이해, 일관성, 상응, 비모순 그리고 경험에 대한 인식론적 시험을 돌파하는 권위적인, 신뢰할 만한, 진실한, 자기계시를 해오셨다. 그러므로 우리는 그런 굳건한 신학적 기초 위에 신학체계들을 세운다. 그래서 내주하시는 성령님에 의해 이끌림 받은 우리는 성경적인 명제들 위에 복음전도 신학을 구축한다.⁷

---

6   여기에서 성경의 무류와 무오같은 그런 중요한 문제들의 철저한 논의를 하기는 어렵다. Drummond, *Word of the Cross*, 43-63을 보라.

7   Ibid., 62.

2) 하나님

모든 신학 토론은 신론에 집중해야 한다. 드루몬드는 "복음전도는 인류학이 아닌, 신학에서 시작한다"[8]라고 언급했다. 불행하게도, 복음전도에 관한 대부분의 현대 서적들은 하나님의 통치가 아니라 사람들의 필요로 시작된다. 이런 점에서 복음전도와 관련된 대부분의 잘못이 범해진다.

효과적으로 복음을 전하기 위해 현대 문화를 이해해야 하지만, 신학을 발전시키기 위해서는 그 지점에서 시작하지 않아야 한다. 인간론으로 시작하는 것은 중요한 **연관성**(relevance)을 강조한다. 그러나 **중요성**(significance)을 강조하는 신론으로 시작하는 것이 더 중요하다.

(1) 하나님은 창조주이시다

창조주 하나님은 구세주 하나님을 함축한다. 하나님은 세상을 창조하셨으며 그분의 형상대로 인간을 만들고 타락한 인간을 구원하는데 주도권을 갖고 계셨다.

(2) 하나님은 삼위 안에 한 분이시다

우리가 섬기는 하나님은 세 위격 안에 자신을 나타내신 유일하게 한 분 하나님이시다. 삼위일체는 화강암에 복음전도의 기념비를 새겼다. 하나님의 계획 속에 "성부는 세상을 구원하기 위해 그의 아들을 보내셨고, 성자 하나님은 죽기까지 복종하시므로 구원받을만하도록 자원하여 세상에 오셨으며, 성령 하나님은 그들 안에 회복의 은혜를 불어넣음으로 죄인들로 구원받게 하셨다."[9]

---

8 Ibid., 98.

9 R. B. Kuiper, *God-Centered Evangelism* (London: The Banner fo Truth Trust, 1966), 13.

(3) 하나님은 거룩하시다

하나님의 속성은 복음전도와 관련있다.

복음전도의 긴급성은 하나님의 성품과 연결되어있다!

그는 거룩하시고 우리는 그렇지 않다. 그래서 우리는 심판받는다. 우리가 하나님을 대면하여 볼 수 있다면, 우리의 즉각적인 인상은 하나님의 거룩함을 경외함으로 나타냈을 것이다. 그 속성은 다른 모든 것을 초월한다.

출애굽기에서 하나님을 만난 모세를 생각해 보라.

그는 자리를 벗어나지 않았다. 그는 그의 신을 벗었다.

"거룩하다, 거룩하다, 거룩하다"라고 외친 이사야와 천사의 외침을 생각해보라(사 6장을 보라).

천국 성가대가 "거룩하다, 거룩하다, 거룩하다"라고 반응했던 신약성경과 요한계시록의 하나님에 대한 요한의 환상으로 가 보라(계 4:8).

히브리어 '코데쉬'(qodesh)와 헬라어 '하기오스'(hagios)라는 **거룩한**(holy)에 대한 성경 단어들은 본래 '분리되고 구별되기 위한' 이라는 같은 뜻을 갖고 있다. 하나님은 우리와 같은 분이 아니셨다. 사실상 성경에는 하나님의 사랑보다도 하나님의 화, 울분 그리고 분노에 대한 언급들이 더 많다. 하지만, 하나님은 거룩하고, 의로우시며, 진노하실 뿐 아니라, 그분은 사랑이시다.

(4) 하나님은 사랑이시다

하나님은 거룩하신 반면, 자격 없는 우리에게 자신과의 개인적인 관계를 맺게 하신다. 드루몬드는 아가페(agape) 사랑이 신약성경의 중심 주제라고 적절하게 말한다. 하지만, 하나님의 **사랑**(love)과 하나님의 **거룩**(holiness)은 균형을 유지해야 한다.

하나님의 거룩과 사랑 모두 없이는 성경적으로 복음을 전할 수 없다. 하나님의 사랑이 없으면 비열해진다. 한 목회자 친구가 여섯 살된 아들이 놀이터에서 노는 것을 지켜보면서 맥도날드에서 식사하고 있었다.

그는 자신의 아들이 다른 어린 남자아이에게 헤드락을 거는 것을 보고 충격을 받았다!

그는 급히 밖으로 나가 그 겁먹은 어린 사내아이를 구해주었고 자기 아들을 엄하게 꾸짖었다.

그 아들은 당혹스러운 표정으로 그의 아빠를 쳐다보았다.

"하지만 아빠, 제가 저 아이에게 예수님에 대해 이야기하려고 했는데, 들으려고도 하지 않았어요!"

반대로, 하나님의 거룩에 대한 관점이 없으면, 우리는 그분에 대한 사람들의 필요로 그들을 대하는 것을 거부한다. 다른 사람에게 부드러워지고, 심지어 감성적이 된다. 복음전도를 할 때, 확신과 긍휼 사이의 균형을 유지해야 한다. 이 균형은 복음전도에 필수적이다.[10]

(5) 그리스도와 구원

우리는 그분이 누구인지, 즉 그리스도의 **인성**(person)과 그가 행하신 **사역**(work)에 관해 생각할 수 있다. 그는 인성을 가진 하나님이자 유일무이한 하나님의 독생자이시다. 역사적으로 두 극단은 예수님이 누구인지 이해하는 것을 방해해 왔다.

한편으로, 그리스도에 대한 가현설자들(Docetics)은 그가 인간이 되었음을 부정하면서 예수님의 신성을 강조했다. 그는 단지 인간인 것처럼 보이셨다.

다른 한편으로, 에비온주의자들(Ebionites)은 그분의 신성을 부인하면서, 예수님은 **단지**(just) 한 인간이었다고 말했다. 때때로 보수주의자들이 그리스도의 인성을 축소시켜 왔지만, 역사적으로 자유주의는 에비온주의자들의 편에서 전형적으로 쇠퇴해 왔다.

그리스도의 사역은 동정녀 탄생(더 적절하게는, 동정녀 잉태), 순결한 삶, 죽음

---

10 복음전도에 있어서 하나님의 통치를 논하기 위해서는 J. I. Packer, *Evangelism and the Sovereignty of God* (Chicago: InterVarsity Press, 1691)을 보라.

과 부활, 천국에서의 통치, 재림 그리고 영원한 통치를 포함한다. 특히, 그것은 우리의 구원을 위한 십자가상에서 그리스도의 사역에 관한 것이다. 이것은 특히 구원론과 관련 있다.

그리스도의 속죄는 기독교의 핵심이다. 유사 이래, 속죄에 대한 다양한 견해들이 논의되어 왔다. 이것들 중 어떤 것들은 비성경적인 반면, 속죄에 대한 많은 이론들이 그 속에 진리를 담고 있다. 그것들은 보석의 다른 면과 같다.[11]

이 견해는 십자가의 경이로움을 설명하는 데 도움을 준다. 속죄를 이해하는 데 있어서 핵심 단어는 **대속**(substitution)이다. 드루몬드는 "만약 모든 다른 이론들이 속죄라는 보석의 단면들이라면, **대속**은 모든 단면들이 잘라진 해석이다."[12]라고 아주 잘 말하고 있다. 이 단어는 근대 자유주의 학문에 의해 멸시당했지만, 죄에 대한 대속 사상은 성경 전체에서 눈에 띈다.

기독교에서 핵심 질문은 이것이다.

"왜 십자가인가?

왜 그리스도가 죽으셨는가?"

에릭슨(Erickson)은 그리스도의 대속적인 죽음에 대한 다섯 가지 함축들을 제공한다.

① 그것은 인간의 전적 타락에 대한 성경적인 가르침을 확인한다.
② 그것은 완벽한 통일성을 갖추면서 하나님의 사랑과 심판 모두를 논증한다.
③ 구원은 하나님의 순결한, 주권적인 은혜에서 나온다.
④ 신자는 하나님의 은혜 안에서 안전할 수 있다.
⑤ 그런 위대한 희생에서 나온 그렇게 위대한 구원을 무시하지 않도록 동

---

11 속죄의 관점에 대한 논쟁에 대해서는 Millard J. Erickson, *Christian Theology* (Grand Rapids: Baker, 1984), 781-823을 보라.

12 Drummond, *Word of the Cross*, 142.

기부여가 된다.[13]

신약성경의 많은 용어가 구원하시는 그리스도의 사역을 강조한다. 바울은 로마서 3:21-26에서 십자가의 사역에 대한 분명한 견해를 제시했다. 그는 그리스도의 사역을 반영하는 이 본문에서 세 단어를 사용했다.

첫째, 구속(redemption)은 종이며 자유를 판 사람의 개념을 지니고 있다.
둘째, 칭의(justification)는 재판에서 사용된 법의학 용어이다.
예수님의 죽음은 우리에게 '무죄'를 선고한다.
셋째, 속죄 제물(sacrifice of atonement)이라는 표현은 **구약 성전 제사와 흘린 피의 개념을 되돌아보게 한다.**
죄의 종으로부터 자유를 사신 예수님은 우리에게 무죄를 선고하시고, 우리를 깨끗케 하시므로 그의 이름에 영광을 나타내셨다!

성경에서 구원의 조건들은 매우 명백하다. 이것들은 회개와 믿음이다. 오늘날 복음전도에서 빠진 단어가 있다면, 그것은 **회개하다**(repent)이다. 나의 한 학생은, 회개는 사람들을 긴장시키기 때문에 절대로 설교하지 않는다고 말한 한 목회자와 함께 사역했다고 이야기했다.
회개 설교는 **죄인들**(sinners)을 긴장시킨다!
그것은 마치 사람들을 긴장시키기 때문에 십일조에 대한 설교를 해 본적이 없다고 말한 설교자와 같다.
맞다!
그것은 **도둑들**(thieves)을 긴장시킨다.
민감한 구도자가 되려는 고상한 욕구는 어떤 사람들에게 회개를 회피하게

---

13 Erickson, *Christian Theology*, 822-23.

할 수도 있다. 하지만 회개를 최소화하는 것은 십자가 없는 복음을 전하는 것이다.

다음을 주의해 보라.

① 마태복음에서, 예수님 설교의 첫 단어는 회개하라(repent)였다.
② 우리 주님의 전령이었던 세례/침례 요한은 회개의 메시지를 전했다 (마 3:2).
③ 예수님은 사람이 회개하지 않았을 때, 패망할 것이라고 선포하셨다 (눅 13:3).
④ 오순절 때, 베드로는 사람들에게 회개할 것을 촉구했다(행 2:38; 3:19; 8:22).
⑤ 바울은 사람은 회개해야 한다고 끊임없이 말했다(행 17:30; 20:21; 26:20).

헬라어 '메타노이아'(metanoia)는 '회개'(repentance)로 번역된다. 그것은 마음을 바꾸는 것이지만, 더 깊이 살펴보면, 사람의 마음, 정신, 또는 목적을 변화시키는 것을 뜻한다. 이 단어는 종종 유감스럽게 생각하거나 후회한다는 뜻의 '메타멜로마이'(metamellomai)와 슬퍼하다는 뜻의 '엘루페사'(elupesa)라는 두 개의 다른 신약성경 용어들과 혼동된다.

우리는 슬픔과 회개의 차이를 오해해 왔다. 내 어린 딸 한나는 내가 그녀의 잘못된 행동을 알아차릴 때마다 "죄송해요, 아빠"라고 말한다. 내가 "한나야, 왜 크레용으로 벽에 낙서했니?"라고 말하면, 그녀는 큰 슬픈 푸른 눈으로 나를 쳐다보며 "죄송해요, 아빠, 전 그러려고 하지 않았어요!"라고 말한다.

거짓말이다!

물론 그녀는 그러려고 했다. 하지만 적어도 다섯 번째나 여섯 번째 했던 것은 결코 우연이 아니었다.

사람들은 회개를 생각할 때, 무엇을 생각하는가?

미안한 것?

슬픈 것?

후회한 것?

그것은 신약성경의 단어가 의미하는 것이 아니다.

고린도후서 7:8-10을 자세히 보라.

10절에서 이 세 단어 모두 같은 본문에서 사용되었다. 8-9절은 말한다.

> 그러므로 내가 편지로 너희를 근심하게 한 것을 후회하였으나 지금은 후회하지 아니함은 그 편지가 너희로 잠시만 근심하게 한 줄을 앎이라. 내가 지금 기뻐함은 너희로 근심하게 한 까닭이 아니요 도리어 너희가 근심함으로 회개함에 이른 까닭이라 너희가 하나님의 뜻대로 근심하게 된 것은 우리에게서 아무 해도 받지 않게 하려 함이라(고후 7:8,9).

바울은 고린도전서에서 서술된, 교회를 꾸짖어야 했을 때에 대해 이야기하고 있었다. 하지만 10절에서 그는, "하나님의 뜻대로 하는 근심은 후회할 것이 없는 구원에 이르게 하는 회개를 이루는 것이요"라고 하며, 지속적으로 구원에 대해 상기시켰다.

경건한 슬픔이 회개에 **이르게 한다**(leads)는 것을 주목하라.

경건한 슬픔은 구원에 이르는 회개로 이끄는 성령의 확신이다.

휴스턴침례대학교에서, 어떤 야구선수들이 "9회 말에 3점 뒤진 주자 말루, 투스트라이크, 쓰리볼 타석에서도 두려워하지 말라"고 말한 **"두려워하지 말라"**(No Fear)는 문구가 새겨진 셔츠를 입었다.

나는 그 셔츠를 좋아한다. 하지만, 그리스도인의 셔츠는 '두려움이 없는'(no fear) 것이 아니다. 그리스도인의 셔츠는 '후회함이 없는'(no regrets) 것이다.

경건한 슬픔은 후회함이 없는 구원에 이르는 회개를 하게 한다. 하지만 세상의 슬픔은 죽음을 초래한다. 당신은 하나님 앞에서 죄에 대해 유감스럽게 생각할 수 있고 여전히 지옥에서 영원히 보낼 수 있다. 당신은 "잘못해서 죄송합니다"를 넘어서지 못한다면, 죄 가운데 죽을 수 있다. "하나님, 제가 변화되기를 원합니다. 회개하길 원합니다"라는 메시지라는 결과를 낳는 우리의 삶에 희망이 있어야 한다.

구원론이 복음전도를 결정할 것이기 때문에 구원에 대해 무엇을 믿느냐가 중요하다!

예를 들어, 극단적 칼빈주의자는 하나님이 구원받고 저주받을 사람을 선택하셨으니, 복음전도는 중요하지 않다고 믿는다. 극단적인 대비로, 어떤 사람들은 인간의 노력에 중점을 두며 구원을 위한 하나님의 역사를 무시하는 "값싼 믿음"(easy believism)을 강조한다. 많은 사람들은 죄의 사악함을 과소평가하므로, 하나님의 은혜의 숭고함을 축소시키는 나약한 구원론으로 고통받는다.

우리는 지옥이라는 한 가지 **빚이 있다**(owes)는 것을 스스로에게 끊임없이 상기시켜야 한다.

그러나 하나님은 그리스도를 통해 우리에게 그의 사랑을 낭비하셨다!

십자가에 못 박히신 예수님의 사역은 죄와 사망의 권세로부터 우리를 자유하게 했다. 단지 **악한**(bad) 사람을 **선하게**(good)하기 위해서가 아니라, **죽은**(dead) 사람을 **살리기**(live) 위해서 죽으셨다(엡 2장을 보라). 위대한 구원에 대한 확신은 복음전도를 위한 열정을 낳는다.

6) 인간론과 죄론

인간에 관한 교리인 '인간론'(anthropology)과 죄에 관한 교리인 '죄론'(harmartiology)은 밀접하게 관련된다. 하나님은 자신의 영광과 기쁨을 위해 인간을 창조하셨다. 하지만 잃어버린 사람이 하나님의 기쁨이 되는 것은 불가능하다. 아담과 하와가 불순종했을 때, 죄가 인류에 들어왔다(창 3장; 롬 5:12-15을 보라). 우리는 하나님과 원수가 되었다. 우리는 죄된 본성을 가지고 태어났다. 어거스틴은 죄을 짓지 않는 것은 불가능하다고 말했다. 가끔 이런 본성은 "옛 사람"이나 "육신"으로 언급된다. 우리가 구원받을 때, 옛 본성인 죄성은 여전히 제거되지는 않는다. 대신, 하나님께서 자신의 본성을 가지고 우리 안에 오셨다.

우리는 죄성을 가지고 태어나지만, 하나님의 본성으로 거듭난다. 성경은 이 것을 '새 사람'이라고 부른다. 베드로후서는 신의 본성과 함께하는 자가 되는 것에 대해 이야기한다.

옛 본성에 무슨 일이 일어났는가?

로마서 6:2은 그것이 죽는다고 말한다. 로마서 6:6은 우리의 옛 본성이 그리스도와 함께 못 박혔고, 하지만 여전히 죄와 싸운다고 말한다. 위치적으로 죄된 본성은 죽지만, 경험적으로 우리는 여전히 죄와 맞서 싸운다.

오늘날 죄의 교리 또는 죄론이 매우 가볍게 여겨지고 있다. 구약성경에서 죄에 대한 가장 흔한 단어가 '과녁을 벗어는 것을 뜻하는 '차타'(chata)이다. 주된 신약성경 용어인 '하마르티아'(hamartia)가 본래 같은 의미를 가진다. 과녁을 벗어나는 것의 개념은 중요한 문제가 죄의 **양**(quantity)이 아니라 죄의 **실재**(reality)라는 것을 상기시킨다.

사람이 깊은 구렁텅이 위에 쇠사슬로 매달려 있을 때, 단 하나의 매듭만 끊어져도 틀림없이 죽게 된다. 사람은 단 한 번만 은행을 도적질해도 은행 강도라 불려지고, 한 번 간음해도 간음자가 되며, 한 번의 살인으로 살인자가 된다.

모든 사람이 죄를 범했다. 중요한 문제는, 내가 다른 사람들보다 죄를 덜 지었다는 것이 아니다. 그보다도, "내 인생에서 죄가 존재하는가?"를 물어야 한다. 핵심은 죄이지, 개인의 죄가 아니다.

또한 하나님으로부터 우리를 분리시킨 것은 그저 우리가 범한 개인의 죄가 아님을 기억해야 한다. 오히려, 그것은 우리 안에 있는 죄성, 즉 우리와 하나님 사이의 관계를 단절하게 한 반역이다. 개인의 죄는 더 심각한 문제의 징후를 보여준다.

죄에 관한 다른 용어들이 있다.

'파샤'(pasha)는 반역이라는 개념이 들어있다(사 1:28).

왜곡하는 것이라는 '아와'(awah)는 의도적인 왜곡을 의미한다.

'라샤'(rasha)는 사악하게 행동하는 것을 의미한다.

신약성경에서, '파라프토마'(paraptoma)는 죄를 뜻하고, '파라바시스'(parabasis)는 범죄를 뜻하며(롬 4:15), '아세베이아'(asebeia)는 불경건을 나타낸다(롬 1:18). 죄의 뿌리는 불신앙이다. 불신앙은 의지적인 행동이다(요 3:19을 보라).

7) 교회론

복음전도가 없으면 교회는 없어질 것이기 때문에 복음전도는 교회에 필수적이다. 더구나, 세상에 다다르기 위한 하나님의 계획은 지역 교회들을 통해서이다. 교회에 대한 신약성경 용어는 "부름받은 자들"을 뜻하는 '에클레시아'(ekklesia)이다. 헬라 세계에서, 그것은 일반적으로 사람들의 모임을 묘사했다. 이 단어는 신약성경에서 115번 나타난다. 95번은 지역 교회를 언급하고, 다른 것들은 일반적인 교회를 언급한다.

교회는 하나님을 영화롭게 하고 세상에서 사명을 수행하기 위해 함께 한 세례/침례받은 신자들의 회중이다. 더 큰 의미에서, 교회는 모든 시대의 모든 신자들을 포함한다. 교회론은 복음전도에 많은 영향을 미친다. 어떤 강조들은 교회의 결함에서 커지기 때문에 오늘날 복음전도를 방해한다.

첫째, 어떤 사람들은 지역 교회가 세상에 닿으려는 하나님의 계획임을 잊어버렸다.

나는 선교단체들에 대해 큰 사랑을 가지고 있다. 내가 개인전도를 할 때 대학생선교회에서 제작한 『사영리』(*Four Spiritual Laws*)를 통해 처음 그리스도께로 인도했다. 나는 네비게이토에서 만든 자료들로 대학에서 훈련받았다. 영 라이프(Young Life)와 프라미스 키퍼스(Promise Keepers) 같은 단체 집회에 참석했다. 그런 단체들은 복음의 진보에 훌륭하고 중요한 역할을 해 왔다. 하지만 신약성경에 따르면, 세상에 다다르기 위한 근거지는 지역 교회이다.

사도 바울은 가는 곳마다 교회를 개척했다. 그의 편지들은 교회나 교회지도자들을 위한 것이다. 요한계시록에서, 예수님은 교회들에게 말씀하셨다. 신약성경에는 그런 중요한 지역 교회들을 안내하기 위한 것이 많다.

둘째, 어떤 사람들은 교회를 무관한 것처럼 본다.

많은 사람들이 오늘날 교회에 반감을 품고 있다. 그리고 어떤 교회들은 무관한 것은 사실이다.

나는 어떤 사람들은 하나님을 위해 아무것도 하지 않을 것이기 때문에, 그들이 가장 좋아하는 찬송가는 '요동치 않으리'임에 틀림없다는 것을 안다!

하지만 교회는 하나님의 발상이고, 우리는 감히 그분을 능가하지 못한다!

지역 교회가 완벽하지 않지만, 하나님이 의도하신 대로 그리스도의 몸으로써 기능하는 교회일 때, 어떤 것도 그리스도를 위한 공동체에 다다르기 위해 그보다 더 강력한 것은 없다. 본 상을 끝내고 있을 때도, 나는 강하고, 활기찬, 복음전도하는 교회에서 돌아오는 비행기를 타고 있을 것이다.

그것을 대체할 수 있는 것은 세상에 아무것도 없다!

그것은 하나님의 손 안에 있는 얼마나 놀라운 도구인가!

예수님은 교회의 머리이시다. 목회자가 아니다. 집사도 아니다. 개척 멤버도 아니다. 교회는 이 시대에 하나님 나라의 가시적인 현현이다. 인간은 예수님을 사랑할 수도 그분의 교회를 경멸할 수도 없다.

셋째, 오늘날 어떤 사람들은 '거대 건축 지향'(edifice complex)의 희생자들이다.

그들은 교회를 사람이 아니라 하나의 건물로 본다. 교회는 4번가와 바인(Vine) 또는 메인 스트릿(Main Street)에 있지 **않다**(not). **건물**(building)이 거기에 있을 뿐이다. 일요일 아침에, 교회는 교회 시설들이 있는 그런 지리적인 위치에 **모여**(gathered)있다. 월요일에, 같은 교회가 직장으로, 상점으로, 학교로, 이웃으로 **흩어진다**(scattered).

우리는 성경적인 이상을 다시 붙잡아야 한다. 주일에 교회가 모였을 때 전심을 다하여 하나님을 찬양하면서, 교회가 흩어졌을 때 그 주 내내 그분의 선하심에 대해 아무 말도 하지 않는 것은 위선이다.

우리가 주일예배 때에 한 것처럼, 그리스도의 몸이 그 주 내내 행했다면, 얼마나 구별되겠는가!

넷째, 어떤 사람들은 성경적이지 않게 성직자와 평신도를 엄격하게 구분한다.

맞다!

하나님은 그들이 모든 사역을 **하기**(do) 위해서가 아니라 교회를 **이끌기**(lead) 위해서 사역자들을 나누셨다. 사역자들은 성도들이 사역을 행하도록 준비시켜야한다(엡 4:11-12).

그렇다!

사역자들 또한 성도들이다. 그래서 우리도 사역을 해야 한다. 많은 사역자들이 다른 사람들과 함께 그리스도를 절대로 나누지 않는다. 우리는 모범에 의해 이끌어야 한다. 나는 그리스도인이기 때문에 믿음을 나누고, 사역자이기 때문에 말씀을 전하고 가르친다.

다섯째, 때때로 건강하지 않고 비성경적인 교제를 강조한다.

이것은 공터에서 저녁식사를 하며 동창회를 하는 남부 시골 침례교회들에서 특히 그렇다!

시골 알라바마침례교회의 교인이었던 내 숙모는 침례 교인들은 손에 종이 접시가 있어야 천국에 갈 것이라고 빈정거렸다!

신약성경은 친교식사를 언급한다. 하지만 이 식사는 그래니 스미스(Granny

Smith)의 바나나 푸딩 축하가 아니라 주의 만찬을 기념하기 위한 것이었다.

성경적인 코이노니아(koinonia)로서의 교제는 중요하다. 하지만, "다른 사람의 감정을 상하게 하지 말자"라는 감정적인 면에서처럼, 교제는 음식이나 갈등을 피하는 것으로 되는 것이 아니다.

당신은 어떻게 훌륭한 팀이 되게 하는가?

나는 베어 브라이언트(Bear Bryant) 코치가 전설적으로 미식축구의 코칭을 한 알라바마에서 자랐다. 알라바마팀은 노트르 담(Notre Dam)이나 서던 칼(Southern Cal)이 가지고 있던 전미 대표선수의 숫자는 전혀 없었던 것 같다.

하지만 브라이언트의 천재성은 선수들을 전미 대표선수들처럼 경기할 수 있는 훌륭한 선수들이라고 확신시킬 때 나타났다. 그는 확실히 집중해서 팀을 일으켜 세웠다. 그들의 초점은 승리에 있었고, 집중했다.

교회에서 교제를 확립하기를 원하는가?

그렇다면 교회에서 전념하는 집중, 즉 그리스도를 위해 사람들에게 도달하는 것에 집중하게 하라.

초대 교회는 오순절 때 이구동성으로 그리스도를 함께 나누었다. 그들이 박해당할 때, 하나님 말씀을 전할 담대함을 얻기 위해 하나가 되어 기도했다(행 4:29-31을 보라).

8) 종말론

1970년대에 당신이 교회에 속해 있었다면, 아마도 예수운동(Jesus Movement)과 관련된 종말론적 열기를 기억할 것이다.

그 당시 가장 유행하는 말이 "한 길"(one way)이었다!

두 번째 가장 크게 유행했던 말은 "예수님이 곧 오실 것이다. 당신은 준비되었는가?"였다. '우리 모두 잘 준비되어 있었더라면'(I Wish We'd All Been Ready)라는 종말론적인 성가곡이 운동의 주제가였다. 나는 주님이 다시 오실 때 준비되지 못할 염려 때문에, 그 시대에 그리스도께 나왔던 많은 사람들을 안다.

또한 이것은 초대 교회의 확신이었다. 그리스도의 임박한 재림은 그들의 복음전도를 위한 동기들 중 하나였고, 우리를 위한 것도 되어야 한다. 예수님은 복음이 모든 세계에 전파되어야 하고, 그제야 끝이 올 것이라고 말씀하셨다(마 24:14). 주 예수님은 복음전도를 세상의 종말과 그리스도의 재림에 결부시켰다.

3. 현대 복음주의의 영벌론

우리 시대에 복음주의 교회의 가장 기만적이고 파괴적인 변화는 신의 징벌에 관한 성경적 교리의 재해석이다. 그런 변화는 근세에 절대적인 진리에 대한 확신에서 도덕적이고 신학적인 상대주의로의 급진적인 이동의 결과이다.

데이비드 웰스(David Wells)는 "19세기 중반에서 20세기 중반까지 그 사이에 놓여 있는 것은 역사적인 분열이다"[14]라고 말한다. 이러한 분열은 계몽주의의 결과였다.

"하지만, 계몽주의의 실제 산물은 고귀한 가치들을 유지한 것이 아니라 그것들이 완전한 상대주의 안으로 붕괴되는 것이었다."[15]

이것에 더하여 양자물리학으로 일어난 모든 폭로와 함께, 다원주의와 아인슈타인의 상대성 이론의 영향들, 그리고 그 결과는 확실성에 대한 확신의 부족이다.

우리가 근대주의에서 후기 근대주의로 문화에서 변화하고 있는 동안(제14장을 보라), 계몽주의의 유산이 크게 자리잡았다. 웰스에 의하면, 이것은 신학에

---

14 David P. Wells, *No Place for Truth* (Grand Rapids: Eerdmans, 1993), 53.

15 Ibid., 58.

관하여 분명하다.

> 복음주의 신조의 요소들은 사라진 것이 아니다. 그것들은 여전이 존재한다. 하지만 그것들이 고백된 사실로 인해 역사적 개신교 신앙체계가 여전히 꼭 온전하다는 것을 뜻하는 것은 아니다. 그 이유는, 아주 단순하게, 이런 신앙의 항목들을 주장하지만, 인생이 무엇인지를 정의했던 복음주의적인 삶의 중심에서 그것들이 점점 없어지고, 이제 복음주의의 삶이 무엇이어야 하는지를 정의할 능력을 잃어버린 채 그것들이 주변부로까지 격하되고 있다는 것이다.... 변화를 보여주는 것은 복음주의의 주장이라기보다 복음주의의 실천(practice)이다.[16]

결과적으로, 하나님의 심판과 지옥에 대한 역사적인 기독교 이해를 넘어선 다른 견해들이 근대 시대를 위해 더 적합한 것으로 제공되어왔다. 보편주의는 궁극적으로 어떤 인간도 상실되지 않을 것이라는 신념이다. 어떤 사람들은 모든 인간이 본질적으로 선하고 따라서 '구원받을'(redeemed) 것이라고 믿기 때문에 보편주의자들이다. 다른 사람들은 그리스도의 죽음이 반드시 필요하지만, 모든 인간, 즉 모든 시대를 위한 것이었다고 주장한다.

그럼, 역사적, 성경적 위치는 무엇인가?

이런 삶에서 그리스도에 대한 분명한 신앙은 구원을 위해 반드시 필요하다.

칼 막스(Karl Marx)는 한 때 "정의(definitions)를 통제하는 사람은 운동(movement)을 통제한다"라고 말했다. 미국의 문화는 결정적으로 보편주의에 호의적이다.

왜 이런 견해가 그렇게 유행되고 있는가?

부커(Beougher)는 몇 가지 이유들을 언급한다.

---

16 Ibid.

① 인간 본성.
② 다원론적인 문화.
③ 성경적인 권위의 부족.
④ 선교적 사명의 방대함.[17]

보편주의의 초기 형태는 인간의 선함을 강조했고 인간이 너무 선해서 하나님이 저주하지 않으신다고 여겼다. 더 최근 형태는 하나님이 너무 선하셔서 인간을 저주할 수 없다고 주장한다. 어떤 사람들은 이러한 견해를 노골적으로 지지하지는 않지만, 그들이 맞기를 바란다. 어떤 보편주의자들은 다음을 강조하면서, 성경에서 실제로 자신들의 주장을 한다.

① 모든 사람을 구원할 하나님의 소망(딤전 2:4; 벧후 3:9).
② 모든 사람을 위한 예수님의 죽음(요 12:32).
③ 모든 사람을 구원하려는 하나님의 약속(엡 1:10).

물론 무수한 본문들이 복음의 유일성과 영원한 심판의 실현을 설명한다. 복음전도에 더 위험한 것은 교회의 실제적인 보편주의이다. 우리는 마치 모든 사람이 구원받은 것처럼 산다. 한편, 우리는 다만 사람들을 잃어버렸는지의 여부에 신경쓰지 않은 것처럼 살아갈 정도로 악하다.

다원주의는 다양한 종교적 전통에 의해 구원을 이룰 수 있다는 견해이다.[18] 즉, 힌두교인이든, 불교인이든, 기독교인이든, 독실한 사람은 구원받을 것이라고 주장한다. 존 힉(John Hick)는 그리스도 중심주의(Cristocentrism)에

---

17 Timothy Beougher는 1997년 5월 10일 텍사스 달라스에서 남침례교단 소속신학교들을 위한 복음전도 교수회에서 출판되지 않은 보고서를 발표할 때, 이것을 인용했다. 본 저자는 본 장을 발전시키는데 도움이 된 Beougher에게서 얻은 통찰에 대해 매우 감사한다.

18 다원주의에 관한 더 많은 연구를 위해서 좋은 자료는 D. A. Carson, *The Gagging of God* (Grand Rapids: Zondervan, 1996)이다.

서 하나님 중심주의(Theocentrism)로 이동해야 한다는 신학의 코페르니쿠스(Copernican) 혁명을 말한다. 그러므로 히크는 그리스도인의 구별은 끝나야 한다고 주장한다.

다원주의의 문제는, 그들이 아무리 관용을 강조할지라도, 다원주의자들조차 **어떤**(any) 종교 제도는 기꺼이 받아들이지 못한다는 것이다. 짐 존스(Jim Jones)의 민족들의 성전(Peoples' Temple) 같은 어떤 제도들은 만족스러울 수 없다. 로날드 나쉬(Ronald Nash)는 "다원주의자들은 광범위하게 작동하기에 아주 충분한 '초월자에 대한 진짜와 가짜 응답' 사이의 경계를 명확하게 구분할 수 있는 기준을 확실히 밝히지 않았다"[19]라고 지적한다.

더구나, 종교 제도를 진지하게 검토할 때, 다원주의는 명백한 모순을 지적하지 못한다.

예를 들어, 불교의 팔정도, 이슬람의 다섯 지주, 그리고 로마서를 비교해 보라.[20]

기독교 관점에서 볼 때, 다원주의의 가장 시급한 문제는 예수 그리스도가 하나님께로 가는 유일한 길이라는 분명하고 명확한 선언하지 않는 것이다(요 14:6; 행 4:12). 이러한 철학들의 문제는 성경의 주장을 무시하고, 모두가 배타 석인 성향을 갖고 있다고 모든 종교를 무의미한 것으로 축소시키는 것이다.

우리는 지옥이 일반적으로 또 다른 저주에 불과하다는 시대에 살고 있다. 우디 알렌(Woody Allen)은 "지옥은 교통체증 때의 맨하탄(Manhattan)이다"라고 말했다. 「웨스턴 보고서」(Western Report)에는 "부드러운 말로 파는 지옥: 걱정하지 말라, 실제로 삼성급 호텔보다 더 나쁘지는 않다"라는 제목의 기사가 있었다.

신약성경은 지옥에 대해 무엇이라고 말하는가?

헬라어 단어 '게헨나'(Gehenna)는 지옥을 나타내기 위해 12번 사용되었다.

---

19 Ronald H. Nash, *Is Jesus the Only Savior?* (Grand Rapids: Zondervan, 1994).
20 Woodfin, Yandall, *With All Your Mind* (Nashville: Abingdon, 1980).

'에테르날'(eternal)이라는 단어는 천국과 64번, 지옥과 7번 사용되었다. 둘 다 '영원한'으로 간주된다고 이해하는 것이 해석학적으로 일반적이다. 오늘날 한 가지 문제는 하나님을 우리의 인격 다음에 있게 한다는 것이다.

신의 징벌에 대한 성경적인 확신을 약화시키는 견해 중 **영혼소멸론**(annihilationism)이 있다. 이 견해에 따르면, 모든 사람은 부활하지만, 뉘우치지 않는 사람들은 결국 소멸할 것이다. 이 견해에 대해 존 스토트(John Stott)는 망설이는 반면, 클락 피녹(Clark Pinnock)과 마이클 그린(Michael Green)은 완강하다. 『복음전도』(*Evangelical Pathbreaking*)에서 스토트는, "그렇다면 의식적으로 저질러진 죄와 영원히 의식적으로 경험된 고통 사이의 심각한 불균형이 있지 않을까"라고 주장했다.[21]

이 견해의 오류는 스토트가 죄를 범죄로 보고, 범죄에 맞게 처벌되어야 한다고 한 것이다. 그에 반해, 조나단 에드워즈는 "죄인들에 대한 저주 안에 있는 하나님의 공의"(*The Justice of God in the Damnation of Sinners*)이라는 설교에서, 죄는 무한하신 하나님을 대적하기 때문에 무한하다. 그러므로 우리는 세상적인 방식으로 범죄를 처벌해야 한다고 주장할 수 없다고 가르쳤다. 이런 어려운 문제에 관해 이런 조언을 해 본다.

① 영벌에 대한 당신의 견해를 성경에서 얻어라!

예수님은 어떤 사람보다도 하나님의 사랑에 대해 더 많이 아셨다. 하지만, 그는 천국보다 지옥에 관해 더 많이 말씀하셨다.

② 교회에 지옥에 대한 주제를 설교하라!

하나님의 시각으로 죄를 가르치라.

잃어버린 영혼을 향한 당신의 열정을 회복하라.

우리를 구속하신 하나님의 은혜를 결코 잊지 말라.

---

21 David Lawrence Edwards and John R. W. Stott, *Evangelical Essentials: A Liberal- Evangelical Dialogue* (Downers Grove: InterVarsity Press, 1989).

왜 이것이 중요한가?

이 세대에 무시된 것이 다음 세대에는 거절되기 때문이다.

아마도 오늘날 교회에 대한 가장 큰 신학적 위협은 **포용주의**(inclusivism), 즉 그리스도를 듣지 않은 사람들에 대한 더 너그러운 희망으로 믿는 것이다. 복음주의자들은 점점 더 그런 견해를 택하고 있다. 『복음주의: 다가올 세대』 (*Evangelicalism: The Coming Generation*)에서 헌터(J. D. Hunter)는 복음주의자들 세 명 중 한 사람이 복음을 듣지 못한 사람들이 그 메시지와는 별도로 구원받을 수 있다는 구원론의 폭넓은 희망관을 주장하는 것을 발견했다.[22] 나쉬(Nash)는 다음과 같이 말했다.

> 포용주의자들은 복음을 듣고 예수 그리스도를 믿는 상대적으로 적은 사람들에게 하나님의 구원이 제한되지 않는다는 다원주의자들에게 동의한다. 그럼에도 불구하고 포용주의자들은 하나님의 보편적으로 접근이 용이한 구원은 예수 그리스도의 인성과 그의 구속사역에 입각한다라는 배타주의자들에게도 동의한다.[23]

복음주의자들 중 이 견해의 유명한 옹호자는 클락 피녹(Clark Pinnock)이다. 나는 클락 피녹(Clark Pinnock), 존 샌더스(John Sanders) 그리고 다른 사람들에 의한 포용주의의 각색이 그들에게 **이전의**(former) 복음주의자들이라는 자격을 부여한다고 주장하는 바이다. 내 동료들 중 하나는 그런 개인들을 '후기 복음주의자들'(post-evangelicals)[24]이라고 말한다.

---

22 James Davison Hunter, *Evangelicalism: The Coming Generation* (Chicago: Univ. of Chicago Press, 1987), 35.

23 Nash, *Is Jesus the Only Savior?*, 103.

24 1997년 11월 21, Santa Clara, California, ETS(Evangelical Theological Society)에서 발표된 보고서, Stephen D. Kovach, "Christ as Community: Inclusivism and the Theological Method of Stanley J. Grenz"를 보라.

피녹은 "하나님이 실제로 관심 갖는 것은 믿음이지 신학이 아니다"[25]라고 주장한다. 그와 샌더스의 주장은 죄에 대한 예수님의 죽음은 존재론적으로 불가피하다는 것이다. 그것은 인식론적으로 개인들에게 나타낼 필요는 없다. 다른 사람들은 예수 그리스도가 유일한 구주이시지만, 배타주의자들이 생각하는 것보다 더 많은 사람들이 구원받게 될 것이라는 철학을 주장한다.

이런 소위 "낭만주의적 해석"(optimistic hermeneutic)은 (그가 하셨던 것, 대속이라는 필연적인 것인) 그리스도의 **존재론적**(ontological) 사역과 (십자가에 대해 우리가 알아야 하는 것인) **인식론적**(epistemological) 사역을 구별하게 한다. 그것은 일반계시에서 구원 역할을 한다.

이 문제를 실증하기 위해 다음 이야기를 생각해보라.

남부 캘리포니아 출신의 젊은 두 여인이 샌디애고(San Diego)에서 아래로 7마일 떨어진 멕시코 경계 도시, 티주아나(Tijuana)에서 크리스마스 쇼핑을 하며 그 날을 보냈다. 그들은 싸고 질 좋은 물건을 성공적으로 구입한 후, 차로 돌아왔다. 여인들 중 한 사람이 배수로 안을 보다가 아픈 듯이 움직이고 있는 뭔가를 쳐다보았다. 그들이 허리를 굽히고 더 가까이 갔을 때, 두 여인은 살려고 몸부림치는 작은 치와와 한 마리를 보았다. 그들은 작은 불쌍한 동물에게 마음이 쓰였다. 거기서 죽을까봐 불쌍해서 남겨둘 수가 없었다.

그들은 그 개를 집으로 데려가 건강이 회복되도록 최선을 다해 돌보기로 결정했다. 국경 순찰경관이 차를 막고 그 개를 발견할까봐 무서워서, 차 트렁크 안의 짐들 사이에 있는 종이 위에 놓았다. 곧 그들은 캘리포니아로 돌아왔고 집에서 단 두 시간 정도 거리가 남았다. 그 여인들 중 한 사람은 집으로 가는 남은 시간에 어린 아픈 치와와를 지켰다.

그들이 첫 번째 여인의 집 앞에 멈춰 섰을 때, 그녀가 밤새 그 어린 고아를 지키고 돌보기로 했다. 그녀는 음식을 좀 먹이려고 했지만, 치와와는 먹지 않

---

25 Clark H. Pinnock, *A Wideness in God's Mercy* (Grand Rapids: Zondervan, 1992), 112.

왔다. 쓰다듬고, 이야기하고, 껴안고, 마침내는 이불에 싸서 침대보 아래에 놓고, 밤새 그녀 옆에서 자게 했다. 그녀는 그 개가 확실히 좋아졌다고 계속 생각했다.

다음 날 그 여인은 근처에 있는 응급동물병원으로 데리고 가기로 했다. 근무 중인 의사에게 그 약해진 동물을 전해주자, 그는 그녀의 손을 빠르게 막으며 물었다.

"이 동물을 어디에서 **구하셨어요**(get)?"

"티주아나에서 쇼핑하고 있었는데, 우리 차 근처 배수로에서 이 어린 치와와를 발견했어요."

"젊은 아가씨, 이것은 치와와가 아닙니다. 당신이 집으로 데리고 온 것은 광견병에 걸린 멕시코강 쥐입니다!"

두 젊은 여인에게 해롭게 보이지 않던 것이 아주 위험한 것으로 판명되었다.[26]

그들이 광견병에 걸린 멕시코 쥐에 의해 위험해졌다는 **존재론적**(ontological) 현실은 그들에게 **인식론적으로**(epistemologically) 나타났을 때에만 중요하다!

4. 적용

우리가 사는 더 친절하고, 더 다정한 문화에서, 인내가 덕으로 보여지는 반면, 확신은 악덕으로 소개된다. 하나님은 매우 감성적이셔서 교회에서조차 자신의 주권적인 본성을 잃어버리셨다. 심지어 복음주의 진영에서조차 많은 학자들이 이전 세대에는 이단으로 간주해 온 하나님의 심판에 대한 견해들을 옹호하고 있다.

---

26 Charles R. Swindoll, *Living above the Level of Mediocrity* (Waco: Word, 1987), 236–38.

우리는 우리 자신의 인간성에 의해 너무 쉽게 흔들린다. 하나님의 위대함을 너무 급하게 과소평가한다.

당신이 스스로를 시험하는 바로 그 순간에, 우리가 인도한 사람을 생각해보라. 신학은 당신의 기독교에 알맞게 위치하고 있는가?

당신의 복음전도에는 어떠한가?

우리는 항상 '이것에 대해 성경은 무엇이라고 말하는가?' 근본적인 질문으로 돌아와야 한다.

참고문헌

Brown, Harold O. J. *Heresies*. Garden City, N.J.: Doubleday, 1984.

Carson, D. A. *The Gagging of God*. Grand Rapids: Zondervan, 1996.

Drummond, Lewis A. *The Word of the Cross: A Contemporary Theology of Evangelism*. Nashville: Broadmann & Holman, 1993.

Packer, J. I. *Evangelism and the Sovereignty of God*. Chicago: InterVarsity Press, 1961.

Poe, Harry L. *The Gospel and Its Meaning*. Grand Rapids: Zondervan, 1996.

INTRODUCTION TO EVANGELISM

제2부

어떻게 살아야 하는가?

복음전도의 영적인 기초

제6장 복음을 모델로 삼기: 증인의 성품

제7장 지상명령인가 대 제안인가?: 영적인 훈련으로써의 복음전도

제8장 당신의 친구들이 그리스도께 나오도록 기도하기:
기도와 복음전도를 연결하기

제9장 복음전도자 하나님: 성령님의 역사

제10장 당신의 이야기를 하라: 그리스도인 증인의 간증

데이비드 리빙스톤(David Livingstone)은 아버지의 무릎에 앉아 위대한 믿음의 사람들의 이야기들을 들었다.[1] 스코틀랜드에서 십대였던 데이비드는 이 기도를 시작했다.

> 하나님, 저를 어디든 보내주세요, 다만 저와 함께 가주세요.
> 저에게 어떤 부담이든 주세요, 다만 저를 지탱해주세요.
> 그리고 당신의 마음에 제 마음을 묶는 매듭을 제외한 제 마음 속에 있는 어떤 매듭도 끊어주세요.

그는 매리 모팻(Mary Moffat)을 만났고 그녀에게 그의 열정에 대해 이야기했다. 그리고 그들은 함께 아프리카로 갔다. 그들이 아프리카에 도착한 직후, 매리 모팻(Mary Moffat)은 매우 아팠다.

두 아이를 가져서 아프리카에서 삶의 어려움을 감당할 수 없었던 그녀는 말했다.

"오, 데이비드, 나는 다시 영국으로 돌아가야 해요. 당신은 어떻게 할 건가요?"

---

1 Robert Reccord, Southeastern Baptist Theological Seminary chapel service, October 16, 1997.

리빙스톤(Livingstone)은 대답했다.

"아프리카의 아침 햇살에 천개마을에서 피어나는 불의 연기가 내 영혼을 따라다니며 괴롭히오."

그래서 그녀는 말했다.

"데이비드, 그렇다면 당신은 여기에 있어야 해요."

"몇 달 후 영국으로 돌아가 당신과 함께 하겠소"라고 그가 말했다. 하지만 몇 달은 1년으로, 1년은 2년으로 그리고 그 다음에 3년, 4년으로 바뀌었다.

리빙스톤(Livingstone)이 영국으로 돌아왔을 때, 영국 여왕은 그가 대영 제국의 여왕 알현실로 걸어 들어올 때, 마치 하나님의 임재가 안내되는 것 같았다고 말했다. 사자가 그의 팔에 큰 상처를 입혔고, 정글의 덤불에 한쪽 눈을 잃었다. 그가 집에 돌아온 지 몇 달 되지 않았을 때 그의 아내 매리가 물었다.

"데이비드, 어디 있어요?"

또 다시 그는 대답했다.

"잊혀지지 않는 아프리카의 아침 햇살에 천개마을의 불의 연기가 내 영혼에서 떠나질 않소."

그리고 그녀는 말했다.

"그럼, 우리 다시 가요."

그들이 되돌아간 지 얼마 되지 않아서 메리 모팻 리빙스톤(Mary Moffat Livingstone)은 사망했다.

데이비드 역시 아프리카 오지 깊은 곳에서 죽었다. 아프리카인들은 그의 현 거주지인 영국으로 돌려보내기 위해 정글을 지나 배로 그의 시신을 옮겼다. 하지만 시신을 보내기 전에 그의 심장을 도려내어, 아프리카에 묻었다. 아프리카 사람들은 말했다.

"그의 몸은 갈 수 있지만, 그의 심장은 여기 머물러야 합니다. 그가 복음의 심장을 우리나라의 심장에 가져왔기 때문입니다."

우리 믿음은 성경에 기반을 두어야 하고 복음전도 방법은 효과적이어야 한다. 하지만 우리 심장은 하나님에 대한 열정으로 가득 차야 한다.

제2부는 복음전도와 관련된 영적인 자원에 관해 다룬다. "우리의 다른 모든 열정은 예수님에 대한 열정을 기반으로 한다. 영혼에 대한 열정은 그리스도에 대한 열정으로부터 자란다"[2]라고 웨슬리 듀웰(Wesley Duewel)이 언급했듯이 복음전도에 대한 영적인 열정이 본질이다.

존 웨슬리(John Wesley)는 이것을 깨닫고 한 나라를 뒤흔들었다.

> 저에게 죄 말고는 아무것도 두려워하지 않고, 하나님 외에는 무엇도 바라지 않는 설교자 백 명을 주십시오.
> 성직자든 평신도든 상관없습니다.
> 그런 사람 혼자서 지옥의 문을 흔들고 지상에 하늘나라를 세울 것입니다.[3]

---

2   Duewel, *Ablaze for God*, 103.
3   Ibid., 107.

제6장
복음을 모델로 삼기:
증인의 성품

"그리스도인 남녀의 변화된 성품은 20세기의 말과 그 이후에 있어서 세계 복음화의 핵심이다."[1]
나는 레이튼 포드(Leighton Ford)의 이런 말에 진심으로 동의한다. 첫 번째 세기에 교인들의 변화된 삶이 그들의 증거에 중요한 역할을 했다. 박해에 맞선 그들의 두려워하지 않는 모습, 무신론자 앞에서 강한 믿음, 거룩하지 못한 문화에서의 온전함 그리고 복음을 선언할 수 있는 대담함은 매우 많은 미국 그리스도인들의 그저 그런 삶과 분명한 대조를 이룬다.

초대 그리스도인들의 한 가지 두드러진 특징은 그리스도의 반영이었다. 유대교 종교지도자들은 베드로와 요한이 배우지 못하고 무식하다는 것을 알았을 때 "이상히 여기며 또 전에 예수와 함께 있던 줄도" 알았다(행 4:13). 그리스도의 성품은 그에 대한 증거라는 프리즘을 통과하여 세상 속에 비추어졌다. 성경적인 진리와 떨어진 성품은 그리스도인 신앙 핵심의 결핍이다. 그러나 성품

---

1 Leighton Ford, *The Power of Story: Rediscovering the Oldest, Most Natural Way to Reach People for Christ* (Colorado Springs: NavPress, 1994), 10.

이 결여된 복음의 진리는 위선의 전형이다.

휴스턴에 있을 때 식스 플랙스(Six Flags)에서 30분 떨어진 곳에 살았다. 내 아들 조슈아가 여섯 살이 되었을 때, 테마 파크에 데려갔다. 우리의 열정은 판단을 흐리게 했다. 조슈아를 스카이스크리머(Skyscreamer)라는 여러 층 높이로 들어 올린 후, 돌처럼 떨어뜨리는 놀이기구로 데려갔다. 낙하하기 약 1000분의 1초 전에 나는 이것이 실수라는 것을 알았다. 나는 겁이 나서 정신이 없었고, 조슈아는 무서워서 죽을 것 같이 비명을 지르며 울고 있었다. 다시는 저 놀이기구를 타지 않기로 아들과 약속했다. 그는 아직도 가끔 그 약속을 나에게 상기시킨다.

모험은 대단하지만, 우리를 한계에까지 내몰 수 있다. 기독교는 우리가 평생 마주할 가장 위대한 모험이지만, 도전으로 가득찬 모험이다. 가장 잘 훈련된 사람은 거룩함까지 길을 횡단할 수 있고, 하나님이 그 사람에게 되라고 한대로 모두 될 수 있다. 마치 우리가 한 선택이 믿음과 증거에 대해 어떤 영향력도 없는 것처럼, 감히 그리스도를 장난삼아 따르지 않는다.

그리스도인의 삶을 가장 온전하게 살고 있는 사람들의 특징은 무엇인가?

본 장은 복음전도에 커다란 영향을 미치는 아주 실제적인 문제들을 다룬다. 복음전도의 기술, 방법, 경험은 훌륭하고, 교리는 본질적이다. 하지만 그들의 삶이 그리스도의 성품을 본받은 신자에 의해 제시된 복음이 가장 훌륭하다.

사도 바울이 완벽한 모델이다. 바울의 설교를 그의 삶의 특징과 분리할 수 없다. 바울은 에베소교회의 지도자들에게 말했다(행 20장을 보라). 이 본문은 한 사람의 생활방식과 그 사람이 전한 증거 간의 관계의 역할을 엿볼 수 있다.

천년왕국에서부터 X세대, 베이비붐 세대, 은퇴하는 빌더 세대까지 우리가 이 문화에 어떻게 도달해야하는지를 축약하는 한 단어가 있다면 "진짜"(real)라는 단어이다.

진짜가 되라!

신자들은 진짜가 되어야 한다. 우리의 문화는 가짜에 신물이 났다. 세상은 완벽한 그리스도인을 찾고 있지 않다. 세상은 변화된 삶을 증명하고 그들의 삶이 그리스도에게 영광을 돌리는 진정한 그리스도인을 찾고 있다.

몇몇 신자들은 그리스도의 이름에 모욕을 가져오는 자신들의 삶에 문제들이 있다는 것을 알기 때문에 증거에 실패한다. 어떤 사람들은 증거하기 전에 어떤 높은 영적인 차원에 있어야 한다고 잘못 생각하는 반면, 개인적인 복음전도에 효과적이기 위해 마주해야 하는 순종의 문제들이 있다.

후기 기독교 세계에서, 사람들은 복음의 진리를 동반하는 복음의 증명이 필요하다. 어떤 사람들은 우리같이 되는 것이 두려워서 교회에 다니지 않는다. 그들은 여전히 변명의 여지가 없지만, 우리는 행동에 대한 책임이 있다. 나는 성품의 주된 특징이 자기절제라고 말하는 사람들의 말에 동의한다. 역사상 위대한 성인들은 그리스도인 성품의 역할을 의식함으로써 특징지어져 왔다.

✦ 증인의 삶

+ **로버트 머레이 맥체인(Robert Murray McCheyne)**
  주여, 구원받은 죄인이 최대한 될 수 있을 만큼 저를 거룩하게 하소서.[2]

+ **R. A. 토레이(R. A. Torrey)**
  힘은 방종할 때 잃게 된다. 하나님의 힘을 가질 자는 자제의 삶을 살아야한다.[3]

+ **스펄전(Spurgeon)**
  사람이 가진 척할 수 있는 부르심이 무엇이든 간에, 거룩으로 부름받지 않았다면, 그는 확실히 사역으로 부름받지 않았다.[4]

---

2   Duewel, *Ablaze for God*, 68.
3   Ibid., 88.
4   Charles H. Spurgeon, *Lectures to My Students* (Grand Rapids: Baker, 1977), 9.

그리스도인의 성품을 이루는 구성요소는 무엇인가?
사도행전 20장에 있는 바울의 충고가 우리를 안내해 준다.

1. 온전함

바울은 에베소교회 그리스도인들에게, "여러분은 내가 어떻게 하나님을 섬겼는지 알고 있습니다"(행 20:19)라고 말했다. 그는 자랑하는 것이 아니라 진실을 말하고 있었다. 그들은 그를 3년 동안 지켜봤다. 바울은 "내가 아무의 은이나 금이나 의복을 탐하지 아니하였고"(행 20:33)라고 말을 이어갔다. 목회자들 중, 나와 가장 친한 친구 스티브 게인즈(Steve Gaines)는 내 수업 중 하나에서 이 말을 하였다.

"여러분은 단지 문제를 일으키지 않고 사역하는데 인생의 절반을 보낼 것입니다."

지금은 그것이 매우 명확해 보이지만 나는 그것을 그렇게 생각해본 적이 없다. 하나님을 섬김에 있어서 중요한 부분은 그분으로부터 우리를 멀어지게 하는 것들을 피하는 것이다.

이것은 복음전도에서 특히 사실이다. 개인이나, 교회 또는 교단이 가장 먼저 잃은 것은 복음전도에의 헌신이다. 그리스도의 성품을 보여주는 삶만이 우선순위로 복음전도를 둘 것이다. 위대한 전도자 무디(D. L. Moody)는 이것을 알았다. 그는 한때 성품은 당신이 어둠 속에서 있는 것이라고 말했다. 동기가 순수하지 못하다면 그것들은 결국 밝혀질 것이다. 바울의 복음전도는 그의 삶과 일관되었다.

이 점을 증명하기 위해 두 가지 역사적인 비네트(특정한 상황을 분명하게 보여주는 짧막한 글-역자 주)를 알려주려 한다. 캠벨 몰건(G. Campbell Morgan)은 그 위대한 영국의 배우 맥레디(Macready)에게 말했다.

당신과 내가 다른 이유가 무엇인가요?

당신은 허구로 매일 밤 대중들 앞에 나타나고 있고, 그 대중들은 당신이 어디를 가든 옵니다. 저는 본질적이고 변하지 않는 진리를 전하는데, 저는 아무런 대중을 얻고 있지 않습니다.

맥레디(Macready)는 대답했다.

이것은 매우 간단합니다. 저는 허구(fiction)를 사실(truth)처럼 보여주고, 당신은 사실(truth)을 마치 허구(fiction)인 것처럼 보여주기 때문입니다.[5]

듀웰(Duewel)은 온전함의 영향에 대한 더 긍정적인 모습을 말했다.

영국의 귀족이 영국 콘월(Cornwall)의 한 마을을 지나가고 있었다. 헛수고하며 술을 살 곳을 찾아다닌 후, 한 마을 사람에게 물어보았다.
"왜 저는 당신의 이 형편없는 마을에서 술 한 병 사지 못하는 거죠?"
늙은 남자는 낯선 이의 계급을 알아채고는 정중하게 모자를 벗고 머리를 숙였다.
"각하, 백년 전에 존 웨슬리(John Wesley)라는 남자가 이 지방으로 왔었지요."
그러고는 소작농은 뒤돌아 가버렸다.[6]

존 웨슬리(John Wesley)는 몸집은 작지만 위대한 인물이었다.

---

[5] G. Campbell Morgan, *Preaching* (London: Revell, 1937), 36.

[6] Duewel, *Ablaze for God*, 56.

2. 겸손

바울은 에베소의 장로들에게, "나는 모든 겸손으로 주를 섬겼다"(행 20:19)라고 말했다. 사역에서 가장 큰 유혹은 지위에 대한 욕망이다. 그것은 교회의 복음전도에 가장 주요한 방해 중 하나이다. 오늘날 많은 교회는 사역 스태프뿐만 아니라 핵심 평신도들이 주님의 교회의 복음전도의 성장보다 자신의 개인적인 지위에 더 많이 신경쓰기 때문에 복음전도에 방해를 받는다. 교만은 복음전도를 방해한다.

사역 초기에, 주로 "주님, 왜 저인가요?"라고 하나님이 우리 같은 사람들을 구원하고 사용해준다는 것에 놀라 말하곤 한다. 하지만 경험되고, 교육받아, 우쭐해짐에 따라, 이런 저런 직위에 대해 고려되지 않은 이유를 의아해하며, "왜 저는 아닌가요(not), 주님?"이라고 더 많은 유혹을 받아 말한다.

나는 영적 각성 과목을 듣는 어떤 학생에 의해 눈물을 흘렸다. 단지 삼년 동안 긴급하게 구원받았던 브래드(Brad)라는 키 크고 강하고 잘생긴 학생은 진실된 '예수광'(Jesus freak)이었다. 기도시간에, 브래드는 그가 다녔던 교회에서 청년 인턴이 되라고 했다는 이야기를 강의시간에 나눴다. 그 강의를 듣는 대부분의 사람들은 목회자들이거나 '인턴' 이외의 다양한 직위에서 주님을 섬기고 있었다. 하지만 이것은 브레드의 첫 직위였다. 그는 눈을 반짝이며 아이같은 호기심으로 말했다.

"저는 NBA 드래프트에서 선발된 기분이에요. 저는 교회가 저에게 교회의 직원으로 섬기라고 요청한 것을 믿을 수가 없어요."

하나님의 부르심에서 브레드의 겸손과 경외심은 겸손한 삶을 극찬하는 예이다.

나의 영웅들은 남서신학교(Southwestern Seminary) 교수이자 하나님의 사람인 로이 피쉬(Roy Fish), 『주님의 전도계획』(*The Master Plan of Evangelism*)의 저자인 로버트 콜먼(Robert Coleman), 국제대학생선교회(Campus Crusade for

Christ)의 빌 브라이트(Bill Bright), 그리고 빌리 그레이엄(Billy Graham)이다.

당신은 왜 이 사람들이 60대, 70대에 가장 위대한 날들을 보내고 있는지 아는가?

그들은 겸손하기 때문이다. 겸손은 잘 마무리하도록 도와준다.

3. 열정

바울(Paul)은 에베소 사람들에게 말했다.

> 나는 곧 모든 겸손과 눈물로(and with tears) 주를 섬겼다(행 20:19).
> 그러므로 여러분이 일깨어 내가 삼 년이나 밤낮 쉬지 않고 눈물로 각 사람을 훈계하던 것을 기억하라(행 20:31).

바울의 열정을 보라.

> 보라 이제 나는 성령에 매여 예루살렘으로 가는데 거기서 무슨 일을 당할는지 알지 못하노라(행 20:22).

당신은 무엇에 열정적인가?
무엇이 당신을 몰아가는가?
무엇이 당신에게 큰 기쁨을 주는가?
하나님에 대한 열정인가?
당신이 하나님에 대한 열정에서 벗어난다면, 복음전도에 대한 거부감을 결코 극복하지 못할 것이다. 대부흥 시기에 하나님께 쓰임 받은 사람들은 배경, 전통, 그리고 교육 경험이 다른 출신자들이었다. 그러나 그들은 공통적으로 하나님에 대한 깊은 열정을 가지고 있었다. 내가 일 년에 적어도 한번은 하려고 노력하는 한 가지는 조나단 에드워즈(Jonathan Edwards)나 휫필드(Whitefield), 무디(Moody) 같은 위대한 성자의 전기를 읽는 것이다. 나는 하나님이 그들을 아주 효과적으로 사용하신 이유를 찾는다.

이 사람들에 대해 내가 발견한 한 가지는 모두 하나님에 대한 열정이 있었다는 것이다. 그들은 하늘에 계신 아버지를 향해 매우 열성적이었다.

제1차 대각성운동의 위대한 설교가인 조지 휫필드가 그의 일기에 뭐라고 썼는지 생각해 보라.

"몇 개의 돌멩이와 흙, 썩은 계란 그리고 죽은 고양이 몇 마리를 맞고 나는 오늘날 존경을 받고 있다."[7]

바울은 어떤가?

그도 복음전도에 열정이 있었다.

> 유익한 것은 무엇이든지 공중 앞에서나 각 집에서나 거리낌이 없이 여러분에게 전하여 가르치고(행 20:20).
> 유대인과 헬라인들에게 하나님께 대한 회개와 우리 주 예수 그리스도께 대한 믿음을 증언한 것이라(행 20:21).

입증할 수 있을까?

다시 휫필드에게 가보자.

그는 "하나님은 내가 그리스도에 대해 말하지 않고 누군가와 15분 동안 여행하는 것을 금하셨다"라고 말했다.[8]

복음에 대한 열정은 어떤가?

---

7   *Christian History*, vol. XIII, no. 2, 3.

8   Ibid.

바울은 "...하나님께 대한 회개와 우리 주 예수 그리스도께 대한 믿음을 증언한 것이라"(행 20:21)고 말했다.

마틴 루터(Martin Luther)라는 수도승을 생각해보라.

보름스국회(Diet of Worms) 앞에 서 있는 루터가 뭐라고 말했는지 들어보라.

> 내 양심은 하나님의 말에 사로잡혀 있다. 나는 무엇도 철회할 수 없고 하지 않을 것이다. 왜냐하면 양심을 거스르는 것은 옳지도 않고 안전하지도 않기 때문이다. 나는 여기에 서 있다. 나는 달리 말할 수 없다. 하나님이 나를 도우신다. 아멘.[9]

나는 그리스도인들이 결코 증거하지 않는 주된 이유가 예수님을 잊어왔기(gotten over Jesus) 때문이라고 확신한다. 이유는 그렇게 간단하다.

열정적이고 뛰어난 청교도 조나단 에드워즈가 한 말을 생각해 보라.

> 그리스도 나라의 진보를 위해 어떤 큰 문제에 뛰어들 때, 사역자들에게 극도로 필요한 두 가지는 열정과 결단력이다.... 평범한 능력만을 가진 사람이 열정과 결단력 없이 배울 때는 열 번 중 한 번 정도만 한다면, 열정과 결단력을 지닐 때 더 많이 할 것이다. 그래서 그것들없이는 수년 동안 이룰 수 있는 양을, 그것들이 있다면 며칠이나 최소 몇 주 만에 이룰 수 있을 것이다. 열정과 결단력을 소유한 소수의 사람들은 거의 모든 일을 더 많이 완수한다.[10]

---

[9] Roland H. Bainton, *Here I Stand: A Life of Martin Luther* (Nashville: Abingdon Press, 1950), 144.

[10] Jonathan Edwards, "Thoughts on the Revival," in *The Works of Jonathan Edwards*, ed. Sereno E. Dwight, vol. 1 (Edinburgh: Banner of Truth, 1834, reprint, 1987), 424.

사람들은 설교자의 설교를 들을 수도 있지만, 그의 열정만이 그를 따르도록 만들것이다. 청교도 목회자 리차드 백스터(Richard Baxter)는 "당신의 마음속에 있는 대부분이 그들의 귀에 있게 될 것이다"[11]라고 썼다.

한 동료가 미국 중서부의 한 교회부흥회에서 말씀을 전하고 있었다. 그 교회는 목회자가 없어서, 찬양인도자가 예배를 인도했다. 그는 예배를 인도하는 동안, 화요일밤에 누군가를 데려오도록 사람들에게 촉구했다. 그는 아주 열심히 모든 교인들에게 고속도로와 울타리로 들어가서 억지로 오게 하라고 시켰다.

그때 6살 정도된 여자아이가 자신이 너무 크게 말해서 모든 사람들이 들을 수 있다는 것을 알지 못한 채 큰 소리로 말했다.

"그래서 조(Joe) 형제님, 당신은 누구를 데리고 올 예정인가요?"

그녀는 찬양인도자에게 천진난만하게 물었다. 그는 잠시 멈추더니 얼굴이 붉어졌다. 그는 아래를 내려다보다가 다음 찬송가를 인도하고 예배를 계속 진행했다.

화요일밤에 오직 두 사람만이 방문객을 데려왔다.

그리고 한 사람은 게스트로 온 전도자와 함께 왔다!

사람들은 우리의 말을 들을 수도 있지만 우리의 열정을 따를 것이다. 열정은 기술보다 더 중요하다.

듀웰(Duewel)은 그의 책 『열정적인 지도자』(*Ablaze for God*)에서, "열정이 없는 기독교는 지옥의 불을 끄지 못할 것이다. 맹렬한 산불과 싸우는 가장 좋은 방법은 불이다"[12]라고 썼다. 그는 이어서 이렇게 말하였다.

> 오늘날 우리 교회와 학교에서 더 큰 필요는 없다. 믿음과 마음으로 전도하려는 것은 충분하지 않다. 우리는 철저히 그리스도에 의해 소유되어야 하

---

11 McDow and Reid, *Firefall*, 172.

12 Duewel, *Ablaze for God*, 28.

고, 그의 사랑과 은혜로 열정적이어야 하며, 철저히 하나님의 능력과 영광으로 불타야 한다.

우리에게 번갯불은 필요하지 않다. 번갯불은 우리 거룩한 그리스도께 영광을 돌리지 못한다. 우리에게 필요한 불은 성령께서 우리에게 세례주시는 거룩한 불이다. 우리는 거의 모든 기독교인이 하나님을 위해 순교자가 될 준비가 되었던 초대 교회의 불과 열정이 필요하다.[13]

듀웰(Duewel)은 이어서 말했다.

영국의 왕이 윌리엄 부스(William Booth)에게 그의 삶을 지배하는 힘이 무엇이냐고 물었을 때, 그는 "폐하, 어떤 사람의 열정은 금을 위한 것이고, 다른 사람들의 열정을 명성을 위한 것이지만, 저의 열정은 영혼을 위한 것입니다"라고 말했다.

영국의 한 악명 높은 살인자가 사형을 선고받았다. 집행을 앞둔 아침에 교도소의 목회자가 죄수와 나란히 교수대로 걸어가며 판에 박힌 듯 몇몇의 성경 구절을 읽었다. 죄수는 목회자가 교수대 가까이에서 너무나 형식적이고 감정도 없고 냉정한 모습에 충격을 받았다.

그는 그 목사에게 이렇게 툭 던졌다.

"선생님, 제가 만약 당신과 교회가 당신이 믿는다고 말한 것을 믿었다면 영국의 전 해안이 유리로 덮여있을지라도, 나는 필요하다면 손과 무릎으로 그 위를 걸으며, 그것은 단지 한 영혼을 영원한 지옥에서 구원할만한 가치가 있다고 생각할 것입니다."[14]

---

13 Ibid., 29.
14 Ibid., 108, 121.

4. 순결함

에베소의 장로들에게 한 바울의 간증(행 20장을 보라)은 순결함의 모본이다. 개인의 거룩함과 순결함의 삶은 효과적인 영혼 구원을 위해 필수적이다. 『크리스챠니티 투데이』(*Christianity Today*)(1987년 7월 10일)의 인터뷰에서, 한 교회 지도자가 이런 면에서 그의 실패의 원인이 된 문제들에 대해 논했다.

> 많은 문제가 있었다. 대략 1982년부터 나는 영혼과 육체가 몹시 지쳐있었다. 나는 더 열심히 일했지만 덜 즐기고 있었다. 마음과 정신을 왜곡하는 사탄의 능력은 나의 믿음을 넘어섰다. 나는 내가 한 일에 대한 책임을 질것이었다. 물론, 나는 비틀어진 마음에서 그런 결정을 했다.
> 게다가 나는 개인적인 관계를 통해 상호책임감이 부족했다는 사실을 이제야 깨닫게 되었다. 우리는 정기적으로 다른 사람의 눈을 똑바로 보고, 도덕적인 삶과 야망 그리고 자아에 대한 어려운 질문들을 던져주는 참된 우정이 필요하다.

전도서 4:9~10은 유용한 조언을 제공한다.

> 두 사람이 한 사람보다 나음은 그들이 수고함으로 좋은 상을 얻을 것임이라. 혹시 그들이 넘어지면 하나가 그 동무를 붙들어 일으키려니와 홀로 있어 넘어지고 붙들어 일으킬 자가 없는 자에게는 화가 있으리라(전4:9-10).

우리는 자신을 고쳐가는데 개방적인 환경에 있도록 해야 한다. 몇 년 전 나는 과거의 자기 자신보다 더 거룩하게 행동한 목회자에 대한 이야기를 들었다. 마음속으로 자신이 전설이라고 생각하는 그런 사람들이 있지 않은가?
그는 자신을 '목사'(Reverend)라고 부를 것을 요구했다. 그리고 심지어 강단

밖에서도(outside) 교회적인 비음(ecclesiastical twang)으로 이야기했다.

어느 날 그 '목사'는 산책을 하고 있었다. 그는 강아지 주변에 서있는 남자 아이들 무리와 마주쳤다. 목사는 가장 경건한 목소리로, "애들아 너희들 무얼 하고 있니?"라고 물었다. "우리 거짓말하고 있어요, 목사님!"라고 한 작은 아이가 대답했다.

"우리 모두 강아지를 갖고 싶어서, 최고의 거짓말쟁이가 강아지를 갖기로 했어요."

그 목회자는 충격을 받았다.

"이런 믿을 수가 없구나!"라고 그는 말했다.

"나는 거짓말하는 것 같은 끔찍한 것은 단 한 번도 해 본 적이 없단다. 결코!" 아이들은 서로를 쳐다보더니 머리를 끄덕이며 말했다.

"알겠어요, 목사님, 강아지를 가지세요."

나는 1995년에 휴스턴에서 바울-디모데집회를 주최하는 특권을 가지고 있었다. 30명의 목회자들이 3명의 영향력 있는 사역자들, 휴스턴의 새지몬트교회(Sagemont Church)의 존 모건(John Morgan), 휴스턴제일침례교회의 존 비사그노(John Bisagno), 그리고 텍사스 슈거 랜드의 슈거크릭침례교회(Sugar Creek Baptist Church)의 펜톤 무어헤드(Fenton Moorhead)의 앞에 앉았다.

존 비사그노(John Bisagno)의 말에 주의를 기울여라.

> 세 개의 박사학위를 받고 침례교 설교자이신 장인은 21살에 사역을 시작한 10명 중 1명만이 65세에도 사역을 계속하고 있다고 말했습니다. 나는 믿지 않았습니다. 나는 대학에서 알던 25명의 이름을 적었습니다. 오늘날 5명만 살아남았고 그들은 아직 65세가 아니었습니다.

비사그노(Bisagno)는 신자들이 애써 피해야할 네 가지 위험한 것을 덧붙였다.

① 성

② 돈

③ 절망

④ 야심

나는 우리 시대에 각성에 대한 큰 부담을 가진 복음전도자 친구가 있다. 몇 년 전 그는 스코틀랜드 에딘버러에서 공부했다. 그는 근세에 몇 번의 강력한 부흥이 일어났던 웨일스의 작은 공국을 찾아갔다. 그는 어린 소녀 시절이던 1904-05년의 웰쉬부흥(Welsh Revival)때 회심하였으며 이반 로버츠(Evan Roberts)를 개인적으로 알았던 한 여인을 발견했다. 로버츠(Roberts)는 웰쉬 부흥에 주요한 하나님의 도구(human agent)였다. 내 친구는 그 노년의 여인의 작은 집에 앉았다.

"이반 로버츠의 능력의 비밀은 무엇이었나요?"

그가 물었다.

그녀는 그저 벽난로를 쳐다보며, 강한 웰쉬 억양으로 대답했다.

"로버츠 씨는 굉장히 경건한 사람이었어요."

"그건 저도 알아요. 하지만 더 말해주세요. 왜 하나님이 그를 사용하신 건가요?"

여인은 계속해서 불을 쳐다보았다.

"하나님은 그가 경건한 사람이었기 때문에 그를 사용하셨어요."

내 친구는 불만스러웠다. 더욱 압박하며 그가 말했다.

"그래요. 나도 알아요. 하지만 자세하게 알려주세요. 그는 어떻게 기도했나요? 그는 무엇을 했나요?"

그 늙은 여인은 돌아서 내 친구를 마주 봤다.

"젊은이!"

그녀는 근엄하게 말했다.

"하나님이 이반 로버츠 씨를 사용하신 이유는 그가 매우 매우 경건한 사람이었기 때문이요."

마침내 그는 요점을 알았다. 당신은 목회자, 조직자, 지도자로서의 은사를 받을 수 있지만, 경건을 대신할 수는 없다.

5. 확신

바울은 에베소의 장로들에게 말하지 않은 것이 아무 것도 없다고 이야기했다. 그는 확신을 분명히 못박았다. 내가 십대였을 때, 고등학교 첫 수업이 앨라배마(Alabama)에서의 의무적인 운전자 교육이었다. 우리의 과제 중 하나는 음주운전을 하는 젊은이들이 연루된 교통사고 사진이 포함된 끔찍한 영화를 보는 것이었다. 엄청난 살육, 타버린 시체들, 참수를 보여줬다.

정말 끔찍했다. 우리가 그 영화를 다 보았을 때, 우리는 절대 저렇게 운전하지 않고 저렇게 끝나지 않을 것이라고 확신했다. 하지만 다가온 몇 달 동안, 우리는 면허를 취득했고 모두가 마음속에 운전하겠다고 결단했던 방식대로 대부분 운전하지 않았다.

이것은 여러 환경에서 반복되는 친숙한 시나리오이다.

어떤 사람들은 확신으로 사는 반면에, 다른 사람들은 의도에 따라 산다.

어떻게 우리는 확신의 삶을 살까?

여기 세 가지의 간단한 원칙이 있다.

첫째, 감정이 아닌 원칙을 따라 살아라.

우리는 항상 '영적으로'(spiritual) 느끼기 때문이 아니라 중요하기 때문에 기도를 한다. 우리는 편하기 때문에 하는 것이 아니라 순종함으로 증거해야 한다. 우리의 성품은 하나님의 말씀이라는 모루에 놓고 두들겨진 확신에서부터 성장해야 한다.

둘째, 대중적인 의견이 아닌 하나님께 귀를 기울이라.

심지어 교회에서도 대중적인 의견은 틀릴 수 있다. 우리는 대중적인 의견을 묻는 투표에 의해 돌아가는 문화에 살고 있다. 우리의 정치적 지도자는 이런 투표에 의해 결정을 내린다.

더 나아가 텔레비전토크쇼와 시청자 전화참여프로, 라디오토크쇼, 인터넷 채팅방의 확산으로, 많은 사람들에게 개인의 의견이 하나님의 말씀을 대신해 왔다. 하지만 결국 오프라 윈프리(Oprah Winfrey), 러시 림보(Rush Limbaugh), 또는 심지어 미국의 대통령이 무엇을 믿든지 최종 분석에서는 중요하지 않다.

정말 중요한 것은 하나님이 말씀하시는 것이다.

셋째, 편안함보다는 희생을 더 우선시하라.

다시, 이런 점에서 문화는 우리를 유혹한다. 이 유혹을 최소한으로 저항하는 길은 예외가 아니라 규칙이다.

"그 일을 해내기 위해서 제가 얼마나 해야 하나요?"

"그냥, 그 과정을 통과하게 해 주세요. 제가 얼마나 많이 배우는지는 신경 쓰지 않아요"라는 말이 전형적인 접근이다.

한 남자와 그의 아내가 의사를 찾아갔다. 남자는 심각한 질병을 가지고 있었다. 마침내 의사는 문제를 찾아냈고 굉장히 심각하다는 진단을 내렸다. 의사는 아내를 먼저 불러서 이야기했다.

당신의 남편은 희귀병을 앓고 있습니다. 그는 당신이 특정한 것들을 하지 않으면 죽게 될 것입니다.

첫째, 당신 집에 있는 모든 것들을 정기적으로 소독해야 할 겁니다.

둘째, 당신은 특별한 식사를 준비해야 합니다.

이 식사를 준비하는 것은 쉽지 않고 어느 정도 시간이 소요될 것입니다.

셋째, 당신은 집에 있는 모든 것을 매주 아주 비싼 특별한 용액으로 세탁해야 합니다.

넷째, 당신은 그의 모든 필요에 시중을 들어야 하고 모든 방법을 써서 그를 돌봐야 합니다. 이렇게 하지 않으면, 그는 단 몇 주밖에 살지 못할 겁니다.

그들이 차를 타고 집으로 돌아가던 중에, 남편은 "의사가 뭐라고 하던가요?"라고 물었다. "여보, 의사는 당신이 살 날이 몇 주밖에 남지 않았다고 하네요"라고 그녀는 대답했다. 인간의 본성은 가장 쉬운 길을 따른다.

넷째, 당신의 결정에 대한 장기적인 결과를 고려하라.

타협은 응급산부인과병동에서 생겨난다. 나는 내 학생들에게 중요한 것은 그들이 있는 곳이 아니라 그들이 향하는 곳이라고 말한다. 우리는 많은 시간과 노력이 드는 사역에 주목해야 한다.

복음전도가 당신에게 중요하다면, 유혹하려는 것에 맞설 때 당신의 확신은 굳건해질 것이다. 빌리 그레이엄은 로스앤젤레스운동 직후, 심각한 영적인 시험의 때를 경험했다. 그의 친구 찰스 템플턴(Charles Templeton)은 성경의 권위를 거부했고 그레이엄의 확신을 조롱했다. 힘든 시간이 지나고, 그레이엄은 개인적인 부흥과 하나님의 말씀에 깊이 헌신하는 시간을 가졌다.

한 그리스도인 지도자와 이야기를 나눈 후, 그레이엄은 자신의 성경을 스텀프에 올려놓고 선언했다.

"나는 하나님의 말씀을 따라 믿음으로 이 책을 받아들입니다."[15]

그 시간 이후로 그레이엄은 하나님이 자신을 특별하게 사용하실 것을 준비

---

15 John Pollock, *To All the Nations* (San Francisco: Harper and Row, 1985), 41.

했다. 그의 확신이 자신의 삶을 이끌었다.

6. 우선순위

바울은 에베소의 장로들에게 전한 말에서 자신의 우선순위를 보여줬다.

> 내가 달려갈 길과 주 예수께 받은 사명 곧 하나님의 은혜의 복음을 증언하는 일을 마치려 함에는 나의 생명조차 조금도 귀한 것으로 여기지 아니하노라(행 20:24).

우리는 바쁜 것을 거의 영적인 선물로 만들었다. 우리 문화에서 대부분 사람에게 달력 계획표는 성경과 같다. 당신이 스스로 시간을 관리하지 않으면, 다른 사람이 할 것이라는 게 사실이다. 또한 당신의 우선순위에 따라 살지 않으면, 환경에 지배되어 죽을 것이다.

휴스턴에 있는 새지몬트(Sagemont)교회의 존 모건(John Morgan)은 우리 시대에 끌어당기는 많은 힘을 보여주었다.

> 나는 직원회 모임을 기억한다. 한 사람이 "일을 과도하게 하는 것을 조심하세요"라고 말했다. 또 한 사람은 "당신 사역이 최우선입니다"라고 말했다. 다른 사람은 "당신 가족이 당신 사역입니다"라고 말했다.

목회자인 모건의 아버지는 그가 6살일 때부터 매 계절마다 계절이 시작되는 날 그를 사슴 사냥에 데려갔다. 그는 아들과 시간을 보냈다. 목회를 한지 수십 년 후에, 존은 그의 교회가 가장 잘했던 일 중 하나는 가족의 밤을 위해 매주 목요일을 비워둔 것이라고 밝혔다. "우리는 가족을 파괴하도록 교회를 설계했다"라고 그가 젊은 사역자들 그룹에 이야기했다.

"나는 휴가를 갖는데, 18년이나 걸렸다. 그것이 내가 한 일 중 가장 어리석은 일이었다."

어떻게 당신 가족이 우선순위가 되어야 하는지를 아는가?

당신 아내가 고대하는 것을 적을 수 있는가?

당신의 아이들이 원하는 것은?

"저는 저의 쉬는 날을 아내에게 줍니다"라고 펜톤 무어헤드(Fenton Moorhead)가 말했다.

"그것은 저를 위한 것이 아니라 아내를 위한 것입니다."

70년대에 학생사역 시절, 저는 매주마다 매일 저녁을 학교에서 가르치느라 집에 없었습니다.

그러던 어느 날 밤 아내 메리가 저에게 말했습니다.

"모든 아이들이 당신 애들보다 낫다는 거 알아요?"

나는 화가 나서 밖으로 나간 후, 15분 후에 다시 돌아와 메리와 이야기했습니다. 그리고 우리는 노스 캐롤라이나로 이사하여 리트릿 센터를 시작했습니다. 그리고 그것이 우리 결혼생활을 구원했습니다.

내 가족이 우선입니다. 지금 내 아이들은 하나님을 매우 잘 섬기고 있습니다. 그리고 피터 로드(Peter Lord)의 2959플랜은 내 아이들을 위해 매일 기도하는 법을 가르쳐 주었습니다. 하나님은 여러 기도제목에 응답해 주셨습니다.[16]

우리 사역하는 사람들은 소명 때문에 우리 자신을 아내보다 더 중요하다고 여기려는 유혹을 피해야 한다. 우리 주도의 문화에서, 우선순위에 따라 사는

---

16 앞에서 언급한 바울-디모데 집회에서.

것에 실패하는 것은 복음전도의 효과성을 약화시킬 수 있다.

만약 당신이 가족을 대하는 데 있어서 성경적이며 경건하다면, 당신은 하나님의 것들, 특히 복음 또한 경건하게 대할 것이다. 언젠가 존 비사그노(John Bisagno)는 자기 아들들이 그들의 인생에서 가장 멋졌던 날은 그가 새로운 배를 사서 그들을 2시간 일찍 학교 밖으로 데리고 나와 낚시하러갔던 때라고 기억했던 것을 내게 말해 주었다.

하워드 헨드릭스(Howard Hendricks)는 성인이 된 자기 자녀들에게 그들의 유년 시절부터 가장 의미 있는 추억이 무엇이냐고 물어보았다. 그들의 대답은 그가 가르친 깊이 있는 이론이 아니었다. 그것은 그가 바닥에 누워 그들과 함께 레슬링을 하던 때였다.

비사그노는 "매일 아내의 세상에서 무언가를 하라. 설거지를 하거나 기름을 사러 가거나 그녀의 세계를 감동시킬 무언가를 하라"고 조언했다. 페이지 패터슨(Paige Patterson)은 나에게 아이들과 보내는 시간에 대한 훌륭한 조언을 해주었다. 그는 아이들이 진짜 좋아하는 것을 찾아 그것을 같이 하라고 말했다.

그래서 나는 나쁜 엉덩이를 가진 채 아들의 축구 코치이고 한나와 많은 게임을 한다. 만약 당신의 삶이 우선순위에 의해 이끌어지지 않는다면, 당신 삶의 올바른 위치에 복음전도를 지속적으로 올려놓지 못할 것이다.

7. 태도

바울이 마주친 것과 상관없이 그의 태도에 주목해라.

핍박이 자신을 기다리고 있다는 것을 알고도, 그의 바람은 "내가 달려갈 길을 마치려"(행 20:24) 하는 것이라고 말했다. 개인전도에 가장 큰 방해는 우리의 태도다. 반면에 우리의 증언에 가장 큰 도움은 그리스도께 영광을 돌리는 태도다. 게다가 시큰둥한 태도는 그리스도의 몸의 교제에 많은 지장을 준다.

우리는 우리의 태도에 책임이 있다. 우리는 주요한 어려움이나 아픔의 시간을 무시해서는 안 된다. 불경건함 때문에 상처받고, 슬프고, 화나게 될 시간이 있다.

하지만 얼마나 많이 작은 결과들이 우리의 기질을 부채질하고 부정적인 반응을 일어나게 하는가?

한 집 없는 떠돌이가 고아한 오래된 영국 마을을 돌아다녔다. 그는 성 조지와 용(St. George and the Dragon)이라는 술집에 들렀다.

"부인, 제발 저에게 음식을 조금만 나누어 주세요?"

그는 부엌문에서 그의 노크에 응답한 여인에게 물었다.

"미안하지만, 악취가 나는 쓸모없는 거지한테요? 안돼요!"

그녀는 딱딱거리며 그의 손을 잡고 있던 문을 쾅 닫아버렸다.

그 떠돌이가 길을 절반정도 내려가다가 멈춰서, 뒤돌아서, 성 조지와 용(St. George and the Dragon)이라는 이름을 쳐다봤다. 그는 다시 가서 부엌문을 두들겼다.

"또 뭘 원해요?"

여인은 투덜거렸다.

"글쎄요, 부인, 성 조지가 안에 있다면, 이번엔 그와 이야기를 해도 될까요?"

우리의 태도에 대한 몇 가지 원칙이 있다.

첫째, 나는 내 태도에 대한 책임이 있다.

우리의 문화는 우리의 실수로 다른 사람을 비난하도록 가르친다. 나는 항상 내 상황을 통제할 수는 없지만, 내 태도를 조절할 수는 있다.

둘째, 내 태도는 친구이거나 적 둘 중 하나이다.

한 남자가 가족과 함께 새로운 도시로 이사를 갔다. 그는 한 주민에게 "이 주변 사람들은 어떻습니까?"라며 물어보았다.

"당신이 온 그 곳 사람들은 어떤가요?"

"매우 친절합니다."

"여기 있는 사람들도 마찬가지입니다."

또 다른 남자가 그 다음 주에 이사를 왔고 같은 주민에게 말했다.

"여기 사람들은 어때요?"

새 주민이 물었다.

"당신이 온 그 곳 사람들은 어떤가요?"

"전혀 친절하지 않아요."

"여기 있는 사람들도 마찬가지입니다."

그 주민은 태도가 차이를 만든다는 것을 알고 있었다.

셋째, 나는 지속적으로 내 태도를 고쳐야 한다.

바울은 좌절의 시간을 마주했다. 복음전도에 대한 당신의 헌신은 적은 추수와 실망의 시기를 극복해야 한다. 그렇지 않으면 절망과 심지어 비통함이 우리의 삶을 파괴할 수 있다. 비통함은 어떤 그리스도인의 복음증거를 망칠 수 있다.

넷째, 나의 태도는 전염성이 있다.

휴스턴침례대학에서 가르칠 때, 아프리카에서 온 젊은 여인이 나의 필수과목인 구약학, 신약학 그리고 기독교 교리 수업을 받는 특권이 주어졌다. 우리가 만났을 때 그녀는 독실한 이슬람교도였다. 나는 그녀와 함께 그리스도를 나눴다. 그녀는 별 관심이 없어 보였지만 그녀 앞에서 전염성이 있는 그리스도인의 삶을 살려고 애썼다.

그리고 후에 기독교 교리의 기말고사 시험지 밑 부분에, 그녀는 지금까지도 나를 설레게 하는 메모를 남겨두었다.

"레이드(Reid) 박사님, 당신의 삶으로 저에게 말씀해 주신 것에 대해 감사드려요. 저는 이제 예수님이 하나님의 아들이라는 것을 알았고 그에게 제 삶을 드렸습니다. 이렇게 행복했던 적은 없었어요!"

이 젊은 여인에게 영향을 준 것의 핵심은 논쟁이 아니라 전염성 있는 그리스도인의 태도였다.

다섯째, 나의 태도는 하나님과의 동행을 반영한다

하나님과 한 개인의 관계는 그것들만큼이나 중요한, 교회 출석이나 직분에 따라 결정되는 것이 아니다. 정말 중요한 것은 하나님께 중요한 것들로 상황들 속에서 복음을 통해 우리가 전하는 태도이다. 그러므로, 우리의 태도가 증거에 영향을 미친다.

8. 적용

마이크 랜드리(Mike Landry) 여러 해 동안 오하이오침례교단의 복음전도 책임자였다. 마이크는 60년대 후반과 70년대 초반에는 무신론자였지만, 예수운동(Jesus Movement)을 통해 그리스도께로 왔다. 마이크는 함께 고등학교를 다녔던 그리스도인들과 자신의 삶에서 유일한 차이점은 일요일 아침에 일찍 일어나지 않아도 되는 것이었다고 내게 이야기했다.

늦잠을 잘 수 있었다는 것이 유일한 차이점이었다. 하지만 그가 일 년 동안 대학으로 떠난 후, 돌아와서 몇몇 학생들의 삶에서 변화를 보았다. 예수운동이 일어났고, 그가 알던 몇몇 젊은이들은 급진적으로 바뀌었다. 이것은 궁극적으로 그를 회심하게 한 일련의 사건들로 이어졌다.

마이크의 이야기는 어떻게 한 개인의 생활방식이 잃어버린 사람들 사이에 그 사람의 증거에 영향을 미칠 수 있는지를 보여준다.

여기 당신의 현재 생활방식을 분석하도록 도와줄 수 있는 실제적인 연습이 있다. 아마 이것은 그리스도의 성품이 당신 자신의 아젠다를 초월하는지 측정할 수 있도록 이끌 것이다.

다음 도표를 사용해 다음 3주간 당신의 시간활용을 기록해보라.

	주일	월요일	화요일	수요일	목요일	금요일	토요일
오전 6시							
오전 7시							
오전 8시							
오전 9시							
오전 10시							
오전 11시							
오후 12시							
오후 1시							
오후 2시							
오후 3시							
오후 4시							
오후 5시							
오후 6시							
오후 7시							
오후 8시							
오후 9시							
오후 10시							
오후 11시							

참고문헌

본 장과 복음전도의 결과에 초점을 모으는 최고의 방법들 중 하나는 위대한 그리스도인의 삶과 그들의 작품들을 연구하는것이다 다음의책들도 거기에 포함된다.

Dallimore, Arnold. *George Whitefield*. 2 vols. Edinburgh: Banner of Truth, 1980.

Pollock, John. *Moody*. Chicago: Moody Press, 1963.

Whitefield, George. *George Whitefield's journals*. Edinburgh: Banner of Truth, 1960.

제7장
지상명령인가 대 제안인가?: 영적인 훈련으로써의 복음전도

기독교는 어렵다고 알려지고 시도되지 않은 채 남겨진 만큼, 그렇게 많이 시도되지 않았으며 원하는 만큼 알려지지도 않았다.[1]

체스터톤(G. K. Chesterton)의 이런 말은 보통 그리스도인의 삶, 특히 복음전도와 관련이 있다. 하지만 달라스 윌라드(Dallas Willard)가 "우리는 또한 훈련 **없는** 대가를 명확하게 끊임없이 강조하는 것을 훨씬 잘할 것이다"[2]라고 바르게 언급한다.

영적 훈련이라는 주제는 최근 몇 년간 큰 관심이 되는 주제 중 하나가 되었다. 리차드 포스터(Richard Foster)의 『영적 훈련과 성장』(Celebration of Discipline)과 달라스 윌라드의 『영성 훈련』(The Spirit of the Disciplines)은 훈련되지 않은 문화 속에서 훈련된 그리스도인의 삶에 대한 새로운 관심을 갖게 하는데 도움을 주었다. 복음전도를 훈련이라고 표현하는 돈 휘트니(Don Whitney)

---

1 Dallas Willard, *The Spirit of the Disciplines* (San Francisco: HarperSanFrancisco, 1988), 1.
2 Ibid.

의 『영적 훈련』(The Spiritual Disciplines for the Christian Life)은 이 작가가 가장 좋아하는 것이다. 하나님과의 친밀함을 발전시키는 것을 강조하는 클로드 킹(Claude King)과 헨리 블랙카비(Henry Blackaby)의 『하나님을 경험하는 삶』(Experiencing God)과 같은 관련된 연구들은 지난 몇 년간 인기가 있었다.

그런 강조들은 많은 신자들의 초점을 "그게 나와 무슨 상관이지?"라는 태도에서 하나님의 뜻을 영화롭게 하는 것에 더 초점을 둔 삶이라는 더 성경적인 개념으로 바꾸도록 도왔다.

영적 훈련은 우리가 하나님의 은혜로 구원받았지만, 하나님의 부르심에 합당한 삶을 살도록 부름받았다는 신약의 현실을 나타낸다. 우리 시대에 훈련은 미덕이라기보다는 악덕으로 여겨진다.

많은 사람들이 훈련을 세속과 격리된 수도사, 자신들의 목표를 위해 '정상적인'(normal) 삶을 포기한 험한 턱을 가진 희망에 찬 올림픽 선수들 등의 이미지를 가진 부정적인 용어로 생각한다. 우리는 어느 정도 그런 사람들을 존경할 수도 있다.

단지 그들처럼(like) 되기 위해 대가를 치르고 싶지 않을뿐이다.

'하루에 5분 산만 예수님저럼 되기' 같은 정보광고스타일(informercial-style, Information[정보]와 Commercial[상업광고]의 합성어로 보통 30초짜리 스팟 광고에 비해 긴 시간동안 세세하게 상품의 특성과 장점을 소개하는 광고로, 다양한 기술을 사용하여 소비자의 신뢰를 얻어 태도를 빠르게 변화시키는 유형의 광고-역자 주)의 경건함을 제공하라.

그것이 바로 우리 대부분이 갈망하는 기독교이다.

포스터(Foster)는 훈련에서 핵심은 엄격함이 아니라 즐거움이라고 언급한다.

> 훈련의 목적은 사리사욕과 두려움에서 생기는 숨막히는 종살이로부터의 해방이다.... 노래 부르고, 춤추며, 심지어 소리 지르는 것은 영적인 삶의 훈

련들의 특징이다.[3] 훈련들은 창조주와의 개인적인 친밀한 관계인 기독교의 핵심에 대한 초점과 체계를 제공한다. 그 훈련들은 기독교에 대한 더 큰 견해에 집중하게 한다. 훈련은 왼편 뺨을 돌려대거나 십리를 동행하는 것처럼, '그리스도인'을 바라보는 특정한 세부사항에 초점을 맞추기보다 "원수를 사랑하는 것과 같은 행위를 행해야 하는 분별 있고 행복한 일인 것처럼 보이는 그런 유의 삶"을 낳는다.[4] 휘트니가 말했듯이, "목적 없는 훈련은 아주 고된 일이다."[5]

훈련을 위한 훈련은 구속과 율법주의로 이어진다. 그러나 훈련의 부족은 잘해야 비생산적인 삶으로, 또 최악의 경우에는 깨어진 삶으로 이어진다. 훈련은 절대 그 자체로 끝이 아니라 더 큰 선(善)으로 가는 수단이다.

운동선수는 경주에서 이기기 위해 훈련받고, 학생은 중요한 사실들을 배우기 위해 훈련받으며, 커플은 함께 오래 즐거운 삶을 누리기 위해 훈련받는다. 그리고 그리스도인은 그런 삶이 하나님과의 진정한 친밀함으로 이어지기 때문에 훈련받는다. 우리 주 예수님은 훈련된 삶에 대한 무언가를 알았다.

마태복음을 읽고 어떻게 예수님이 사람들에게 반응하셨는지 보라.

그는 무리들에 대해 큰 긍휼하심으로 인해 늘 그들에게 자신을 내주셨다. 그가 바리새인과 다른 종교적인 위선자들에게 긍정적으로 말할 것이 거의 없었다.

마태복음 23장에서 그들에게 가하는 가차 없는 공격을 주목하라.

하지만 예수님을 따르기로 헌신된 또 다른 무리가 있다.

산상수훈을 읽고 그가 그의 제자들에게 기대했던 기준을 보라.

누가복음 9:23에서 그의 말을 읽으라.

---

3 Richard Foster, *Celebration of Discipline* (San Francisco: HarperSanFrancisco, 1988), 2.
4 Willard, *Spirit of the Discipline*, 9.
5 Donald S. Whitney, *Spiritual Disciplines for the Christian Life* (Colorado Springs: NavPress, 1997), 13.

> 또 무리에게 이르시되 아무든지 나를 따라오려거든 자기를 부인하고 날마다 제 십자가를 지고 나를 따를 것이니라(눅 9:23).

디트리히 본회퍼(Deitrich Bonhoeffer)의 말을 인용하자면, 제자도에는 대가가 있다. 성경의 위대한 신자들의 본보기들 또한 훈련의 중요성을 증거한다. 요셉을 보면, 반복적으로 희생을 당했지만, 절대 자기 자신을 피해자라고 여기지 않았다.

어떻게 이럴 수 있을까?

요셉은 훈련된 삶과 결부된 굉장한 믿음이 있었다.

모세와 다니엘, 그리고 바울을 보라.

당신이 휫필드(Whitefield), 에드워즈(Edwards), 번연(Bunyan) 그리고 다른 사람들에 대해 읽을 때, 굉장히 희생하는 삶을 사는 사람들을 볼 것이다. 비록 목록들이 완전하지는 않지만, 훈련은 다음을 포함한다.

세 저자들 사이에 경미한 차이들에 주의하라.

포스터(Foster)	휘트니(Whitney)	윌라드(Wilard)
내적 훈련:	성경 흡입	금욕 훈련
묵상	기도	고독
기도	예배	침묵
금식	복음전도	금식
연구	섬김	검소
	관리	순결
외적 훈련:	금식	비밀 유지
단순함	침묵과 고독	희생
고독	일기	
복종	배움	참여 훈련
섬김		연구
		예배
공동 훈련:		축하
자백		섬김
예배		기도
안내		교제
축하		자백
		복종

훈련들이 어떤 항목들에서는 같고 다른 항목들에서는 상당히 다르다는 것에 주목하라.

예를 들어 휘트니는 복음전도를 훈련에 포함한다. 나는 그에게 동의하며 이것에 대해서는 차후에 더 이야기할 것이다. 훈련은 하나님의 은혜를 통해 하나님의 성숙한 자녀로 자라야 하는 영적인 성장의 영역들과 관련 있다.

훈련은 남용될 수 있고 율법주의적이 되거나 속박하거나 심지어 중독적일 수도 있다. 이것은 그리스도의 몸과 연합하는 교제와 예배가 우리로 하여금 균형을 유지할 수 있도록 도와주는 곳이다. 훈련들은 소그룹이나 동료 신자에게 개인적인 책임을 지는 상황에서 가장 잘 이루어진다. 경건함이라는 목표를 놓칠 때에 초점을 맞추는 율법주의는 우리를 파괴한다. 그러나 책임은 실패보다는 성공에 더 초점을 맞추며 우리를 더 강하게 만든다.

훈련은 삶의 모든 양상의 한 중요한 부분을 구성한다. 교육에 있어서와 관계에 있어서 옳은 것은 그리스도와 동행 안에서 더 옳다. 바울은 디모데에게 경건이라는 목적 때문에 스스로를 훈련하라고 말했다(딤전 4:7). 이 구절에서 훈련이라는 단어는 '체육관'으로 번역된 헬라어이다. 건강한 몸을 위해 요구되는 훈련이 건강한 그리스도인의 삶을 위해서도 필요한 훈련이다. 하지만 건강한 몸이 중요하듯, 우리의 영적인 건강은 영원한 문제들과 연관되기 때문에 더 중요하다.

우리는 훈련할 때 혼자가 아니다. 우리 집에는 두 개의 실내 운동용 자전거, 러닝머신, 덤벨 그리고 발목용 웨이트가 있다. 그것들은 별로 소용이 없다. 왜냐하면 그것을 사용하기 위해서 우리는 훈련되어야 하기 때문이다.

당신이 척 노리스(Chuck Norris)나 크리스티 브린클리(Christy Brinkley)와 같은 사람들이 개인 트레이너가 있기 때문에 그런 기막히게 좋은 몸매를 가지고 있음을 알고 있을 때, 그들처럼 당신에게 자신들의 상품을 구매하라고 하는 해설식 광고를 하는 사람들을 싫어하지 않는가?

운동에 가장 도움이 되는 것은 우리를 격려해주고 다그치고 믿어주는 사람이다. 나는 고등학교 시절에 코치님이 다그쳤기 때문에 좋은 몸매를 가지고 있었다.

웨이트 룸 시간은 선택이 아니었다!

당신의 육체적인 삶을 위한 개인 트레이너는 없을 수 있지만, 영적 삶을 위해서는 한 분이 **반드시**(do) 있다.

바로 성령님이시다!

예수님이 뭐라고 말씀하셨는가?

> 그가 오실 때, 당신을 모든 진리 가운데로 인도하실 것이다.

솔로몬은 "훈계에 착심하며 지식의 말씀에 귀를 기울이라"며 촉구했다(잠 23:12). 하나님의 성령은 "하나님의 목적을 위해 스스로 훈련"하기를 진실로 바라는 진지한 신자를 인도하실 것이다.

우리가 경험할 가장 큰 특권은 그리스도를 아는 것, 하나님의 자녀가 되는 것, 우리의 마음속에 영원을 갖는 것이다. 그리고 회심 이상으로 우리가 경험할 수 있는 가장 큰 즐거움은 다른 사람이 그리스도께 나오는 것을 보는 것이다.

복음전도자 해롤드 스미스(J. Harold Smith)가 우리 신학교 예배에서 말했듯이, 누군가를 그리스도께 인도하는 것은 또 다시 구원받는 것과 거의 똑같다!

여전히, 위대한 하나님의 전령이 되는 것에 대한 감사의 동기와 특권 의식이 그리스도를 다른 사람들과 함께 나누는 유일한 이유들은 아니다. 복음전도는 그리스도인 삶의 훈련된 한 부분이 되어야 한다.

우리가 학교에 다닐때는, 책임이 따른다.

시험을 치른다!

훈련되기를 요구받는다. 나는 공부하기를 좋아해서, 졸업 후 독자(reader)로서 훈련된 상태를 유지했다. 하지만 당신에게 책임을 질 선생님이 있을 때, 더 쉽게 훈련된다.

관계에서도 마찬가지이다. 많은 커플들이 데이트를 할 때 서로를 대하는 방식에서 훈련된다.

하지만 몇 년 결혼생활을 한 후 얼마나 서로를 당연시 여기고 있는지를 보라.

훈련 부족이 문제이다. 본 장에서 우리는 개인 전도에 중요한 역할을 하는 몇 가지 훈련들을 살펴볼 것이다.

1. 성경공부 훈련

"영적 훈련들(Spiritual Disciplines)의 목적은 개인의 온전한 변화이다"라고 포스터가 적었다.

> 그것들은 오래된 사고의 파괴적인 습관을 새로운 생명을 주는 습관으로 대체하는 것을 목적으로 한다. 이 목적은 성경공부 훈련에서 가장 분명히 나타난다.[6]

신자는 변화되어야 한다(롬 12:2을 보라).
어떻게 변화되어야 하는가?
생각을 새롭게 함으로써(빌 4:8을 보라).
내 개인적인 경험으로는 신약성경을 읽고 공부하는 것이 복음전도에 대한 초기 헌신에 중요한 역할을 했다. 너무 많은 신자들이 믿음의 **과시적인 요소**(trappings, 교회 출석 등과 같은)에 매달리다보니, 패배하는 삶을 살고 있다. 전투를 생각하기도 전에 패배한다.

그리스도인을 위한 공부의 기초는 하나님의 말씀이다. 홀로 공부하는 것이

---

6 Foster, *Celebration*, 62.

문제가 아니다. 무엇을 공부하는지가 중요하다. 어떤 사람들은 항상 표적을 찾아다니는 '기드온 그리스도인들'이다. 다른 사람들은 '본능'이나 느낌에 따라 사는 '신비주의 그리스도인들'이다. 또 자신이 좋아하는 설교자를 찾고, 그를 영적인 구루(힌두교나 시크교의 스승이나 지도자—역자 주)처럼 대하고, 마치 그의 말이 복음인 것처럼, 활자, 설교 등등으로 그를 따르는 '구루 그리스도인들'이 있다. 당장 필요한 것은 성경을 그들의 안내서로 사용하는 '성경적인 기독교인'이다.

나는 남동신학교(Southeastern Seminary)의 페이지 패터슨(Paige Patterson) 총장이 우리가 성경의 가치를 얼마나 소홀히 했는지에 대해 흥미로운 방법으로 묘사하는 것을 들었다. 그는 최근에 예기치 않게 거액의 돈을 자신이 상속받았다고 회중들에게 말했다. 그는 그날밤 예배에서 (그가 신자들에게 말하고 있던) 성경을 포기할 사람에게 50만 달러를 주겠다고 제안했다.

"성경 읽는 것을 기꺼이 포기할 사람 있습니까? 그것은 성경을 읽을 수 없고, 인용할 수 없고, 설교를 들으러 갈 수 없으며, 당신의 남은 인생 동안 성경과 아무런 유대를 가질 수 없다는 것을 의미합니다."

그가 물었다.

"여기 있는 신자 중에 그렇게 할 용의가 있는 사람이 있나요?

여러분 중 몇 명이 기꺼이 그렇게 할 수 있나요?"

아무도 성경을 포기한다고 자원하지 않았다. 그리고 그는 자백했다.

> 음, 저는 잠시 동안 텍사스에 살고 있었습니다. 당신이 텍사스에서 어떻게 행동하는지 배우는 것 중 하나는 거짓말하는 방법입니다. 저는 거금을 상속받지 않았고 실제로 50만 달러도 없습니다. 하지만 저는 여러분들 중 얼마나 많은 사람들이 성경을 포기하고 백만 달러의 절반의 가능성에 대해 생각했는지 궁금했습니다. 저는 여기 있는 대부분의 사람들이 성경과 하나님의 말씀에 대한 설교 없이 결코 남은 인생을 보낼 수 없다고 말할 것입니다.

하지만 백만 달러의 절반을 위해 그것을 포기하지 않을 것이라면, 소중히 여기는 것은 어떻습니까?(why don't we cherish it?)

그것을 읽는 것은 어떻습니까?

하나님의 말씀을 연구해야 할 기회를 잡는 것은 어떻습니까?

가끔 시험을 치는 것에 대해 나에게 불평하는 학생들이 있다. 그들은 공부에 지쳐간다. 나는 그들에게 이렇게 말한다.

당신에게 뇌종양이 있는 아이가 있다고 상상해 보라.

당신은 아이를 뇌전문의에게 데려간다. 의사가 "예, 제가 이것을 고칠 수 있습니다. 저는 이에 대한 수업을 들었어요. 그걸 공부했어요. 저는 제가 뇌수술을 할 수 있을지에 대해 한 번도 시험해 본 적은 없어요. 하지만 제가 할 수 있다고 확신합니다."

하지만 당신은 그 사람이 당신 아이의 뇌 수술하는 것을 원치 않을 것이다.

그렇지 않은가?

우리의 믿음은 시험을 당하고 우리의 성장은 도전받을 것이다. 그렇기에 우리는 연구에 유의해야 한다. 포스터는 성경공부에 대해 반복, 집중, 이해, 반영이라는 4가지의 단계를 언급한다.[7]

1) 반복(REPETITION)

우리는 매일 우리 주변에서 일어나는 수많은 폭력적인 행동들을 통해 반복의 부정적인 영향을 본다.

하나님의 말씀을 공부하기를 반복하라.

아래에 예시가 있다.

---

7 Ibid., 64-66.

(1) 매년 성경을 통독하라.

신학생 때 나는 일 년 동안 매주 은퇴한 사람들에게 성경공부를 가르쳤다. 80대의 경건한 한 여인이 자신이 성경을 스무 번 넘게 통독했다고 나에게 말했다. 나는 부끄러워졌다. 나는 여러 번 읽었던 책을 말할 수 있고 성경의 부분 부분을 반복하여 읽긴 했다.

그러나 나는 사역자인데, 평생 성경을 끝까지 읽은 적이 한번 밖에 없었다!

그때 이후로 나는 한 번 예외를 있었고 매년 성경을 끝까지 읽었다. 여래 해 동안 나는 틴데일(Tyndale)에서 나온 『1년 성경』(*One Year Bible*)을 사용했다. 나는 하나님의 말씀에 대한 매년 개관적인 시각에서 얻은 지혜의 보화를 과대평가할 수 없다.

같은 성경책을 일곱 번이나(한 주 동안 매일 한번) 서른 한번(한 달 동안 매일 한번) 읽어라.

(2) 성경을 암송하라.

성경을 암기하는 것은 복음증거에 중요한 역할을 할 수 있다. 우리가 나눌 때, 내재하는 하나님의 영과 함께 일한다.

성령님은 우리에게 무엇을 말해야 할지 알도록 도우시지만, 우리는 확실히 무엇으로 일할지 그분께 재료를 제공하므로 도울 수 있다!

성경암송은 확실히 성령님께서 더 자유롭게 일하시게 한다.

이런 암송하는 것에 스스로 지치지마라.

암송이 쉽게 된다면, 시편 1편, 로마서 8장 등 부분들을 외워라.

만약 당신이 대부분의 사람들처럼 그저 보통 사람이라면, 지속적으로 특정한 주요 구절에 공을 들여라.

내 아들은 일학년 때까지, 내가 고등학교를 마칠 때까지 암기했던 것보다 더 많은 성경 구절을 암송했다. 우리 교회가 성경암송을 강조하는 어와나(AWANAS) 프로그램을 시행했기 때문이다.

내가 고등학생 때, 우리 음악 사역자는 성가대 여행을 가기로 한 모든 사람들에게 특정 성경 구절들을 외우게 했다. 나는 아직도 우리가 외운 첫 구절을 기억한다.

> 너는 내게 부르짖으라 내가 네게 응답하겠고 네가 알지 못하는 크고 은밀한 일을 네게 보이리라(렘 33:3).

이 구절은 아직도 의미 있는 길로 내 삶을 안내한다. 대학에서 나는 작은 책임감을 가진 그룹에 참석했다. 매주 네비게이토의 자료를 사용하여 새로운 구절을 외웠다.

누군가에게 책임 있는 사람이 되고 마음 속에 하나님의 말씀을 숨겨라.

그것은 주님을 더 생각하게 함으로써 복음증거하는 것을 도울 것이다. 그것은 당신에게 잃어버린 사람들에 대해 영적인 민감함을 줄 것이다.

2) 집중(CONCENTRATION)

매일이나 최소 매 주 한번 당신이 읽고 있는 것에 대해 집중할 공부시간을 찾아라.

솔직해 보자.

게으름은 현대 교회에서 큰 죄이다. 스프로울(R. C. Sproul)은 이렇게 말한다.

> 이것이 실제 우리 태만의 문제이다. 우리는 하나님의 말씀을 연구하는데 의무를 다하지 못한다. 이해하기 힘들기 때문도 지루하고 따분하기 때문도 아니고 이것이 일이기 때문이다. 우리 문제는 우리가 게으르다는 것이다.[8]

---

8   Whitney, *Spiritual Disciplines*, 32.

3) 이해(COMPREHENSION)

이해는 우리가 공부하는 진리를 **아는 것**(knowing)에 초점을 맞춘다. 이것은 "아!"라며 신선한 발견의 순간으로 이어진다. 조지 휫필드는 회심 전후에 많은 책을 읽었다. 하지만 그가 읽은 다른 모든 책들을 합한 것보다 성경공부를 통해 더 많은 것을 얻었다고 말했다.

4) 반영(REFLECTION)

"반영은 우리가 무엇을 공부하고 있는 것에 대한 **중요성**(significance)이라고 정의한다."
나의 교수님들 중 한 명은 언젠가 이 공식을 제공했다.
지식 - 적용 = 좌절감.
반영은 우리가 배운 진리들을 개인적이 되게 한다.
당신의 삶과 다른 사람의 삶을 바꾸기 위해 하나님의 가르침을 사용해라.
하나님의 말씀을 마음 속에 숨기고 어떻게 그것이 복음증거를 돕는지 보라.

2. 금식 훈련

휘트니(Whitney)는 **금식**(fasting)에 대해 훌륭한 정의를 내린다.

> 금식의 성경적인 정의는 영적인 목적을 위한 그리스도인의 자발적인 절식이다.

이것이 **그리스도인**(Christian)이다. 훈련의 동기와 목적은 하나님 중심적이 되기 위함이기 때문에 비그리스도인에 의한 금식은 어떤 영원한 가치도 얻지 못한다. 금식은 강압적이지 않다는 점에서 **자발적**(voluntary)이다. 금식은 몸에 극단적인 속성 다이어트 그 이상이다. 이것은 **영적인**(spiritual) 목적을 위한 절식이다.[9] 더 넓은 의미에서 금식은 음식 이상을 다룬다. 진지한 영적인 활동의 목적을 위해 다른 정상적인 활동의 부정이다.

나는 청년 시절에 금식에 대해 이야기하는 사람에 대해 거의 들어본 적이 없다. 빌 브라이트(Bill Bright)와 같은 지도자의 영향으로 점점 더 많은 신자들이 금식을 실행하고 있다. 나는 종종 신자들이 부흥금식기도회에 참석하는 교회에서 설교를 한다.

이것은 복음전도의 대의를 도울 수 있다!

성경은 모세, 다윗, 엘리야, 에스더, 다니엘, 예수님, 바울 등 금식한 사람들의 예들로 가득하다. 구약성경(대하 20장에서 유다)과 신약성경(행 13장에서 초대 교회) 둘 모두에 공동금식이 기록되어 있다. 예수님은 금식의 중요성에 대해 이야기하셨다(마 9:15을 보라).

2세기에, 서머나의 교부 폴리갑(Polycarp)은 빌립보 사람들에게 "태초로부터 우리가 물려받은 말씀으로 돌아가, '깨어 기도하고' 인내심을 갖고 금식하라"고 권고했다.[10] 명백히, 금식은 신약 시대를 넘어서 여전히 교회의 중요한 실천이었다. 성경은 여러 종류의 금식을 보여준다.[11]

① 일반적인 금식(음식을 삼가는)(마 4:2; 눅 4:2).

② 부분적인 금식(단 1:12).

③ 완전한 금식(어떤 음식이나 음료를 먹지 않는)(스 10:6).

9　Ibid., 152.
10　Polycarp, *Epistle to the Philippians*, 77.
11　Whitney, *Spiritual Disciplines*, 153-154.

④ 초자연적인 금식(신 9:9).

⑤ 개인 금식(마 6:16-18).

⑥ 회중 금식(욜 2:15-16).

⑦ 국가적인 금식(대하 20:3).

⑧ 정기적인 금식(레 16:29-31).

금식의 목적은 우리의 주의를 식욕에서 하나님에게로 옮기기 위함이다. 감리교 신자들을 일주일에 두 번씩 금식하게 했던 존 웨슬리(John Wesley)는 말했다.

> 첫째, 우리의 눈이 오직 그분께만 고정된 채로 [금식이] 하나님께 행해지게 하라.
> 둘째, 하늘에 계신 아버지께 영광을 돌리기 위해, 이것에 오직 이것에만 주목하게 하라.[12]

그런 집중은 우리에게 잃어버린 세상을 위한 하나님의 마음에 대한 통찰을 줄 것이다.

3. 묵상 훈련

묵상, 침묵 그리고 고독 훈련은 같지 않지만, 모두가 우리 삶의 분주함으로부터 고요함과 해방을 포함한다는 점에서 비슷하다. 기독교적 의미에서 묵상은 순종을 강조한다. 우리가 묵상하는 동안, 우리의 마음을 채운다. 이것은 동양의 명상처럼 마음을 비우는 것과는 다르다.

---

12 Foster, *Celebration*, 55.

"그리스도인의 묵상은 하나님의 음성을 듣고 그분의 말씀에 순종할 수 있는 능력이다."[13]

우리가 그에게 듣는 것을 배우지 않는 이상 어떻게 어떤 친밀한 방식으로 하나님을 알 수 있는가?

시편 저자는 분명히 말했다.

> 주의 말씀을 조용히 읊조리려고 내가 새벽녘에 눈을 떴나이다(시 119:148).

하나님의 초월성을 더럽히는 어떤 감상적인 가까운 관계도 없다. 반면 우리에게 자신을 낮추시고 우리와의 친밀함을 바라신다는 사실로 인한 경외심으로 그분과 그 말씀을 묵상한다.

미국에는 러시모어(Rushmore)라 불리는 산이 있다(산이름을 이용한 유머임-편집자 주).

전자레인지, 인터넷, 인스턴트식품, 이메일, VCR, 다인승 차량 전용차선, 테이프에 녹음된 책들, 팩시밀리 송수신기를 생각해 보라.

이 모든 것들은 우리가 속도를 높이기를 독려한다. 나는 음악을 좋아하지만, 당신이 멜로디의 참맛을 느끼도록 돕는 휴식이 있을 때에만 아름답다. 때때로 우리는 신체적인, 영적인, 감정적인 보충이 필요하다. 그리스도인의 묵상은 하나님께 집중하는 것을 수반한다. 특히 순종과 신실함에 초점을 맞춘다. 우리 문화의 광란스러운 속도가 교회를 감염시켜 왔다.

나는 이것이 나의 가장 큰 힘든 일들 중 하나임을 고백한다. 나는 매우 활동적이고, A형에, 의욕이 넘치는 사람이다. 묵상은 나에게는 가장 쉬운 일이 아니다. 나는 가장 바쁜 사람이 가장 중요하고, 그러므로 가장 영적이라는 이론에 자주 무릎을 꿇는다. 빨리 흘러가는 우리 문화에서는 묵상의 강조가 필요하

---

13 Ibid., 17.

다. 찰스 스펄전(Charles Spurgeon)은 바쁜 사람이었지만, 그는 묵상의 시간을 위해 정기적으로 옆으로 물러나 있는 것의 중요성을 이해했다.

>이제 세상에서 최선의 불꽃이 다시 새로워지는 것이 필요하다.
>천사들 같은 불멸의 영들은 날아다니면서 어떻게 물을 마시며, 자신들을 위해 천국에 준비된 어떤 상급의 만나를 먹는지 나는 잘 모른다. 하지만 비록 죽지않을지라도, 천사들 같은 피조물도 그 힘을 위해 자양분이라는 필요로부터 완전히 자유롭지는 않다고 생각한다.
>당연히 새로워진 마음 속 열정의 불꽃 역시 아무리 신성해도 지속적으로 신선한 연료가 더해져야 한다. 심지어 성소의 램프도 기름이 필요했다.
>형제여!
>불꽃을 지피라. 자주 지피라.
>주님이 당신과 함께 하신다면, 거룩한 생각과 사색으로, 특히 당신의 일과 그것을 추구하는 동기, 디자인, 당신을 기다리고 있는 도움들, 그 웅장한 결과에 대한 생각으로 불꽃을 계속 지피라.
>죄인들로 하여금 하나님의 사랑에, 그들을 대신한 그리스도의 죽음에, 사람들의 마음에 대한 성령의 일하심에 더 많이 거하게 하라.
>잃어버린 죄인의 운명에 대해 더 깊은 침통함으로 반복하여 묵상하라.
>아브라함처럼, 매일 아침 일찍 일어나 하나님과 대화하는 곳으로 가서, 소돔에 시선을 던지고 용광로의 연기처럼 올라가는 연기를 보라.
>또한 구원받은 죄인의 더없는 행복에 대해서 더 많이 생각하고, 거룩한 백스터(Baxter)처럼, "성도들의 영원한 안식에서 진지함에 대한 풍부한 주장을 이끌어내라."
>하늘의 언덕으로 가서 반복해서 연료를 모으라.
>레바논의 영광스러운 목재 통나무를 쌓으면, 불길이 자유롭게 탈 것이고 그 불꽃에서 아주 질 좋은 삼나무 토막이 불타서 달콤한 향을 낼 것이다.

당신이 영원한 실재들과 지속적으로 친숙하면 둔감함에 대해 두렵지 않을 것이다.

무엇보다도 그리스도와의 친밀한 교제로 매일 불꽃을 피우라.

옛날에 요한과 마리아가 그랬던 것처럼 같은 조건으로 예수님과 함께 살았던 어떠한 인간도 마음이 차가웠던 적이 없었다. 왜냐하면 그분은(he) 사람들의 마음을 그 안에서 반복적으로 불태웠기 때문이다. 나는 주 예수님과의 많은 교제를 하는 냉담한 설교자는 한 명도 만나본 적이 없다.[14]

4. 섬김 훈련

나는 루마니아 공산주의의 몰락 약 1년 후에, 그곳으로 가서 가르치고 설교할 수 있는 특권을 얻었다. 나는 사람들이 작은 햄통조림을 얻으려고 하루 반나절 동안 줄을 서 있는 그런 가난과 그런 섬김의 정신을 본 적이 없었다. 루마니아의 신자들은 마음껏 예배할 수 있다는 것에 너무 감사했고, 미국에서 그리스도인들이 말 그대로 나에게 뭔가를 줄 것이라는 하나님의 말씀을 배우도록 돕기 위해 왔다는 사실에 너무 행복했다.

80대의 어떤 여인은 구멍이 뚫린 남자용 부츠를 한 짝을 신고 있었다. 아마도 그녀가 가진 유일한 신발인 듯했다. 그러나 그녀는 자신의 작은 정원에서 기른 최상의 피망을 우리에게 요리해 주었다. 나는 피망을 좋아하지 않지만, 그녀의 섬기는 마음에 압도되어 이 피망들은 꿀맛이 났다. 예수님께서 말씀하셨다.

> 인자가 온 것은 섬김을 받으려 함이 아니라 도리어 섬기려 하고 자기 목숨을 많은 사람의 대속물로 주려 함이니라(막 10:45).

---

14 Spurgeon, *Lectures*, 314–15.

우리는 섬기기 위해 스스로를 훈련해야 한다. 이러한 초점은 상상할 수 있는 가장 위대한 소식들로 사람들을 섬기는 것이기 때문에 복음전도를 더 실제적으로 만든다. 오늘날 그리스도를 함께 나누는 가장 흥미로운 접근들 중 하나인 섬김전도는 12장에서 다뤄질 것이다.

하나님을 섬기기 위해 어떻게 스스로를 훈련시키는가?

휘트니는 이러한 동기들을 제공한다.[15]

① 우리는 순종(obedience)에 의해 동기부여된다(신 13:4을 보라).
② 감사(gratitude)가 우리에게 동기부여한다(삼상 12:24을 보라. 하나님이 우리에게 주신 위대한 구원에 대한 인식은, "악인의 장막에 사는 것보다 내 하나님의 성전 문지기로 있는 것이 좋사오니"(시 84:10)라고 한 시편 저자와 함께 눈물 흘리게 한다.
③ 기쁨(gladness)이 우리가 섬기도록 격려한다. "기쁨으로 여호와를 섬기며"(시 100:2).
④ 하나님의 용서(forgiveness)는 또 다른 격려이다.
⑤ 겸손(humility)과 사랑(love)은 스스로 하나님을 섬기도록 훈련할 수 있는 두 가지 최종적인 이유를 제공한다.

5. 복음전도 훈련

교수로서 가장 성취감을 주는 경험들 중 하나는 학생들이나 평신도 그룹이 다른 사람들에게 그리스도를 나누게 하는 것이다. 그리스도를 나눌 시간을 남겨놓는 것 안에는 아주 신나게 하는 무언가가 있다. 복음전도는 쉬운 일이 아

---

15 Whitney, *Spiritual Disciplines*, 112–17.

니다. 그것은 훈련을 요구한다. 복음전도가 복음에 의해 변화된 열정적인 삶의 자연스러운 결과라는 것은 사실이다. 하지만 기회가 올 때만 증거할 필요는 없다. 우리는 복음을 나눌 시간과 장소를 찾아보아야 한다.

일반 교인들은 종교활동으로 자신의 신앙 달력을 채울 수 있으며, 복음전도가 그들을 사역 바깥으로 밀어버릴 수 있다. 복음전도가 매우 겁나기 때문에 쉽게 이렇게 된다. 목회자들은 환자를 심방하고 상담하고 설교를 준비하고 모임에 가며 바쁘게 있을 수 있으면서, 복음전도에는 전혀 관심을 갖지 않을 수 있다. 그래서 복음전도를 하는 데에는 반드시 훈련이 필요하다.

휘트니는 증거하는 것은 우편 사무와 비슷하다고 적는다. 우리의 성공은 우리가 전한 메시지를 받는 상대방의 반응으로 측정되지 않는다. 그 대신 "성공은 그 메시지의 주의 깊고 정확한 전달에 의해서 측정된다."[16] 우리는 스스로를 신실함에까지 **훈련**(discipline)시킬 수 있고, 그런 신실함은 경건함으로 이어진다.

이것은 증거하기 위해 계획된 시간을 설정하는 것을 의미한다. 내가 인디애나에서 복음전도 책임자로서 섬겼을 때, 나는 대부분의 시간을 목회자들과 교회지도자들과 함께 보냈다. 나는 세 가지의 주된 방식으로 증거의 필요에 대해 다뤘다.

우리 교회에서 매주 축호전도가 있는 밤에 내가 시내에 있는 경우에는 항상 교회로 갔다. 그리고 많은 양의 복음증거 훈련을 가르쳤고 믿음을 함께 나누기 위해 가르쳤던 사람들을 데리고 밖으로 나갔다. 또한 그리스도에 대한 증거를 필요로 하는 사람들의 주변에 머물기 위해 지역의 건강관리시설에 가입하였다. 그것이 내가 지속적으로 잃어버린 사람들을 만날 수 있는 유일한 방법이었다.

휴스턴에서는 복음을 증거하기가 훨씬 쉬웠다. 휴스턴침례대학은 침례교학교이지만 교회에 다니지 않는 사람들을 많이 뽑았다. 특히 의예과와 간호과정에서 그랬다. 나는 일주일에 한번 학생들과 특히 그리스도에 대해 이야기하기

---

16 Ibid., 97.

위해 시간을 남겨두었다. 많은 사람들이 그리스도를 만났고, 몇 년이 지난 지금도 어떤 학생들은 나에게 편지를 쓴다.

이제 나는 여행을 자주 다니기에 비행기와 식당에서 그리스도를 나누는 충분한 기회를 갖는다. 매 학기마다 나는 복음을 증거하기 위해 나의 강의를 듣는 학생들을 밖으로 데리고 나가며, 시내에 있을 때에는 지역 교회사역을 통해 여전히 증거한다.

확실히 내 일정은 일반적이지는 않다. 나는 정기적으로 그리스도를 나누기 위해 끊임없는 훈련된 노력을 해야 함을 보여주기 위해 일정을 함께 나눈다. 복음전도를 가르치는 일을 하기 때문에 나는 이것을 하지 않는다. 그리스도에 대한 사랑 때문에 한다.

내가 열한 살이었을 때 나는 마른 아이였다. 사실 나는 소나기가 내릴 때 뛰어다녀야 비에 젖었다. 나는 올리브 오일(Oliver Oyl, 만화 뽀빠이에서 깡마른 여주인공-역자 주)의 체격을 갖고 있었다. 나의 어머니는 바지를 수선하셔야 했다. 그래도 뒷주머니가 하나 밖에 없었다!

그렇게(that) 나쁘지는 않았을 테지만 나는 너무 말랐고 자신이 없었다. 11살이 되던 해 여름에, 내 인생을 바꾼 예수님을 만났다. 나는 그것을 절대로 잊은 적이 없다. 하나님이 나같은 작은 시골뜨기를 구원해주셨다는 것이 너무 감사했다.

하지만 나는 곧 하나님과의 관계에 훈련이 필요하다는 사실을 알았다. 사실 그것은 우리 삶의 모든 면에서 하나님이 우리를 만드신 방식이다. 우리는 훈련이 필요하다. 아이들은 한계가 있어서 훈련을 요청한다. 그것은 아이들을 안전하게 한다. 우리의 몸은 먹고 운동할 때 훈련이 필요하다. 유감스럽게도 더 나이를 먹고 더 '성공적'이 될수록, 덜 훈련되려는 경향이 있다.

나는 어릴 때 말랐지만, 9학년 때 축구를 시작했고 역기를 들기 시작했다. 11학년이 끝날 즈음에, 300파운드의 벤치프레스를 할 수 있었고 1978년과 1979년에 베어 브라이언트(Bear Bryant)의 국내선수권대회팀에서 경기했던 팀

동료 한 명을 제외하고는 우리 팀에서 내가 가장 강한 사람이었다. 지금은 그만큼은 들어 올리지 못한다. 나는 그 때 운동선수로서 더 많이 훈련을 받았다. 내가 훈련받았던 한 가지 이유는 나를 격려하던 한 코치가 있었기 때문이다.

만약 모든 신자들이 개인전도 경기장에서 그들의 수준을 높이 올려주는 신자들 그룹에 있었다면 어떨까?

6. 적용

당신의 훈련을 영적으로 묘사한다면, 훈련받는 올림픽 선수, 주간 운동광, 또는 쇼파에 앉아 텔레비전만 보는 사람 중 무엇에 비교할까?

나는 운동이 심각하게 필요한 남자에 대한 이야기를 들은 적이 있다.

그는 텔레비전으로 골프경기를 보는 것을 좋아했다.

그의 의사는 그에게 더 많이 운동을 해야 한다고 말했고, 그래서 테니스경기를 보는 것으로 바꾸었다!

복음전도가 당신의 평소 일정의 훈련된 일부분인가?

얼마나 자주 당신은 의식적으로 믿음을 나누는 것에 대해 생각하는가?

시작하기 전까지는 얻을 수 없다.

그러니 하나님의 영광을 위해 훈련되어, 지금 있는 곳에서 시작하라.

그리고 하나님의 영이 당신과 함께 있다는 것을 기억하라!

참고문헌

Foster, Richard. *Celebration of Discipline.* San Francisco: Harper San Francisco, 1988.

Whitney, Donald S. *Spiritual Disciplines for the Christian Life.* Colorado Springs: NavPress, 1991.

Willard, Dallas. *The Spirit of the Disciplines: Understanding How God Changes Lives.* San Francisco: Harper and Row, 1988.

제8장

당신의 친구들이 그리스도께 나오도록 기도하기: 기도와 복음전도를 연결하기

시골 교회의 젊은 목회자가 설교하기 위해 일어섰다. 그의 아들은 아빠 모르게 주일학교에서 종이비행기를 만들었다. 그 설교자가 첫 포인트를 제시하자마자 어린 아들은 "부웅!"소리를 내며 공중에 비행기를 휘둘렀다. 몇몇 사람들은 빙그레 웃었지만, 그의 아빠는 당황했다. "아들아, 다시는 그러지 마라"고 그 목회자는 소리쳤다.

젊은 목회자는 다시 메시지로 돌아갔다. 반면에 아들은 자신의 상상 속으로 돌아갔다. 아니나 다를까 그는 또다시 생각에서 벗어나 더 크게 "부웅!" 소리를 내었다. 그의 아빠는 진심으로 당황하며, 두 번째로 그를 바로잡았다.

평정심을 회복한 후, 다시 설교하기 시작했다. 하지만 아이는 똑같은 행동을 다시 반복했고, 이번에는 종이비행기를 날렸다.

그것은 완벽한 원을 그리며 헤이즐(Hazel) 자매의 머리에 떨어졌다!

그 목회자와 헤이즐(Hazel)을 제외한 모든 사람들이 웃고 있었다. 그 목회자는 자기 아들을 잡아채 뒷문으로 향했다. 모든 교인들이 아빠의 어깨너머로 자세히 보이는, "기도해 주세요! 기도해 주세요! 느낌이 안 좋아요(bad)! 느낌이 안 좋아요(bad)!"며 고함치는 어린 소년의 얼굴을 보았다.

이 어린 아이는 기도의 절박함을 배웠다.

1. 기도의 중요성

이 유명한 그리스도인들이 기도에 대해 말한 것에 대해 생각해보라.

① 찰스 스펄전(*Charles Spurgeon*)
물론 설교자는 기도의 사람으로 특히 구별된다. 그는 평범한 그리스도인으로 기도한다. 그렇지 않으면 위선자이다. 그는 평범한 그리스도인들보다 더 많이 기도한다, 그렇지 않으면 책임을 맡은 직분에 대해 자격을 박탈당한다.[1]

② 윌리엄 캐리(*William Carey*)
은밀하며, 열정적인, 그리고 믿음을 가진 기도는 모든 개인적인 경건의 뿌리에 놓여있다.[2]

③ 마틴 루터(*Martin Luther*)
나는 일이 너무 많아서 매일 세 시간씩 기도를 하지 않고 지낼 수가 없다. 기도를 잘하는 사람은 공부도 잘했다.[3]

---

1 Duewel, *Ablaze for God*, 212.
2 Foster, *Celebration*, 33.
3 Ibid., 34.

④ 조지 폭스(*George Fox*)를 묘사하는 윌리엄 펜(*William Penn*)

무엇보다도 그는 기도에 뛰어났다. 내가 말해야 하는 지금까지, 느꼈거나 보았던 가장 무서운, 살아있는, 경건한 틀은 사실 그의 기도 속에 있었다.[4]

2. 기도의 필요

기도는 무엇인가?

구약성경에서 기도에 대해 가장 흔한 단어는 '떨어지는 것' 또는 누군가의 '앞에 굴복하는 것'을 의미하는 '팔랄'(palal)이다. 이것은 종종 중보기도를 의미한다. 신약성경에서 가장 흔한 단어는 '유코마이'(euchomai)와 '데오마이'(deomai)이다. 유코마이와 어원이 같은 '프로슈코마이'(proseuchomai)는 기도에 더 일반적인 용어지만, '데오마이'는 특정한 필요를 구하는 더 구체적인 개념을 가지고 있다.

기도는 하나님과 이야기하는 것 이상이다. 그것은 하나님과의 친밀함(intimacy)이다. 이것은 하나님을 알고 싶어 하는 바람의 반영이다. 기도는 우리를 하나님과 더 가까이 끌어당기고, 세상, 육신, 그리고 마귀와 멀어지게 한다. 나는 지금 북미선교부에서 복음전도와 기도 분야에서 섬기는 나의 첫 박사과정 학생인 크리스 스코필드(Chris Schofield)의 기도에 대한 정의를 좋아한다.

스코필드는 기도를 "예수 그리스도와의 개인적인 사랑의 관계를 통한 삼위일체 하나님과의 교제와 대화"라고 정의한다.[5] 이 정의는 삼위일체를 강조함으로써 사랑(love)의 관계와 기도의 교리적(doctrinal) 측면 둘 다를 강조한다. 나는 기도의 정의를, '그분의 목적을 성취하게 하는 하나님과의 친밀함'이라고 한다.

---

4   Ibid.

5   Chris Schofield, "Biblical Links Between Prayer and Evangelism," (Th. M. Thesis, Southeastern Baptist Theological Seminary, May 1995), 11.

몇 년 전에 한 설문조사는 90% 이상의 미국인들이 기도한다고 나타났다.

만일 미국인의 90%가 정말(really) 기도했다면, 우리나라는 도덕적으로 다를 것이다!

1980년대에 영적 각성을 위한 기도세미나에 참석한 주요한 복음주의교단의 17,000명이 넘는 사람들의 설문조사는 무서운 결과를 제공했다. 분명히 기도에 관심이 있는 이 신자들 중에 평신도는 기도하는데 하루에 5분 미만을 보내며, 애석하게도 목회자들은 자신이 기도하는데 평균 하루에 7분 이상을 사용하지 않는다고 말했다.[6]

한 걸음 더 나아가 보자.

휴스턴침례대학에 있을 때, 휴스턴 로케츠(Houston Rockets)가 잇따른 NBA 타이틀에서 이긴 시기에 팀의 몇몇 멤버들을 만날 특권을 가졌다. 한명은 독실한 이슬람교도였다. 두 번째 선수권대회에서 승리한 후, 이 선수는 자신의 기도시간 때문에 승리의 퍼레이드를 지연시켰다. 그는 이슬람교의 특징들 중 하나인 한달간의 라마단 내내 낮시간 동안 금식한다.

독실한 이슬람교도라면 그의 손과 얼굴을 세 번 씻고, 메카를 향하여 무릎을 꿇으며, 기도문을 매일 다섯 번씩 말할 것이다.

존재하지 않는 신에게 이야기하는 이런 헌신을 상상해 보라!

헌신의 이유 중 일부는 이슬람의 행위에 의한 구원이다.

그럼에도 여전히 신자로서 우리는 우주의 하나님과 이야기하는 시간을 보내지 않는 것에 대해 부끄러워해야 하지 않겠는가?

기도하지 않는 것은 미국 그리스도인들의 가장 큰 죄 중 하나다. 오늘날 복음전도에 가장 큰 방해 중 하나는 복음전도의 목적을 위한 성경적인 기도의 부족이다.

일반적인 교회를 생각해보라

---

6   Whitney, *Spiritual Disciplines*, 62.

그리고 육신의 필요를 위한 기도에 얼마나 많은 시간을 보내는지 알아보라. 이것은 성경적이고 옳다(약 5장을 보라).

하지만 너무 많은 기도모임이 몸 속 장기들(organs)에 대한 설명회 같다. 심장과 간, 그리고 다른 장기들에 대해 기도한다. 반면 영적인 필요에 대한 기도는 거의 하지 않는다.

당신의 교회는 잃어버린 사람들과 일꾼들을 위해, 그리고 하나님이 당신의 복음전도 노력을 영화롭게 해 주시기를 위한 기도에, 얼마나 많은 시간을 보내는가?

3. 왜 기도가 그렇게 중요한가?

첫째, 기도는 기독교의 핵심이기 때문에 중요하다.

기도는 하나님과의 친밀한 대화이고 오로지 예수님이 십자가에 못 박혀 돌아가셔서 우리와 하나님과의 관계를 위한 수단을 제공해주셨기 때문에 가능하다. R. A. 토레이(R. A. Torrey)는 기도의 중요성에 대해 요약했다.

> 우리의 모든 삶은 기도의 삶이 되어야 한다. 우리는 끊임없는 하나님과의 교제 가운데 걸어가야 한다. 끊임없이 하나님을 우러러 보아야 한다. 그분의 임재 속에 아주 습관적으로 나아가 밤에 깨어있을 때에도 감사와 간청을 그분께 말하는 것이 가장 이성적인 일이 되어야 한다.[7]

둘째, 기도를 해야 하는 다른 이유들이 있다.

예수님은 모본을 정하셨다(막 1:35). 하나님은 우리가 기도하라고 명령하신

---

7   R. A. Torrey, *How to Pray* (Pittsburgh: Whitaker House, 1983), 81.

다(눅 18:1). 기도를 통해서 우리는 하나님에게서 받는다.

> 구하라 그리하면 너희에게 주실 것이요 찾으라 그리하면 찾아낼 것이요 문을 두드리라 그리하면 너희에게 열릴 것이니(마 7:7).

이 구절은 부모를 찾는 아이를 생각나게 한다.

우리 집은 우리 지역에서 1996년 9월 허리케인 프랜(Fran)에 의해 피해를 입은 많은 곳 중 하나이다. 큰 나뭇가지가 떨어져 지붕에 구멍이 생겼고, 내 차는 쭈그러졌고, 미쉘의 차는 움푹 찌그러졌으며, 많은 나무를 잃었고, 폭풍은 내 아이들을 겁먹게 했다. 허리케인이 왔을 때, 우리는 집에 떨어지는 나뭇가지들이 미사일이 되어 폭격 당하는 소리를 들으며, 온 밤을 현관에서 보냈다.

얼마 후 어느 날 천둥, 번개가 쳤다. 내 딸 하나가 소리 지르기 시작했다. 우리는 잠들어 있었기 때문에 즉시 대답하지 않았다. 그러더니 그녀는 일어나서 우리를 찾기 시작했다. 우리는 그녀에게 다시 침실로 돌아가라고 말하지 않았다. 그리고 그녀가 말을 듣지 않는다고 말하지 않았다. 우리는 엄마와 아빠를 필요로 하는 겁먹은 아이를 보았다. 우리가 있는 침대 위로 올라오게 했고 그녀를 위로해 주었다.

마찬가지로, 하나님은 우리가 순종함으로 그분을 섬기기를 기대하고 매일 순종의 행동을 이행하기를 원하신다. 하지만 우리가 필사적으로 그분을 필요로 하고, 그분께 부르짖고, 그분을 찾을 때까지 포기하지 않으시는 때가 있다. 그 시간 동안 하나님은 좋은 부모처럼 기꺼이 우리의 필요를 충족시키는 것 이상이다.

셋째, 기도는 또한 불안에서 벗어나게 한다.

바울은 신자들에게 걱정을 기도로 대신하라고 권했다(빌 4:6-7을 보라).

넷째, 기도는 또한 그리스도인에게 큰 기쁨을 제공한다.

> 지금까지는 너희가 내 이름으로 아무 것도 구하지 아니하였으나 구하라 그리하면 받으리니 너희 기쁨이 충만하리라(요 16:24).

다섯째, 기도를 통해서 우리는 사탄을 이겨내는 힘을 갖는다(엡 6장을 보라).
기도는 커져가는 하나님과의 관계에 필수적이다. 무엇보다도 기독교는 하나님과의 **관계**(relationship)이다. 기도에서 친밀함이 이런 관계를 만든다.
아브라함, 모세, 다윗, 그리고 바울의 기도를 읽고 그들이 경험했던 친밀함을 보라.

여섯째, 기도는 복음전도 사역에 효과적이다.
우리는 복음전도 사역을 위한 수확하는 일꾼들을 위해 기도해야 한다(마 9:36-38을 보라).
우리가 기도할 때 믿는다는 것과 믿음으로 기도하는 것은 별개의 것이다. S. D. 고든(S. D. Gordon)은 "당신은 기도한 후에 기도보다 더한 것을 할 수 있다. 하지만 당신이 기도할 때까지는 기도 이상을 할 수는 없다"라고 말했다. 기도는 그리스도인의 삶의 토대이다.

4. 예수: 우리의 기도 모범

기도하기를 배우는 가장 좋은 방법은 예수님이 어떻게 기도했는지 공부하는 것이다. 복음서 저자들은 그들을 가르치기 위해 주님으로부터 제목을 기록했다. 그들은 "주님, 우리에게 **어떻게**(how) 기도하는지 가르쳐 주옵소서"라고 하지 않고, "주님, 우리가 기도를(to) 가르쳐 주옵소서"라고 요청했다(눅 11:1).

우리는 그분의 모범에서 최선을 배운다.

예수님은 어떻게 기도했는가?

① 그는 모범이 되는 기도를 하셨다(요 17장).
② 그는 개인 기도에 시간을 보내셨다(막 1:35).
③ 그는 중요한 일이 있을 때 기도하셨다(마 26:36-44; 눅 6:12).
④ 그는 기도의 중요성을 가르치셨다(마 6장).

나는 광고하는 것을 보기 좋아한다. 내 아이들과 앉아서 그들이 얼마나 바보 같고 정직하지 못한지에 대해서 토론하는 것을 즐긴다. 특히 다른 광고를 조롱하는 광고를 좋아한다. 특히, 한 광고 캠페인의 "이미지가 전부다"라는 테마에 반응한 청량음료 광고를 좋아한다. 그들의 테마는 "이미지는 아무것도 아니다. 갈증이 전부다. 당신의 갈증에 순종하라"였다.

예수님은 이 진리의 모범을 제공하셨다. 그분은 사람들이 자신의 '경건함'을 볼 수 있도록 기도했던 사람에 대한 이야기를 하셨다. 또한 예수님은 또 극심한 괴로움으로 홀로 하나님께 부르짖으면서, 회개하고 깨어졌던 사람도 말씀하셨다.

"이미지는 아무것도 아니다."

예수님께서 바리새인을 보며, "갈증이 전부다"라고, 또 깨어진 남자를 보면서는, "너의 갈증에 순종하라"고 말씀하셨을 수도 있다.

5. 기도와 영적 전쟁

신약성경은 영적 전쟁의 실재를 가르쳐준다. 우리는 너무 많은 영적 전쟁을 한다. 기도할 때, 우리는 하나님을 아는 실재와 그분에게서 얻은 능력에 초점을 두어야 한다. 그럼에도 여전히, 우리 자신의 죄성과 세상의 유혹과의 전투는 말할 것도 없고, 실제 사단과 수많은 귀신의 힘이 존재한다. 바울은 그리스도인의 삶을 전쟁에 비유했다(엡 6장을 보라). 하지만 많은 사람들이 하나님의 갑옷과 기도, 복음전도 사이의 연결에 주목하지 못했다.

> 모든 기도와 간구를 하되 항상 성령 안에서 기도하고 이를 위하여 깨어 구하기를 항상 힘쓰며 여러 성도를 위하여 구하라(엡 6:18).

바울은 에베소 사람들에게 효과적인 복음전파를 위해 기도하라는 간곡한 호소로 영적 전쟁에 대한 그의 강력한 가르침을 마무리지었다. 앤드류 머레이(Andrew Murray)는 "기도는 사탄을 정복한 능력이고, 지상의 교회는 기도를 통해 천상 세계의 능력에 접근할 수 있다"라고 말했다.[8] 성경은 의도적인 복음전도를 불러일으키는 기도를 강조한다.

> ① 예수님은 우리가 일꾼들을 위해 기도해야한다고 말씀하셨다(마 9:36-38).
> ② 초대 교회는 증거하기 위한 대담함을 위해 기도했다(행 4:29-31).
> ③ 바울은 구원을 필요로 하는 사람들을 위해 기도를 요청했다(딤전 2:1 이하).

성경은 사단이 사람들을 공격하는 두 가지 면을 보여준다. 그는 구원받지 못한 사람들, 믿지 않은 사람들의 마음을 혼미케 한다(blinds)(고후 4:4). 또한 그는 구원받은 사람들의 마음도 부패시킨다(corrupts)(고후 11:3). 오스왈드 챔버스(Oswald Chambers)는 경계하지 않은 강점은 갑절의 약점이라고 말했다.

우리의 마음을 지켜야 한다. 마귀는 우리를 파괴하기 위한 단 한 가지의 죄만 필요하고, 수동적인 마음은 사탄의 손아귀에 있는 왜곡된 마음만큼 위험하다.

영적 전쟁의 핵심은 사단 그리고 그가 무엇을 할지가 아니라, 하나님 그리고

---

8 Andrew Murray, *With Christ in the School of Prayer* (Springdale: Whitaker House, 1981), 115.

그분이 무엇을 하실지에 초점을 맞추는 것이다. 어둠의 나라에서 빛의 나라로 사람들을 잡아채는 것에 집중하는 담대한 기도가 영적 전쟁의 비밀이다.

랄프 헤링(Ralph Herring)의 말들을 주목하라.

> 무릎꿇은 성도를 볼 때, 사단은 흔들린다.
> 그를 흔들리게 하는 것은 어떤가?
> 바로 그 지옥의 문을 급습하는 것은 어떤가?
> 어떤 것도 하나님을 더 기쁘시게 할 수 없다. 우리에게 있는 갈등 속에서, 확실히 우리는 사단이 그의 무기고에 없는 한 가지 무기이자 그가 가장 두려워하는 한 가지인 기도를 소홀히 할 입장이 아니다.[9]

6. 개인기도

지금부터 5년 후 그리스도인으로서 당신이 어디에 있느냐는 다른 어떤 요소보다 얼마나 더 기도하는지에 달려있을 것이다. 하나님과 보낸 시간보다 더 가치 있는 시간은 없다. 나는 이것을 신학교 첫 학기 강의에서 피터 로드(Peter Lord)에 의해 개발된 '2959플랜'이라 불리는 가치 있는 재료를 통해 배웠다. 이 접근법은 개인기도와 관련된 확실한 실제적인 고려사항들을 강조했다.

첫째, 당신의 시선이 하나님을 향하게 하고, 당신의 눈길이 당신의 요청에 있게 하라.

칼빈 밀러(Calvin Miller)는 신자들에게 "당신이 멈춰서 하나님을 보기 전에

---

[9] Ralph Herring, *The Cycle of Prayer* (Nashville: Broadman Press, 1966), 62–63.

기도를 결코 시작하지 말라"고 상기시킨다.[10]

둘째, 기도가 마지막이 아닌 당신의 첫 번째 선택이 되도록 하라.

교회에서 말한 최악의 진술들 중 하나는 "기도 외에는 우리가 할 수 있는 것이 아무 것도 없다"라는 말이다.

우리는 기도하는 것보다 더 잘할 수 있는가?

우리는 더 많은 것을 할 수 있지만, 더 잘할 수는 없다. 물론(출 14장에서 홍해를 건너는 것과 같이) 하나님을 따르는 사람들이 기도를 멈추고 빨리 움직이라고 듣는 때가 가끔 있다. 하지만 대부분의 경우에는 기도를 거의 하지 않는 것이 더 큰 문제이다.

셋째, 소매가 아닌 도매로 기도하라.

다시 말해서, 특정한 필요를 위해 기도하라.

우리는 일반적으로 살지 않는다. 우리는 특정한 장소에서 특정한 필요를 가지고 산다. 이런 점에서 기도 목록은 도움이 된다.

넷째, 위기에서 보다 확신으로 더 기도하라.

기도에서 다니엘이 훌륭한 예이다.

다니엘은 자신이 사자의 굴로 던져질 거라는 소식을 들었을 때, 그가 어떻게 반응했는지 주목하라.

그는 예루살렘을 마주 보고, 이전에 해왔던 것처럼, 아침, 낮, 밤에 하루에 세 번씩 기도했다(단 6:10).

얼마나 일관성이 있는가.

다니엘은 단지 위기에 직면했을 때만이 아니라 확신에 따라 하나님께 이야

---

[10] Calvin Miller, "Praying without Ceasing," in *Evangelism*, Beougher and Reid, eds., 40.

기하는 것에 익숙했기 때문에 이렇게 반응할 수 있었다!

우리는 위기 이전에 하나님과 동행해야 한다.

개인묵상 시간의 이유는 하나님과의 친밀함을 발전시키기 위함이다. 빌리 그레이엄(Billy Graham)은 매일 묵상 시간을 갖지 않는 사역자는 십 년 안에 사라질 것이라고 말했다.

경고하자면, 경건의 시간은 영적인 토끼발(행운을 가져다주는 부적이라는 뜻으로, B.C. 600년 경 켈트족 젊은이들이 처음 사냥하여 잡은 토끼 발을 보이면, 어른으로 인정한 전통에서 유래-역자주)이 아니다. 칼빈 밀러는 하나님께 비현실적으로 집중하는 것에 대해 삼중으로 경고한다.

> ① 하나님 자신을 사랑하는 것보다 하나님 만나는 시간을 더 사랑하는 것. 이것은 일종의 내면의 중독성을 야기한다.
> "나는 거룩함이라는 미사여구로 시작하는 많은 사람들이 왜 사역할 시간을 한 번도 갖지 않았는지 항상 궁금해 했다."
> ② 비현실적인 초연함을 발전시키는 것.
> "어떤 사람이 지나치게 경건하게 바뀔 때, 우리 중 대부분은 그들 주변에서 지나치게 불안해진다."
> ③ "꽤나 감상적인 경건함이라는 감상적인 예수"(*the saccharine Christ of gooey pietism*)라는 말로 "다정하고 작은 예수"(*sweet-little-Jesus*) 신드롬을 압도하는 것.[11]

묵상의 시간에, 어떤 도구들은 하나님과의 신선하고 친밀한 동행을 유지하는 것을 돕는다.

---

11 Ibid., 47.

① 매일 성경 읽기는 우리가 하나님께 계속 집중하게 한다.

② 꾸준히 일기를 쓰는 것은 존 웨슬리와 조지 횟필드로 부터 오늘날 수많은 신자들에 이르기까지 성도들에 의해 수 세기 동안 실행되어왔다.

③ 기도 목록에 이름, 특별한 문제들, 그리고 응답들을 포함하라.

④ 묵상집도 또한 도움이 될 수 있다.

7. 기도의 특징

기도할 때, 어떤 특징들은 우리의 시간이 하나님과의 친밀함을 강화시키도록 안내할 수 있다.

1) 찬양

이것은 하나님의 속성에 대한 우리의 반응이다. 우리는 그분 자신으로 인해 그분을 찬양한다. 한 어린 아이가 엄마와 함께 예배에 참석했다. 그 아이는 자기 엄마와 몇몇 다른 사람들이 제단에 무릎을 꿇고 기도하는 동안 뒷좌석에 앉아있었다. 어른들이 어떤 사람들은 울며, 하나님께 소리를 지르는 동안, 귀를 기울여 들었다. 마침내 그 아이는 더 이상 가만히 앉아 있을 수 없었다. 그래서 자리에 서서 하늘을 바라보며, 이렇게 소리쳤다.

"하나님! A, B, C, D, E, F, G, H, I, J, K, L, M, N, O, P, Q, R, S, T, U, V, W, X, Y, Z! 아멘!"

그리고 자리에 앉았다.

좀 당황한 엄마가 아이에게 물었다.

"딸아, 왜 그렇게 말한 거니?"

"왜냐하면 어른들이 그런 아름다운 기도를 하고 있어서 나도 하나님께 말하고 싶었어요. 저는 그런 단어들을 몰라서, 제가 하나님께 글자를 드리면 단어들이 올바로 나오게 해주실 거라고 생각했어요."

이것은 마흔 살의 신자에게는 통하지 않을 수 있지만 나는 단지 이 단어들만 가지고 하나님을 찬양하는 진실한 아이의 기도에 무언가가 있다고 믿는다. 우리가 기도할 단어들을 몰라도 하나님은 여전히 우리 마음의 부르짖음을 들으신다.

우리의 영성에 있어서 너무 세련되어 하나님께 찬양 드리기를 두려워하지 않게 하라.

경외함이 침묵이 아닌 것처럼, 찬양은 소음이 아니다. 그것은 하나님의 위대함에 대한 인식이다. 그것은 모범기도가 우리에게 알려주듯, 그는 '거룩히 여김을 받'(hollowed)거나 '거룩하신'(holy) 것을 인정하는 것이다(마 6:9을 보라).

2) 감사

이것은 하나님의 선하심에 대한 우리의 반응이다.
그분이 하신 일에 대해 감사하라.

> 감사함으로 그의 문에 들어가라(시 100:4).
> 범사에 감사하라(살전 5:18).

감사의 태도가 우리의 삶에 스며들어야 한다.

3) 고백

고백은 하나님의 거룩함에 대한 우리의 반응이다. 우리의 죄는 기도하는 것을 방해할 것이다(시 66:18을 보라). 기도할 때, 성령님께 우리 삶의 죄를 드러

내시도록 요청할 수 있다. 그리고 우리는 그 죄를 고백할 수 있다(요일 1:9을 보라). 관계가 깨어질 때, 그것이 올바르게 되도록 구해야 한다.

4) 중보기도

이것은 하나님의 사랑에 대한 우리의 반응이다. 우리가 하나님께 구할 때, 포스터(Foster)는 이렇게 말했다.

> 우리는 하나님을 조종해서 행하시도록 그분께 말하려 하는 것이 아니다. 그 반대이다. 우리는 하나님께 우리가 무엇을 할지에 대해 묻는 것이다. 하나님은 우리가 간청하는 것의 근원이시다. 우리의 기도는 하나님의 우선적인 주도하심에 대해 마음으로 반사 작용하는 것과 같다.[12]

5) 간구

간구는 우리를 향한 하나님의 사랑에 대한 반응이다. 하나님께 우리의 필요를 충족시켜줄 것을 요청하는 것은 적합하고 필수적이다. 하지만 이 시대의 소비자가 이끄는 문화 속, 익명의 군인이 드린 간구의 기도에 배움이 있다.

> 나는 하나님께 성취할 수 있는 힘을 요구했다.
> 그러나 나는 겸손하게 순종함을 배울 수 있게 약해졌다.
> 나는 하나님께 더 큰 일을 할 수 있는 건강을 요구했다.
> 그러나 나는 더 나은 일을 할 수 있는 병약함이 주어졌다.
> 나는 행복할 수 있는 부를 요구했다.

---

12 Foster, *Celebration*, 42.

그러나 나는 지혜로울 수 있는 빈곤이 주어졌다.

나는 내가 사람들의 찬사를 받을 수 있는 능력을 요구했다.

그러나 나는 하나님의 필요를 느낄 수 있도록 허약함이 주어졌다.

나는 인생을 즐길 수 있는 모든 것을 요구했다.

그러나 나는 모든 것들을 즐길 수 있도록 생명이 주어졌다.

나는 내가 구했던 어떤 것도 얻지 못했다.

그러나 내가 소망했던 모든 것을 얻었다.

거의 나 자체로, 내 무언의 기도는 응답받았다.

나는 모든 사람들 중에서 가장 축복받은 사람이다.[13]

6) 경청

하나님께 경청하기는 놓쳐서는 안 되는 기도의 또 다른 일면이다. 당신이 그것을 모를 수도 있지만, 본서를 읽을 때 당신이 어디에 있든지, 주변에는 소음들이 모두 있다. 로큰롤 음악은 모두 당신 주변에 있다. 랩 선율들은 연주되고 있다. 사람들은 스포츠부터 재정 문제까지 다양한 주제들을 토론하고 있다. 당신이 이 목소리들을 듣기 위해 필요한 유일한 것은 적절한 수신기이다. 라디오는 수많은 소리들을 당신 앞으로 안내할 것이다.

기도도 같은 방식으로 작용한다. 하나님은 끊임없이 우리에게 말씀하시고, 가르치시고, 인도하신다. 문제는 하나님이 말씀을 하시는가가 아니라 우리가 듣고 있는가이다. 하나님은 그분의 말씀을 통해 끊임없이 우리에게 이야기하신다.

하지만 우리는 그분을 듣는가?

그분은 때때로 환경과 다른 사람들을 통해 말씀하신다. 또 때로는 그분의 영

---

13 Charles R. Swindoll, *Living Above the Level of Mediocrity* (Waco: Word Books, 1987), 113.

의 고요하고 작은 목소리로 말씀하신다.

우리는 듣고 있는가?

당신이 하나님과 동행한다면, 복음을 증거하도록 그분에 의해 인도될 것이다. 이것은 성령에 의해 가르침 받는 기도학교를 통해 배우는 것보다 더 잘 배울 수 없다.

7) 성별

성별은 하나님께 대한 헌신의 기도이다. 성경에서 종종 신자들은 성별에 관한 특별하고 신선한 행동을 했다. 예를 들어, 고래 뱃속의 요나(욘 2:1-10), 밧세바와 죄를 지었던 다윗(시 51장), 바울, 우리 주님, 그리고 다른 사람들이 있다. 우리 시대의 기도에서, 우리는 종종 하나님께 신선하고 새롭게 헌신해야할 필요에 직면한다.

8. 효과적인 묵상 시간을 위한 실천적인 조언들

첫째, 당신의 마음과 정신에 경건 시간의 중요성을 확고히 하라.

기도학교에서 내가 배운 가장 자유로운 교훈 중 하나는 모든 환경 속에서 기도하도록 우리 자신을 훈련해야만 한다는 것이다. 나는 한때 기도하기를 너무 좋아해서 하나님의 임재 속에 있는 것이 끊임없는 기쁨이었던 위대한 기도의 사람들을 생각했다. 하지만 그때 나는 포스터의 지적을 읽었다.

"우리는 기도하기 전에 기도하는 것처럼 **느낄**(feel) 때까지 기도하기를 절대로 기다려서는 안 된다."[14]

---

14 Ibid., 44.

기도는 훈련이다. 우리는 하나님과 함께 하려는 소망으로 기도한다. 어떤 때에는 우리는 거룩한 절망감으로 기도한다. 하지만, 편리하고 편안해서가 아니라 그것이 **옳은**(right) 것이기 때문에 기도해야 한다. 때때로 나는 아침에 기도하려는 '기분'(mood)이 들지 않는다. 하지만 내가 기도할 시간을 갖지 않는다면, 나의 기분은 날이 갈수록 나빠질 것이란 것을 발견했다!

둘째, 당신이 하나님과 함께할 시간과 장소를 정하라.
그 시간을 지켜라.

셋째, 영적으로 준비되기 위해 필요한 것이면 어떤 것이든지 하라.
나는 갓 만든 커피 한 잔이 필요하다!

넷째, 단조로움을 피하기 위해 가끔씩 당신의 시간을 조정하라.

다섯째, 기도할 때, 성경이 당신의 시간의 일부가 되게 하라.
밧세바와 죄를 짓고 나서 다윗이 기도한 시편 51편을 기도하는 것은 우리 죄의 심각함과 하나님의 위대함을 이해하도록 돕는다. 여기 기도에 대한 다른 몇 가지 조언들이 있다.

① 당신의 기도 시간을 바꾸고 그것을 섞어라. 어떤 때에는 성경으로 시작하고, 다른 때에는 기도로 시작해라.
② 매년 기도에 관한 책을 읽어라.
③ 다른 그리스도인 친구와 이야기하라.
④ 위대한 그리스도인들의 잡지와 전기를 읽어라.

9. 기도와 복음전도 연결하기

위대한 기도의 사람인 이 엠 바운즈(E. M. Bounds)는 이렇게 말했다.

> 기도는 홀로 서 있지 않는다. 그것은 다른 그리스도인의 직무들과의 유대 관계 속에 있다.[15]

이것은 특히 복음전도에 관해서 사실이다. 기도 없이는 한결같이 효과적으로 전도할 수 없다. 교회 성장에 대한 연구에서, 톰 레이너(Thom Rainer)는 교회들이 잃어버린 사람들에게 도달할 수 있는 주요한 요인들 중 하나로서 기도가 성경적인 설교와 가르침과 어깨를 나란히 한다는 것을 발견했다.[16]

기도와 복음전도를 연결한 초대 교회의 기도에 주목하라.

> 주여 이제도 그들의 위협함을 굽어보시옵고 또 종들로 하여금 담대히 하나님의 말씀을 전하게 하여 주시오며 손을 내밀어 병을 낫게 하시옵고 표적과 기사가 거룩한 종 예수의 이름으로 이루어지게 하옵소서 하더라 빌기를 다하매 모인 곳이 진동하더니 무리가 다 성령이 충만하여 담대히 하나님의 말씀을 전하니라(행 4:29-31).

크리스 스코필드(Chris Schofield)는 이 구절에 대해 중요한 점을 지적했다.

> 사도행전 4:13의 사도적 증거와 연결된 '담대함'을 위한 기도(파르헤시아 (*parrhesia*)에서)는 최소 두 가지 측면에서 중요하다.

---

15 E. M. Bounds, *The Necessity of Prayer* (Springdale: Whitaker House, 1984), 31.
16 Thom S. Rainer, *Effective Evangelistic Churches* (Nashville: Broadman & Holman, 1997), 11-17.

첫째, 사도들은 복수나 대적의 종말이 아니라 오히려 말의 용기와 자유를 구하고 있는 것에 주목하라.

둘째, 그들은 복음을 선포할 수 있는 담대함을 구하고 있었다. 그들의 동기의 중심은 하나님의 구원사역이었다.[17]

또 다른 중요한 구절은 에베소서 6:18-20이다. 바울은 신자들에게 담대한 복음선포를 위해 기도하라고 요구하면서 하나님의 갑주에 관해 말했다. 기도는 하나님의 전신갑주에서 필수적인 부분이다.

"성령 안에서" 기도하는 것은 방언으로 기도하는 것을 언급하는 것이 아니라, 하나님의 영의 "임재, 지배, 도움, 영향, 그리고 힘 안에서" 기도하는 것이다.[18] 바울은 에베소 사람들에게 복음을 전하기 위해 입을 여는 것, 즉 파르헤시아(*parrhesia*), 즉 '입 밖에 냄'(utterance)를 위해 기도하라고 권했다.

이것은 사도행전 4:29과 31절에서 '담대함'으로 번역된 표현이다. 바울이 그리스도를 나누기 위한 용기를 구하면서 이 단어들을 썼을 때 그는 감옥에 있었다. 이 진리들이 사도행전 4장과 에베소서 6장에 보인다.

① 복음을 선포하는 담대함(boldness)은 하나님께 제기하는 정당한 요청이다.

② 이런 담대함은 오직 하나님으로부터만 온다. 그것은 '불러 일으켜질'(worked up) 수 없다.

③ 이런 담대함은 하나님의 사람들의 기도를 통해서 온다.

---

[17] Chris Schofield, "Linking Prayer and Bold Proclamation: An Exegetical Study of Acts 4:23-31 and Ephesians 6:18-20 with Implications for Contemporary Church Growth," *Journal of the American Society of Church Growth* 8 (Winter 1997): 67.

[18] Ibid., 71.

10. 구원받지 못한 자들을 위해 기도하기

장로교 선교사 지도자인 로버트 스피어(Robert Speer)는 이렇게 말했다.

> 세계 복음화는 무엇보다도 기도의 부흥에 의존한다. 인간에 대한 요구보다 더 깊고, 돈에 대한 요구보다 훨씬 더 깊은, 우리의 생기 없는 삶의 밑바닥 깊은 곳에서, 널리 퍼져있는 잊혀진 비밀인, 세계를 품는 기도의 요구이다.[19]

한국은 기도의 영향에 대한 좋은 예이다. 1966년 한국 인구의 약 11%가 기독교인이었다. 1978년까지 기독교인은 19%였고, 1981년까지는 22%퍼센트, 그리고 지금 1990년대에는 한국 인구의 3분의 1이상이 기독교 신자들이다. 한국에는 또한 세계에서 가장 큰 장로교, 감리교, 하나님의 성회에 속한 교회들이 있다.

한국에서의 이러한 폭발적인 신자들의 증가에 대한 비밀은 기도이다. 많은 한국인들은 매일 일찍 기도한다. 어떤 사람들은 금요일 밤에 밤새 기도한다. 나는 언젠가 한국인 목사로부터 한국 기독교인들은 평균 하루에 한 시간씩 기도한다고 말하는 것을 들었다.

이토록 한국 교회에서 기도를 많이 하는 한 가지 이유는 북한으로부터의 위협이다. 오늘날 우리의 문제는 우리가 세속, 육욕, 불경건함, 무관심의 위협을 기도의 동기로 보지 않는다는 것이다.

찰스 설리반(Charles Sullivan)은 자신의 초청장을 받은 70번째 생일을 맞은 한 남자가 그의 삶을 그리스도께 바치기 위해 나왔던 시간에 대해 말한다. 그의 아내는 그녀의 얼굴에 하나님의 광채를 내며 그의 뒤에서 통로를 따라 내려

---

19 W. Stanley Monneyham, "Getting More Hooks in the Water Is Not Enough," *Christianity Today*, XXV, No. 16 (18 Sept. 1981): 20.

왔다. 설리반이 그 남자와 상담하고 그와 함께 기도하고 난 후, 침례교인들이 하는 것처럼 그가 작성해야 할 교인등록카드를 내밀었다. 하지만 그 아내는 그를 말렸다. 그녀는 설리반에게 그는 등록카드가 필요 없다고 말했다. 그녀는 자신의 성경책에서, 낡고 노랗게 바랜 찢어진 등록증을 빼냈다.

"저는 40년 전, 제 남편의 구원을 위해 매일 기도하기로 약속했어요. 제 헌신에 대한 표시로 남편 이름으로 등록카드를 작성했고, '신앙 고백'과 '세례/침례'에도 표시했어요. 우리가 완성해야 할 유일한 것은 날짜였어요."

하나님은 그녀의 기도에 응답하셨다.

영국 런던의 한 병상에 누워있는 여성이 기도의 삶을 반드시 꾸려야만 했다. 왜냐하면 그녀는 복음전도자 무디(D. L. Moody)의 시카고 사역에 대해 신문에서 읽었기 때문이었다. 그녀는 무디나 그와 관련된 어떤 사람도 알지 못했다. 하지만 그녀는 그 신문을 그녀의 베개 밑으로 집어넣으면서, "주여, 이 사람을 우리의 교회로 보내주세요"라고 기도하기 시작했다. 무디는 시카고에서 그의 교회 건물이 다 타버렸을 때인 1872년에 런던으로 갔다.

무디가 영국 YMCA에서 설교하고 있었을 때, 한 목회자가 그를 교회로 초청했다. 무디가 설교한 주일 아침에는 아무런 일이 일어나지 않았다. 예배 후, 그 병든 여자의 여동생이 그녀에게 시카고에서 온 무디가 설교했다는 것과 그날 저녁에 다시 말씀을 전할 것이라고 알려주었다.

그 병든 여자는, 이렇게 말했다.

"오, 내가 알았더라면, 아침을 먹지 않았을 것이고, 기도로 종일 보냈을 텐데. 저녁식사는 거르도록 해 줘. 나 혼자 있게 해줘. 문을 잠궈줘.

오후와 저녁 내내 기도로 보낼 거야!"

그날 저녁 그 건물은 무디의 설교를 듣기 위한 사람들로 가득 찼다. 분위기는 달랐고 하나님의 능력이 그곳에 임했다. 500명의 사람들은 그들의 삶을 그리스도께 드렸다. 위대한 부흥이 시작되었고, 그 아픈 여성의 기도 덕분에 복

음전도자로서 무디의 사역은 크게 늘어났다.[20]

본 장의 제목은 '당신의 친구들이 그리스도께 오도록 기도하기'라고 불리는 한 복음전도 기도세미나에서 나왔다. 잃어버린 사람들을 위해 기도하는 것에 관한 다음의 제안들은 이 세미나에서 나눠준 소책자에서 발췌되었다.

① 그들의 영적인 눈을 열어 주시도록 하나님께 요청하라(고후 4:4).

② 영적인 속박으로부터 그들에게 자유를 주시도록 하나님께 요청하라 (딤후 2:25-26).

③ 그들에게 들을 귀(마 13:15), 믿을 신념(행 20:21) 그리고 반응할 의지를 주시도록 하나님께 요청하라(롬 10:9).

④ 그들에게 증거하기 위해 그들의 삶 속으로 사람들을 보내달라고 하나님께 요청하라(마 9:38).

⑤ 돌보는 관계를 만들 수 있는 방법들을 하나님께 요청하라(고전 9:22).

⑥ 증거할 수 있는 기회를 하나님께 요청하라(골 4:3).

⑦ 증거할 수 있는 담대함을 하나님께 요청하라(행 4:29).

⑧ 추수 행사에 그들을 초대할 기회를 하나님께 요청하라(눅 14:23).[21]

기도는 다른 사람들과 복음을 나누는 열망을 우리에게 줄 수 있다. 길가를 걸어오는 한 남자를 보았던 어느날 아침, 한 신학교 학생은 그의 아들을 유치원에 보내는 중이었다. 요엘이라는 그 학생은 그 남자를 위해 기도하게 되었다. 그는 그가 되돌아갔을 때 그 남자가 그 길에 그대로 있다면 그에게 예수님을 나누겠다고 다짐했다. 그러나 유치원 건물을 나선 후, 그는 그 남자에 대해 까맣게 잊어버렸다.

---

20 J. G. Hallimond, *The Miracle of Answered Prayer* (New York: The Christian Herald, 1916), 69-71.

21 *Praying Your Friends to Christ* (Alpharetta, Ga: North American Mission Board, 1998).

식료품 가게에 들른 후, 요엘은 집으로 향했다. 그가 집에 가까워졌을 때, 그 젊은 남자를 다시 보았다. 그가 차도로 들어서자, 요엘은 자신의 믿음이 침묵한다면 세상의 모든 신학교도 중요하지 않다는 것을 깨달았다. "저는 그 젊은 남자에게 돌아갔습니다. 그리고 그를 차에 태워주었습니다"라고 요엘은 회상했다.

요엘이 그 낯선 사람의 집을 향해 가고 있을 때, 그는 하나님이 자신을 찾았었다고 말했다. 즉시 요엘은 예수님의 복음을 그와 함께 나누기 시작했다. 하나님께서 복음의 진리로 그 남자의 마음을 열었을 때, 그 대화는 자유롭게 흘러갔다. 그들은 길가에 멈춰 섰고, 그는 그의 죄를 회개하고, 예수님께 자신을 구원해줄 것을 요청했다. **만일**(if) 우리가 기도를 통한 교제 속에서 그분와 함께 걷는다면, 하나님은 그를 위해 증거할 때 우리를 사용하실 것이다.

11. 합심기도

『파워 하우스』(*Power House*)에서, 마틴(Martin)과 긴터(Ginter)는 기도의 집으로써 기도사역과 교회를 구분한다.

> 기도사역은 젊은이 사역에서와 마찬가지로, 사역에서 교회의 일부를 필요로 한다.... 그런 사역은 기도 시간, 즉 수요일밤의 기도회나 남녀 젊은이 기도회 같은 때에 모든 교회를 개방한다. 그리고 기도방, 중보기도팀, 교회예배 전, 중간, 후의 기도 사역, 또는 기도 사슬과 같은 선교사 기도 모임의 형태를 취할 수 있다.[22]

---

22 Diane Ginter and Glen Martin, *Power House* (Nashville: Broadman & Holman, 1994), 16.

반대로, 기도의 집은

기도가 개인과 공동 삶의 모든 측면을 풍족하게 하도록 할 것이다. 중요한 기도를 하는 것은 계획하고, 만날 때 등 모든 상황에서 가장 먼저 해야 할 일이다. 주일학교 시간과 소그룹모임때, 그리고 강단으로부터 기도를 가르칠 것이다. 사람들은 어떤 문제를 해결을 위해 사용할 중요한 요소로 가장 먼저 기도를 생각할 것이다.[23]

다시 말해, 목표는 기도가 그 교회의 구조에 스며들고, 기도할 때 잃어버린 사람들이 높은 우선권을 부여받는 그런 교회를 만드는 것이다. 모든 교회가 기도의 집은 아니지만 모든 교회가 효과적인 기도 사역을 할 수 있다.

12. 적용

당신 자신의 기도의 삶을 되돌아볼 때, 기도의 사람들인 찰스 스펄전(Charles Spurgeon)과 레오날드 레이븐힐(Leonard Ravenhill)이 한 다음의 말을 생각해보라. 스펄전(Spurgeon)의 말은 사역자들과 관련되어 있지만, 모든 신자에게 적용될 수 있다.

물론 설교자는 기도의 사람으로서 특히 다른 신자들과 구별된다. 그는 평범한 그리스도인처럼 기도한다. 그렇지 않으면, 그는 위선자이기 때문이다. 그는 평범한 그리스도인보다 더 많이 기도한다. 그렇지 않으면 책임을 지는 일 때문에 설교자의 자격을 박탈당하기 때문이다.

---

23 Ibid., 17. 이 책은 특별 기도사역에 관한 많은 자료들을 제공한다.

내가 볼때, 사역에서 하나님의 영광받는 사람으로 형성되는 도상의 모든 성장에서 중요한 영향들 중에서 속죄소와의 친근함보다 더 대단한 것은 없다는 것을 안다. 대학과정이 학생을 위해 할 수 있는 전부는 하나님과 교제에 의해 얻어지는 영적이고 섬세한 정제와 비교되는, 조잡하고 외적인 것들뿐이다.... 모든 도서관과 학문은 속죄소와 비교했을 때 한낱 공허함에 불과하다. 개인기도를 할 때, 우리는 성장하고, 차츰 대단하게 커지며, 결국 승리한다.[24]

레이븐힐의 말은 비슷한 권고를 준다.

그래서 교회 사역자는 올바르기 위해 대단히 정직해야만 한다. 왜냐하면 그의 사람들이 그를 따라할 것이기 때문이다. 성직자처럼, 사람들처럼(Like priest, like people) 말이다. 양은 목자를 따를 것이다.
필요한 것은 목회자가 그의 전체 사람들이 타락하지 않도록 올바르게 나아가야 한다는 것이다!
마을의 시계가 잘못된다면, 그곳의 시계들 중 절반 이상은 시간이 맞지 않을 것이다.... 몇 사람들 중 한 명은 이 기록에서 나뭇잎들을 축복한다.
"그[존 하이드(John Hyde)]가 사람들 앞에 나타났을 때, 그는 우르두어(Urdu)로 세 마디를 말하고, 세 마디는 영어로 말했다. 그리고 그것들을 세 번씩 반복해서 말했다.
"아이 아스마니 박(Ai Asmani Bak), 오, 하늘 아버지.'"
그 다음에는 누가 묘사할 수 있을까?
그것은 마치 엄청난 바닷물이 그 집회를 휩쓸어버리는 것과 같았다. 강력한 폭풍우 앞 숲의 나무들처럼 하나님의 임재 앞에서 심장은 고개를 숙였

24　Spurgeon, *Lectures*, 42–43.

다. 그것은 한 인간의 순종을 통해 쏟아부어진 하나님의 사랑의 바닷물이었다. 심장은 그 앞에서 부셔졌다. 그곳에는 곧 기쁨으로, 즐거움의 함성들로 바뀌는 눈물과 함께, 죄에 대한 고백이 있었다. 진실로, 우리는 새 포도주로, 천국의 새 포도주로 가득 찼다.[25]

참고문헌

Bounds, E. M. *Power Through Prayer*. Springdale: Whitaker House, 1982.

Bright, Bill. *The Coming Revival*. Orlando: New Life, 1995.

Carson, D. A. *A Call to Spiritual Reformation: Priorities from Paul and His Prayers*. Grand Rapids: Baker, 1994.

Elmore, Ted. *Praying the Heart of God*. Dallas: Baptist General Convention of Texas, 1994.

Ginter, Diane and Glen Martin. *Power House*. Nashville: Broadman & Holman, 1994.

---

25 Leonard Ravenhill, *Revival Praying* (Minneapolis: Bethany Fellowship, 1964), 174-75.

제9장

복음전도자 하나님:
성령님의 역사

복음전도에 참여하는 사람들은 성령님의 능력과 임재에 대해 중요한 필요성을 안다. 델로스 마일스(Delos Miles)는 "성령님이 없는 복음전도는 영혼이 없는 육체와도 같다"[1]라고 말한다. 듀웰(Duewel)은 "그리스도인 지도자를 위해 성령님을 대신할 수 있는 것은 없다"[2]라며, "우리는 성령님에 의해 권능이 주어진 것보다 인간 수준에서 더 잘 훈련되고 갖춰지는 위험에 처해있다"[3]라고 덧붙였다.

찰스 피니(Charles Finney)는 "나는 사역자의 효율성에 있어서 차이는 지적 성취의 차이가 아니라 그들이 성령님을 즐거워하는 정도에서 비롯됨을 반복해서 말할 것이다"[4]라고 권한다.

1970년대 남침례 교회의 한 청소년으로서, 나는 사도행전 19장에서 언급된

---

1 Miles, *Introduction to Evangelism*, 199.
2 Duewel, *Ablaze for God*, 27.
3 Ibid., 79.
4 Ibid., 273.

요한의 제자와 많이 닮아 있었다. 나는 성령님이 계신지 확신하지 못했다. 은사주의 운동은 성령님을 강조했지만, 많은 분열을 초래하기도 했다. 이처럼 어떤 은사에 대한 지나친 강조는 오순절파가 아닌 사람들에게 성령님을 경시하도록 만든다.

20세기 초 오순절주의의 출현 이래로, 특히 1906년 아주사거리 부흥운동(Azusa Street Revival) 때, 성령론에 대한 관심이 증가했다. 한 가지 사실은 분명하다. 바로 복음전도에 있어서 성령님의 역할은 결코 과소평가될수 없다는 것이다.

1. 성령님의 인격성

왜 우리는 종종 성령님의 중요한 역사를 간과해 왔는가?

성령님은 너무 자주 무시되어 왔다. 어떤 사람들에게는, 삼위일체는 이위일체(성부, 성령)와 같다. 그들은 성령의 역할, 즉 위격을 간과한다. 이것에 대한 몇몇 이유들이 있다.

첫째, 그분은 형태가 없는 영이시다.

우리는 그분을 형태를 가진 인격으로 혼동하는 경향이 있다. 우리는 하나님 아버지에 대해 언급할 수 있다. 왜냐하면 아버지가 어떤 존재인지 알기 때문이다.

우리는 예수님의 그림들을 가지고 있다.... 음, 정말 그런 것은 아니지만 말이다!

그러나 그분이 우리처럼 되었기 때문에 우리 주님에 대해 언급할 수 있다. 반면 성령님은 상상하기 더 어렵다.

둘째, 그분이 간과되는 또 다른 이유는 무지이다.

많은 교회들에서 성령님의 역사에 대해 공부하는 것을 거의 강조하지 않는다.

셋째, 성령님을 강조하는 사람들에 의한 극단주의는 그가 무시되는 또 다른 요인이다.

어떤 사람들은 극단적으로 어떤 은사나 속성을 강조하거나, 어떤 현상을 그분의 역사와 관련짓는다.

하나님의 성령에 관해서 우리는 무엇을 알고 있는가?

성령님은 '그것'이 아니라 인격체이다. 우리의 노래와 말 속에서 성령을 거의 스타워즈의 '힘'(force)처럼 여기는 경향이 있다.

어떻게 그분이 인격체라는 것을 알 수 있는가?

성령님에 대해 말씀하셨을 때, 예수님은 그분을 인격체로 언급했다.

> 저는 진리의 영이라 세상은 능히 저를 받지 못하나니 이는 저를 보지도 못하고 알지도 못함이라 그러나 너희는 저를 아나니 저는 너희와 함께 거하심이요 또 너희 속에 계시겠음이라(요 14:17).

더구나, 성령님은 인간적인 행동을 하신다(요 14:26; 15:26; 16:13). 그는 **육체** (a physical body)를 제외하고 인격체의 모든 특성을 모두 가졌다(롬 5:5; 행 1:8; 고전 2:10-13). 그는 인간처럼 **대우**(treated)받으실 수 있다(행 7:51; 엡 4:30; 행 5:9).

2. 신자 안에서 성령님의 사역

1) 회심 때 성령님이 내주하며 인치신다.

회심 때에 성령님이 신자 안에 거하시고 인치신다(엡 1:13-14). 인침은 1세기에 문서에서 일반적으로 사용되었다. 드루몬드(Drummond)는 그리스도인들에게 이 표현의 중요성을 증명하기 위해 다음과 같은 의견을 제시한다.

① 우리는 그분의 개인적인 소유로서 하나님의 인이 찍혀있다.
② 그 인은 진짜라는 표징이다. 1세기에 직인이 찍힌 법적인 문서는 안전한 것으로 간주되었기 때문에, 그것은 또한 안보를 강조한다. 따라서 **인**(seal)이라는 용어는 하나님과의 새로운 언약관계 안에서 신자의 안보를 암시한다.
③ 인침은 하나님을 위한 섬김이 기대됨을 의미한다. 우리를 인치시는 성령님은 또한 우리를 인도할 것이다.[5]

2) 성령님은 섬김을 위해 신자들 안에 충만하게 임하신다

그분은 증거를 위해 힘과 담대함으로 신자들 안에 충만하게 임하신다(행 1:8; 2:4). 신자가 성령님으로 충만해졌을 때는 언제든지, 복음을 증거하는 결과물을 낳았다.

예수께서 그들에게 성령님이 임하시면 그들이 능력받아 증인이 될 것이라고 말했을 때, 우리 자신의 힘으로는 아니지만 효과적인 증인이 될 수 있음을 의미하였다. 효과는 성령의 능력으로부터 온다. 효과적인 증거를 위한 핵심적

---

[5] Drummond, *Word of the Cross*, 188.

인 수단은 우리의 기술이나 전략에 없다. 그 핵심은 우리 안에서 일하시는 성령의 능력 안에 있다.

질문이 있다.

우리가 성령님을 실제로 믿는가?

그분이 우리 같은 어떤 사람을 사용할 것이라고 믿는가?

또 우리는 그런 자신감으로 걸어가고 있는가?

충만해진다는 것은 지배받는다는 것을 의미한다.

질문이 그렇게 많지 않다.

성령님의 얼마나 많은 부분을 당신은 소유하고 있는가?

당신의 얼마나 많은 부분을 성령님이 소유하고 계시는가?

우리는 그분께 항복하는가?

충만해진다는 것은 정상적이고, 한결같고, 명확해지는 것이다(엡 5:18 이하). 이 구절에서 성령으로 '충만해진'(filled) 것이라는 단어는 '에플레스떼산'(eplesthesan)이다. 성령 충만함은 구원 다음에 있는 '두 번째 축복'을 의미하지 않는다. 그 표현은 누가복음과 사도행전에서 아주 종종 발견된다. 그 용어와 파생어는 두 가지로 주요하게 사용된다.

첫째, 성령으로 충만해진다는 것은 신자의 삶에서 성령님의 정상적이고, 한결같은 지배를 받는다는 것을 의미한다.

이것은 예수님(눅 4:1), 초대 교회 집사들(행 6장)과 스데반(행 7:55) 그리고 바나바(행 12:24)를 통해 알 수 있다. 그래서 성령 충만함은 모든 신자들에게 기대되는 삶의 양식이다. 무엇보다도, 바울은 우리 몸이 성령의 전임을 상기시켜 준다(고전 6:19). 우리는 이것을 에베소서 5:18에서 명확히 알 수 있다. 바울은 신자들에게 술 취하지 말라고 명령했다.

당신은 사람이 술에 취해 있는 것을 어떻게 말할 수 있는가?

그의 말, 걸음걸이 그리고 겉모습으로 알 수 있다. 바울은 또한 신자들에게 끊임없이 성령으로 충만해지기를 거듭해서 명령했다. '플레루'(*pleroo*)라는 용어는 '충만'(fullness)을 의미한다. 이것은 바울이 성령 충만함을 언급한 유일한 때이다.

그 동사는 충만함에 있어서 하나님의 역할을 강조하는 수동태이다. 현재 시제는 성령의 지배의 지속적인 면을 나타낸다. 게다가, 에베소교회에 대해 바울은 특정한 몇몇이 아니라 공동체를 강조한다. 코스텐버거(Kostenberger)는 이 구절을 그 문맥에 비추어 요약한다. 바울의 표현은, "술 취하는 것과 대조적으로, 신자들에게 적절한 그리스도인의 관계에서뿐만 아니라 공동기도와 예배에서 지혜롭고, 성숙한 생활방식을 나타내도록 명한다."[6]

만약 한 목회자가 술에 취한 상태로 강단에 선다면, 당신은 알 수 있을 것이다. 분명한 것은 당신은 아마도 그의 설교를 듣지 않을 것이라는 사실이다!

그런데, 술 취함과 성령 충만한 삶을 대조하는 에베소서 5:18은 성령의 지배 없이 설교하는 것이 술 취한 상태로 설교하는 것만큼이나 큰 죄라고 말한다.

내가 설교자들을 비난한다고 생각하지 말라.

나는 그리스도인 부모가 그들의 자녀 앞에서 성령의 지배 없이 사는 것은 술 고래가 되는 것만큼이나 잘못된 것이라고 말하겠다!

둘째, '에플레스떼산'(eplesthesan)이라는 단어가 사용되는 또 다른 경우가 있다. 그것은 '갑작스럽고 특별한 충만함 혹은 기름부음'[7]을 의미한다.

그린(Green)은 이 두 번째 경우는 '생애의 안정된 충만이 아니라 순간의 갑작스러운 감화'[8]를 의미한다고 말한다. 우리는 이것을 베드로(행 4:8), 초대 교회(행 4:31), 사도 바울의 삶(행 9:17; 13:9)에서 알 수 있다. 신자들은 성령님이 그들의

---

6 Andreas J. Kostenberger, "What Does It Mean to Be Filled with the Spirit? A Biblical Investigation," *Journal of the Evangelical Theological Society* 40. no. 2 (June 1997): 235.

7 Schofield, "Linking Prayer and Bold Proclamation," 68.

8 Ibid.

삶을 인도하고 지배하는 것과 같은 방식으로 살아야 한다. 여전히, 가끔 성령님은 특별한 임무, 특히 복음전도를 위해 흔치 않은 기름부음을 공급하신다.

(1) 당신이 충만해진 것을 어떻게 알 수 있는가?

성령 충만함은 일반적으로 황홀한 경험이나 다른 현상을 통해 일어나지 않는다. 수 년 전, 나는 제임스 메리트(James Merritt) 목사가 간단한 시험을 했다고 들었다.

갈라디아서 5:22-23에 나타난 것과 같이 성령의 **열매**(fruit)를 맺으라.

그리고 그리스도를 증거하기 위해 성령의 **직무**(function)를 수행하라.

예수님은 성령님이 "내 영광을 나타내리니 내 것을 가지고 너희에게 알리겠음이니라"(요 16:14)라고 우리에게 말씀하신다.

(2) 충만함을 방해하는 것들.

성경은 우리가 성령을 근심하게 할 수 있고(엡 4:30), 성령을 소멸할 수 있다(살전 5:19)고 말한다. 우리는 성령님을 저지름(commission)으로 근심시키고, 태만(omission)으로 소멸시킨다. 나의 동료 안드레아스 코스텐버거(Andreas Kostenberger)는 이 구절들이 직접적으로 '죄의 고백과 성령 충만함을 연결하는' 경고는 아니라고 지적한다.[9]

이것이 사실인 반면에, 성령은 실제로 **거룩한**(*Holy*) 영이고, 태만(소멸시키는 것)과 저지름(근심시키는 것)의 죄는 우리 삶에 있어서 성령의 지배를 방해할 수 있다. 코스텐버거(Kostenberger)는 우리는 "성령과 그리고 다른 신자들과의 지속적인 관계를 즐거워하기 위해서"[10] 죄를 고백해야 한다고 말한다.

따라서 성령 충만함과 죄 고백을 직접적으로 연결하는 어떤 공식이나 다른

---

9   Kostenberger, "What Does It Mean to Be Filled with the Spirit?" 239.

10   Ibid.

성경의 가르침이 없는 반면, 성령 충만함은 죄의 현실에 민감하기를 바라는 갈망을 의미한다.

(3) 어떻게 사람은 충만함을 받는가?

언급한 것과 같이, 작용하는 어떤 정해진 공식은 없지만 특정한 원칙들은 적용된다. 또한 충만함을 구하는 것이 아닌, 순종하는 신자가 되기를 구해야 한다(눅 11:13).

(4) 성령님이 당신의 삶을 지배하기를 바라라.

삶 속에서 그분의 인도하심을 믿으면서, 죄를 고백하고 버리라.

신약성경에서 성령 충만의 **요청**(ask)에 대해 한 번도 듣지 못한 것에 주목하라.

초대 교회의 신자들은 그런 경험을 위해 결코 기도하지 않았다. 보통, 성령 충만함은 그리스도께 항복된 삶의 정상적인 수반이다. 성령 충만함은 요청과 연관되어 언급되었지만(행 4:31), 성령 충만함이 아니라 증거할 담대함을 요청했다.

자신을 성령님께 항복하고 그분이 하나님의 영광을 위해 당신을 사용할 것을 믿으라.

3) 성령님은 신자들에게 은사를 주신다

미국 교회에서 영적인 은사의 역할이 크게 강조된다. 구체적인 논쟁을 허용할 여지는 없지만, 여기 중요한 요소들이 있다.

① 은사는 재능이 아니다. 그것은 그리스도인이 그리스도의 몸을 섬기기 위해 성령으로부터 주어진 능력이다.

② 모든 신자들은 하나 혹은 그 이상의 은사를 갖고 있다(고전 12:7; 엡 4:7-8).

③ 은사는 다양하며, 몸의 유익을 위해 그리스도의 몸 안에 있는 사람들에게 주어졌다(고전 12:7).
④ 신자들은 자신의 은사를 발휘한다. 하나님의 뜻의 일부는 그분의 은사를 발휘할 공간을 만들어주는 것이다.

자신의 은사를 파악하도록 만들어진 영적 은사 목록들이 많이 있다. 하지만, 나는 그러한 도구들이 영적인 은사보다 확신이나 선호를 더 많이 확인하는 경향이 있다고 믿는다. 그것들은 도움이 될 수 있지만, 나는 성령의 은사를 알아내는 데 그것들을 주요한 수단으로 사용하지는 않을 것이다. 여기 영적인 은사를 알아내는 데 도움이 되는 몇 가지 조언들이 있다.

① 그분이 당신에게 주신 은사들을 확인시켜주시도록 요청하면서 성경 안에 기록된 목록들을 살펴보라(롬 12:3-8; 고전 12:8-10; 12:28-30; 엡 4:11을 보라).
② 은사들이 명확해질 때까지 책임있는 기독교인이 되라.
은사를 찾지 못했다고 해서 아무것도 하지 않고 앉아서 빈둥거리지 말라!
인생의 방관자로서 앉아있음으로 아니라 그분의 뜻이 이루어지도록 이미 알고 있는 것을 행할 때 하나님의 뜻을 발견할 것이며, 신실한 섬김으로 당신의 은사를 발견할 것이다.
③ 당신을 잘 알고 있는 다른 신자들의 지혜로운 조언을 들어라.
④ 하나님의 확인을 구하면서, 당신의 것이라고 믿는 은사들을 발휘하라.

'복음전도의 은사'는 어떤가?
복음전도와 교회의 성장에 관한 많은 문헌들이 이 용어를 사용한다. 그러나 **성경**(Bible)은 복음**전도**(evangel*ism*)의 은사에 대해서 아무런 언급도 하지 않는다. 오히려 복음전도자(evangelist)의 은사를 말한다. 어떤 사람들은 일반적인 교회에서 오직 10%의 사람들만이 복음전도자의 은사를 갖고 있다고 주장한다.[11] 다른 사람들은 이 생각에 대해 주의를 준다.

이것은 책임회피이다.

확실히, 복음증거에 있어서 어떤 사람들은 다른 사람들보다 더 효과적이다. 우리는 사람들이 있는 곳에서 시작해야 한다. 그럼에도 불구하고, 신약성경의 명령은 전체 교인들의 참여와 함께 전체 지역에 침투하는 것이다.

예수님은 그리스도께 세상을 얻으라고 그의 제자들 중 10퍼센트에게만 말씀하지 않으셨다. 그는 모든 신자들에게 말하셨다. 모든 신자들은 복음전도의 어느 정도까지 관련되어야만 한다.

에베소서 4:11에서 **복음전도자**(evangelist)에 대한 신약성경의 용어는 빌리 그레이엄(Billy Graham), 베일리 스미스(Bailey Smith)나 루이스 팔라우(Louis Palau)를 생각하는 수확 복음전도자라는 개념을 설명할지도 모르겠다. 그것은 또한 바울의 경우처럼, 한 번도 들려진 적 없었던 곳에서 복음을 전하고 나눴던 사람을 의미할 수 있다.

혹은 복음전도자의 은사는 사역을 위해 성도를 온전케 하는 것을 의미하기 때문에, 다른 사람들을 가르치고 전도하도록 격려하는 은사를 가진 사람이라고 신약성경에서 사용된 입장에서 주장할 수 있다.

우리는 그리스도인으로서 우리의 의무와 특별한 은사를 구별하도록 주의를 기울여야 한다. 나는 어떤 사람들이 다른 사람들보다 더 나은 설교자인 것처럼, 어떤 사람들은 다른 사람들보다 더 효과적으로 복음전도를 한다는 것을 부정하지 않는다.

하지만, 신약성경은 어떤 신자들은 복음을 증거하지 않아도 되는 반면, 다른 신자들은 복음을 증거해야 한다고 말하지 않는다. 지상명령은 모든 신자들을

---

11 C. Peter Wagner, *Your Church Can Grow* (Ventura, Calif.: Regal, 1984), 86-87, 89-90을 보라. 다른 사람들은 evangelism을 사용하는 반면, Wagner는 evangelist라는 표현을 사용한다.

위한 것이다. 모든 신자들은 최소한 영적인 심폐소생술을 수행할 수 있어야 한다. 구원받기를 원하는 누군가를 만난다면, 그들에게 그리스도께 오는 법을 말할 수 있어야만 한다.

조지아 주에 있는 우드스톡(Woodstock, Georgia)제일침례교회의 조니 헌트(Johnny Hunt) 목사는 교회 성장 철학에 관한 메시지에서 영적인 은사의 위치에 대해 논했다. 그는 '섬김'의 은사와 '표적'의 은사를 구분한다.

> 하나님은 우리에게 섬김의 은사를 주셨습니다. 저는 오늘날 섬김의 은사들로 충만한 교회들에 대해 이야기해 보겠습니다.
> 표적의 은사들을 다루는 교회들이 있습니다.
> "아, 저는 방언을 하는 사람들이 있는 곳에 있고 싶습니다. 저는 방언 통역을 하는 곳에 있고 싶습니다. 아, 저는 예언이 있는 예배를 드리는 곳에 있고 싶습니다."
> 당신은 하나님의 성령의 그런 신비로운 움직임 속으로 들어가고 싶어합니다.
> 친구여!
> 그대가 다시 시작하고 싶다면, 표적의 은사를 버리고 섬김의 은사를 따르십시오.
> 그것이 로마서 12:3-8에 우리를 위해 분명히 펼쳐져 있습니다. 그것들을 언급해 보겠습니다. 지혜, 가르침, 도움, 접대, 구제, 다스림, 자비, 믿음… 그것들은 하나님이 교회에 주시고, 우리에게 주신 은사들입니다.

이 메시지를 전하는 동안, 헌트는 회중 속으로 들어가 특별한 은사를 가진 개개인을 주목했다.

① 가르칠 사람들을 준비하는 상당한 능력을 가진 주일학교 선생님.

② 다른 사람들을 섬기는 안내위원.

③ 교회가 더 큰 빌딩을 짓도록 도전하며 더 큰 꿈을 꾸는 믿음의 은사를 가진 사람.

④ 그리고 교회에 의해 맡겨진 많은 국외 선교 여행을 조직하는 선명한 조직의 은사를 가진 사람.

그리고 헌트(Hunt)는 교인들에게 이렇게 권고했다.

만약 제가 이 교회의 모든 사람들이 자신의 은사를 발휘할 수 있게 한다면, 우리는 하나님을 위해 이 마을을 뒤집을 수 있을 것입니다....
이것에 귀 기울여 보십시오.
여기 모든 사람이 초자연적인 은사를 가지고 있습니다. 목회자로서 저는 많은 사람들을 오직 감동시킬 뿐입니다. 저는 한 사람이지만, 제가 할 것에 대해서 여러분에게 말하려 합니다. 저는 매주일 하나님의 말씀으로 말씀을 전하기 위해, 이 책을 준비하는 데 매주일 제 삶을 사용할 것입니다....
예수님의 이름을 부르는 이곳의 모든 사람들이 자신의 영적인 자질이 무엇인지 발견하고 섬김에 그것을 사용한다면, 세상은 경악할 것입니다.
「유에스에이 투데이」(*USA Today*)는 이것을 하나의 종교적인 현상이라고 와서 말할겠죠.
아무튼 우리는 한 몸입니다. 그래서 우리 각자가 은사들을 발휘할 때, 우리는 효과적으로 기능을 수행할 것입니다.

3. 신자의 증거 안에 계신 성령님

① 그분은 우리에게 증거 할 권능을 주신다(행 1:8).

② 그분은 우리에게 지혜를 주신다(눅 12:12).

③ 그분은 우리에게 담대함(boldness)을 주신다(행 4:31).

④ 그분은 기도할 때 우리를 도우신다(롬 8:16).

⑤ 그분은 구원받은 사람들을 보고 싶어하는 불타는 욕구를 주신다 (행 4:29-31).

나는 4시간 동안 운전을 해서 힘든 하루였고 모임에 늦었다. 내가 도착한 후에 모임은 5시간 동안 지루하게 진행되었다. 마침내 나는 잠자러 갈 수 있었다. 나는 군사기지에서 머물고 있었다. 누군가 내 방문을 두드렸을 때, 바로 잠들려던 참이었다. 문 앞의 여성은 "폭탄 위협이 있어요. 즉시 건물에서 대피해야 해요"라고 말했다.

폭탄 위협?

군사기지에서?

나는 옷을 입고 문 밖으로 나갔다.

그녀에게 "이런 일이 항상 일어납니까?"라고 물었다.

"아니요. 주차장의 차 아래에 포장물이 있고 우리는 그것이 무엇인지 몰라요. 당신은 이곳을 빨리 나가야 해요"라고 대답했다.

우리는 그곳을 빠져나왔고, 나는 경계를 따라 무장한 군요원들을 볼 수 있었다. 경비차량, 소방차 그리고 다른 운송 수단들이 도착했다. 모든 곳에서 빛이 비춰지고 있었고, 군인들은 휴대용 무선송수신기로 통화하면서 돌아다녔다. 긴박감이 있었다.

다행히도, 폭탄은 없었다. 그리고 우리는 침실로 다시 돌아갈 수 있었다. 그러나 나는 긴급성에 대해서 생각했다. 똑딱거리는 소리가 계속 났다. 폭탄에서 나는 똑딱거림이 아니었다. 그것은 그리스도 없이 영원으로부터 멀어진 하나의 심장 박동, 사람들의 심장이 뜀박질하는 소리였다.

우리는 그 긴급함을 감지하는가?

하나님의 성령은 우리에게 그리스도를 나누기 위한 긴급함을 주신다. 성령님은 신자들에게 진리를 가르친다. 예수님은 성령님이 그리스도인의 믿음의 진리, 즉 복음의 진리에 대한 증인들이 되도록 하여 그 자신이나 다른 사람들이 아닌 예수님을 증거할 것이라고 하셨다.

요한복음은 우리가 진리를 알 것이고 진리가 우리를 자유케 하리라고 말씀한다. 예수님은 또한 성령님이 우리를 진리 안에서 인도할 것이라고 말씀하셨다. 성령님은 우리가 죄로부터 승리하도록 도우신다.

> 내가 이르노니 너희는 성령을 따라 행하라 그리하면 육체의 욕심을 이루지 아니하리라(갈 5:16).

유혹은 죄가 아니다. 유혹은 죄를 짓게 만드는 미끼이다. 사고방식 같이 마음속에 떠오르는 생각은 죄가 아니다. 성령님은 죄가 되는 정도까지 그런 유혹을 실행하지 못하도록 삶 속에서 도와주신다. 성령님은 그리스도의 부활의 삶을 우리의 생활로 가져오도록 일하신다.

신약성경의 몇몇 구절들은 우리 안에서 성령님의 역사에 대해 말씀하고, 다른 구절들은 영광의 소망이신 우리 안의 그리스도에 대해 말씀한다. 하나님 안에서 모순은 없다. 성령님은 우리 삶 속에 부활하신 그리스도가 살아계시도록 우리 안에서 일하신다.

4. 비신자 안에서 성령님의 역사

1) 성령님은 증인보다 앞서신다(행 10:1-15)

인디애나 주 에반스빌(Evansville, Indiana)의 뜨거운 여름날, 나의 복음증거팀은 하루를 끝내려던 참이었다. 우리는 한 집의 문을 더 두드리기로 결정했다. 31세의 남성이 대답했다. 그는 별다른 흥미를 보이지 않은 채 들었다.

우리가 피곤하다는 것을 알아차린 그는 마침내 우리를 안으로 초대했다. 그는 정말로 흥미가 없어보였지만, 나는 복음의 능력을 믿었기 때문에 그리스도를 열심히 나눴다. 내가 그에게 회개하고 믿을 기회를 주는 지점에 다다랐을 때, 그는 갑자기 눈물을 터뜨렸다.

"저는 구급대원입니다."

그가 말했다.

"그리고 2주 전부터 매일 죽음에 대해 생각해 왔어요."

성령님은 그를 그리스도께 이끌어 오셨고, 우리는 그것을 알지 못했다!

2) 성령님은 잃어버린 사람을 책망하신다

그러나 내가 너희에게 실상을 말하노니 내가 떠나가는 것이 너희에게 유익이라 내가 떠나가지 아니하면 보혜사가 너희에게로 오시지 아니할 것이요 가면 내가 그를 너희에게로 보내리니 그가 와서 죄에 대하여, 의에 대하여, 심판에 대하여 세상을 책망하시리라 죄에 대하여라 함은 그들이 나를 믿지 아니함이요 의에 대하여라 함은 내가 아버지께로 가니 너희가 다시 나를 보지 못함이요 심판에 대하여라 함은 이 세상 임금이 심판을 받았음이라 (요 16:7-11).

'엘렉코'(elegcho)라는 단어는 '책망하다' 혹은 '설득하다'로 번역된다. 회심자들의 위로자(파라클레테스, parakletes)인 하나님의 성령님은 회심하지 않은 사람들의 검사가 되셔서, 세 가지를 잃어버린 자들을 책망하신다.

(1) 죄

> 스펄전(Spurgeon)은 그의 삶에서 성령님의 책망에 대해 언급하면서, "성령께서 죄를 죄로 드러나도록 하시자, 나는 그 보이는 것에 의해 압도되었다. 모든 변명들을 빼앗긴 채 진리의 빛 속에 놓여진 벌거벗은 죄는 악마보다 더 악하게 보였다"[12]라고 말했다. 그것은 우리의 논쟁이 아니라 잃어버린 사람에게 그의 죄를 납득시키시는 성령님의 역사이다.

(2) 의

성령님은 하나님 앞에서 의는 인간의 노력에 의한 것이 아니라고 세상을 책망하신다. 오직 하나님만이 죄된 피조물에게 의를 전가하실 수 있다.

(3) 심판

사탄뿐만 아니라 세상도 심판받을 것이다(요 16:11; 고전 1:18을 보라). 복음의 진리를 확신하지 못한 사람들은 그것을 장애물이나 미련한 것으로 볼 것이다(고전 1:18). 성령님의 책망에 반응하는 사람들은 내가 가장 좋아하는 현대 찬송가와 비슷하게 반응한다.

> 오! 위대한 십자가, 내 영혼의 해방
> 그가 참으신 채찍에 맞음은 나에게 평화를 가져다 주었네.

---

[12] C. H. Spurgeon, *Twelve Sermons on the Holy Spirit* (Grand Rapids: Baker, 1973), 137.

갈보리에서 그의 제물 되신 사랑은

위대한 십자가를 나에게 생명나무가 되게 하셨네.[13]

3) 성령님은 거듭나게 하신다(요 3:5-6)

우리를 구원하시되 우리의 행한바 의로운 행위로 말미암지 아니하고 오직 그의 긍휼하심을 좇아 중생의 씻음과 성령의 새롭게 하심으로 하셨나니 (딛 3:5).

분주한 날 공항에서, 한 남자가 특히 무례했다. 그는 허용된 분량보다 더 많은 가방을 가져왔고, 그것들은 지나치게 채워져 있었다. 공항 포터는 그에게 이것을 말해주었다. 그는 가방들을 확인해야 한다고 요구했다. 공항 포터는 자기 일을 수행했고, 그 남자는 그에게 팁을 주지 않았다. 줄 옆에 서있던 한 부부가 공항 포터에게 말했다.

"당신 정말 멋져 보였어요. 그 사람 당신에게 너무 무례했어요. 당신이 분풀이하지 않았다는 것이 믿기 어렵군요."

공항 포터는 웃으면서 대답했다.

"큰일도 아닌걸요. 그 남자는 뉴욕으로 갈 거고, 그의 가방들은 브라질로 갈 거예요."

공항 포터는 가방들을 모두 통제하고 있었다. 마찬가지로, 당신이나 내가 아닌 성령님께서 사람들의 영원한 운명을 바꾸신다.

---

13 David Baroni and John Chisum, "O, Mighty Cross," in *Firm Foundation* (Mobile: Integrity Music, 1994).

5. 증거하는 만남에서 성령님

성령님은 자발적인 증인과 구원을 간구하고 있는 죄인을 선택해서, 새로운 신자를 만들기 위해 그들을 함께 있게 하신다. 빌립과 내시가 성경의 예이다(행 8장 참고). 성령님은 우리가 그분께 민감하다면 우리를 거룩한 약속으로 이끌것이다.

로니 스튜어트(Ronnie Stewart) 목사는 볼 일이 있었다. 한 남자가 로니에게 다가왔고, 밴에 있는 교회이름을 알아봤다. 로니가 목회자라는 것을 알고 나서, 그는 그의 인생에 있어서 심각한 문제점을 겪고 있고, 몇 가지 중요한 결정들을 해야 한다고 말했다.

로니는 아주 바빴지만, 그 남자와 이야기할 시간을 갖기로 했다. 이 낯선 사람은 자신의 마음과 그가 직면한 결정들에 대해 나눴다. 로니는(『계속적인 증거훈련』에서) 이제 막 전도말씀을 외웠었다. 그래서 그는 그 남자와 함께 복음을 나눴다. 그가 "당신은 기꺼이 죄로부터 돌이켜 지금 바로 예수님을 믿겠습니까?"라는 질문하자, 그 낯선 남자는 바로 "네"라고 대답했다. 그는 구주와 주님으로서 예수님을 믿었다. 주님은 이미 그의 마음을 준비해 오셨다.

6. 적용

어떻게 성령님이 다른 신자들의 복음증거를 사용하는지를 설명한 내가 이제껏 보았던 가장 위대한 삽화는 거미 원리(Spider Principle)이다.[14] 증거하는 것에 대해 두려워하는 사람들과 함께 이것을 나누었을 때, 커다란 자신감을 불러 일으킬 수 있다는 것을 발견했다.

---

14 *Adult Roman Road Witness Training Teacher's Guide*, copyright 1993, North American Mission Board, SBC (이전에 Home Mission Board)에서 발췌됨. 승인에 의해 사용됨.

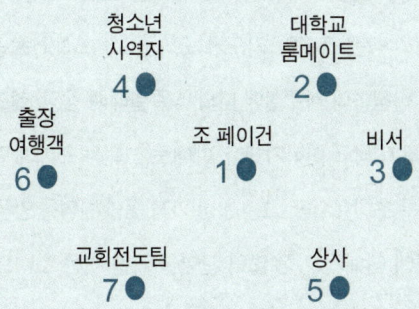

✦ 조 패이건 [투명한 슬라이드 조 패이건에 동그라미를 그려라]

조 패이건은 영적인 것들을 거의 이야기하지 않으며 교회에도 출석하지 않는 가정에서 태어났다. 그는 무신론자나 불가지론자는 아니었다. 그는 단지 기독교에 거의 노출되지 않았고, 예수님에 대한 이야기를 한 번도 듣지 못했다.

✦ 대학교 룸메이트 [1부터 2까지 선을 그려라]

조(Joe)가 대학에 갔을 때, 그에게 배정된 룸메이트는 열광적인 그리스도인이었다. 그는 그리스도인이 된 것에 대해 매우 흥분했다. 그는 샤워를 하면서도 예수님을 외쳤고, 매일 아침 6시에, 심지어 토요일에도 묵상의 시간을 가졌다. 그는 시험에서부터 세계의 평화에 이르기까지 모든 것에 대해 끊임없이 기도했다. 조는 한 번도 종교를 그렇게 진지하게 가진 사람을 안 적이 없었다. 그들은 때때로 어떤 흥미로운 대화를 나누었지만, 조는 복음에 대해서 한 번도 반응을 보이지 않았다. 그런데 그의 인생에서 처음으로 하나님에 대해 그가 믿었던 것을 스스로에게 묻기 시작했다. 그들은 오직 한 학기동안만 방을 함께 썼다.

◆ 비서 [1부터 3까지 선을 그려라]

대학을 졸업한 후, 조는 회사에 취직했다. 그는 그리스도인 비서를 두었다. 그녀는 책상 위의 작은 표시인 '기도가 도와준다'(Prayer Helps)를 계속해서 읽었고, 월요일 아침마다 사무실에 나와서 주일예배 음악, 설교, 교회에서의 특별한 행사들에 대해서 이야기했다. 때때로 그녀는 조에게 가족들을 교회에 데리고 오도록 초대했지만, 그는 항상 가지 못할 변명을 만들어 냈다.

조가 그의 비서에 대해서 가장 많이 관심을 가진 것은 그녀의 성격이었다. 그녀는 항상 행복해 보였고, 사무실에서 한 번도 사람들에 대해 얘기하지 않았다. 그녀는 모든 일에 최선을 다해 책임을 졌고, 그녀의 행복해 하는 모습은 다른 사람들에게도 전염되었다. 가끔 조는 그녀는 자신의 긍정주의를 병에 담아 팔고 싶다고 말하곤 했다. 그녀는 "예수님은 저의 기쁨을 정말로 원하는 사람들에게 나눠주는 것을 좋아하세요"라고 대답하곤 했다. 조는 그녀의 종교적인 믿음들에 대해 동의하지 않았지만, 그것들이 그녀와 그의 회사에 미치는 영향은 좋아했다.

◆ 청소년 사역자 [1부터 4까지 선을 그려라]

조는 마침내 헬스클럽에 등록했다. 어느 날 그는 라켓볼 파트너를 찾아 다녔고, 클럽은 그를 다른 회원과 팀이 되도록 짜주었다. 그의 상대 선수는 매우 경쟁심이 강했고 그들은 좋은 경기를 했다. 나중에 그들이 우연히 라커룸을 방문했을 때, 조는 이 남자가 지역 교회의 청소년 사역자였다는 사실에 놀랐다. 그는 항상 사역자들은 모든 시간을 교회에서 보내는 종교적인 직종의 사람들이라고 생각했었다. 그들은 함께 경기하기 시작해서 친구가 되었다. 조는 청소년 사역자가 교회에서 하는 일에 관심을 갖게 되었고, 가끔 신학적인 논쟁도 벌였다. 그 청소년 사역자는 하나님에 대한 조의 어떤 질문들에 대해 대답해 주었지만, 조는 여전히 교회에 관심이 없었거나 그렇지 않으면, 개인적인 믿음에 대해 진지하게 생각하지 않았다.

✦ 상사 [1부터 5까지 선을 그려라]

몇 년 후에, 조는 서부 해안에 있는 다른 회사로 이직했다. 회사에서 최고의 제작자들 중 한 사람이었던 그의 상사는 헌신적인 그리스도인으로 알려졌다. 한두 번씩 그는 회사 사람들을 집으로 초대했다. 반드시 그는 사람들에게 자신의 삶에 있어서 예수님의 역할에 대해 이야기하곤 했다. 자주 그는 조와 그의 가족들을 교회로 초대했고, 가끔 조는 교회에 갔다. 교회는 그가 생각했던 것만큼 답답하고 형식적이지 않았다.

처음으로 조는 헌신적인 그리스도인 상사와 같이 있었다. 조는 항상 하나님에 대한 개인의 믿음의 관점에서 종교를 생각했다. 하지만, 이 남자는 그의 삶의 많은 단계에서 자신의 믿음에 의해 깊게 영향 받았다. 조는 이 남자의 일하는 습관과 능력을 대단히 존경했고, 종교적인 확신이 그 상사의 성격을 규정하는 주요한 요인이라는 것을 이해하기 시작했다.

✦ 출장 여행객 [1부터 6까지 선을 그려라]

어느 봄날 조는 전국 회의를 위해 비행기를 타고 국토를 횡단하고 있었다. 그의 옆에 있던 여성도 같은 회의에 가고 있었다. 그들은 대화를 나누기 시작했고, 갑자기 조는 자신이 마음을 열고 그녀에게 진지한 문제들을 이야기하고 있다는 것을 알아차렸다. 그는 막 이혼하려던 참이었고, 미로에 갇혀 갈 곳 없는 쥐와 같이 느끼고 있었기 때문이었다.

그 여성은 잠깐 동안 듣고 나서, 마치 3년 전 자신과 자신의 남편이 했던 것과 같이 들렸다고 말했다. 그들은 직업에 있어서 반대 방향을 가고 있었고, 친구가 예수님이 그녀를 위해 해줄 수 있는 것을 함께 나눴을 때 막 이혼 소송을 청구하려던 참이었다. 그 여성은 자신이 그리스도인이 되었고, 예수님이 천천히 그녀의 삶의 조각들을 제대로 맞추기 시작했다고 말했다. 하나님이 자신을 사랑하고 그분이 자신을 도울 힘이 있다는 것을 알았기 때문에, 이제 그녀는 전보다도 더 행복해졌다.

조는 깊게 감동을 받았다. 그는 한 번도 하나님이 사람들의 개인적인 삶에 관여하시는 분이라고 생각하지 않았다. 그는 자신이 하나님을 믿는 것이 그의 신학적인 의견들보다 훨씬 더 영향력 있다는 것을 깨닫기 시작했다. 그것은 그의 일상에 영향을 줄 수 있었다.

✦ 교회전도팀 [1부터 7까지 선을 그려라]
몇 주 후, 조는 집에 혼자 있을 때 현관문 벨이 울렸다. 지역 교회에서 온 두 사람이 그에게 예수님에 관해서 이야기해도 되는 지 물었다. 조는 그들을 안으로 들어오게 했고, 45분 후 그는 그의 삶을 그리스도께 드렸다. 비록 그 전도팀이 조를 그리스도께 인도했을지라도, 그들은 단지 성령님이 사용하는 증인들의 거미줄에서 마지막 가닥일 뿐이었다.

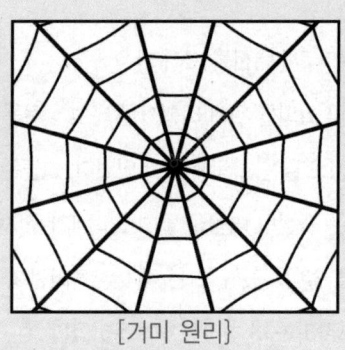

[거미 원리]

성령님은 우리의 증거를 다른 신자들의 것과 연결시키고, 사람들을 구원으로 이끄는 거미줄을 만들어 내신다. 한 사람과 그리스도를 함께 나누는 당신의 시도가 증인들의 거미줄에서 처음, 중간, 또는 마지막 가닥일 수 있다. 함께 나누는 각각의 기회가 중요하다!

참고문헌

Chaney, Charles L. *The Secret of the Spirit-Filled Life*. Wheaton: Tyndale, 1985.

Wells, David. *God the Evangelist*. Grand Rapids: Eerdmans, 1987.

제10장
당신의 이야기를 하라:
그리스도인 증인의 간증

너무 크게 말해서 당신이 무슨 말을 하는지 들을 수가 없다. 랄프 왈도 에머슨(Ralph Waldo Emerson)의 유명한 이 말은 오늘날 진실처럼 들린다. 신자의 간증은 말이나 행동 둘 다를 사용하여 그리스도를 나누는 데 있어서 중요하다.

어떻게 우리는 베드로가 그랬듯이 "우리가 보고 들은 것들"(행 4:20)을 다른 사람들에게 자신있게 말할 수 있는가?

복음으로 인해 자신들의 삶이 변화한 것에 대해 즐거워하고 감사하는 신자들은 하나님의 손에 주어진 강력한 도구일 수 있다.

1.구원의 확신

대학교 신입생 시절 이후, 나는 집집마다 책을 팔며 여름을 보냈다. 대부분 학생들에게 참고도서를 팔았다. 그것은 전체적으로 좋은 상품이었다. 그러나 나는 곧 제한된 재료들로 물건을 사도록 사람들을 설득시키려고 최선을 다하고 있다는 것을 알게 되었다. 몇 주가 지나고, 나는 이 상품의 가치가 사람들이 기꺼이 지불하려는 것만큼의 가치 있는 것이 아님을 확신했다. 상품을 팔 때 자신감이 중요하다. 그것은 복음을 나눌 때 더 중요한다.

복음은 상품을 파는 것에 대한 아니라 선물을 주는 것임을 유념하라!

그러나 자신 있는 그리스도인의 삶에 한 가지 장애물은 우리 자신의 구원에 대해 확신이 부족하다는 것이다. 사도 바울은 그의 구원을 확신했다(빌 1:6을 보라). 요한은 또한 그리스도를 아는 것에 대해 자신 있게 말했다.

> 내가 하나님의 아들의 이름을 믿는 너희에게 이것을 쓴 것은 너희로 하여금 너희에게 영생이 있음을 알게 하려 함이라(요일 5:13).

나는 다년간 복음전도 지도자였던 조지아 주의 우드스톡(Woodstock)제일침례교회를 처음 방문했던 때를 기억한다. 나는 교인 가족들과 함께 지냈다. 부인은 그리스도에 대한 자신의 사랑을 확신했다.

그녀에게 주님 안에서 그녀의 기쁨에 대해 물어봤을 때, "당신이 진정으로 구원받았을 때, 얼마나 많은 기쁨을 느낄 수 있는지, 그것은 놀라워요"라고 대답했다. 그녀는 여러해 동안 활동적인 교인이었지만, 결코 회심되지 않았었다. 그리스도를 만난 뒤, 그녀의 삶에서 변화는 그녀와 다른 사람들에게 확실했다.

빌리 그레이엄은 미국에서 복음전도의 가장 위대한 현장은 교회 좌석이라고 말했다. 나는 교회들을 지도하는 우리가 그들이 믿음 안에 있다는 것을 끊임없이 확신하도록 권해야 한다는 것에 납득이 되었다.

한 사람의 회심에서 자신감은 복음전도에 대한 열정을 가져 온다!

여기 구원의 확신에 관한 8가지 비결이 있다.

① 한 사람의 회심의 기억

어떤 신자들은 그들이 회심한 정확한 날짜를 기억하지 못하는 반면, 대부분은 그들이 그리스도를 만났던 시간을 기억할 수 있다. 죽음에서 삶으로 지나왔던 그 날을 소중히 여겨야 한다.

② 성경의 약속들

구원의 확신에 관한 성경 구절들은 사도행전 16:31, 요한복음 3:16 그리고 로마서 5:9-10을 포함한다.

③ 성령님의 임재

로마서 8:9,16은 성령님의 임재가 참된 그리스도인을 보여준다는 사실을 말하고 있다.

④ 의로운 삶

요한일서는 만약 우리가 그리스도인들이라면 계속해서 죄 가운데 있지 않을 것임을 말해준다. 이것은 죄 없는 완벽함을 말하는 것이 아니라 습관적인 죄로 특징짓지 않는 삶의 상태를 말한다. 우리는 그리스도인으로서도 여전히 죄를 지을 것이지만 그 죄의 기쁨은 오래 지속되지 않는다.

⑤ 견고한 교리

참된 그리스도인은 성경의 진리를 확신할 것이다. 어린 그리스도인은 교리에 대해서 제대로 이해하지 못할 수도 있지만, 신자는 계시된 하나님 말씀의 진리를 지속적으로 부인할 수 없다. 내가 그리스도를 만났을 때 나는 어린아이였다. 나는 예수님의 순결한 개념은 커녕, 동정녀가 무엇인지도 알지 못했다. 그러나 지금은 이런 성경의 진리를 완전히 확신한다.

신자가 거짓 가르침으로 속임을 당할 수 있을까?

당연하다.

하지만 신자의 표시는 그 자신의 진리에 대한 인식이다.

⑥ 응답받은 기도

요한일서 5:14-15이 증언한다.

⑦ 하나님에 의한 징계

히브리서 12:8은 우리에게 하나님이 그의 자녀들을 징계하신 것을 말한다.

⑧ 다른 그리스도인들에 대한 사랑

요한일서 3:14은 우리에게 신자들이 서로 사랑할 것이라고 말한다. 사실, 구원의 확신은 요한의 첫 번째 서신의 주제이다.

2. 당신의 회심 간증 나누기

1) 성경의 예시들

성경은 개인 간증에 대한 몇 가지 예시들을 제공한다. 예를 들어, 우리는 맹인으로 태어난 한 남자에 대해 읽는다(요 9장을 보라). 그의 인생에서 육체적이고 영적인 놀라운 변화 이후, 그 남자는 바리새인들과 마주쳤다. 그는 "나는 맹인이었지만, 지금은 본다"(요 9:25)라고 말했다. 그는 그의 이야기를 말했다. 사마리아 여인은 자기 마을 사람들에게 "와서 그를 보라"라고 말했다(요 4:29).

사도행전의 두 가지 사건에서, 사도 바울은 자신의 간증을 했다(행 22; 26을 보라). 베드로와 요한 또한 "우리는 보고 들은 것을 말하지 아니할 수 없다"(행 4:20)라고 말했다. 확실히 초대 교회 신자들은 그들의 구원을 다른 이들에게 전했다.

2) 왜 회심 간증이 효과적인가

모든 그리스도인들은 간증이 있다. 개인적인 간증은 모든 그리스도들이 함께 나눌 수 있는 것이다. 나는 한 때 내 간증이 극적이지 않아서 하찮게 생각했다.

당신이 그렇게 생각한다면, 회심의 사실은 그것을 둘러싼 환경보다 더 중요하다는 것을 기억하라.

(1) 그것은 누구와도 상관성이 있다

간증은 과거의 역사가 아니다. 그것은 우리의 일상에서 일어난 것이다. 사람들은 살아있는, 실제적인 영적 경험을 찾고 있다. 조지아 주의 우드스톡제일침례교회의 목사인 조니 헌트(Johnny Hunt)는 강력한 방식으로 그리스도를 만났다.

그런데 그의 친구는 불가지론자였다. 어느 날 조니의 회심 이후, 그의 친구는 그에게 "난 문제가 있어. 나는 불가지론자야. 나는 하나님이 있는지 네가 하나님이 있다는 것을 알 수 있는지 확실치 않아. 그래서 내 친구에게 무슨 일이 일어났는지 걱정되는 것이 나의 문제야"라고 말했다. 조니의 친구는 구원받았고 지금은 사역자이다.

(2) 그것은 유일무이한 것이다

당신은 당신의 간증에 관한 권한이 있다. 당신은 다른 것에 관해서는 아닐지도 모르지만, 하나님이 당신의 삶에 하셨던 것에 관해서는 권한이 있다. 당신은 모든 문제에 대한 답을 모를 수도 있지만, 당신에게 일어났던 일은 알고 있다.

TV토크쇼, 토크라디오, 월드와이드웹, 인터넷 그리고 채팅방은 사람들이 서로 소통해야 하는 배고픔을 증명한다. 나는 매주 약간의 시간을 인터넷에서 그렇게 하고, 사람들과 채팅하며 전도할 기회를 찾는데 보낸다. 내가 발견한 한 가지 사실은 사람들이 다른 사람들에 대해 아는 것에 관심을 갖는다는 것이다.

(3) 그것은 당신이 함께 나누는 사람들에게 거울을 제시한다

당신의 간증은 사람들에게 그들의 삶을 비교할 수 있는 무언가를 제공한다. 그리스도와 그가 당신의 삶에 만든 변화가 초점이지만 그것은 여전히 그 사람을 위한 거울이다.

몇 년 전, 나의 이전 교수였던 제임스 이브스(James Eaves)가 뉴멕시코 주의 앨버커키(Albuquerque, New Mexico)제일침례교회의 목회자였을 때, 여종업원이 회심했다. 그녀는 한 친구집에서의 파티에 잇달아 있을 그녀의 침례/세례에 친구들을 초대했다. 그녀는 또한 그녀의 목회자를 파티에 초대했고, 그에게 간단한 인사말을 할 기회를 주었다. 그녀의 회심과 증거의 결과로 그녀의 친구들 중 17명 이상이 회심했다.[1]

3) 간증문 작성을 위한 지침들

① 성령님의 인도하심을 구하면서, 간증문을 써라.
② 어떻게 그리스도가 주님과 구세주가 되었는지, 어떻게 그리스도가 일상의 필요를 충족시키는지 보여주면서 적절하지만 정확한 세부사항을 제공하라.
③ 비신자가 이해할 수 있는 언어를 사용하라.
④ 이야기한 것처럼 간증을 회상하라.
　이것은 사랑하는 열정으로 간증할 수 있게 할 것이다.
⑤ 필요하다면 적절한 구절들을 이용하여 당신의 간증을 성경과 연결시켜라.
⑥ 제시할 때 주의를 분산시키는 어떠한 버릇도 피하면서, 뚜렷하게 자연스러운 톤으로 말하라.
⑦ (2, 3분 정도로) 간략하게 해라.

1　Miles, *Introduction to Evangelism*, 194-95.

사람들은 당신의 간증에는 관심이 있지만 삶의 이야기에는 관심이 없다!

⑧ 그리스도를 나타내서 비신자들이 그분을 알기를 원하고 그분을 개인적으로 알게 되도록 성령님께 도움을 구하라.

⑨ 간증이 일상 대화의 자연스러운 부분이 될 때까지, 가족 중 다른 그리스도인들과 또 그 다음에는 그리스도인 친구들과 정기적으로 그것을 함께 나누라.

그 다음에는 잃어버린 친구들과 또 다른 사람들과 함께 나누라.

⑩ 간증을 나눈 후에, "이 같은 일이 당신에게도 일어난 적이 있나요?"라고 물어라.

이 질문은 복음 제시로 이어지는 간단한 방법이다.[2]

4) 공적인 고백

예수님은 만약 우리가 그분을 부끄러워하면, 그분도 우리를 부끄러워할 것이라고 말씀하셨다.

하나님이 그리스도를 통해 우리를 위해 무엇을 하셨는지 다른 이들에게 말하는 것을 결코 부끄러워하지 말라.

부흥회에서 청년의 밤 시간에 종종, 나는 청중들 중 젊은 여성을 골랐다(나는 외향적인 사람을 고르려고 노력한다!). 인터뷰 형식으로 그녀에게 TV에 나오는 가장 유명한 남자들의 이름을 말하고 완벽한 남자를 설명해보라고 요구했다. 청중들 중 다른 젊은 여성들에게 그녀를 도와주도록 격려했다.

그런 설명을 듣고 난 다음, 만약 이 '완벽한 남자'가 그녀의 학교에 오기 시작하고 그 남자의 여자 친구가 된다면, 기분이 어떨 것 같냐고 질문했다. 물론, 대답은 "엄청나게 좋죠!"와 같은 것이다.

2　Beougher and Reid, eds., *Evangelism*.

그 다음 나는 요점을 말한다.

> 하지만 한 가지 문제가 있다고 가정해봅시다.
> 그는 당신의 남자 친구가 되길 원하지만, 당신이 아무에게도 그것을 말할 수 없다고 가정해 보세요.
> 그것은 비밀이 되어야 합니다. 그와 손을 잡을 수도 없고, 데이트하면서 차도 따로 타야 하고, 누구도 당신 두 사람을 보지 못하는 장소로만 가야 해요.
> 당신은 그를 어떻게 생각하게 될까요?

예외 없이, 그들은 "그가 나를 부끄러워한다고 생각할거에요. 그리고 나는 그건 싫어요!"라고 대답한다.

그 다음 나는 "우리가 예수님에 대해서 그렇지 않나요? 우리가 교회에서 그에 대해 열린 마음을 갖고 있지만, 다른 모든 곳에서는 부끄러워하지는 않나요?"라고 말한다.

간증을 더 많이 나눌수록, 당신은 더 편안해질 것이다. 당신이 말하려고 하는 청중에게 그것을 맞추도록 배울 것이다. 예를 들어, 청소년에게 이야기할 때, 과거에 내가 청소년 때 변화된 삶과 그것들이 나에게 미쳤던 영향을 강조한다. 교회에서 자란 사람에게는 교회에서 자랐지만 교회 참여가 나의 핵심적인 필요는 아니었음을 깨달았던 사실을 강조할 것이다.

맞추는 것은 **꾸미는 것이 아니다**(not).

실제로 일어나지 않은 구체적인 것들을 추가하려는 유혹을 피하라.

그것이 일어난 대로만 하나님이 당신의 이야기를 사용할 수 있도록 자신감을 가져라.

3. 회복 간증 나누기

'술에 취한 채 운전하는 것에 반대하는 어머니들'(Mother's Against Drunk Driving)로 알려진 단체가 큰 영향을 끼친 이유는 설립자가 술 취한 운전자에게 그녀의 아들을 잃었기 때문이다. 교도소사역에 대한 척 콜슨(Chuck Colson)의 열정은 그 자신이 교도소에서 보냈던 시간에 의해 크게 불타올랐다.

아이를 갖기 전 나와 내 아내는 어려움을 겪었는데, 어린 시절 우리 아이들 둘 모두가 겪은 심각한 병은 그 어려움이 배가 되었다. 이것은 우리에게 불임 부부들과 아이를 잃은 사람들에 대한 특별한 부담을 주었다. 얼마나 많은 사람들이 공통된 고군분투를 하느냐는 것은 놀라운 일이다.

회복 간증은 그리스도를 만난 이후부터 어떻게 하나님이 어려움을 통해 당신을 도와 주셨는지에 대한 이야기이다. 그것은 위기로부터 우리를 구해주신 하나님의 일하심에 대해 그분을 찬송하게 한다.

4. 영적인 자서전 나누기

당신의 이야기가 복음전도의 영향을 끼칠 수 있는 또 다른 방법은 영적인 자서전을 통해서이다. 영적인 자서전은 다음과 같은 특징들을 지닌다.[3]

① 자서전은 다른 어떤 것들보다도 하나님을 찬양해야 한다.
② 복음전도를 위한 자서전은 하나님에 관한 친밀한 지식과 개인의 종교적인 경험을 포함해야 한다.
③ 영적인 자서전은 각양각색의 매체를 통해서 쉽게 소통된다. 내 학생들 중

---

3   Delos Miles는 영적인 자서전과 관련해서 뛰어난 지침을 제공한다. 다음은 Miles, *Introduction to Evangelism*에서 취한 것이다. 승인에 의해 사용됨.

몇몇은 더 자세한 그들의 개인 간증들을 복사본으로 인쇄하기 시작했다. 이것이 내가 여기서 말하고 있는 자서전과 같은 것이다. 집집마다 다니면서 사람들을 만나고 그들이 전도한 사람들을 작성할 때, 그들은 자신들의 자서전 복사본을 포함시킨다. 변화된 삶에 대한 개인적인 경험은 교회 건물에서 설교가 그러지 못할 때 어떤 사람들에게는 듣게 할 것이다.

④ 영적인 자서전 속 정보는 당신 자신의 문화적인 상황 안에 있는 사람들과 그것을 나눌 때 더 효과적이 될 것이다. 영적인 자서전은 간증보다 더 많은 시간을 줄 수 있는 공적인 교회 환경이나 공적인 모임에서 효과적으로 이용된다.

간증은 처음으로 회심했을 때 복음에 의해 일어난 변화를 보여주기 때문에 간략하고 간결하다. 영적인 자서전은 그리스도를 만나기 전과 후의 삶의 달라진 점들에 집중하기 때문에 훨씬 더 자세히 검토한다. 그리스도 안에서 삶의 정직한, 개인적인 설명을 제공하면서, 높고 낮은 영적인 특징들 모두를 포함시켜라.

여기 어떻게 델로스 마일스(Delos Miles)가 자신의 영적인 자서전을 나눴는지에 대한 내용이 있다.[4]

> 나는 사우스캐롤라이나(South Carolina) 주의 플로렌스 카운티(Florence County)의 담배 농장에서 태어나고 자랐다. 내 아버지는 읽지도 쓰지도 못하는 일용직 근로자였다. 그는 자신의 이름으로 X라고 서명해야 했다. 내 어머니는 학교에서 3학년까지 다녔다.

---

[4] 설명하기 위해 나의 Southeastern의 전임자인 Miles의 영적 자서전을 포함했다. Miles, *Introduction to Evangelism*, 167-75에서 발췌됨.

농장에서 나는 영적이고 물질적인 가난의 환경 속에서 자랐다. 나의 부모님은 어떤 종교적인 단체에서 활동하지 않았기 때문에 영적으로 가난했고, 지역 사회에서 나의 가족들의 사회적이고 경제적인 위치 때문에 물질적으로 가난했다. 적어도 정말로 사다리가 존재했다면, 우리는 사회적이고 경제적인 사다리의 밑바닥 단에 있었다. 나는 누나와 내가 가끔 어떻게 우리가 살았던 농장에서 닭들을 훔치곤 했는지 기억한다.

내가 기억하는 나의 첫 신발은 1학년 때 학교 선생님이 주신 중고의 질기고 투박한 단화였다. 나는 그 신발이 매우 자랑스러웠다.

내가 7살 때 내 인생에서 첫 번째로 현실적인 위기가 찾아왔다. 그 날은 학교에서 부활절 달걀을 찾는 첫날이었는데 아마 매우 행복한 날이었다. 하지만 내 인생에서 가장 슬픈 날 중 하나로 바뀌었다. 그 당시 내 아버지는 한 주 동안 집에서 떨어진 곳에서 일을 하고 계셨다. 나는 누나와 남동생과 함께, 오후에 학교 버스를 타고 집으로 돌아왔을 때, 우리는 첫째 사촌을 만났다. 그는 우리 어머니가 어린 여동생을 데리고 집을 떠났고, 결코 돌아오지 않을 것이라고 말해 주었다. 나는 그것이 나에게 얼마나 깊은 상처가 되었는지 말할 수 없다. 그 당시 나는 내 어머니가 그런 행동을 한 것에 대한 어떤 이유도 이해할 수 없었다. 그것은 나에게 너무 큰 상처가 되어 슬퍼할 수 조차도 없었다. 없어지기까지는 여러 해 걸렸던 어머니에 대한 쓰라림의 뿌리가 내 심장에 생겨났다.

내 아버지는 우리 세 명의 자녀들을 함께 모이게 했고, 집을 만들어 주려고 노력했다. 나의 8번째 생일 직후, 우리에게 또 다른 비극이 닥쳤다. 진주만(Pearl Harbor)이 폭파되기 전날인 토요일 오후, 아버지는 그의 형제와 크고 건장한 죽마고우와 함께 일찍 집을 떠났다.

아버지는 나와 누나와 남동생에게 삼촌집에 가서 그가 토요일 밤에 집에 돌아올 때까지 기다리라고 말했다. 그러나 그는 결코 집에 돌아오지 않았다. 세 남자는 U.S. 301 플로렌스(Florence on U.S.301) 근처의 작은 맥주집에 갔고 술을 마시면서 '즐거운 시간'을 가졌다. 저녁 시간이 더디게 흐르고 있을 때, 아버지의 친구가 다른 남자와 싸움이 붙었다. 아버지는 싸움을 말리려고 했지만, 바닥으로 때려눕혀졌다. 그의 친구가 아버지 위에 엎어졌고, 커다란 주머니칼을 꺼내서, 술에 취해 인사불성인 상태에서 아버지를 찔러 죽였다.

아버지를 잃었을 때 나를 진심으로 보살펴줄 유일한 어른을 잃었다고 생각했기 때문에 나의 모든 세상은 무너졌다. 그리고 아버지를 데리러 토요일에 우리 집에 아버지의 친구가 왔을 때 그가 우리 어머니에 대해 말했던 것들 때문에, 나는 어머니가 아버지를 죽이도록 그를 고용했다고 생각했다. 당신은 내가 증오와 상처로 인해 얼마나 꼬인 생각을 했는지 상상할 수 있다.

여기저기 옮겨 다니며 우리와 지내기를 정말로 원하지 않은 친척들과 함께 몇 달을 지낸 뒤에, 나에게 좋은 일이 일어났다. 나는 알고 있었지만 나와 어떤 관련도 없는 사람들과 함께 살도록 초대받았다. 내 생에 처음으로 내 소유의 침대를 가졌고, 삼시 세끼를 매일 먹었고, 제대로 된 옷과 신발을 입고 신게 되었다. 그러나 이러한 물질적인 축복보다도 더 중요한 것은 이 사람들이 예수 그리스도를 믿는 신자들이었고 농촌의 침례교 교인들이었다는 것이다. 그들은 주일 아침, 주일 저녁, 수요일 저녁마다, 그리고 심지어 분기에 한 번씩 토요일에 비즈니스 집회에 참여하도록 나를 교회에 데려갔다.

비록 내가 바이블 벨트(Bible Belt)라고 불리는 곳에서 자랐지만, 거기 작은 시골 교회에서 내가 낯설어했던 책인 성경을 발견했다. 그리고 나는 하나님에 대해서 몇 가지를 배웠다. 내가 11살이었을 때, 나는 하나님으로부터 분리되어 있다고 느꼈다. 나는 내 안에서 비참함을 느꼈다. 나는 너무 슬퍼서 뭔가가 곧 이루어지지 않으면 죽을 것처럼 느꼈다. 나는 주일학교 선생님과 양부모님에게 이것을 말했다.

그들 모두는 나에게 죄를 하나님에게 고백하고 그분께 도움을 청하며 내 삶을 그분께 맡겨야 한다고 말했다. 내가 아는 한 최선을 다해, 그들의 조언을 따랐다. 그 슬픈 감정은 나를 떠났다. 내 삶에 평화와 기쁨이 찾아왔다. 그 후, 나는 전체 회중 앞으로 가서, 공개적으로 하나님의 아들이자 나의 주님과 구주이신 예수 그리스도에 대한 나의 믿음을 고백했다. 그리고 나는 린치스강(Lynches River)에서 그 교회에 의해 세례/침례를 받고 그리스도의 몸이 되었다.

나는 14번째 생일 때까지 하나님과 사람들의 은혜와 은총 안에서 자랐다. 14번째 생일 바로 전에, 나는 어머니를 받아들였다. 나는 그녀가 아버지의 죽음과 아무런 관련이 없고 실제 나를 매우 사랑했다고 확신하게 되었다. 그래서 14번째 생일에 밤중에 양부모의 집을 뛰쳐나왔고, 친구에게 5달러를 빌려 11마일을 걷고 버스를 타고 어머니와 새아버지와 살기 위해 사우스캐롤라이나 주의 사우스 찰스톤(Charleston, South Carolina)으로 갔다.

찰스톤에 도착해서 곧, 나는 새아버지가 술을 많이 마신다는 것을 발견했다. 그 환경에서 삶은 유쾌하지 않았다. 그래서 14살이 되고 3개월이 지났을 때, 나는 9학년을 마치기 전에 학교를 그만두고, 미국 육군에 지원했다. 물론, 나는 나이를 속였고 어머니에게 서명을 하도록 설득했다.

나는 포트 잭슨(Fort Jackson)에서 완전한 어른들의 세계에 갑자기 밀어 넣어진 어린 아이일 뿐이었다. 그리고 몇 가지 이유로 나는 내 중대에서 그들의 일부로 받아들여지기를 아주 많이 원했다. 나는 그들 대부분이 했던 일을 하기 시작했다. 나는 교회에 다니기를 멈췄고, 성경 읽는 것과 기도하는 것을 그만 두었다. 술을 마시고, 담배를 피우며, 욕을 하고, 도박을 하고, 싸우기 시작했다. 요컨대, 나는 도덕적으로 타락한 사람이 되었고, 하나님과의 약속을 어겼으며 세례/침례의 맹세를 저버렸다. 나는 2년 반보다 좀 더 많은 시간동안 다루기 힘든 삶을 이어갔다.

그 후 한국전쟁 동안 내 전 존재의 기초를 엄청나게 흔드는 일이 다가왔다. 나는 보병 중대에서 소총 소대의 중사였다. 우리는 만주(Manchuria)와 북한(North Korea)의 경계 사이에 있는 압록강(Yalu River)의 약 4마일 내에 창인 저수지(Changin Reservoir)를 통해서 북한으로 들어가는 길을 깊게 만들었다. 많은 눈이 땅에 깊게 쌓였다. 가끔 밤에 기온이 영하 20도나 30도까지 떨어지곤 했다.

1950년 11월 26일 밤, 자정 즈음, 우리는 나팔부는 소리와 소총들이 발사되는 소리를 들었다. 내 소대는 공격받지 않았다. 그러나 한국전쟁에서 처음으로 중국 공산당들이 경계선의 우리 진영 앞까지 들어왔다.
곧 우리는 소대를 위치에서 이동시키고, 중국군이 우리 전선을 돌파했던 구덩이들 중 하나를 메우도록 송수화기로 명령받았다. 11월 27일 아침 나절까지 적과 교전했던 우리는 눈을 헤치며 가능한 빨리 움직였다. 그 이후 그들은 전투를 중지했다.

우리는 밤 동안 중국군이 우리 진영을 완전히 포위했고, 우리 뒤 12마일에서 15마일까지 우리를 고립시켰다는 것을 제일해병사단(First Marine Division)으로부터 들었다. 우리는 죽음과 상처에서 벗어날 길은 없었고, 부족해지고 있는 음식과 탄약을 공급받을 길도 전혀 없었다. 그 날은 특히 날씨도 너무 흐려서 공중투하도 할 수 없었다.

그래서 우리는 재정비를 했고, 군사들을 두 개의 구덩이에 배치했으며, 어둠이 찾아왔을 때 공격이 확실해질 것을 대비해서 산앞 경사로부터 몇 피트 정도를 팠다. 나는 중위와 위생병, 전령병과 함께 소대 전투 사령부에 있었다. 우리 사령부는 북한인(North Koreans)들이 산기슭에 파놓았던 큰 벙커였다. 그것은 두 개의 부분으로 이루어졌다. 각각의 부분은 6x6피트였고 장대들과 먼지로 덮여있었다. 그리고 부분들은 4피트 정도 깊이의 참호로 연결되어 있었다.

땅거미가 질 무렵, 중국군이 우리 전선을 탐색하기 시작했다. 그들은 공중으로 불꽃을 발사했고 연속해서 나팔소리가 들리면 우리 진영을 공격했다. 중위와 나는 중국군에 사격하고 우리 군사들에게 명령하며, 그들이 계속 고수하도록 격려하면서 벙커의 두 부분을 연결한 참호 속에 있었다. 벙커의 한 쪽의 오른편에서는 위생병과 전령병이 탄약을 우리에게 전달하고 중대 전투 사령부와 연락이 되도록 송수화기를 관리하고 있었다.

총알들이 우리 주변 전체에 날아다니고 있었다. 중국군이 너무 많아서, 우리는 그들을 멈출 수 없었다. 나는 그들이 우리 주변에 들끓고 있는 것을 보았을 때, 중위에게 돌아서서 "중위님, 우리가 무엇을 하겠습니까?"라고 물었다.

그는 "병장, 너는 명령이 무언지 알고 있다"라고 말했다. 우리는 어떤 상황에서도 철수하라고 명령받지 않았다. 순간적으로 중위가 저격당했다. 그는 참호에서 쓰러졌고 죽기 전 잠깐 신음소리를 냈다.

나는 무엇을 해야 할지 몰랐다. 그러나 나는 M-1 소총을 눈 속에 던져 놓고, 벙커의 빈 끝으로 뛰어 돌아가 죽은 척을 할 생각이 났다. 나는 구덩이 입구를 마주하고 오른쪽에 등을 뒤로 하고 누웠다.

거의 곧바로 중국인 병사가 소총으로 사격하면서 벙커로 들어왔다. 그는 어둠 때문에, 먼저 나를 보지 못했다. 그러나 그의 총알 중 한 발이 오른쪽 새끼손가락 관절 끝 지점에 들어와 마디를 빠져나가면서 내 손가락을 맞췄다. 그것은 나를 무섭게 만들었다. 나는 죽을 것이라고 생각했다. 나는 오랜 시간 동안 기도를 하지 않았었다. 하지만 나는 마음속으로 조용히 하나님께 기도하기 시작했다.

그 병사가 구덩이 안으로 들어와 나를 발견했을 때, 그는 손으로 나를 흔들었고 중국말로 뭐라고 소리쳤다. 그 때, 그는 내가 죽었다는 것을 확인하고 싶었다고 나는 추측했다. 그래서 그는 소총을 내 이마에 갖다 댔다. 그 차가운 철을 느꼈을 때, 나는 끝이라고 생각했다. 나는 하나님께 말했던 전부를 기억하지 못했지만, 니가 최선을 다해 기억하는 한, 내 생각은 이런 것에 가 있었다.

"주님, 내가 당신이 존재한다고 항상 들어왔듯이 당신이 완전히 강한 분이시라면, 나를 이곳에서 살게 하실 수 있을 것입니다. 당신이 내 생명을 구해주신다면, 당신이 제게 하기를 원하는 모든 것을 하겠습니다."

나는 너무 절박해서 내 생명을 위해 하나님과 흥정하려고 했다. 그리고 병사가 방아쇠를 당기고 총알이 내 머리를 관통하는 대신 오른 쪽 귀를 지나쳤을 때, 하나님은 나의 증인이 되셨다. 그것은 내 의식을 잃게 하지 못했다. 내 기억으로 그것을 돌아봤을 때, 그것은 마치 빨갛고 뜨거운 철이 내 머리 반대편에 놓여져 거기 남겨져 있었던 것처럼 보인다. 그곳엔 뜨거운 열기가 있었다.

그는 빠져나갔다. 한 시간 반 혹은 두 시간 후에, 사격이 멈췄다. 두 명의 중국 병사가 내가 있는 구덩이로 들어왔다. 그들은 두 시간 동안 잠을 자고 쉬었다. 그 후에 두 명이 더 들어왔다. 긴 밤 내내 그 구덩이 안에는 두 명의 병사가 나와 함께 있었다. 다음 날 아침 그들 중 두 명이 안으로 들어와 나를 탐색했다. 그들은 내 손에서 장갑을 빼갔고, 주머니에서 모든 것을 가져갔고, 그들의 총검으로 내 팔을 쳐올려서 군용 시계를 빼갔다. 그들은 내 배에 몇 겹으로 입은 옷을 밀어 올렸고, 여기저기 더듬거렸다. 그리고 블라우스 스타일의 전투화 윗부분에서부터 내 바지를 벗겼다. 이것은 나에게 또 다른 시련이었다.

요약해서 말하자면, 나는 의식적으로 내 몸의 근육도 움직이지 않고, 내 기억과 상상으로 지난 삶을 되새기면서, 천천히 피를 흘리고 얼어 죽어가는 채로 18시간이상 동안 그 구덩이에서 누워있었다. 나는 하나님에게 나의 모든 죄를 고백했고 내가 알고 있던 말하는 법 중 가장 엄숙한 약속을 했다. 하나님께서 나를 그곳에서 살아 나가게 하신다면, 내 남은 인생 동안 그분을 섬길 것이다. 나는 그분이 나에게 하기를 원하는 모든 것을 할 것이다.

하나님은 강한 손으로 나를 데리고 나오셨다. 더 많은 슬픔과 공포가 있었던 3일 밤낮이 지나고, 마침내 제일해병사단으로 돌아가 병원으로 이송되었다. 전체 중대에서 일곱 명의 병사들이 살아남았다. 나는 치료와 수술을 하면서 다양한 병원에서 거의 9달을 지냈다. 9달 중 처음 몇 주 동안 나는 다시는 걸을 수 없을 것이라고 생각했다. 내 발가락들은 얼었고 발목까지 완전히 검게 변했었다. 나는 그 경험과 하나님께 했던 맹세들을 오랫동안 생각했다.

마침내 나는 제대했다. 비록 3년하고 5개월 19일을 군대에서 보냈지만, 나는 여전히 17살이었다. 나는 하나님께 했던 약속을 지키려고 노력해야 한다는 것을 알고 있었다. 그래서 제대하기 전, 다섯 번의 연속된 경쟁 시험인 고졸학력인증시험(GED)을 봐서, 고등학교 학력과 동등 자격을 얻을 수 있었다. 하지만 그것을 가지고도, 퍼먼대학교(Furman University)는 부족한 학력 때문에, 나를 학생으로 받아들이길 바라지 않았다. 나는 그 때 내가 할 수 있었던 것보다 지금 훨씬 더 감사할 수 있다. 그럼에도 불구하고 나의 목사님은 나를 위해 선처를 호소했고, 퍼먼대학교는 한 학기 동안 시험적으로 나는 입학시키는 것에 동의했다. 그 때가 내 삶에서 가장 힘들었던 학기였다. 몇 날 밤을 새벽 두시 혹은 세시까지 공부했다. 가끔 밤을 새서 공부했다. 최선을 다하는 준비나 하나님께 도움을 구하지 않고 쪽지시험이나 다른 시험을 보러 간 적이 거의 없었다. 이런 강한 사명감 때문에, 우리 반에서 최고로, 우등으로 졸업했다.

10년 동안 나는 사우스캐롤라이나와 버지니아 주에서 목회자로 섬겼다. 1963년 이후로, 남침례교단의 복음전도 분과에서 선임으로 사역했고, 그 중 3년은 버지니아에서, 12년은 내 고향인 사우스캐롤라이나에서, 그리고 나머지는 중서(Midwestern)와 남동(Southeastern) 신학교에서 복음전도를 가르쳤다.

나는 하나님의 현전을 증거하기 위해 당신과 이런 경험들을 함께 나눈다. 하나님은 실재하신다. 나는 그분이 자신을 나에게 알려주셨기 때문에, 그분이 실재하신다는 것을 안다. 나는 그의 존재에 관한 어떤 고전적인 논쟁들을 통해 하나님을 믿게 되지 않았다.

첫째, 나는 그분과 개인적인 만남을 통해 하나님이 존재하신다는 것을 믿게 되었다. 나는 프랜시스 톰슨(Francis Thompson)이 그의 위대한 자서전적인 시에서 하나님을 천국의 사냥개라고 언급하고, 그분이 모든 사람들을 따라다닌다고 말했을 때, 그가 옳았고 믿는다. 조만간 모든 사람들은 하나님을 만날 것임에 분명하다. 여기가 아니면, 다음에 사후에.

둘째, 나는 하나님의 위대하심을 증거 하기 위해 당신과 이런 경험들을 함께 나눴다. 하나님은 위대하시다. 그는 무한하시고, 전능하시며, 만능하신, 그분이 원한다면 모든 것을 하실 수 있는 하나님이시다. 그분의 위대한 힘이 내 모든 삶을 변화 시켰기 때문에 그분이 위대하시다는 것을 안다. 오로지 진정으로 위대한 하나님만이 되는 과정에서 과거의 나로부터 지금의 나로 변화시킬 수 있었다. 그리고 내 기도에 응답하신 하나님이 그야말로 그 총알의 방향을 바꿨고, 그렇지 않았다면 내 몸은 한국의 산에서 오래 전에 먼지로 변했을 것을 확신한다. 내가 믿는 하나님은 기적을 행하시는 하나님이시다.

셋째, 나는 하나님의 선하심을 증거하기 위해서 당신과 이런 경험들을 함께 나눈다. 하나님은 좋은 분이다. 그분의 선하심이 그야말로 나를 몇 번이고 계속해서 회개로 이끌었기 때문에 그가 좋으신 분임을 알고 있다. 그리고 특히 한국에서 그분이 나에게 보여주신 지극한 선하심을 결코 잊을 수 없다. 나를 도와줄 어떤 다른 인간도 없었을 때, 고통 속에서 그분께 요청했다. 내가 말할 수 있는 한, 하나님은 내 기도를 들으실 어떤 의무도 없었다.

내 인생의 그 지점에서 받을 만했던 것을 받았다면, 그것은 분노, 심판, 죽음 그리고 아마 지옥이었을 것이다. 그러나 하나님은 내가 받을 만했던 것들을 주지 않으셨다. 그분은 나의 기도를 들으셨고, 안전하게 끌어내어, 내적들로부터 구원해주셨다. 하나님은 항상 우리를 그분의 진노와 우리의 죄로 다루지 않으신다. 대체로 우리를 그분의 위대한 사랑과 무한한 인내로 다루신다.

그럼, 이 모든 것들이 당신과 무슨 관련이 있는가?

글쎄, 우선 한 가지는, 나는 당신이 이런 내 삶의 이야기 내용에서 우리 그리스도인들이 예수 그리스도를 통해 충족하고자 해야 하는 필요들의 소우주를 찾을 수 있길 바란다. 가난, 문맹, 깨어진 집, 범죄, 알코올 중독, 전쟁, 육체적 고통, 외로움, 상실, 그리고 용납, 존엄과 의미를 위한 인간 영혼의 투쟁 등 이런 각각의 필요들을 당신은 나의 순례에서 볼 수 있을 것이다.

그리고 천 가지가 더 있는 이런 각각의 필요들을, 우리 그리스도인들은 날마다 인생의 주님이신 그분의 이름 안에서와 그분의 힘을 통해 충족시키고자 해야 한다. 하나님이 더 많은 사해가 될 것을 기대하고 우리를 구원하지 않으셨다. 세상에 하나의 사해면 충분하다. 인류에 축복의 통로가 될 것을 기대하고 우리를 구원하셨다.

이 모두가 당신과 무슨 관련이 있는가?

나와 다른 사람들을 위해 하나님이 하셨던 것을, 당신을 위해서도 하실 수 있다. 그리고 당신이 그렇게 하시도록 한다면, 그분은 그렇게 하실 것이다. 그러나 하나님은 당신에게 그분 자신을 강요하지 않을 것이다. 하나님은 손에 곤봉을 들고 세상의 관할 구역을 걷고, 사람들의 머리를 쳐 때려눕히고, 그들의 의지와는 반대로 그들을 자기 나라로 끌고 가는 어떤 우주의 경찰과 같은 분이 아니다. 오히려, 하나님은 우리를 전 삶의 미로로 가차 없이 밀어 내려 삶과 죽음 사이에서 선택하게 하는 최고의 찬사를 하는 천국의 사냥개와 같은 분이다.

자서전을 함께 나누는 데는 15분에서 25분이 걸린다. 간증은 90초 정도 걸린다. 자서전은 아마도 두 줄을 띄어 써서 10쪽 정도 될 것이다. 교회 지도자로서 당신의 자서전을 가끔 당신이 이끄는 이들과 함께 나누는 것은 적절하다.

목회자여!

당신의 교회에 매년 혹은 가끔 그것을 말하라.

주일학교 선생님이여!

당신의 반에 자신의 이야기를 말하라.

그것은 그들에게 같은 행동을 하도록 격려할 수도 있다. 비록 당신이 공적인 장소에서 영적인 자서전을 제공할 기회를 가져 본적이 없을지라도, 그것을 작성하는 것만으로도 대단한 영적인 훈련이 될 수 있다.

나와 내 아내가 국내선교회의 선교사 인허과정을 밟고 있을 때, 우리는 자서전을 작성해야 했다. 그것은 내 모든 삶을 깊이 생각하고 하나님이 얼마나 좋으신 분이었는지 기억하게 해준다는 점에서 나에게 아주 멋진 경험이었다.

5. 적용

내가 지도했던 전도 훈련에서, 나는 각각의 참여자에게 자신의 개인 간증을 작성하도록 요구한다. 하나 이상의 경우에, 훈련에 참여한 개인들은 자신들이 간증 없이 회심되었다는 사실을 발견했다.

예를 들어, 주일학교나 저녁 예배에서 할 수 있는 간단한 훈련은 종이와 연필을 주고 참가자들에게 그들의 회심 간증을 작성하도록 요구하는 것이다. 자신의 간증을 함께 나눈 후에, 성경적인 안내로 사도행전 26장의 바울의 간증을 이용할 수도 있다.

그 다음에 참가자들이 다음 주 동안 자신의 간증을 누군가와 함께 나누도록 도전하라.

참고문헌

Ford, Leighton. *The Power of Story: Rediscovering the Oldest, Most Natural Way to Reach People for Christ.* Colorado Springs: NavPress, 1994.

Stanton, Jack. *Evangelism for a Changing World,* eds. Timothy Beougher and Alvin L. Reid. Wheaton, Ill.: Harold Shaw, 1995.

제3부

무엇을 해야 하는가?

복음전도 방법의 기초

제11장 지금 당장 필요한 것: 개인전도

제12장 예배당을 나와 현실 속으로: 개인 전도를 위해 동원하기

제13장 죄인들의 친구들: 교회에 속하지 않은 사람들에게 도달하기

제14장 MTV와 인터넷, 혹은 예수 그리스노와 고기삽이 그물: 다음 세대 선노하기

제15장 과거의 잔재인가 다듬지 않은 보석인가?: 대중전도

제16장 교회전도: 성경적인 교회 성장

제17장 예배전도: 하나님의 영광을 복음과 연결하기

제18장 배움보다 붙잡힘: 복음전도 리더십

결론
부록

어니스트 섀클턴(Ernest Shackleton)은 남극에 도달하는 데 성공하지 못했다. 1900년에 그는 런던신문에 이런 광고를 냈다.

> 적은 임금, 혹독한 추위, 오랫동안 완전한 어둠, 끊임없는 위험, 안전한 귀환이 의심스러운 위험한 여행을 원하는 사람을 구합니다. 성공할 경우에는 명예와 명성을 얻습니다.

많은 사람들이 광고에 반응을 보였고, 섀클턴은 나중에 "그것은 마치 영국의 모든 사람들이 나와 함께 하기로 결심한 것 같았다. 반응은 매우 압도적이었다"라고 말했다.1

마찬가지로 어떤 사람들은 복음전도를 두려워하겠지만, 그것은 남극 대륙을 정복하는 것과는 전혀 다르다!

그럼에도 불구하고 복음전도는 우리로 하여금 영향을 끼치도록 만들어졌다는 동기를 부여할 수 있다. 한 때 한 친구기 나에게 "전도는 긴장하고 있는 두 사람 사이의 대화다"라는 정의를 내려주었다. 그리스도를 전하라는 명령을 진

---

1 Bennett, *Book of Virtues*, 493.

지하게 받은 모든 신자들은 어느 정도의 두려움을 갖고 그렇게 할 것이다. 본서는 그 두려움을 깨닫게 한다. 우리들 중 많은 이들이 전도할 때 문을 두드린다. 그리고 이렇게 기도한다.

"하나님, 제발 그들이 집에 없게 주세요!"

복음전도 활동을 어떻게 시작할지 알면 굉장한 자신감이 생긴다. 본서의 마지막 부분은 세상에 이르기 위해 필요한 방법론적인 접근들을 다룬다. 그것은 제1부와 제2부를 기반으로 한다. 오직 성경적인 기초 위에 세워지고, 열정적인 그리스도인들의 삶을 통해 적용될 때만 효과적이다.

제11장

지금 당장 필요한 것:
개인전도

당신은 한 책임그룹에서 만났던 세 명의 목회자에 대해 들었는가? 어느 날 그들은 자신들의 숨겨진 가장 큰 죄에 대해 서로 이야기했다.

첫번째 목회자는 "저희 교회에 이야기하지 마세요. 전 알코올 중독자입니다"라고 말했다.

두번째 목회자는 "저희 교인들이 제가 상습 도박꾼임을 안다면, 그들은 저를 해고할 거예요"라고 고백했다.

세번째 목회자는 "인정하기 싫지만, 전 험담하는 것에 중독되어 있고, 하루 빨리 여기서 벗어나고 싶어요"라고 말했다.

대부분의 미국 그리스도인들이 복음전도를 실제로 행하기보다 그것에 대해 말하기를 더 좋아하는 것은 분명하다. 본 장에서, 우리는 다른 사람에게 복음을 증거하기 위한 몇 가지 특별한 방법들에 집중할 것이다.

하지만 먼저 두려움의 문제를 이야기해보자.

우리 교인들은 두려움을 어떻게 극복할 수 있을까?

1. 두려움과 맞서기

바울은 젊은 디모데에게 "하나님은 우리에게 두려워하는 영을 주지 않으셨다"라고 이야기했다. 여러 해에 걸쳐 전도 훈련을 할 때, 두 가지 주요한 두려움에 반복해서 직면한다. 실패에 대한 두려움과 거절에 대한 두려움이다.

1) 실패에 대한 두려움

만일 당신이 증거하려 했을 때, "난 뭐라고 말해야 할지 모르겠어요. 그들이 내가 대답할 수 없는 질문을 하면 어떻게 하죠?"라는 이런 두려움에 대해 알고 있다.
실패의 두려움은 실재한다.
우리는 그것을 어떻게 다룰 것인가?
이런 두려움은 우리 일을 오해하기 때문에 있을 수 있다. 우리는 충실함으로 부름받았다. 함께 나누는 충실함이 성공의 척도이다. 우리 주 예수님도 전도했던 모든 사람을 얻지는 못했다. 우리는 대사들이다. 대사는 자신의 권위가 아니라 다른 권위로 말한다.
하나님은 완전함이 아니라 순종에 대해 책임지도록 우리를 붙잡아 주심을 기억해야 한다. 만일 우리가 잡은 것만큼 물고기 잡는 것을 기뻐한다면, 이런 두려움은 줄어드는 것을 경험할 것이다.
내 아이들은 마이클 조단(Michael Jordan)의 광팬이다. 한 번은 조슈아가 내게 마이클 조단이 슛을 놓친 적이 있는지 물었다. 무엇보다도 그는 능숙한 농구선수이다. 1997년 NBA 결승전 동안, 나이키 광고에서 조단이 자신의 직업에 대해 곰곰이 생각하는 것을 집중 조명했다.
'나는 9000번의 슛을 놓쳤다…. 거의 300번의 경기에서 졌다'라고 곰곰이 생각했다. '넣었다고 믿었는데, 26번 슛을 놓쳤다.' 그리고, '나는 내 인생에서 실패를 반복했다. 그리고 그것은 내가 성공한 이유이다'라고 결론지었다.

나는 마이클 조단이 완벽하기 때문이 아니라 집념이 강하기(tenacious) 때문에 대단하다는 것을 조슈아에게 보여주려고 그 광고를 이용했다. 그는 멈추지 않았을 것이다. 실패의 두려움이 자신을 이기지 못하게 했다. 그 광고가 방영되었던 같은 시즌에, 유타(Utah)와의 1997 NBA 파이널 경기에서, 다시 마이클 조단은 그 경기에서 이길 슛이 들어갈 것이라는 믿음이 있었고 결국 성공했다. 그가 나중에 열병으로 아팠을 때에도, 참가했던 게임에서 중요한 슛을 던졌다.

당신 역시 증인으로서 성공할 수 있다.

당신이 하는 것은 농구경기보다 훨씬 더 중요하다!

어떤 사람이 던지는 모든 질문에 대답할 수 있어야 한다는 잘못된 생각을 어디에서 얻는가?

성경 어디에도 성경을 전부 아는체 해야 효과적인 전도를 한다고 말하지 않았다. 나는 신학교 학생들이 "목회학석사가 있기 때문에, 모든 답을 알아야 해"라고 말하는 그런 태도를 보게 된다. 우리가 모든 것을 알 필요는 없지만, 중요한(matters) 것은 알아야 한다. 사회에 대한 사소한 잡담이 아니라, 본질적인 복음에 집중해야 한다.

복음전도 훈련, 그것이 나를 이런 두려움을 이길 수 있는 최고의 실제적인 해결로 이르게 한다. 그리스도를 제시하기 위해 소책자를 사용하는 것이 얼마나 간단한가를 사람들에게 보여주는 것은 큰 기쁨이다.

"나는 그것(that)을 할 수 있다"라고 그들은 말한다. 그리스도를 섬기기를 정직하게 바라는 신자들은 그런 훈련이 도움이 된다는 것을 알게 될 것이다.

교실 경험, 역할극 그리고 현장 경험을 통해 사람들이 배우게 하는 증거 훈련은 그들이 할 수 있다는 것을 알도록 도와준다!

2) 거절에 대한 두려움

거절은 증거할 때 피할 수 없는 부분이다. 지상에서 가장 매력적인 사람도 모든 사람에게 복음의 진리를 납득시키지는 못할 것이다. 나는 여전히 거절을 좋아하는 사람을 만나야 한다. 거절을 회피하는 것보다 거절에 맞서는 것이 중요하다. 우리는 그것에 맞서서 하나님께 영광을 돌리기 위해 거절에 대한 이유를 이해해야 한다.

(1) 전환의 원칙

전환은 모든 새로운 관계에서, 이전 경험들의 결과로 긍정적이고 부정적인 감정들이 일어나는 상태이다. 그것은 새로운 관계에서 항상 존재하고, 비양심적이며, 긍정적이든 부정적이든 모두 될 수도 있다. 예를 들어, 목회자인 당신 자신을 병원 환자에게 소개할 수 있다.

심지어 그는 이름을 알기도 전에 당신을 저주하기 시작한다!

아마도 그는 어딘가에서 어떤 설교자에 대해 뭔가를 싫어했다. 그리고 그는 그것을 당신에게 대입할 것이다. 당신은 여러 번 상관없는 일에 피뢰침이 된다. 사람들과 복음을 함께 나눌 때, 그들은 우리가 말한 것을 고마워하지 않을 수 있지만, 그렇다고 이것을 개인적으로 취할 필요는 없다.

복음전도 책임자로 섬길 때, 나는 복음증거대회에서 인도자였다. 훈련의 일부로, 방문전도를 세 번 나갔다. 교회의 안수집사회 회장은 우리 팀을 '시내에서 가장 야박한 사람'에게 데리고 갔다. 그의 이름은 마이크였다. 우리는 그의 집 거실에 앉아 스포츠에 대한 이야기를 했다. 나는 "마이크, 당신은 영생이 있고, 죽을 때 천국에 갈 것을 확실하십니까?"라고 물으면서 이어서 복음을 전했다.

마치 보이지 않는 벽을 만들려는 것처럼, 마이크는 곧바로 손을 올렸다. "저는 집에서 종교에 관해 이야기 하지 않아요"라고 대답했다. 나는 그가 적대감을 갖고 있는 것을 느낄 수 있었다. 그래서 이렇게 말했다.

마이크!

제가 당신 집의 손님이라는 것을 잘 알아요.

하지만, 몇 해 전 예수 그리스도가 제 인생을 근본적으로 변화시켰어요.

저는 결코 그것을 피할 수 없었어요.

제가 스포츠에 열정적인 만큼, 하나님에 대한 저의 사랑은 더 깊어요.

다음 20~30분 동안, 우리는 영적인 것들에 대해 토론했다. 마이크는 그리스도를 받아들이지는 않았지만, 귀기울여 들었다. 우리가 떠날 때, 그는 자기를 한 인간으로 존중하며 대해준, 첫 번째 설교자였다고 나에게 말했다. 과거 경험 때문에, 그는 나에 대해 부정적이었다. 결국 그는 그리스도를 영접하게 되었다는 것을 말하게 되어 행복하다. 어떤 사람이 우리를 거절한다고 해서 그것을 개인의 것으로 취할 필요는 없다.

엥겔 척도(The Engel Scale)(표 11.1의 간단한 버전을 보라)는 모든 구원받지 못한 사람들이 처음 그분의 진리를 마주할 때, 그리스도를 받아들이지 않을 것이라는 현실을 보여준다.[1] 그들은 무신론자들일 수도 있다. 하지만, 당신의 증거가 그들에게 영적인 것들에 대한 생각을 시작하게 할 수 있다.

또 다른 사람이 의문을 가지고 있을 수 있다. 당신의 증거가 대답을 줄 수 있다. 함께 나눈 모든 사람을 얻고 싶지만, 사실은 그렇게 못할 것이다. 하지만, 복음이 요구하는 바를 더욱 선명하게 생각하도록 각 사람을 도울 수 있다.

---

1 James F. Engel and H. Wilbert Norton, *What's Gone Wrong with the Harvest? A Communication Strategy for the Church and World Evangelism* (Grand Rapids: Zondervan, 1975), 45.

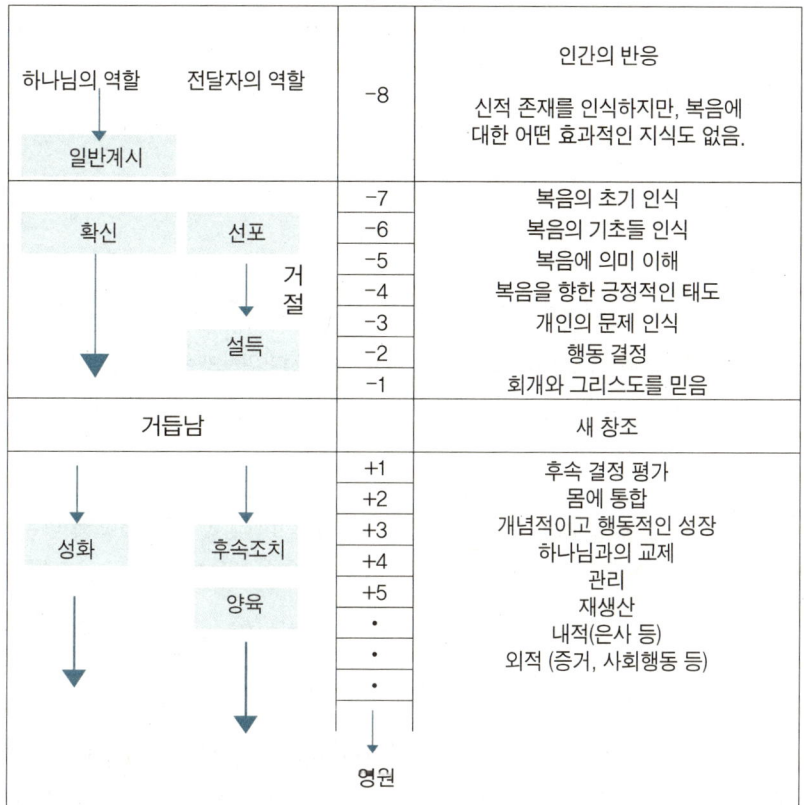

[표11.1]

(2) 거절의 역할

미국 교회의 패러다임 전환은 절대적으로 필요하다. 우리는 거절당할 때 선지자들이나 예수님과 가장 비슷하다는 성경의 가르침을 재검토해야 한다.

구약 시대에 참된 선지자임을 어떻게 확인할 수 있는가?

그들이 말했던 것이 실현되었고, 그들은 백성들을 하나님께 신실하도록 인도했다. 참 선지자의 또 다른 특징은 백성들이 그가 말했던 것을 좋아하지 않았다는 것이다.

미가야가 참 선지자였다는 것을 알고 있는가?

그가 말해야만 했던 것을 아합이 좋아하지 않았기 때문이다!

아모스는 "선견자야, 네가 왔던 땅으로 돌아가라"(암 7:12)라는 말을 들었기 때문에, 당신은 그가 참 선지자였다고 알고 있다. 그들은 진리를 말했기 때문에 거절당했다. 그러므로 우리가 진리를 말할 때, 사람들은 우리를 거절할 것이다.

예수님은 팔복에서 무엇이라고 말씀하셨는가?

> 나로 말미암아 너희를 욕하고 박해하고 거짓으로 너희를 거슬러 모든 악한 말을 할 때에는 너희에게 복이 있나니 기뻐하고 즐거워하라 하늘에서 너희의 상이 큼이라(마 5:11,12).

당신이 영적으로 화려한 집단에 있고 싶다면, 얼마나 많이 거절당해 왔는지를 주의해 보라.

우리 주 예수님은 멸시당하고 거절당하셨다. 우리는 거절을 추구할 필요는 없지만, 진정한 기독교의 일부로써 이해해야 한다.

우리는 두려움을 더 큰 두려움으로 대체해야 한다. 그리스도인의 삶에서 두려움에 관한 적합한 장소가 있다. 주님을 경외하는 것이 지혜의 시작이다(잠 1:7을 보라). 사도 바울은 우리가 다 반드시 그리스도의 심판대, 연단대, 상급대 앞에 나타나게 된다고 단언했다(고후 5:10을 보라).

선하든 악하든 우리가 이룬 것들을 바탕으로 보상받을 것이다. 악(evil)이라는 의미인 '도트코르네아'(dotkornea)는 '하찮은' 또는 '무가치한'이라고 번역될 수 있다. 그리고 바울은, 우리는 주의 두려우심(terror)을 알므로 사람들을 권면한다고 말한다(고후 5:11을 보라). 여기서 우리는 하나님께 대한 거룩한 두려움에, 복음을 전하기 위한 성경적인 동기가 있음을 발견한다. 하나님께 건강한 두려움을 갖는 것은 그분의 사랑을 이해하는 것을 강화시킨다.

3) 두려움과 안락함의 영역

복음을 증거하는 문제에 있어서, 하나님은 반드시 우리를 안락함의 영역 밖으로 밀어내신다. 이 원리의 좋은 예로 내 아들 조슈아가 생각난다. 그는 자전거 보조바퀴를 좋아했지만, 그 보조바퀴를 뺄 준비가 되었다고 확신한 날이 다가왔다.

조슈아는 이것 때문에 신경이 곤두서 있었다. "아빠, 전 그렇게 생각하지 않아요"라고 그는 계속해서 나에게 말했다. 그리고 나는 "조슈아, 날 믿어도 돼. 아빤 너를 잘못 이끌지 않을 거야. 넌 이걸 할 수 있어"라고 계속 말했다.

보조바퀴를 빼고 그것들 없이 타기를 익히고 나서, 조슈아를 자전거에서 내리게 할 수 없었다. 그는 아주 잘 조종하며 훨씬 더 빠르게 타는 것이 얼마나 재미있는지 믿을 수 없었다.

전도하는 것도 그렇게 될 수 있다. 우리는 긴장하고 두려워한다. 하지만, 우리가 나가서 하나님께 영광을 돌리는 무언가를 할 때, 그것은 형언할 수 없는 기쁨이고 상급이다.

한 사람이 교회에서 자라, 교회의 모든 것에 성실하게 참석하고, 헌신된 그리스도의 제자가 되지만, 자신의 신앙을 나누는 것을 결코 배우지 않는다면, 얼마나 슬픈 일인가?

결코 복음을 전하지 않은 그리스도인들과 교회의 핵심 지도자들이 많다는 것이 말이 되는가?

그리스도가 어떻게 그들의 삶을 변화시켰는지 자신들의 간증을 단 한 명의 잃어버린 사람과도 나눈 적이 없는 오랜 신자들이 많다는 게 말이 되는가?

지도자로서 우리가 성도들에게 복음을 전하는 기쁨을 보여주지 못해서 그들이 누릴 수 있는 큰 기쁨을 빼앗고 있는 것은 아닌가?

4) 두려움 극복하기

과거 학생이자 효과적인 복음전도 목회자인 제리 데비니(Jerry Devinney)는 사람들이 복음증거에 대한 두려움을 극복하도록 돕는 두 가지 기술을 나에게 가르쳐주었다.

첫째, 제리는 사람들에게 복음을 처음 증거할 때, 먼저 그들이 몇 번이나 그리스도에 대한 전도를 받았는지를 묻는다.

대부분의 사람들은 아무도 자신들에게 복음을 증거한 사람이 없었다고 대답했다. 이것은 제리에게, 또 우리 각자에게 주어야 하는 더 큰 절박감을 준다.

많은 사람들이 그리스도께 자신의 삶을 드리지 못하는 이유는 누구도 그들에게 그 방법을 이야기하지 않았기 때문이다!

둘째, 제리가 했던 다음 일도 정신이 번쩍 들게 하는 것이었다. 그의 교회가 지역주민자치회를 세례/침례 받게 했던 어느 해에, 지난해에 얼마나 많은 사람들이 죽었는지 알아보기 위해 그 도시 장례 담당자와 조사했다.

그는 세례/침례 받은 전체 주민자치회보다도 더 많은 사람들이 그 해에 죽었음을 파악했다. 그 사실은 복음을 증거할 때 따르는 두려움에도 불구하고, 제리와 그의 교회 모두가 다른 사람들에게 말하기 위한 강력한 동기가 되었다.

2. 증거하는 만남에 접근하기

복음을 증거할 때, 많은 사람들이 세상적인 것에서 영적인 것으로 대화를 옮기는 것에 대해 어려워한다. 이때, 좋은 접근이 도움을 준다. 잃어버린 사람과의 최초의 접촉은 그리스도를 증거할 충분한 관계를 말과 행동을 통해 형성한다.

1994년 휴스턴침례대학에서 필수과목인 구약성경을 가르칠 때였다. 첫 날 그 과목에 대해 몇 가지 질문을 던진 한 젊은 여성이 눈에 띠었다. 대부분의 학생들은 수업계획서대로 강의를 끝내기를 바랐지만, 앨리슨(Allison)은 계속해서 캐물었다. 마침내, 그녀는 "저는 간호사 과정에서 실습하는 유대인이에요. 침례교소속 학교에서 히브리 성경을 공부하는 것이 매우 긴장돼요"라고 말했다.

나는 그녀를 존중하는 자세로 대해야 하겠다고 확신했다. 강의 후 그녀와 이야기할 때, 그녀가 걱정한 이유를 알았다. 다른 학교 학생 시절, 복음전도자들이 그녀에게 접근했다. 자기는 유대인이어서 관심 없다고 대답하자, 그들이 "오 그래요, 당연하죠. 당신네 유대인들이 예수님을 죽였으니까요"라고 대답했다.

이것은 최선의 접근이 아니다(not). 나는 앨리슨에게 모든 그리스도인들이 그와 같지는 않다고 말해 주었고, 그녀가 수업에서 자신의 생각을 나누도록 격려했다.

출애굽기로 들어가자, 앨리슨에게 유대인의 유월절(Passover) 의식을 설명하도록 했다.

그녀는 신나서 정신이 없었다!

양의 다리로 완성된 전체 의식, 과자, 그리고 곁들인 음식들을 설명했다. 학생들은 감탄했고, 교수는 감동을 받았으며, 앨리슨은 학과와 학교의 일원이라고 느꼈다. 강의가 계속 되면서, 나와 앨리슨은 마음을 터놓고 나눴다. 마지막 강의 시간에 앨리슨은 이렇게 말했다.

"교수님, 아시지요. 전 예수님이 메시야일 수 있다고 생각해요."

그녀는 설교를 들으려고 오기도 했다. 이사로 인해 앨리슨과 연락이 끊겼지만, 내가 했던 접근 방식은 복음에 그녀가 더 많이 열리도록 도왔다. 이런 만남은 일정 기간을 소요했지만, 한 번 증거하는 만남에서도 같을 수 있다.

1) 접근의 이유

좋은 접근 방식은 잃어버린 사람의 긴장을 풀어준다. 복음을 제시하기 앞서 친밀한 관계를 만들면, 더 마음을 끌 수 있다. 그것은 증거에 대한 두려움들을 완화시킨다. 영혼을 얻는 것(soul-winning)에 대한 한 가지 정의는 '긴장한 두 사람 간의 대화'이다.

2) 잃어버린 사람에게 접근하는 법

개인전도와 관련해서 가장 중요한 실제적인 세부사항은 이것이다. 잃어버린 사람들을 얻게 위해, 잃어버린 사람들에게 말해야 한다!
당신은 단지 2~3분 안에 다른 사람과 공통된 뭔가를 발견함으로써 친밀한 관계를 만들 수 있다. 아주 좋은 시작은 "원래 고향은 어디세요?"라고 묻는 것이다.
사랑으로 그 사람에게 다가가라.
사람들은 어리석지 않다.
관심을 갖는다면 그들도 함께 이야기할 수 있다!
복음을 제시할 때 실수할 수도 있다. 그들이 묻는 모든 질문에 대답하지 않을 수도 있다. 하지만 그들의 눈을 똑바로 쳐다보고 그들로 하여금 당신의 인생에서 중요한 어떤 일이 일어났음을 느끼게 하는 능력은 무수한 실수들을 극복할 것이다. 사람들에 대한 관심은 다른 요인들을 극복할 것이다.
울음을 터뜨리면서, 제시하는 내내 더듬거린 사람들을 알고 있다. 긴장하면서, 모든 것을 엉망으로 만들고 있음을 알았기 때문이다. 그러나 그는 누군가를 그리스도께 인도했다.
페이지 패터슨(Paige Patterson)이 학생들에게 선교 여행에 관해 말할 때, 잃어버린 사람들이 그리스도인들에 대해 말할 수 있는 네 가지가 있다고 했다.

① 이야기하고 있는 것에 대해 그리스도인 자신이 알고 있는지.
② 이야기하고 있는 것을 그리스도인 자신이 믿는지.
③ 그리스도인 자신이 그들에게 관심이 있는지.
④ 그리스도인 자신의 삶에 하나님의 기름부으심이 있는지.

허쉘 홉스(Hershel Hobbs)는 집행을 기다리던 한 상습범에 관해 이야기했다. 몇몇 목회자와 사역자들이 그에게 전도하려고 애를 썼다. 그들은 그가 죄인이라는 것과 얼마나 그에게 구원이 필요한지에 집중했다. 이것은 더욱 그의 마음을 더 굳어지게 했다. 그 후 한 평신도가 그를 보러 왔다.

그는 함께 앉아, "당신과 저는 끔찍한 곤경에 빠져있네요. 그렇지 않나요?"라고 말했다. 그 상습범에 대한 겸손한 평신도의 공감은 그에게 눈물을 흘리게 했다. 이내 그는 자신의 죄를 회개했고 구원의 주를 받아들였다.[2]

(1) 기도의 영으로 그 사람에게 다가가라

> 마땅히 할 말을 성령이 곧 그 때에 너희에게 가르치시리라 하시니라 (눅 12:12).

우리의 노력은 성령의 일하심과 함께한다.

(2) 기대하며 그 사람에게 다가가라

그 사람이 관심을 가질 것을 믿으라.

휴스턴에서 한 학생이 자신의 점수에 대해 질문하러 내 사무실을 방문했다. 사브리나(Sabrina)에게 영적인 것들에 대해 생각해 본 적이 있는지 물었을 때,

---

2 Herschel Hobbs, *New Testament Evangelism* (Nashville: Convention Press, 1960), 114.

"예"라고 대답했다. 나는 그녀와 함께 그리스도에 대해 나누었고, 그녀가 자신의 삶을 그리스도께 드리자, 우리는 사무실 안에서 무릎을 꿇었다.

(3) 성령님께 민감하라

복음을 증거하면 할수록, 당신은 성령님께 경청하는 것을 익힐 것이다. 당신이 형편없는 접근을 할지라도, 하나님은 여전히 당신을 사용할 수 있다. 빌 브라이트(Bill Bright)는 우리가 복음을 증거하지 않는 한, 복음증거에 실패한다고 말했다.

증거함으로써 증거하는 것을 배운다.

또한 나는 복음전도는 배우는 것 이상으로 붙잡히는 것(caught)이라고 다시 말할 것이다. 뉴 햄프셔 주의 클레어몬트(Claremont, New Hampshire)에서, 나는 그 도시의 아파트 중개업자인 엘린(Eleen)을 만났다. 나는 그녀에게, "당신은 이 지역을 잘 알죠. 가장 많이 필요한 것이 뭔가요?"라고 물었다.

그녀는 곧바로 "여기는 수많은 절망이 있어요"라고 대답했다. 나는 그녀에게 (그녀의 주의를 끌었던) 표지에, '여기 희망이 있습니다'(Here's Hope)라고 쓰여진 소책자를 주었다.

"사람들에게 예수님의 희망에 대해 이야기하러 왔습니다"라고 그녀에게 말했다. 그녀는 회복중인 알코올 중독자였고, 아파트 중개보다 상담을 더 많이 하고 있었다.

즉시 나의 간증을 나누자 그녀는 모호한 하나님을 모호하게 믿는다고 대답했다. 그녀는 한번도 명확한 복음 제시를 듣지 못했다.

그녀와 함께 복음을 나눈 후, "예수 그리스도는 나의 인생을 근본적으로 바꾸셨어요"라고 나는 말했다. 그녀는 "저도 이제 그분이 그렇게 하신다고 말할 수 있어요!"라고 대답했다. 나는 그녀를 그리스도께 인도하지 못했지만, 그것은 많은 사람들이 영적인 문제들에 대해 이야기 하는 또 다른 사례였다.

3) 훌륭한 접근의 모범들

몇몇 기본적인 모범들을 익히는 것은 자신감을 줄 수 있다. 사람이 취하는 접근은, 예수님과 니고데모처럼, 형식적(formal)일 수 있다.

정공법으로 말하는 것을 두려워하지 말라.

나는 학생들에게 복음 소책자들을 가져가, 다음과 같이 단순하게 말하라고 가르쳤다.

"제가 이 소책자를 누군가에게 읽어 주어야 한다고 말한 이런 미친 교수가 있어요. 제가 이걸 당신에게 읽어 드려도 될까요?"

한 학생이 그렇게 한 후, 눈물을 흘리며 수업에 들어왔다. 이런 식의 정공법적 접근이 어떤 사람을 그리스도께 인도하는 문을 열었다. 또한 우리는 예수님이 사마리아 여인(요 4장을 보라)과 삭개오(눅 19장을 보라)에게 하셨던 것처럼, 형식에 얽매이지 않을(informal) 수 있다.

여기 복음증거를 위해 사람들에게 쉽게 접근하기 위한 세 가지 간단한 방안들이 있다. 그것은 다음과 같다

① 탐색하라.
② 자극하라.
③ 나누라.[3]

(1) 탐색하라

다른 사람으로 하여금 알게 되라.

질문하라.

---

3 나는 이 모형에 대해 내 친구 Southern Seminary의 Tim Beougher에게 감사한다.

경청하라.

집중하라.

(2) 자극하라

그들의 관심을 일으키라.

다음과 같은 간단한 질문들이 효과적이다.

① 종교와 기독교의 차이에 대해 이야기하고 싶으세요?
② 어느 교회에 나가세요?
③ 요즘 영적인 것들에 대해 생각해 본 적 있으세요?
④ 예수 그리스도와 인격적인 관계를 갖고 있나요?
   아니면 아직 그러려고 노력 중에 있나요?
   이 질문은 매우 효과적이다!
⑤ 당신 생각에, 무엇이 진정한 그리스도인인가요?
⑥ (   )을 어떻게 생각하는가?(하나님, 예수님, 성경)
⑦ 예수 그리스도가 누구였다고 생각하세요?
⑧ 우리 잠깐 친구가 됐죠.
   내가 당신과 제 인생에서 아주 중요한 부분을 함께 나눌 수 있을까요?

마지막 질문은 여러 해 동안 알아왔지만, 한 번도 증거한 적이 없는 대상에게 좋다. 테네시(Tennessee)에 사는 한 사업가가 "나는 수년 동안 직장생활을 했고, 사람들은 내가 그리스도인이라는 것을 알고 있어요. 하지만, 내가 한 번도 복음을 증거해 본적이 없는 친구들도 있어요. 그들에게 어떻게 증거해야 할까요?"라고 나에게 말했다. 나는 그가 정말로 그것을 알고 싶어한다고 느꼈다. 그의 기억 속에는 특별한 한 사람이 있었다. 나는 그를 밥(Bob)이라고 부르겠다.

"밥을 위해 뭘 해야 할지 설명해 볼께요. 먼저 내일 교회에 가세요. 당신 인생을 그리스도께 다시 헌신하기 위해 앞으로 나가세요. 그리고 되어야 할 증인이 되지 못했음을 말하세요. 그것을 전 교인에게 이야기 하세요. 그리고 월요일 아침에, 밥에게 잠시 동안 이야기할 수 있는지 물어보세요. 그리고 그에게 이렇게 이야기하세요.

'밥, 제가 당신에게 하지 못한 것이 있어서 사과하고 싶어요.

어제 저는 교회 앞에 나가 내가 옳지 않았고, 유감을 이야기했어요. 나는 당신이 내게 일어났던 가장 엄청난 일을 알기를 원해요.'

그 다음에, 당신의 간증을 바로 이야기하세요"라고 대답했다.

(3) 나누라

그들의 필요에 반응하라.

그들이 있는 곳에 복음을 적용하라.

당신이 증거하고 함께 나누려고 접근할 때, 아크로스틱(acrostic:보통 각 행의 첫 글자를 아래로 연결하면 특정한 어구가 되게 쓴 시나 글-편집자주)은당신을 돕기 위한 간단한 기억장치이다. 전도폭발(Evangelism Explosion, EE)과 연속증거훈련(Continuing Witness Training, CWT) 둘 다 이것을 사용한다(어떻게 CWT가 아크로스틱을 사용하는지 다음을보라).

4) 개인 간증

개인 간증은 복음제시로 연결하는 최선의 방법이다. "당신은 어디 출신이세요?"라고 물을 수 있다.

그들이 대답하고 나면 "흥미롭군요. 저는... 출신이에요"라고 말하라.

"이런 일이 일어난 적이 있나요?"라고 말한 다음, 당신의 간증으로 이동하라.

그들에게 확실한 간증이 없다면, 복음으로 이동하라.

[연속증거 훈련(Continuing Witness Training)[4]모범 제시]

F.I.R.E.아크로스틱:

A. 가족(Family)

[특별한 취미가 있으세요?]

　1. 관심사(Interests)

[언제 교회에 가세요, 어디로 출석하세요?]

　2. 종교적인 배경(Religious Background)

[질문하나 드려도 될까요?]

　3. 탐색질문(Exploratory Questions)

　a. 당신이 이 세상을 떠난다면, 영생을 얻고 천국에 들어 갈 것을 확신하세요?[성경에 의하면(요일 5:13). 이제 저는 영생을 얻었고 이 세상을 떠난다면, 천국에 들어갈 것을 확신하고 있습니다. 제가 질문하나 더 드려도 될까요?]

　b. 당신이 바로 지금 하나님 앞에 섰는데, 하나님이 당신에게, '내가 너를 나의 천국에 들어오게 해야 할 이유가 무엇이겠느냐?'라고 물으신다면, 무엇이라고 대답하겠어요?[하나님은 우리를 사랑하시고 우리의 삶을 위한 목적을 가지고 계십니다. 성경은 그것을 이렇게 말씀하고 있어요(요 3:16). 하나님의 뜻은 우리가 영생을 얻는 것입니다.]

5) 섬김전도

　친절함이라는 단순한 행동은 복음을 소개하는 놀라운 방법을 제공한다. 이 특별한 접근법은 다음 장에서 자세히 설명될 것이다.

4　Continuing Witness Training, Home Mission Board, Atlanta, Georgia의 허락에 의해 사용됨.

3. 개인전도를 위한 효과적인 도구들

1) 구별된 신약성경

복음전도자를 훈련하는 나의 첫 번째 방법은 그들에게 신약성경에 표시하는 것을 보여주는 것이었다. 그리스도를 함께 나눌 때, 증인을 돕기 위해 이미 표시된 많은 훌륭한 성경들이 있다. 더 최근의 예로는 예수를 나누는 사람들(People Sharing Jesus) 신약성경이 있다.

[CWT 모델]

1. 복음

　A. 하나님의 뜻(God's Purpose)
　　① 우리는 무료 선물로 영생을 받습니다(롬 6:23).
　　② 우리는 바로 지금 완전하고 의미 있는 인생을 살 수 있습니다(요10:10).
　　③ 우리는 천국에서 예수님과 함께 영원히 살 것입니다(요 14:3).
　　[저는 인생에서 실제적인 의미를 찾았을 때, 저의 죄된 속성이 제 인생을 향한 하나님의 뜻을 이루지 못하게 한다는 것을 알았어요.]

　B. 우리의 필요(Our Need)
　　① 우리는 본질적으로 또 자의적으로도 모두 죄인들입니다(롬 3:23).
　　② 우리는 스스로를 구원할 수 없습니다(엡 2:9).
　　③ 우리는 죽어 지옥에 가는 것이 마땅합니다(롬 6:23).
　　[하나님은 거룩하고 의로우셔서 우리를 벌하셔야 해요. 하지만 우

리를 사랑하셔서 우리의 죄를 용서해 주셨어요. 예수님께서 말씀하셨어요(요 14:6).]

C. 하나님의 공급(God's Provision)

① 예수님은 하나님이시고 사람이 되셨습니다(요 1:1,14).
② 예수님은 우리를 위해 십자가에서 죽으셨습니다(벧전 3:18).
③ 예수님은 죽은 자들로 부터 다시 살아나셨습니다(롬 4:25).
[예수님이 우리 인생에 영향을 미치는 유일한 방법은 우리가 그분을 영접하는 것이에요. 성경에 의하면(요 1:12).]

D. 우리의 반응(Our Response)

① 우리는 우리의 죄를 회개해야 합니다(행3:19).
   a. 회개는 단지 죄에 대한 미안함을 느끼는 것이 아닙니다(행 6:20).
   b. 회개는 죄에서 돌이켜 예수님을 통해 하나님께 돌아오는 것입니다.
② 우리는 예수님을 믿어야 합니다(엡 2:8).
   a. 믿음은 단지 예수님에 관한 사실들을 믿는 것이 아닙니다(약 2:19).
   b. 믿음은 예수님을 신뢰하는 것입니다.
③ 우리는 주님이신 예수님께 항복해야 합니다(롬 10:9-10).
   a. 주님이신 예수님께 항복하는 것은 단지 예수님께 우리의 삶을 드린다고 말하는 것만이 아닙니다(마 7:21).
   b. 주님이신 예수님께 항복하는 것은 예수님이 우리의 삶을 지배하시도록 내어드리는 것입니다.
[예수님이 지배하시도록 하는 증거로, 그분과 함께 확인하기 원합니다. 신약성경의 방식은 예수님을 공적으로 고백하고 세례/침례를 받고 등록교인이 되어 그분을 따르는 것입니다]

2. 헌신으로 이끌기

A. 헌신 질문들

① 이동 질문: 우리가 이야기 한 내용이 이해가 되세요?

② 의향 질문: 하나님이 주시는 영생의 선물을 기꺼이 받지 못할 이유가 있으세요?

③ 헌신 질문: 바로 지금 기꺼이 죄로부터 돌이켜 예수님을 믿으시겠어요?

B. 설명: 예수님을 받아들이기 위해 당신은

① 죄를 회개해야 합니다.

② 예수님을 믿어야 합니다.

③ 주 예수님께 항복해야 합니다.

[우리 고개를 숙여볼까요. 제가 기도할게요.]

C. 기도

① 이해를 위한 기도

[성경은 말씀하기를(롬 10:13)[만일 당신이 진실로 주님께서 당신에게 영생을 주기를 원한다면, 그분께 크게 말씀하세요.]

② 헌신의 기도

[하나님의 가족이 되신 것을 환영합니다. 당신의 인생에서 가장 중요한 결정을 하셨어요. 당신은 구원받고 영생이 있음을 확신할 수 있습니다.]

③ 감사의 기도

[당신의 삶에서 예수님을 영접한 것은 단지 놀라운 경험의 시작입니다. 『하나님의 가족이 된 것을 환영합니다』(Welcome to God's

Family)라는 소책자를 읽고, 어떻게 당신이 영생을 있는 수 있는지 확신할 수 있고 어떻게 그리스도인으로서 성장할 수 있는지 볼까요.]

3. 즉석 양육

2) 전도지

처음으로 그리스도께 인도했던 사람에게, 나는 대학생선교회(CCC)에서 제작한 『사영리』(Four Spiritual Laws) 소책자를 사용했다. 스펄전은 어떤 다른 수단보다도 전도지 때문에 더 많은 사람들이 천국에 있다고 말했다. 전도지는 계속 증언하기 때문 뿐 아니라 그것을 사람들에 남겨, 나중에 읽고 반응할 수 있기 때문에도 가치가 있다. 복음을 증거할 때, 전도지 사용을 위한 여섯 가지 유용한 원리들이 있다.

① 읽어보지 않은 전도지를 절대로 사용하지 말라(어떤 것들은 신학적으로 취약하다).
② 간단명료한 것이 바람직하다.
③ 시선을 끄는 전도지를 사용하라.
④ 내용에 대해 열중하라.
⑤ 전도지가 복음의 사실을 제시한다는 확신을 가져라.
⑥ 전도지는 특히 회개와 믿음을 강조하면서, 한 사람이 그리스도인이 되는 과정을 설명해야 한다.

3) 암송해서 제시하기

암송제시의 가장 좋은 예는 전도폭발(EE, Evangelism Explosion)과 연속증거훈련(CWT)에서 얻을 수 있다. FAITH라고 칭하는 새로운 접근은, 그리스도를 나눌 때 도움이 될 만한 아크로스틱으로 이 단어를 사용한다.

어떤 사람들은 그런 방법들이 통조림으로 가공되는(caned) 것과 같기 때문에 암송 제시를 비판한다. 내 경험상, 전도자가 메시지를 듣는 사람에게 관심이 없다면, 표시된 신약성경, 전도지나 간증 등 어떤(any) 복음 제시도 통조림으로 가공된 것과 같다. 하지만, 이러한 접근 방식이 제공하는 훈련은 개인전도로 많은 신자들이 성장하도록 도와왔다(CWT 모델을 보라).

CWT, EE, FAITH, 빌리 그레이엄의 자료들, 또는 어떤 다른 접근 방식을 사용하든지에 상관없이, 당신이 사용하는 제시가 그리스도의 사역과 성경적인 반응(회개와 믿음)뿐만 아니라 잃은 사람의 필요를 두드러지게 한다는 것을 확신하라.

누구도 자신이 잃어버린 존재이며 구원이 필요함을 깨닫지 못한다면, 구원받을 수 없다. 하나님의 법은 우리에게 구원을 위한 필요와 스스로를 구원하기에 부족함을 보여주려는 목적을 가진다. 우리는 누군가가 '기도를 기도하게'(pray the prayer) 하려고 시도하지 않는다. 개개인이 자신을 창조하신 그 하나님을 만나도록 도우려고 애쓸 뿐이다.

나는 당신이 다른 사람에게 복음증거를 훈련시키는 것을 격려하겠다. 증거할 신자들을 가르치기 위해 도움이 되는 방법은 역할놀이를 통해서이다. 나는 누군가가 십대 시절 나에게 복음을 증거하고 나누는 역할을 하는 방법을 가르쳐 주었으면 좋았겠다는 생각이 든다.

나는 리더였고 캠퍼스에서 인기있었으며, 그리스도인이기 때문에 나의 친구들 중에 이삼십 명을 그리스도께 인도할 수 있을 것이라 믿었다. 나는 그리스도인과 비그리스도인 모두 친구들이 많았지만, 일대일로 복음을 명확하게 소통할지 그 방법을 몰랐다.

나는 사람들이 교회에 오게 할 수 있었고 내 친구들 중 몇 사람이 그리스도께 오는 것을 보았지만, 누군가가 나를 훈련시켰으면 얼마나 좋았겠는가! 대학생 신입생 때가 되서야, 누군가가 나에게 그 방법을 가르쳐 주었고 그것은 나의 삶을 변화시켰다. 내가 지역 교회를 섬길 때, 때때로 나는 실습훈련을 위해 그것을 이용하곤 했다. 모든 사람에게 소책자를 주고, 서로 다소의 역할놀이 시간을 갖도록 했다.

나는 목회자이자 교회 직원이 된 후부터 누군가가 복음을 증거하는 것을 감독하기 시작했다.

나는 누군가 다른 사람을 지켜보는 것의 중요성을 확신한다. 때때로 나는 목사님과 함께 밖에 나가 증거하고, "당신을 한번 지켜보겠습니다. 저는 여전히 배울 것이 많습니다. 그리고 나서 당신이 저를 지켜보고 그것에 대해 이야기해 주세요"라고 말할 것이다. 그것이 내가 CWT 에 대해 좋아하는 이유이다.

당신은 거기 밖에서 실제로 증거한다. 사람들은 그런 당신을 지켜 볼 수 있다. 물론 당신도 그들을 지켜 볼 수 있다. 그 다음 당신은 그것에 대해 그들과 이야기할 수 있다. 이것은 효과적인 학습과 효과적인 증거로 이르게 한다.

4. 복음 제시: 결정으로 이끌기

우리는 하나님과 다른 사람에게 가능한 언제든지 결정을 요청할 의무가 있다. 때때로 이것은 시간이나 방해 때문에 이행될 수 없다. 그러나 결정을 요구하지 않는 복음 제시는 불완전하다. 복음을 지적으로 아는 것은 구원이 아니다. 우리는 그물을 끌어당길 기회를 찾아야 한다.

그리스도께 헌신하도록 사람들을 도울 때, 우리가 늘 그들의 마음에 일어나고 있는 것을 결정할 수 없다는 것을 기억해야 한다. 우리는 메시지를 설명하고, 그들을 위해 기도하며, 성령의 지도력을 믿어야 한다. CWT 제시에서 사용된 질문들은 큰 도움이 되기 때문에 여기에서 반복된다('헌신으로 이끌기'를 보라).

[헌신으로 이끌기]

A. 헌신 질문

① 전환 질문: 우리가 이야기 한 내용이 이해가 되세요?

② 결신 질문: 하나님의 영생의 선물을 받지 못할 이유가 있으세요?

③ 헌신 질문: 바로 지금 죄로부터 돌이켜 기꺼이 예수님을 믿으시겠어요?

B. 설명: 예수님을 받아들이기 위해 당신은

① 죄를 회개해야 합니다.

② 예수님을 믿어야 합니다.

③ 주님으로서 예수님께 항복해야 합니다.

[이동: 고개를 숙이겠습니다. 제가 기도할게요.]

C. 기도

① 이해를 위한 기도

[전환: 성경은 말씀하기를(롬 10:13)[만일 당신이 진실로 주님께서 당신에게 영생을 주기를 원한다면, 그분께 크게 말씀하세요.]

② 헌신의 기도

[전환: 하나님의 가족이 되신 것을 환영합니다. 당신의 인생에서 가장 중요한 결정을 하셨어요. 당신은 확실히 구원받고 영생을 얻을 수 있습니다.]

③ 감사의 기도

[전환: 당신의 삶에서 예수님을 영접하는 것은 다만 놀라운 경험의 시작입니다. 『하나님의 가족을 환영합니다』(Welcome to God's Family)라는 소책자를 읽고 어떻게 당신이 영생을 얻을 수 있는지

확신할 수 있고 어떻게 그리스도인으로서 성장할 수 있는지 보겠습니다.]

그 사람이 할 수 있는 헌신을 설명하라.

소책자를 사용할 때, 하나님을 알고 싶어 하는지 물어 보고, 그 사람에게 기도를 읽어주라.

다른 사람에게 기독교는 의식이 아니라 관계라는 것을 상기시켜라.

그들은 하나님께 개인적으로 이야기하고 싶어한다.

세 번째 접근 방식은 드물게 그리고 주의해서 사용되어야 한다. 성경은 '죄인의 기도'를 규정하지 않았다. 그래서 어떤 공식이 요구되지 않는다. 그러나 성경은 잃어버린 사람이 구원을 위해 기도할 때 하나님께 부르짖기를 가르친다(롬 10:9,13). 그래서 죄인의 기도는 성경에서 가져올 수 있다. 의지의 태도보다 말씀 암송을 더 강조하는 것은 위험하다.

더구나 나는 성경에서 발견되지 않은 개념인 '예수님을 당신의 마음에 영접하는 것' 같은 그런 전문 용어를 피하곤 한다. 회개와 믿음은 조건들이다. 더욱이, 구원의 선물을 받는 것은 성경적으로 타당한 표현이다. 질문은 내가 예수님을 받아들이는가가 아니라 예수님이 나를 받아 주시는가?이다. 감사하게도, 우리가 회개와 믿음으로 나올 때, 그 대답은 'yes'이다.

5. 효과적인 양육을 위한 기초

사람이 신자가 될 때, 그 사람은 하나님 나라에서 태어난다. 하지만 그는 영적으로 양육되어야 할 아기이다. 즉석 양육은 영적인 유아기에 있는 새신자를 도울 수 있다. 교회는 양육을 소홀히 해 오고 있다. 우리는 어떻게 자랄지 불확실한 갓난 아이 같은 한 세대의 그리스도인을 오도가도 못하게 좌초된 채 남겨

두었다. 웨이론 무어(Waylon Moore)는 이런 주제에 관한 자신의 책에서, 양육에 관한 다음 요지를 만든다.

> 양육은 복음전도 열매의 보존, 발육 그리고 수확이다. 성경을 보면 얻는 것과 세우는 것은 나뉘지 않고 함께 연결된다. 양육 없이 지속된 신약의 어떤 복음전도도 존재하지 않는다. 그것들은 사람들에게 이르러 그리스도의 실질적인 제자를 만들기 위한 하나님의 '양날의 검'이다.[5]

양육이라는 주제를 다루는데 있어서 알아야할 두 가지 극단이 있다.

첫째, 새로운 그리스도인의 성장이 사실상 보장된 가장 이상적인 배경에서 증거가 발생하는 양육을 강조하는 극단이다.

우리는 빌립이 에디오피아 내시의 성장을 도우려고 그와 함께 머무를 수 없었을지라도, 그리스도를 그와 함께 나누었던 것을 기억해야 한다(행 8장).

둘째, 극단적으로 복음전도적이지만, 새로운 그리스도인의 양육에 관심이 적은 사람들이 있다.

이 극단은 예수님이 하셨던 것 같은 제자들이 아니라 결정들을 강조한다.

1) 즉석 양육에서 실천적인 단계

(1) 자신감을 갖고 새신자를 도우라
회개한 후 당신이 먼저 감사기도를 드리라.
그 다음에 새 신자가 자신의 말로 하나님께 감사하도록 하라.

---

[5] Waylon B. Moore, *New Testament Follow-Up* (Grand Rapids: Eermans, 1963), 17.

나는 어린아이 같은 그리스도인에 의해 언급된 멋지고, 간결하고, 정직한 기도를 들었다.

그 때 간단히 그들과 함께 헌신을 점검하라.

하늘이 그들의 헌신을 기뻐한다는 것을 상기시켜 그들을 격려하라.

(2) 그리스도인의 삶에 특별한 지침을 주라

많은 소책자들이 이것을 잘한다.

새신자가 성경공부와 기도, 이런 사람의 구원을 기뻐하는 사람의 이름 그리고 복음을 들어야 하는 사람들의 이름들을 위해 최선의 시간을 찾도록 도우라.

2) 양육을 위한 성경적인 방식

웨이론 무어(Waylon B. Moore)는 신약의 양육에 있어서 네 가지 요소를 나열한다.

① 개인접촉
② 개인기도
③ 개인대표
④ 개인반응[6]

양육은 복음전도의 적절한 이해로 시작한다. 제자들보다 결정권자들에게 집중하는 복음전도에 대한 정의에 따라 활동하는 교회는 양육을 강조하지 않을 것이다. 양육은 사교적 친교를 형성하므로 도움을 받는다. 프로그램만으로는 바로 잡지 못한다.

6　Ibid., 29-36.

회중 안에 친근함의 분위기를 일으키라.

교회에서 새신자가 첫해에 일곱 명의 친구를 만들지 못하면, 그 사람은 거기에 머물지 못할 것이라는 통계가 있다. 새로운 그리스도인들은 훌륭한 롤 모델이 필요하다.

새로운 회심자가 되기를 원하는 롤 모델이 되라.

기쁨이 충만하면서도 능동적인 교회는 양육을 위한 훌륭한 분위기를 제공한다.

또한 새신자들이 복음을 증거하도록 밖으로 데리고 가라.

이것은 대단한 양육이다.

또한 주일학교, 더 많은 사역 등 효과적인 양육을 위해 현재의 조직을 강화할 수 있는 방식을 찾으라.

CWT는 주일학교를 통한 위로자계획(Encourager Plan)이라고 불리우는 양육접근법이 있다.

그리스도인의 생활지침이 들어있는 소책자 『초신자 단계』(*Beginning Steps*) 같은 새로운 회심자들을 위한 도구를 제공하라.

다음 요점들이 이런 자료에 포함된다.

① 자신감
② 세례/침례, 등록교인
③ 성경공부
④ 기도
⑤ 공예배/교제
⑥ 증거
⑦ 제자훈련

6. 적용

한 강사가 고인이 된 연예인 지미 두란테(Jimmy Durante)에 대해 들려주었다. 그는 가끔 전쟁 시절 군대를 방문하여 그들을 즐겁게 만들어 주었다. 한 번은 그가 군병원을 방문하고 있었다. 행정관이 그에게 짧은 쇼를 해줄 것을 요청했다. 두란테는 약속 때문에 떠나야 한다고 말했지만, 행정관은 고집을 피웠다. 두란테는 "5분만입니다. 하지만 그 뒤에는 가봐야 합니다"라고 동의했다.

아프고 다친 사람들을 강당으로 데리고 왔다. 두란테는 간단한 쇼를 했고, 군중들은 박수치며 아낌없이 환호했다. 물론 그 코미디언은 떠나지 않고 한 시간 내내 계속했다. 마냥 행복한 행정관은 그에게 왜 그렇게 길게 머물렀는지 물었다.

두란테는 이렇게 말했다.

> 내가 첫 번째 쇼를 했을 때, 앞줄에 있는 두 사람을 보았습니다. 왼쪽 사람은 오른 팔을 잃고, 오른쪽 사람은 왼 팔을 잃은 사람이었습니다. 그들은 박수칠 때, 한 사람 같았습니다. 너무 감동 받아서, 떠날 수 없었습니다.

복음전도에서 우리가 주는 것은 우리가 앞으로 받을 것과 비교되지 않는다는 것을 알 때, 우리는 기꺼이 복음을 나눌 것이다.

복음을 제시하는 것이 당신의 생활방식의 일부분인가?

세상에서 당신만이 유일한 그리스도인이라고 잠시 가정해 보라.

당신이 증거하지 않으면 이웃, 직장동료, 가족, 또는 친구들 중 당신이 아는 어떤 사람도 구원받지 못한다.

당신이 계속해서 현재 수준으로 증거한다면, 그들 중에 그리스도께 나올 수 있는 사람들이 얼마나 될까?

참고문헌

Fay, William and Ralph Hodge. *Share Jesus without Fear*. Nashville: LifeWay Press, 1997.

McCloskey, Mark. *Tell it Often, Tell It Well*. San Bernardino: Here's Life, 1985.

Little, Paul. *How to Give Away Your Faith*. Downers Grove: InterVarsity Press, 1966.

Robinson, Darrell. *People Sharing Jesus*. Nashville: Thomas Nelson, 1995.

"Eternal Life" booklet. Available through the North American Mission Board, 4200 North Point Parkway, Alpharetta, GA 30022-4176.

제12장
예배당을 나와 현실 속으로:
개인전도를 위해 동원하기

개인전도는 최고의 기쁜 소식이거나 혹은 최고의 나쁜 소식의 상황이다. 이것은 여러 해 동안 홀로 살았던 한 미혼남의 이야기를 기억나게 한다. 어느 날 그가 그의 아버지를 불렀다.

"아빠, 기쁜 소식과 나쁜 소식이 있어요"라고 그가 말했다.

"먼저 기쁜 소식을 말해 보렴"이라고 그의 아버지가 대답했다.

"드디어 제가 결혼했어요."

"잘 됐구나, 아들아."

"하지만, 아빠, 제 아내는 너무 못생겼어요."

"안 됐구나, 아들아."

"하지만, 아빠, 제 아내는 부자예요."

"그래, 잘 됐구나, 아들아."

"하지만, 제 아내는 너무 인색해요."

"오, 안 됐구나, 아들아."

"하지만 그녀는 나에게 크고 아름다운 집을 지어주었어요."

"정말 잘 됐구나, 아들아."

"하지만 그 집은 불에 타 버렸어요."

"너무 안 됐구나, 아들아."

"하지만 불에 탈 때 그 집에 제 아내가 있었어요.."

아버지는 뭐라고 말 할지 몰랐다!

같은 맥락에서, 많은 그리스도인이 복음을 믿지만 마치 나쁜 소식을 나누는 것처럼 행동한다. 많은 그리스도인은 증거하고 싶어하지만, 다만 무슨 말을 할지 모른다. 그러나 더 중요한 것은 무엇을 증거할지 알지만 증언하지 않는 그리스도인의 수이다.

우리가 예배당을 벗어난 현실 속에서 어떻게 사람들을 구원할까?

개인전도에 관한한, 신자들은 헌신의 수준이 다르다. 보통 기존 교회에 소속된 많은 사람들은 증거하는 것에 흥미가 없다. 이런 그룹은 준비되진 못한 교회 출석자들로 구성되어 있다(표 12.1).

[표 12.1]

준비되지 않은 교회 출석자들

이런 사람들에게 기독교는 '열정'(passion)이 아니라 '취미'(pastime)이다. 한결같이 열매가 없다. 사실상, 이런 사람들 중 많은 수가 회심지 않았을 수 있기에 스스로 복음전도를 받는 주체가 되어야 한다. 그외 사람들도 영적인 유아이고, 어떤 사람들은 여전히 육신의 삶을 살고 있다. 이 그룹은 기독교가 근본적인 그리스도인의 삶을 요구한다는 것을 깨달아야 한다.

그들은 진정한 성경적인 부흥이 필요하다!

그것이 본서의 처음 두 부분에 세워진 기초 위에 지역 교회에서 복음전도가 일으켜 세워져야 하는 이유이고 기도집회 같은 영적인 강조들이 복음전도에 결합되어야 하는 이유이다.

다음 집단은 진정으로 그리스도를 만났던 그런 신자들로 구성되어 있다. 그들은 그분을 사랑하지만, 실제로 그분을 어떻게 다른 사람들과 나누어야 할지 한 번도 배우지 못했다(표 12.2). 주로 그들은 그것을 자신들의 일로 여기지 않거나 단지 어떻게 전도할지 모르기 때문에, 개인복음전도는 결코 그들의 우선 순위가 아니다.

그들의 숫자는 군단처럼 많다. 나는 이 그룹이 그리스도를 위해 온 세상에 도달할 열쇠를 지니고 있다고 확신한다. 이런 사람들은 영혼 구원에 대한 끊임없이 지속적인 동기부여와 훈련이 필요하다.

복음증거 훈련을 위한 필요에 대하여 더 많은 것은 뒤에서 살펴보기로 하자.

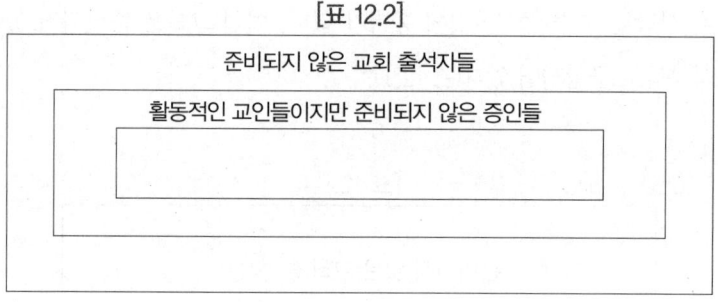

[표 12.2]

준비되지 않은 교회 출석자들

활동적인 교인들이지만 준비되지 않은 증인들

즉각적이고 중대한 영향력을 끼칠 가장 위대한 기회를 살릴 또 다른 그룹이 있다. 이들은 그리스도를 알 뿐만 아니라 그분이 알려지게 하는 것이 명령이라고 믿는 복음주의 교회의 다수의 활동적이며 거듭난 교인들이다(표 12.3). 그들은 전도폭발, CWT, 빌리 그레이엄 스쿨, 혹은 다른 도구를 통해 복음을 증거하도록 준비되어 온 적절한 시점에 있다. 궁지로 몰리면, 그들은 누군가를 그리스도께 인도할 수 있다.

[표 12.3]

```
┌─────────────────────────────────────────────┐
│     활동적인 교인들이지만 준비되지 않은 증인들     │
│   ┌─────────────────────────────────────┐   │
│   │      준비되었지만 꾸준하지 않은         │   │
│   │   ┌─────────────────────────────┐   │   │
│   │   │    준비되지 않은 교회 출석자들   │   │   │
│   │   └─────────────────────────────┘   │   │
│   └─────────────────────────────────────┘   │
└─────────────────────────────────────────────┘
```

물론 이 세 번째 그룹에는 단 한 가지 문제가 있다. 그들이 그리스도를 어떻게 나누어야 할지 알긴 해도, 대부분은 그것을 하지 못한다.

이런 신자들의 군대가 전쟁에 갑자기 행진해 나가는 것를 생각해 보자.

나는 이 같은 사람들에게 복음증거 훈련을 수백 번 해왔다. 우리가 직면한 가장 큰 장애물은 훈련 방법이 아니다. 그것은 여기저기 돌아다니도록 사람들에게 동기부여하는 방법의 발견이다. 따라서 전쟁에 나갈 준비된 군인을 얻는 것은 아마도 교회 지도자들에게 닥친 가장 큰 도전이다.

통계적으로 자신들의 믿음을 변함없이 나누는 적은 소수의 마지막 그룹의 신자들은 3%에서 5% 정도다. 목표는 점점 많은 사람들이 핵심 중인 그룹의 일부가 되기까지 각 그룹 사람들을 앞으로 정진하게 하는 것이다(표 12.4).

[표 12.4]

```
┌─────────────────────────────────────────────┐
│     활동적인 교인들이지만 준비되지 않은 증인들     │
│   ┌─────────────────────────────────────┐   │
│   │      준비되었지만 꾸준하지 않은         │   │
│   │   ┌─────────────────────────────┐   │   │
│   │   │   목표–준비되고 활동적인 증인    │   │   │
│   │   │  ┌───────────────────────┐  │   │   │
│   │   │  │  준비되지 않은 교회 출석자들 │  │   │   │
│   │   │  └───────────────────────┘  │   │   │
│   │   └─────────────────────────────┘   │   │
│   └─────────────────────────────────────┘   │
└─────────────────────────────────────────────┘
```

어떻게 교회가 신자들을 복음의 지식을 증언하도록 행동으로 전진하게 할 수 있는가?

어떻게 우리는 준비된 일꾼들이 현관을 떠나 수확의 현장으로 들어가게 할 것인가?

1. 수확에 참여하는 증인들의 전통적인 수단

개인 전도자들은 전통적으로 세 가지 다른 방식으로 잃어버린 세상 속으로 보내졌다.

첫째, 지정방문(assignment visitation, 가능성 있는 사람들을 방문하는 것, 가가호호 조사, 등).

둘째, 관계전도(relational evangelism, 그리스도께 오도록 돕기 위한 시각으로 개개인과 관계를 맺는 것).

셋째, 생활방식전도(lifestyle evangelism, 만난 사람들과 계속해서 그리스도를 나누는 것).

이런 세 가지 접근법은 성경적이고 실제적이다. 하지만, 나는 이런 세 가지 방법들을 통해 할 수 있는 또 다른 접근법을 말하고 싶다. 이 개념은 여러 해 동안 개인전도에 영향을 미친 가장 흥미로운 것이다.

그것은 **섬김전도**(servanthood evangelism)라고 불려진다. 그것은 신자들을 꾸준히 전도하는 특징을 가진 성경적인 생활방식에 더 가깝게 움직이게 하기 위한 가장 간단하고, 가장 쉽게 이동할 수 있으며, 가장 기뻐할 수 있는 접근법이다.

2. 섬김전도

섬김전도는 단순한 친절한 행동과 의도적인 개인전도의 결합이다.[1] 나는 내가 그 개념을 만들었다고 말할 수 있었으면 좋겠다. 나는 여러 해의 학업 연구에서나 놀라운 경험들에서, 또는 혁신적인 재능에서 나온 발견들을 말하고 싶다. 하지만, 그것은 그 어떤 것에서도 나오지 않았다.

사실, 이런 접근법은 신약성경만큼 오래되었다. 나는 남동신학교의 개인전도 강의에서 필요에 의해 처음으로 그것을 사용했다. 인디애나 주 침례교단 복음전도책임자인 데이비드 휠러(David Wheeler)는 섬김전도를 바탕으로 교회를 시작하여 대형교회를 이룩한 신시내티빈야드교회의 목회자인 스티브 쇼그렌(Steve Sjogren)을 만난 후, 그것에 대해 나에게 말했다.[2]

그 강의에서 내 학생들은 이 접근법에 열광했다. 그 반이 복음을 전하기 위해 소그룹으로 나누어 나갔을 때, 수업 시간의 일부는 실험시간이 되었다.

그들이 했던 것이 무엇인가?

어떤 학생들은 소도시의 상업지역에서 음료수를 사서 쇼핑객들에게 주었다. 다른 학생들은 더 오래된 지역 주민들의 화재탐지기를 점검해 수기 위해 대체 배터리를 가지고 가가호호 방문했다. 배터리를 가지고 간 한 학생은 그의 생애 처음으로 한 사람을 그리스도께 인도했다.

한 그룹은 지역 교회에서 (돈을 받지 않은) 무료세차를 했다. 사람들은 돈을 주려고 했지만, 그 학생들은 거절했다. 그들은 "우리는 단지 실천함으로 그리스도의 사랑을 보여주고 있습니다"라고 말했다. 차세차를 할 때, 힌두교 배경의 한 남자가 구원받았다.

---

1 다음의 일부분은 Alvid L. Reid and David Wheeler, "Servant Evangelism," *SBC Life* (May 1997)에서 발췌됨. 허락에 의해 사용됨.

2 이 용어는 오하이오 주 신시내티에 있는 목회자 스티브 쇼그렌(Steve Sjogren)에 의해 만들어졌다. 신시내티빈야드교회(Cincinnati Vineyard Church) 목회자인 그가 *Conspiracy of Kindness* (Ann Arbor: Servant, 1993)라는 책에서 그 개념을 설명한다.

어떤 학생들은 집집마다 방문하여, 백열전구를 무료로 나누어 주었다. 그들은 "아마 가끔 백열전구는 빛을 잃을 것입니다. 여기 새것이 있습니다. 하지만 예수님은 자신이 세상의 빛이라고 말씀하셨습니다. 그분은 영원히 빛을 밝혀 주시는 분입니다"라고 말했다.

이런 간단한 선물로 사람들이 얼마나 열리는가를 보는 것은 놀라운 일이었다. 나는 자동 세탁기 앞에서 동전을 나누어 주는 두 학생들과 마주쳤다. 그들의 증거로 두 여인이 그리스도를 만났다.

근처 교회에서 청소년 사역자로 섬겼던 또 다른 학생은 무료 세차를 하기 위해 자신의 청소년 그룹을 데리고 갔다. 한 남자가 차를 세차하러 왔다. 그 청소년 사역자가 그를 그리스도께 인도했다. 그 남자는 "나는 지난 며칠 동안 내가 어떻게 하나님을 알아야 하는지에 대해 생각해왔어요"라고 말했다. 그 청소년 그룹은 너무 흥분되어서 그 젊은이들 중 몇몇은 지금도 꾸준히 그들의 믿음을 나누고 있다.

섬김전도는 새로운 것이 아니다. 교회들은 여러 세대 동안 그것을 사용해 왔다. 하지만 우리 시대에 그 개념은 두 가지 이유 때문에 중요하다.

첫째, 우리 시대에 적합하다.

그것은 우리의 현대적인, 후기기독교 문화에 도달하기 위한 강력한 수단이다.

둘째, 우리는 이런 개념 위에 행한 사역으로 큰 성공을 거둔 많은 교회들을 더 많이 보게 될 것이다.

그것은 우리의 현재가 아니라, 우리가 향하는 방향이다. 섬김전도는 신자들을 더 커다란 흥미진진함과 복음전도를 위한 헌신의 방향으로 나아가게 할 것이다.

친절과 의도적인 복음전도라는 단순한 행동들은 서로 잘 어울린다. 하지만 많은 심오한 진리들처럼, 너무 단순하다보니 놓치기도 쉽다.

한 무리의 신자들을 택하라,

지역 교회에서 말하라.

그리고 이런 친절이라는 단순한 행동을 실천하기 시작하라.

이런 친절함의 행위는 그리스도인이 줄 수 있는 복음이라는 가장 위대한 친절함의 행위를 위한 문을 열게 한다. 마태복음은 예수님의 사역 개요를 제공한다(마 4:23; 9:35). 예수님의 사역은 전하는 것, 가르치는 것, 치유하는 것으로 묘사된다. 복음을 전하고, 예수님 자신에 대해 가르치면서, 친절한 행위를 하는 삼중 사역은 우리 주님의 사역을 특징짓는다.

주님의 치유와 그외 친절한 행위들이 가르치고 전하는 그분의 사역을 견고하게 하지만, 결코 전하는 사역을 대신하지는 못했다.

예수님은 사마리아 여인과 이야기하고, 간음하다 잡힌 여인을 용서하며 보호하고, 또 어린아이들을 용납하면서 다른 친절한 행동들을 수행하셨다. 오늘날 우리가 할 수 있는 친절이라는 가장 위대한 행동은 잃어버린 사람들에게 영광스러운 복음을 제시하는 것이다. 하지만, 친절한 행위사역을 통해 그것을 할 수 있다.

예수님의 종되심의 측면이 당신의 교회나 사역에서 어떤 역할을 하고 있는가? 우리 주님의 겸손한 섬김을 언급하지 않고 승리하는 그리스도인의 삶을 드러낼 수 있는가?(막 10:45)

섬김전도는 복음을 드러낼 뿐만 아니라 우리에게 교회의 중요한 특징을 상기시킨다.

부디 친절로 내가 뜻하는 것을 이해하길 바란다. 단지 사람들이 기분 좋게 느끼도록 듣고 싶어하는 것을 말하는 것을 뜻하지는 것이 아니다. 어떤 교회들은 그렇게 복음과 타협해서 그들이 하는 유일한 일은 얼굴에 미소를 짓고 지옥으로 향하고 있는 사람들을 돕는 것이다.

섬김전도는 친절한 행위 이상이다. 새로운 사람에게 빵을 한 조각 가져다 주는 것도 도움이 되는 가치 있는 사역이다. 하지만 그들은 눈에 보이게 복음을 전하는 것은 아니다. 섬김전도는 의도적으로 복음전도를 하기 위한 것이지만, 지나치게 밀어붙이거나 강요하지 않는다.

친절하게 행동할 때, 증인은 "행함으로 그리스도의 사랑을 나타내고 있어요"라고 말한다. 그 다음으로, 증인은 그리스도를 나눌 기회를 요구한다. 만일 상대방이 거절하면, 증인은 복음 소책자를 주는 것을 제외하고 더 이상 아무것도 하지 않는다. 하지만, 우리는 복음전도가 친절한 행위와 짝이 되었을 때, 사람들이 증인을 더 쉽게 받아들인다는 것을 발견했다.

섬김전도는 친절한 행위와(and) 복음전도 두 부분으로 구성된다.

어떤 사람의 차를 세차해 주고 그 사람에게 생명수에 대해 말하지 못하는 것은 고통스러운 일이 아닐까?

세상의 빛에 대해 말하지 않고 백열전구를 주는 것은 고통스러운 일이 아닐까?

죄에서 그들의 마음을 씻을 수 있은 유일한 분을 말하지 않고 화장실을 청소하는 것은 고통스러운 일이 아닐까?

3. 사역기반전도와 섬김전도의 비교

섬김전도는 그리스도를 나타내기 위한 또 다른 탁월한 접근법인 '사역기반전도'(ministry-based evangelism)와 혼동되지 않는다. 찰스 로셀(Charles Roesell)과 플로리다의 리스버그제일침례교회(First Baptist Church of Leesburg)에 의해 매우 효과적으로 사용된 이 개념은 장점을 가지고 있다.[3] 이런 교회는 의도적으

---

3 Charles Roesell, *Meeting Needs, Sharing Christ* (Nashville: Convention Press, 1996).

로 복음을 전하고 수많은 사람들에게 도달하는 수많은 멋진 사역들을 한다.

이 두 접근법을 비교하가 위한 표를 보라.

사역기반전도	섬김전도
연속 사역	단기간 사역
깊숙한 필요를 충족시킨다. (주거, 음식, 의료 등)	단순한 필요를 충족 시킨다. (친절한 행동)
자원자들과 함께 몇몇 잘 훈련된 사람들이 참여한다.	단지 자원자들만 있고, 구체적인 훈련은 거의 없다. 거의 자발적으로 될 수 있고, 기관은 적게 참여한다.
어떤 계획을 따르는 일을 할 때, 최고의 뛰어난 기관과 감독이 참여한다.	단지 자원자들만 있고, 구체적인 훈련은 거의 없다. 거의 자발적으로 될 수 있고, 기관은 적게 참여한다.
약점: 돌봄이 없으면, 의도적인 복음전도에서 쉽게 멀어질 수 있다.	약점: 교회가 사람들에 대해 진실로 관심을 갖지 않으면, 하나의 수법이 될 수 있다.

1) 섬김전도의 장점

섬김전도는 신자들이 수확을 시작하도록 돕는 몇 가지 장점들로 특징지어진다.

(1) 후기 기독교 문화에서 섬김전도는 설명(explanation)과 결합되어 복음의 실증(demonstration)을 제공한다.

너무 많은 사람들이 예수님의 희화화를 거부해왔다. 기독교에 대한 그들의 관념은 변화되어야 한다. 단순한 친절 행위는 이처럼 사람들에게 친밀한 관계를 형성하도록 돕는다. 쇼그렌은 섬김전도는 지적인(head-to-head) 증거와 대조적으로 마음으로(heart-to-heart) 증거하는 것이다. 말로 하는 메시지는 동정/긍휼이라는 실증과 연결되어 있다. 이것은 믿음의 진리로 가득 찬 것에 관한 학구적인 논문보다도 더 효과적이다.

(2) 섬김전도는 공동 배경 안에 있는 개인전도이다.

섬김전도는 종종 전체 그룹이 차를 세차하고, 공원에서 음료수를 제공하는 것을 포함한다. 그리스도의 몸은 지역 사회에서 사명을 수행할 수 있다. 이것은 많은 신자가 경험하므로 나누게 한다.

남동신학교(Southeastern Seminary)의 한 학생은 지역 주유소를 운영한다. 그는 학생들에게 주유를 펌프하고, 오일을 점검하며, 고객의 차유리창을 닦게 한다. 이런 봉사의 결과, 한 학기 동안 네 사람이 그리스도께 그들의 삶을 드렸다. 많은 고객들이, "왜 당신은 셀프 주유소에서 나를 위해 이렇게 하고 있습니까?"라고 물었다. 그들은, "우리는 다만 행함으로 그리스도의 사랑을 보이려고 할 뿐입니다"라고 대답했다. 이것은 복음에 위한 대화의 길을 즉시 열어준다.

(3) 섬김전도는 위험이 적다.

증인은 특별한 대화 기술, 외향적인 성격, 매끄러운 판매 홍보, 또는 많은 훈련 시간이 필요치 않다. 이 접근법은 수확의 진정한 주님을 강조한다. 우리는 회심시키기 위해서가 아니라 나눔을 위해 부름 받았다.

어떤 사람들은 너무 무서워서 증거하지 못하지만, 세차는 할 수 있으며, 전구도 나누어 줄 수 있다!

이것은 자신감이 부족한 증인들로 하여금 다른 사람들을 주의해서 보는 것에서 배우도록 한다. 복음전도는 가르쳐진다기보다 사로잡히는 것이다.

(4) 섬김전도는 교회 사명의 본질적인 부분이 될 수 있다.

제3장에서 나는 교인의 전체 참석으로 지역 사회를 전체 침투하는 것에 관한 신약성경 개념을 언급했다.

우리는 우리의 예루살렘에 다가갈 책임이 있다!

어떤 면에서 모든 사람이 하나님에 대해 생각한다. 그들이 생각할 때, 당신은 그들이 교회를 생각하길 원한다. 섬김전도는 비신자들 중에서 교인들을 얻게 한다.

(5) 섬김전도는 재미있다!

우리는 재미있기 때문이 아니라 지극히 중요하기 때문에 그리스도를 섬긴다는 것을 기억해야 한다. 하나님의 바람은 우리를 **행복하게**(happy) 하는 것이 아니라, **거룩하게**(holy) 하는 것이다. 하지만 복음전도는 증거하는 좋은 시간을 갖고 있다는 생각으로부터 벗어나고 있다며 아주 많은 사람들을 크게 위협하고 있다.

나는 세차, 허리케인 프랜(Fran, 1996년 9월 미 동남부를 강타하여 커다란 물적 인적 피해를 입힌 태풍-역자 주) 이후에 청소하는 것, 전구를 나누어 주는 것, 그리고 자동세탁기에서 봉사하는 것을 통해 그리스도를 나누는 순수한 즐거움이 가지고 있었다.

(6) 섬김전도는 모든 사람을 증거 하는 일에 참여시킨다.

한 사람이 증거할 때, 모든 사람이 그 경험에 참여한다. 주유하는 사람은 또 다른 사람이 증거하도록 기도할 것이다. 집집마다 배달하기 위해 선물 꾸러미를 준비하는 사람들은 그 선물을 배달한 사람에 의해서 그리스도께 인도된 사람에게 힘을 보탠다.

(7) 섬김전도는 전도, 가르침, 그리고 치유라고 하는 예수그리스도의 모범을 따른다.

예수님은 우물가의 여인에게 특별한 친절, 즉 복음과 결합된 친절을 논증하셨다.

(8) 섬김전도는 평신도가 자신의 독창적인 정신을 사용해서, 사역 기회를 주도하게 한다.

나는 신자들이 섬김전도에 의해 그리스도를 전하는 수단을 찾기 위해 자신의 창의력을 사용하는 것을 보았다. 예를 들어, 믿음침례교회(Faith Baptist Church)에서 두 사람이 청소도구를 사서, 상점 화장실을 청소하게 해달라고 요청했다.

그것은 아주 상당한 충격을 주었다!

(9) 섬김전도는 재료가 거의 필요 없고 어떤 환경이나 어디에서나 될 수 있다.

당신은 몇 개의 백열전구, 탄산수, 청소도구를 사야 할 수도 있지만, 당신이 이미 가진 것으로 지역 사회를 섬기기로 결심하고, 그것을 사용하므로 시작할 수 있다. 이런 접근법은 노스캐롤라이나, 랠리(Raleigh)의 교외 지역에서부터 크로아티아(Croatia)의 빈민지역에 이르기까지 그리스도를 함께 나누기 위해 사용되어 왔다.

(10) 섬김전도는 따뜻하고 친근하다.

전통적인 복음전도 접근법은 여전히 효과가 있다. 나는 가가호호 방문하는 것을 좋아한다. 이런 접근법을 비판하는 사람들은 그것을 거의 시도하지 않는다. 하지만 섬김전도는 그 지역 사회에 교회가 접근하도록 동원하는 '더 좋은'(better) 수단이다.

많은 신자들이 가가호호 섬김전도를 행한다!

2) 섬김전도에 대한 주의사항

선을 위한 가능성을 가지고 있는 것은 또한 해를 위한 가능성을 가지고 있다. 섬김전도에 대해서 세 가지 주의사항이 언급되어야 한다.

(1) 의도적으로 복음을 전해야 하다.

지나치게 강요하지는 않지만, 나눌 기회를 준비해야 한다. 당신은 모든 경우에 증거할 수는 없지만, 준비되어야 한다. 자유주의의 유산은 복음의 능력이 포함되지 않는 사회적이고 물리적인 필요를 강조한다. 그러나 복음전도는 성경적이어야 한다.

(2) 사람들에게 관심을 가져야 한다.

예수님이 보이셨던 것처럼 긍휼함을 가지지 않는다면(마 9:35-38을 보라), 섬김전도는 하나의 술책에 불과하다. 말하도록 허락하는 사람들에게만 친절한 행동을 제한할 수는 없다.

(3) 준비된 개인 증인들을 활용해야 한다.

참여하는 모든 개인이 훈련된 증인이 될 필요는 없다. 하지만 참여하는 각 그룹이나 짝에는 사람들을 그리스도께 인도할 수 있는 사람이 들어 있어야 한다. 섬김전도는 그 자체로 완전하지 않다. 그것은 증거 훈련이 되는 것처럼 보인다. 그것은 훈련된 증인들을 **내보내기**(releasing) 위한 수단이기도 하다.

섬김전도는 또한 새로운 교회를 개척하는 부분에서 효과적일 수 있다. 1997년에 뉴햄프셔의 클레어몬트(Claremont, New Hampshire)에서, 한 그룹의 학생들이 어떤 교회가 시작할 때 도왔다. 팀리더들 중 한 사람이었던 나는 고관절 수술에서 회복하고 있었다. 그래서 더 힘든 축호사역을 할 수 없었다.

나는 섬김전도를 어떻게 활용할 수 있을까 생각했다. 나는 지역 고등학교가 공원 옆에 있다는 것에 관심을 가졌다. 우리 팀에서 두 명의 팀원과 나는 약간의 탄산음료로 아이스박스를 가득 채워, 지나가는 학생들에게 탄산음료를 나누어 주었다. 우리는 그들에게 새로운 교회에 대한 간단한 정보지와 복음 소책자도 주었다. 그들에게 행함으로 예수님의 사랑을 나누고 있음을 이야기했다.

청소년들의 반응은 압도적이었다. 우리가 이야기했던 거의 모든 사람들이 관심을 받아야 하는 청소년들의 필요에 대해 말했다. 다음날 우리는 청소년들로 둘러싸였고 모두가 탄산음료를 원했다. 그들은 우리가 나타난 것에 깊은 인상을 받았고 많은 영적인 질문들을 했다. 우리는 사탄 숭배자들로부터 존재론자들에 이르기까지 모든 설득력으로 학생들에게 이야기했다.

여섯 명이 주님을 만났다!

당신의 교회가 복음전도에 대한 열정을 키우는 것을 보기 원한다면, 그들에게 자기들과 주변의 잃어버린 공동체에 좀처럼 친숙하지 않은 그들의 지역 사회에 도달하는 '섬김전도'에 대한 비전을 갖는 것을 격려하겠다.

4. 지정 방문

섬김전도는 신자들이 증거하도록 동원하는데 흥미진진하고 실질적인 방법이다. 하지만 단 한 가지 방법일 뿐이다. 섬김전도는 다른 효과적인 방법들과 함께 사용될 수 있다.

이것들 중 하나가 지정 방문이다. 초대 교회 신자들은 '집집마다' 갔다(행 5:42; 20:20). 이 접근법은 성경적이고 또한 효과적이다. 커크 해더웨이(Kirk Hadaway)는 **성장하고 있는**(which are growing) 남침례 교회들 중 76%가 주중에 심방을 한다.[4]

오늘날 지정 방문은 두 가지 주된 방법으로 행해진다.

4　C. Kirk Hadaway, *Church Growth Principles* (Nashville: Broadman & Holman, 1991), 21-22.

1) 그것은 지역 교회들이 가능성 있는 구체적인 사람들 목록을 만드는 것으로 시작된다.

이런 사람들을 만나기 위해 전도팀을 조직적으로 보낸다. 지속적으로 복음전도 훈련을 행하는 교회들은 이런 방법이 효과적이다. 보통 예수님은 교회가 예루살렘에서 시작하는 것부터 복음을 증거하도록 지정하셨다(행 1:8). 그분은 또한 더 구체적으로 말씀하시기도 하셨다(마 10장을 보라).

천사는 빌립이 내시에게 증거하도록 하였다(행 8:26). 아나니아는 사울에게 말하도록 **지정**(assigned)되었다. 빌립이 가이사랴에 있었음에도 불구하고, 주님은 베드로를 가이사랴로 보내시므로 고넬료에게 복음을 나누게 하셨다(행 10장).

개인에게 증거하도록 신자를 지정하는 것은 성경에 분명한 전례가 있다. 그런 접근법은 효과에 있어서 체계적이다. 컴퓨터에 쉽게 업데이트되는 최신 전망 파일은 효과적으로 전도 대상자를 할당하므로 복음전도 사역을 위해 매우 중요하며 유용하다.

가능성 있는 사람을 찾는 첫 번째 규칙은 구원받지 않은 사람들 사이에 있게 하는 것이다. 다음은 가능성 있는 사람들을 발견하기 위한 여섯 가지 증명된 방법이다.

(1) 연례 교회조사

후도(Whodo) 카드나 프랜(FRAN) 카드(친구, 친척, 지인, 또는 이웃)를 사용하라. 이 카드를 1년에 한번 예배 때 나누어주라.

교인들이 알고 있는 비신자들을 적도록 격려하라.

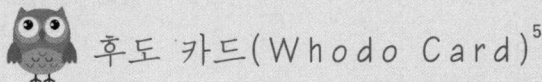

후도 카드(Whodo Card)[5]

우리 주일학교에 나올 가능성 있는 사람들 알고 있나요?

성명 _____

주소 _____

연락처 _____

우편 주소(위 주소와 다르다면) _____

생년월일 _____ 학년 _____

필요한 추가정보가 있다면 쓰세요.

정보를 주고 있는 사람의 이름 ____ 연락처 ____

(2) 가가호호 탐사하기

어떤 교회들은 매년 주로 가능성 있는 사람을 찾기 위해 집집마다 방문한다. 어떤 교회들은 이 사역을 하기 위해 여름 동안 대학생들에게 실제 돈을 지불한다. 플로리다의 잭슨빌제일침례교회는 가능성 있는 사람을 찾기 위해 여름동안 교회 젊은이들을 버스에 가득 태워 지역 사회에 데려다준다.

(3) 모든 예배에서 방문객을 기재하라

어떤 교회들은 많은 사람들을 그리스도께 인도할 수 없는 실질적인 행사들을 하며, 그것들은 가능성 있는 사람들을 찾기 위한 훌륭한 방법이다. 많은 사람들이 성탄절발표나 부활절특별음악회에 참석할 것이다.

모든 사람을 기재하고, 방문객들을 적어라.

---

5   John Mark Terry, *Church Evangelism* (Nashville: Broadman & Holman, 1997), 106에서 발췌됨.

(4) 전화 조사

이것은 가가호호 조사와 비슷하다. 어떤 교회들은 가능성 있는 사람을 발견하기 위해 정기적으로 자기 교회와 관련된 모든 가정에 전화한다.

(5) 주일학교나 교회 명부

당신은 가끔 주일학교나 교회 명부에서 특히 이미 등록된 사람들의 친척들을 추적하여 가능성 있는 비신자들을 찾을 수 있다.

(6) 새로 이사 온 사람이나 공익사업 목록

이런 목록은 지역 사회에서 대부분 구매될 수 있다.

2) 축호전도를 통해서이다.

이것도 역시 성경의 지지를 받는다. 예수님은 제자들을 가정에 보내셨다(마 10장). 예수님은 제자들이 유대인들이 거주하는 집들을 방문할 것을 정하셨다(마 10:5-6). 또한 그들이 직면한 어려움들도 경고하셨다. 초대 그리스도인들은 "모든 집에서" 그리스도를 전했다(행 5:42). 바울은 그가 집집마다 증거했음을 간증했다(행 20:20).

아마 어떤 복음전도 접근법도 이것보다 더 많이 공격받지는 않았을 것이다. 나는 다만 축호전도가 내가 그리스도께 인도했던 사람들을 잠들게 한다고 말한 '전문가들'에게 이런 방법을 사용함으로 '콜드 터어키'(cold turkey[마약 중독자의] 갑작스런 약물 중단에 의한 신체적 불쾌감, 그러한 증세를 겪게 하는 마약 치료법-편집자 주)와 같은 것을 소개하고 싶다. 많은 교회들이 이 방법을 시작해 왔다. 이 방법이 많은 사람들에게 효과가 없었던 것은 그들이 그것을 시도하지 않았기 때문이다!

집집마다 다니는 것은 지역 사회에 도달하는 유일한 방법도 최선의 방법도 아니다. 더구나, 몇몇 닫힌 문이 있는 지역 사회는 그런 접근을 허락하지 않는다. 하지만 너무 많은 사람들이 그것을 너무 빠르게 포기했다. 그것은 성경적인 효과적인 방법으로 남아 있다.

왜 이런 방법이 그런 힘든 시기를 겪었는가?

첫째, 하나의 이유는 사람들이 익명의 방문으로 흥미를 잃게 한다는 잘못된 가정때문이다.

같은 사람들이 전화광고도 효과가 없다고 말한다. 분명히 그렇거나 아니면 내 전화의 벨이 울리지 않았을 것이다!

아마도 사이비 종교집단처럼 보이고 싶지 않기 때문에 우리는 이 방법을 좋아하지 않는다. 여호와의 증인(Jehovah's Witnesses)과 몰몬교는 가가호호 활동으로 유명하다. 그들이 잘못된 메시지를 가진 자들로 인기가 매우 없지만, 이런 집단들이 아주 빠르게 성장하고 있다는 사실은 우리에게 뭔가를 말해줄 것이다.

공개적으로 드러난 문제집단임에도 불구하고 그처럼 끊임없이 사람들에게 접근한다면, 참 진리를 나누는 우리는 얼마나 더 많은 사람들에게 도달할 수 있을까?

누군가가 나에게, 견고한 교리를 보여주는 침례교인의 머리(당신은 침례교를 말할 것이라 기대할 것이다. 그렇지 않은가?), 하나님을 찬양하는 것에 대해 흥분된 오순절파의 가슴 그리고 끊임없이 다른 사람들에게 말하는 여호와 증인의 발, 바로 이런 삶을 사는 더 많은 기독교인들이 우리에게 필요하다고 말했다.

사이비 종교집단도 다른 사람에게 거짓 신에 대해 말할 때, 신약성경 '방법'(method)을 사용한다. 우리는 신약성경의 **메시지**(message)를 소유하고 있으면서도, 성경적인 방법들을 너무 쉽게 버린다.

둘째, 많은 신자들이 축호전도를 포기하는 또 다른 이유는 축호전도가 힘들기 때문이다.

나는 그것을 많이 해 봤다.

정말이다!

그것은 기진맥진하게 만든다. 하지만 나는 많은 사람들이 이런 방식으로 그리스도께 나오는 것을 보아왔다. 우리가 모든 일을 쉽게 처리하고 싶어하는 갈망을 감안할 때, 우리에게 그러한 힘든 일을 요구하는 것은 미국인답지 않다.

셋째, 우리가 축호전도를 소홀히 여기는 또 다른 이유는 높은 비율의 거절 때문이다.

하지만 빌립은 한 내시에게 적극적으로 말했다,

기억하는가?

예수님은 접근하기 어려운 지역으로 가셨다(사마리아).

또한 바울은 인구 통계조사를 참조하기보다는 오히려 마게도니아인의 부름에 귀를 기울였다!

우리 지역을 조사하면서 하나님이 우리에게 주시는 마음을 사용해야 하지만, 하나님의 영을 앞서가려고 하지는 말자.

나는 몰몬교인들이 했던 것보다도 그 지역에서 더 많이 가가호호 방문했기 때문에, 몰몬교인까지도 그리스도께 인도한 적이 있다. 그 여인은 우리의 노력에 감동받았다.

나는 나이가 들면 들수록, 더 세련되기를 원한다. 우리들 중 너무 많은 사람들이 사역의 단순 노동을 피하고 싶어한다. 하지만, 많은 사람이 만약 우리가 그들의 문을 두드리지 않는다면, 그리스도에 대해 듣지 못할 것이다.

다음과 같이 긍정적으로 말해보자

모든 사람이 조만간 하나님에 대해 생각할 것이다.

당신은 그들이 하나님에 대해 생각할 때 그들이 당신의 축호전도 내용을 생각하기를 원할 것이다.

가가호호 전도와 그외 다양한 다른 방법들로 당신의 지역 사회를 끊임없이 접촉하여, 점점 더 사람들이 하나님을 의식하게 할 수 있다.

넷째, 많은 사람들이 이런 접근법을 간과하는 마지막 이유는 그것인 최신의 것이 아니기 때문이다.

그것은 오래된 소식이다. 우리는 사람들에게 복음을 얻게 하기에 가장 최근의, 가장 효과적인, 가장 도움이 되는 접근법을 원한다.

오늘날 교회들에서 개인전도의 위상을 높일 패러다임의 변화가 필요하다. 그리스도를 나누는 것, 즉 영원에 영향을 미치는 것은 많은 교회들에게 기쁨을 주는 경험이 될 수 있다. 1989년 나는 축호전도 캠페인을 하며 오클라호마에 있는 한 교회를 돕기 위해 몇몇 사람들과 함께 사역했다. 그 교회에서 평생 신앙생활하신 교인 70명 중에 두 여인이 나와 함께 팀이 되었다. 그들은 전에 결코 이런 것을 해 본적이 없다고 내게 말하며 긴장했다.

하지만 우리는 재미있었다!

그 여인들은 이런 경험으로 아주 힘이 나서, 그때 이래로 헌신하여 일주일에 한 번씩 같은 사역을 했다.

상상해 보라!

그들은 거의 80대였고 평생 교인이었지만, 결코 그것을 해본 적이 없었다.

하나님은 복음전도를 통해 그리스도께 봉사하는 기쁨을 사람들에게 가르치도록 하셨다!

우리는 이웃집 문 뒤에서 만날 수 있는 사람이 누구인지 결코 모른다. 1992년 나는 남침례교단에서 사역하기 전에, 크로스오버인디애나폴리스(Crossover Indianapolis)활동을 도와서 지도하도록 책임을 맡았다. 총회 바로 전에 집집마다 방문하는 것을 주로 강조하기에 앞서, 봄 동안 전국에서 팀들이 이 개척지로 와서 우리의 교회들과 함께 축호전도를 하러 갔다.

인디애나폴리스에 있는 한 교회는 한 팀을 보내 집집마다 방문하게 했다. 그들은 리디아(Lydia)를 좋아했던 한 여인을 만났다. 주님은 그녀의 마음을 열어주셨고, 그녀는 복음을 받아들일 준비가 되어있었다. 그리고 그녀를 그리스도께 인도했다. 다음날 그 팀은 양육방문을 위해 그녀를 보러 잠깐 들었다.

그녀는 그들에게 그들이 방문했던 바로 그 오후에 자살을 생각하고 있었다고 말했다. 그녀는 이미 그녀의 아이들을 위한 모든 계획을 세워놓은 상태로. 그녀는 총을 사려고, 모든 것을 주문했었다는 것이다. 그 때 그 팀이 그녀를 그리스도께 인도하기 위해 왔던 것이다. 그녀가 그들에게, "제 환경은 변화되지 않았지만, 제 태도는 바뀌었어요"라고 말했다.

이것은 나가서 사람들에게 그리스도에 대해 말해야 하는 긴급성을 분명히 보여준다. 축호전도에서 당신의 성공율을 높일 일곱 가지 방법들이 있다.

(1) 웃고, 웃고, 웃고, 항상 웃어라

유쾌한 얼굴은 유쾌한 반응을 야기한다.

(2) 반응에 상관없이 예의를 갖추라

성령께서 얼마나 당신의 수고를 영화롭게 하실지 말할 수 없다.

(3) 효과적인 설문조사 자료를 사용하라

여기 몇 가지 견본들이 있다.

[뉴 햄프셔(New Hampshire) 개인 의견 조사]

1. 당신은 현재 교회에서 활동하십니까? 예, 아니오.
2. 당신은 이 지역에 가장 큰 필요가 무엇이라고 생각하십니까?
3. 당신은 왜 사람들이 예배드려야 한다고 생각하십니까?
4. 당신이 교회를 찾고 있었다면, 어떤 교회를 찾았습니까?
5. 당신이 저나 새로운 교회의 목회자에게 어떤 충고를 하겠습니까?
6. 제가 당신에게 어떻게 예수 그리스도가 제 삶을 변화시켰는지 나누어도 될까요?

대답이 '아니오'라면, 고맙다고 말하라.

만약 '예'라면, 당신의 간증을 나누고 나서, "이런 일이 당신에게도 일어난 적이 있습니까?"라고 물어라.

대답이 '예'라면, "아주 좋습니다!"라고 말하고, 당신에게 그들의 간증에 대해 이야기하도록 요청하라.

대답이 '아니오'거나, 그들이 분명한 간증이 없다면, "하나님이 당신을 사랑하십니다"라고 말하라.

그 다음에 복음 제시로 들어가라.

[어떻게 새들백교회를 시작했는지: '개인의견조사'][6]

(다섯 가지 질문)

1. 당신은 현재 지역 교회에서 활동하십니까?
2. 당신은 이 지역에 가장 크게 필요한 것이 무엇이라고 생각하십니까?
3. 당신은 왜 사람들은 대부분의 사람들이 교회에 나가지 않는다고 생각하십니까?

---

6   Rick Warren, "The Purpose Driven Church Conference," notes, May 15-17, 1997. Saddleback Community Church, Lake Forest, California에서 발췌됨.

> 4. 당신이 교회를 찾고 있다면, 어떤 것들을 기대하겠습니까?
>
> 5. 당신이 저에게 뭔가 조언해 줄 것이 있습니까?
>
>   어떻게 제가 당신을 도울 수 있을까요?

(4) 무료 전구, 어버이날 카네이션, 성탄절 장식 등, 섬김전도에서처럼 선물을 주라.

(5) 중복과 혼란을 피하기 위해 명확히 지정된 지역, 좋은 지도 그리고 지침서를 가지라.

밖에 나가는 사람들은 많이 긴장하고 있으니, 걱정거리를 더하지 말라.

(6) 좋은, 명확한 정보를 가져가도록 여론 조사자들을 훈련하라.

아무도 사용할 수 없는 그런 방식으로 모아진 모든 여론조사 양식은 쓰레기통에 넣어버려야 한다. 조사자들은 스스로 이렇게 물어야 한다. 만일 전혀 낯선 어떤이가 한 달 후에 이것을 골랐다면, 그것이 그에게 도움이 될까 아니면 혼동을 줄까?

(7) 한 지역을 잘 공략하라.

전 지역을 빈약하게 다루는 것보다 당신 교회가 위치한 현장의 절반을 조사하는 것이 낫다.

축호전도의 특별한 장점이 있다.

① 성경적이다.

② 지역 사회를 흠뻑 적신다.

③ 적은 훈련을 요구하면서 더 많이 참여하게 한다.

④ 사람들을 그리스도께 인도할 것이다.
⑤ 그것의 탁월한 우수성을 보여줄 것이다.
⑥ 어떤 사람들은 그리스도를 받아들일 준비가 되어있음을 알려줄 것이다.
⑦ 하나님을 영화롭게 하고 그분에 의해 복을 받게 될 것이다.

열매가 없는 것처럼 보이지만, 결국 풍성한 추수로 이어지는 씨를 심는 축호전도활동에 대해 많은 목회자들이 나에게 이야기했다. 하나님은 다른 사람들에게 기쁜 소식을 말하기를 열망하는 사람을 찾고 계신다. 우리는 축호전도가 또한 어떤 단점들도 있다는 것을 인정해야 한다.

① 친밀한 관계를 쌓을 시간이 적다.
② 양육은 훨씬 더 어렵다.
③ 모든 지역 사회에 이런 식으로 도달할 수 없다.

5. 생활방식전도

호그(C. B. Hogue)는 생활방식전도를, "사람의 마음속에 그리스도가 누구신지에 대해 말로 삶을 나누는 것이 포함된 방식으로 삶을 나누고, 삶을 드리는 복음전도"[7]라고 정의한다. 생활방식전도는 식당 여종업원, 비행기 승객, 싱크대를 수리하는 배관공처럼 당신이 결코 다시 볼 수 없을 사람들과 그리스도를 나누는 것이다. 바울이 그랬던 것처럼 예수님은 이런 측면에서 사람들을 종종 만나셨다.

특히 식당이 너무 분비지 않을 때, 남녀 종업원과 그리스도를 함께 나누는

---

7   Miles, *Introduction to Evangelism*, 187.

것은 매우 효과적일 수 있다. 때때로 조금 친밀한 관계를 쌓은 후에, 나는 여종업원에게, "오늘 누군가가 하나님이 당신을 사랑하신다고 말했나요?"라고 물을 것이다.

보통 아무도 없었다!

나는 많은 경우 이런 식으로 그리스도를 나눌 수 있었다.

나는 남부 인디애나에서 전국 전도훈련세미나 때, 일어난 일을 결코 잊을 수 없을 것이다. 세미나에서 세 명의 참석자들은 점심식사를 하며, 웃고, 즐거운 시간을 갖고 있었다. 그들의 다정한 태도는 그 여종업원에게 인상적이었다. 그녀는 그들을 시중드는 것이 너무 즐거워서 서비스로 디저트를 제공했다.

목회자들 중 한 사람이 그녀에게, "우리가 이렇게 즐거운 시간을 갖고 있는 이유는 예수님 때문입니다"라고 말했다. 그들은 그리스도를 나누기 시작했다. 그때 그녀는 다른 테이블에서 호출을 받았다. 그녀는 다른 곳에서 서빙을 한 후 다시 돌아와서 의자를 당기고 앉았다. 그들은 그녀를 그리스도께 인도했다.

토레이(R. A. Torrey)는 공적으로 복음을 증거할 때 기억해야할 두 가지 중요한 규칙을 제공했다.

① 성령님께 순종하라.
② 당신이 증거하고 있는 사람을 절대로 당황하게 하지 말라.
  예를 들어, 당신이 나누고 있을 때, 그 사람이 고용주에게 곤란을 겪게 하지 말라.

내 친구 중 한 사람이 어느 날 식당을 나서고 있었다. 그때 한 여인이 무릎을 꿇고 보도를 긁고 있었다. 그가 신속하게, "아주머니, 당신이 무릎 꿇고 있는 동안, 왜 당신의 삶을 그리스도께 드리지 않습니까?"라고 말했다. 그녀는 확신에 차서 그를 쳐다봤다. 그리고 그는 바로 거기 보도에서 그녀를 그리스도께 인도했다.

6. 관계전도

관계전도는 가족, 동료, 그리고 친구 등 우리가 아는 사람들과 지속적인 증거하는 만남들로 이루어진다. 관계전도는 증거할 수 있는 반복된 기회들을 갖게 한다. 안드레는 빌립과 함께 그리스도를 나눴고(요 1:40-41), 빌립은 나다니엘과 함께 나눴다(요 1:45). 많은 사람들은 오직 일정 기간 동안 의미 있는 관계를 쌓은 후에야 그리스도께 구원받을 것이다.

7. 영향력

복음증거에 참여하는 사람들을 얻는 중대한 쟁점은 리더십이다.
슬픈 예를 하나 들어보자.
나는 남서부에 있는 한 교회의 전도활동에 참여했다. 젊은 목회자는 축호전도에 대해 확실히 긴장하고 있었다. 그는 예수님이, "사탄이 하늘로부터 번개같이 떨어지는 것을 내가 보았노라"(눅 10:18)고 말씀하셨던 70인을 보내신 것에 대한 본문을 읽었다.

그 말씀을 언급하면서, 그는, "어떤 사람들은 증인들이 큰 능력이 있어서 사탄을 넘어지게 하는 것을 의미한다고 해석합니다"라고 말했다(그런데, 내가 그런 식으로 해석한다). 그는 계속해서, "그것은 제가 해석하는 방법은 아닙니다"라고 말했다.

그리고 그는 사탄은 모든 사람이 전도하는 것을 힘들게 할 것이고, 사람들은 무관심해질 것이라는 등등을 설명하는데 거의 5분을 소비했다. 그것은 내가 경험한 패배주의 중에서 가장 노골적인 예이다. 그가 설명을 마쳤을 때, 나는 매우 낙담되어 거의 증거하러 나가고 싶지 않았다.

이 젊은 목회자는 밖에 나가 증거하는 것을 좋아하지 않았다. 그것은 그에게 불편했다. 이것은 전형적이지 않지만, 목회자들이 교인들을 방해할 수 있다는 것은 분명 사실이다. 영혼을 구하는 목회자가 영혼을 구하는 교회를 낳는다. 교인들을 현장으로 가도록 격려하는 몇 가지 방법이 있다.

① 당신이 증거한 것에 대해 이야기하라.
  누군가에게 증거한 사례를 일주일에 한번씩 교인들에게 나눈다면, 당신이 이끄는 사람들은 복음전도에 대한 당신의 열정을 이해할 것이다.
② 교인들에게 사람들을 실제적으로 그리스도께 인도하고 있는 것만큼 증거하는 활동에서도 많은 성공이 있다는 것을 알게 하라.
③ 당신이 좋아하는 지나간 몇 가지 이야기만을 말하지 말라(do not).
  대신, "바로 어제, 나는 신문배달 소년과 그리스도를 함께 나눴어요"처럼 현재 살아있는 이야기를 하라.
④ 당신의 능력을 초월하여 하나님의 일하심을 드러내는 식으로 이런 이야기들을 말하라.

8. 적용

당신의 교회 혹은 수업에서 이것을 시도하라.
즉, 얼마나 많은 사람들이 몰몬교나 여호와의 증인이 문을 두드린 적이 있는지를 물어보라.
보통 90%가 넘는다.
그리고 사람들이 얼마나 많이 그들에게 접근해서 그리스도를 나눈 적이 있는지를 물어 보라.
보통 그 수는 10%에 가깝다. 이것은 우리가 너무 꺼려서 다른 사람과 그리스도를 함께 나누지 않았다는 두드러지게 상기시킨다.

참고문헌

Hanks, Billie, Jr. *Everyday Evangelism*. Waco: Word, 1986.

Hybels, Bill and Mark Mittelberg. *Becoming a Contagious Christian*. Grand Rapids: Zondervan, 1994.

Reid, Alvin and David Wheeler, *Servanthood Evangelism*. Alpharetta, Ga.: North American Mission Board, 1998.

Sjogren, Steve. *Conspiracy of Kindness*. Ann Arbor: Servant, 1993.

제13장
죄인들의 친구들:
교회에 속하지 않은 사람들에게 도달하기

나는 위대한 전도자와 회의론자의 만남에 관한 이야기를 들었다. 회의론자가 이렇게 말한다.

"당신네 기독교인들은 모세, 아브라함과 엘리야의 하나님에 대해 이야기하죠. 이런 하나님이 어디에 있습니까?"

그러자 전도자가 이렇게 답변한다.

"선생님, 요점을 잘 지적하셨는데, 그건 적절치 못합니다. 질문은 '엘리야의 하나님이 어디 있습니까?'가 아닙니다. '하나님의 사람인 엘리야가 어디 있습니까?'가 맞습니다."

나는, "영원한 복음으로 현대 문화에 기꺼이 맞설 사람이 어디에 있습니까?"라고 더할 것이다. 모든 개인은 구원받거나 받지 못하는 반면, 복음에 반응하지 않은 사람들은 두 그룹이 있다. 하나는 메시지를 들었지만 거절하는 사람들이고, 다른 하나는 명확히 듣지 못한 사람들이다.

첫째 그룹은 복음을 거부하기 위해 변명이나 반대하려는 순간에 처해야 한다. 그들에게 주된 쟁점은 **자유의지**(volition)의 문제이다.

둘째 그룹은 메시지를 명확히 소통한다는 의미에서 복음을 들어야 한다. 그들의 필요는 **정보**(information)에 대한 것이다. 미국에서조차도 우리는 복음을 어떻게 상황화해야 할지 점점 더 고려해야 한다.

오늘날 교회에 필요한 것이 마켓팅 전략이나 새로운 기술이 아닌 것처럼 더 많은 건물, 더 많은 돈이나 더 새로운 아이디어가 아니다. 오늘날 교회에 필요한 것은 열정으로 하나님을 섬기고, 영광스러운 복음을 명확히 들어본 적이 없는 사람들에게 도달하는 것에 부담을 갖는 사도 바울의 병사이다.

사도 바울을 비유로 들어보자.

그는 유대인들에게 이르고자 했지만, 이방인들을 위한 사도로 부름받았다. 바울이 증거를 시작할 수 있는 종교적 유산을 가진 바울 시대의 유대인들에 관해 판단할 때, 나는 오늘날 교회에 있으면서 하나님을 들었지만, 복음으로 변화되어 본 적이 없는 미국의 수백만의 명목상 그리스도인들과 그들이 비슷하다고 생각한다. 1세기 유대인들처럼, 수백만의 명목상 그리스도인들도 무언가를 알고 있지만, 여전히 복음의 개인적인 접촉이 필요하다(표 13:1을 보라).

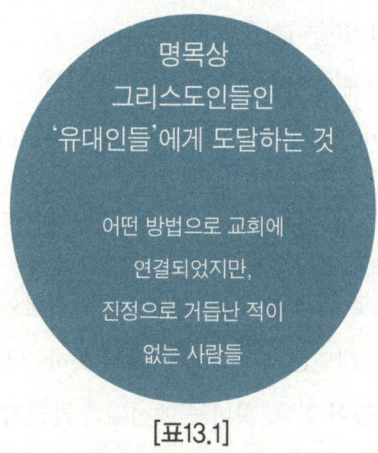

[표13.1]

1세기에 이방인들은 바울처럼 누군가 그들에게 말할 때까지 복음 메시지에 대해 전혀 몰랐다. 그들은 유대인들처럼 성경의 유산이 없었다. 어떤 사람들은 종교적이었고 어떤 사람은 그렇지 않았다. 그들은 기독교에 대한 지식이 거의 없는 우리나라의 수백만의 사람들과 비슷하다. 그들은 성직자용 색깔이 무엇인지를 알고, 교회 건물 정도만 알아본다. 나는 이런 사람들을 근본적으로 교회에 속하지 않은 비교인들(radically unchurched)이라고 부른다.

그들은 1세기 이방인들이 그랬던 것처럼, 경건하게 종교적이거나 비종교적일 수 있다. 그들은 무슬림이나 힌두교 또는 뉴에이지나 몰몬교일 수 있거나 불가지론자일 수도 있다. 이런 사람들과 내가 비유로 사용한 '유대인들'(Jews), 즉 명목상 그리스도인들의 차이는 그들이 기독교에 관해 갖고 있는 생각이 애매하거나 흠이 있다는 것이다. 이런 사람들은 의미를 갖는 상징으로써의 십자가보다도 맥도날드의 금색 아치형 구조물을 훨씬 더 빠르게 알아차린다 (표 13.2).

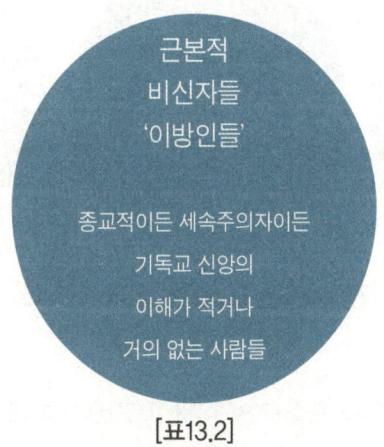

[표13.2]

복음전도의 교회는 '유대인들,' 즉 믿음 안에서 어떤 지식과 배경을 가진 사람들에게 도달하는 것에 다소 성공을 거둬왔다. 그들은 쉽게 우리처럼 된다. 우리의 복음전도 도구는 거의 대부분 그들에게 맞춘다. 대부분의 복음전도 방법들은 수확하는 것에 맞추어져 있기에, 약간의 믿음의 배경을 갖고 있는 사람들은 추수의 때와 현저히 더 가깝다.

하지만 '이방인들'(Gentiles), 즉 근본적으로 교회에 속하지 않은 비신자들은 이야기가 다르다. 어떤 사람들은 확실히 그렇다 할지라도, 그들 중 다수가 추수를 위해 준비되어 있지 못하다. 빌리 그레이엄은 그들을 '뿌려지지 않은 세대'(an unseeded generation)라고 불렀다.

그들은 교회가 진보하는데 부적절한 적으로 간주한다. 그들은 기독교의 진리에 대해 무지하다. 우리는 그들이 이해할 수 있는 방식으로 복음을 제시하는 방법을 찾을 때 하나님을 영화롭게 할 수 있다.

표 13.3은 세 번째 그룹으로 '유대인들'과 '이방인들'과 다른, 그리스도를 위한 증거에 헌신하는 거듭난 그리스도인들인 그룹을 묘사한다.

[표13.3]

미국의 그리스도인들과 교회들은 '이방인들'보다 '유대인들'에게 도달하는 것이 훨씬 더 효과가 좋다. 하지만 근본적인 비그리스도인들에게 이르고자 하는 더 많은 교회들이 있어야 한다.

우선 '유대인들'이 제기하는 반대에 맞서는 것의 중요성을 생각해 보자.

1. 반대를 제기하는 사람들 다루기

나는 한 지역 교회에서 연속증거훈련(CWT)을 가르쳤던 첫 시간을 결코 잊지 못할 것이다. 그때는 한 국내 복음주의 인사가 죄에 빠졌던 봄이었다. 여러 주 동안 계속해서 우리가 방문하면, 사람들은 "저 사람을 보세요. 나는 위선자들의 무리 주변에 있을 필요가 없어요"라고 말했다. 처음에 나는 방어적이었지만, 그 후 접근법을 바꾸었다. 내가 밥이라고 부른 한 사람과 이야기했을 때, 그는 이런 시나리오가 일어나게 했다.

나는 "밥, 당신이 옳아요. 모든 전도자가 그리스도를 영화롭게 하는 삶을 살지 못해요. 위선자들이 있어요. 사실 예수님은 어떤 사람보다도 더 많이 위선자들을 대적해서 말씀하셨어요.

제가 질문를 하나 할게요.

당신은 진정한 그리스도인을 어떻게 설명하겠어요?"

밥의 대답은 타락한 전도자의 간증 때문에 기독교가 잘못이라고 주장한 것은 **아니었다**(not).

오히려, 그는 그리스도인은 예배를 드리고, 도덕적인 등등의 사람이라고 대답했다. 그는 그 믿음을 믿지 않는 것이 아니었다. 그는 단지 핑계거리로 이 타락한 설교자를 사용하고 있었다.

그 때 내가 밥에게 이야기했다.

"성경은 진정한 그리스도인을 무엇이라고 하는지 당신에게 설명해도 될까요?"

그 때 그는 우리가 그리스도를 나누도록 허락했다. 그는 반응하지 않았지만, 복음이 선포되었다.

대부분의 사람들은 다정한 증인과의 개인적 만남에서 복음의 진리를 대면한 적이 없다. 하지만 대부분은 궁극적인 현실에 대해 살피도록 만들어주는 영적인 문제들에 대해 궁금해 한다. 비극적인 사건들로부터 사이비 종교집단, 정신적 상담전화에 이르기까지, 다양한 사건들이 모든 사람들에게 어떤 면에서 하나님에 대해 생각하게 한다.

반대가 일어날 때, 복음에 관한 분명한 지식을 바탕으로 거절하고 있는지, 기독교에 대해 무지하거나 잘못된 정보를 가지고 있는지를 물어야 한다. 우리는 사람들이 기독교의 요구에 이의를 제기하는 진정한 이유가 있다는 변명을 하지 말아야 한다.

사람들이 일으키는 많은 반대는 틀림없이 위장일뿐이다. 그것들은 지능적인 변명으로 가장하여, 하나님께 자발적인 헌신이라는 주된 문제를 제쳐놓으려는 시도이다.

이것은 오늘날만의 새로운 것이 아니다. 『초대 교회의 복음전도』(*Evangelism in the Early Church*, CLC 刊)에서 마이클 그린(Michael Green)은 한 무리의 철학자들과 이야기하고 있었던 2세기의 길거리 전도자를 묘사한다. 철학자들 중 한 사람이 전도자에게 동물 전체에서 가장 큰 코끼리는 날개도 없고 4피트에 불과한데, 왜 한 마리의 작은 모기가 6피트에다가 날개도 있는지 물었다. 그 질문은 오늘의 몇몇 질문들처럼 전도자들을 많이 당황시키려는 시도이다.

하지만 그린이 대답하는 논평에 귀 기울여보라.

> 전도자는 뻔뻔했다.
> "모기와 코끼리의 다른 구조에 대한 이유를 당신들에게 말할 때 어떤 요점도 없다. 둘 모두를 만드신 하나님에 관해 완전히 무지하기 때문이다."
> 만약 그들이 진지하게 물어보았다면 바보 같은 질문들에도… 그는 대답할 수 있었을 것이다. 하지만 그는 위임받은 것을 수행하는 것이 더 비중이었기에 그런 강요된 위장된 이슈들로 길을 벗어나는 것을 거부했다. 전도자는 이어서, "우리는 다만 우리를 보내신 그분의 말씀을 당신들에게 전해야 할 지상명령이 있다. 논리적인 증거 대신, 우리는 많은 증거들을 당신들 앞에 가져온다…. 물론 이런 종류의 적절한 간증을 받아들이든 믿지 않든

당신들의 선택에 달려있지만, 나는 여러분에게 어떤 유익이 있는지를 계속 이야기할 것이다. 입을 다물고 있는 것도, 믿지 않는 것도 당신들에게 파멸을 의미하기 때문이다."1

증인들인 우리가 직면한 논쟁의 일부는 대답할 수 없는 질문들을 다루는 것이다. 나는 어떤 대답도 하지 못하는 상황을 처하는 게 두려워서 축호전도를 싫어한다는 학생의 이야기를 들었다.

하지만 우리는 어떤 사람이 하는 모든 질문에 대답해야 한다는 것이 성경 어디에서도 없다는 것에 주목하라.

성경도 그것을 하지 않는다!

대답해야 할 것은 알고 **싶어하는**(want) 모든 것을 말하는 것이 아니라, 알**아야 할**(need) 모든 것을 의미한다.

성경은 우리에게 가인이 그의 아내를 얻었던 곳을 말하지 않는다. 그것은 중요하지 않기 때문이다. 성경은 어떻게 죄가 인류에게 들어왔는지는 말한다.

이것은 중요하기 때문이다!

우리는 중요하지 않은 것과 연관지으려고 아주 많은 시간을 소비할 수 있다. 우리는 영적인 것들에 대해 알고 **싶어하는**(want) 모든 것을 사람들에게 말하지 않을 수 있지만, 회심되기 위해 알**아야 하는**(must)것을 그들에게 말해 줄 수 있다.

복잡한 질문에 기계적 대답의 단순 암기와 대조적으로, 반대를 다루는 최선의 방법은 소크라테스식 문답법을 통해서라는 것을 나는 배웠다.[2]

여기 기억해야 할 네 가지 일반적인 원리들이 있다.

---

1 Green, *Evangelism*, 199.
2 연속증거훈련(Continuing Witness Training)에서 훈련받을 때 이 접근법을 배웠다.

① 복음에 집중된 대화를 계속하는 동안 반대를 인식하라.

② 기억하라.

　성령께서 당신을 안내할 것이다.

　그분을 신뢰하라.

③ 복음 자체가 많은 정직한 질문에 답할 것이다.

④ 만일(if) 당신이 적절한 태도를 유지한다면, 그렇게 많은 반대들이 일어나지 않을 것이다.

복음에 타협하지 않고 감정적인 대립을 피하는데 도움이 되는 다섯 가지 지침들이 있다.

(1) 협상은 하되 논쟁하지 말라(모두에게 득이 되는 것을 생각하라).

CWT(연속증거훈련)가 사용하는 접근은 문제의 핵심을 찌른다. 가능한 한 언제든지, 서로 득이 되는 상황을 만들기 위해 반대하는 사람에게 동의해야 한다. 예를 들어, 토레이(R. A. Torrey)는 너무 큰 죄인이어서 구원받지 못한다고 말했던 한 사람과 대화하고 있었다고 말했다.[3]

토레이는 감정적으로 이야기하지 않고 그에게 동의하면서, 바울이 죄인 중에 괴수였지만 그리스도께서 죄인들을 구원하기 위해 세상에 오셨다고 기록된 디모데전서 1:15을 알려주었다. 그 사람은, "그래요, 나는 죄인 중에 괴수입니다"라고 대답했다.

토레이는, "그래요, 그 구절은 당신에게 의미가 있습니다"라고 말했다. 당신이 그들에게 동의하고 성경적으로 대답할 때 그것이 사람들이 가진 합당한 관심사라면, 당신이 그들을 회심으로 이끌것이다.

3　R. A. Torrey, *How to Bring Men to Christ* (Pittsburgh: Whitaker House, 1984), 33.

(2) 감정적인 대립을 피하라.

(3) 구원받지 못한 사람을 동등하게 받아들이라.
구원받지 않은 사람들보다 우리가 더 낫지(better) 않다는 것을 기억하라. 차이는 우리가 예수님을 만났다는 것이다!
그리고 그들도 그렇게 할 수 있다. 상대보다 더 거룩하다는 태도는 금방 알아차릴 수 있다.

(4) 친절을 연습하라.
목적은 논쟁에서 이기는 것이 아니라 진리를 제시하는 것이다.

(5) 당신의 동기를 점검하라.
사랑이 당신의 가이드가 되어야 한다.

연속증거훈련과 함께 사용된 자료는 반대들을 다룸에 있어서 많은 증인들을 도와왔다. 다음 단계들로 기초적인 접근을 요약할 수 있다.

(1) 전환 진술을 사용하라.
"당신은 이것에 대해 생각해 보셨을 겁니다."
대부분의 사람들은 영적인 문제들에 어떤 생각을 하고 있다. 그래서 당신의 처음 진술이 상대방과 부딪히지 않고, 오히려 긍정적으로 다가간다. 그때 당신은 구체적으로 반박할 수 있다.

(2) 반대를 질문으로 전환하라.
질문은 일어난 반대를 다루어야 한다. 당신이 무엇을 물을지 확실하지 않다면, '당신은 언제 이것을 믿기 시작했습니까? 또는 왜 믿기 시작했습니까?라는 두 가지 일반적인 질문으로 대체할수도 있다.

(3) 그 사람의 질문에 답하라.

(4) 복음 제시를 계속하라.

> ✦ 예시1 "교회는 위선자들로 가득 차 있습니다. 난 그런 건 필요 없어요."
>
> **전환**: "확실한 생각이 있으시네요. 저도 교회에 위선이 있다는 것에 동의합니다. 예수님도 그런 위선에 반대하여 경고하셨습니다.
> **질문으로 바꾸라**: "제가 질문 하나를 드리겠습니다. 진정한 그리스도인은 어떤 사람일까요?"
> **일반적인 대답**: "판단하지 않은 채 선한 삶을 사는 등의 사람이겠죠."
> **대답**: "진정한 그리스도인이 어떤 사람인지를 아는 유일한 방법은 성경이 무엇이라고 말하는가를 보는 것입니다."

> ✦ 예시2: "나는 하나님께로 가는 많은 길이 있다고 믿어요."
>
> **전환**: "확실한 생각이 있으시네요. 저도 많은 독실한 추종자들이 있는 많은 종교가 있다는 것에 동의합니다."
> **질문으로 바꾸라**: "제가 질문하나 드리겠습니다. 기독교의 독특한 요구들에 대해 생각해 보신 적이 있으세요?"
> **[그들의 반응 후에] 대답하라**: "기독교 신앙은 종교라기보다는 관계라는 점에서 독특합니다."

토레이(R. A. Torrey)도 비슷한 접근을 사용했다. 그는 "난 성경을 믿지 않아요"라고 말한 회의론자를 만날때면, "성경이 어리석음을 말하는 것인가요?"라고 말하곤 했다. 그리고 그가 그렇다고 말하면(그런데 나도 그런 사람을 만났다), "그래요, 그것은 성경이 말씀하시는 것입니다. 고린도전서 1:18은 십자가를 전하는 것은 멸망당하는 자들에게는 어리석은 것이라고 말하고 있습니다"라고 말할 수 있다.

그런 후에 당신은, 그에게 "하지만 당신은 멸망할 필요가 없습니다"라고 말할 수 있다.[4]

만일 누군가가 성경이 모순으로 가득하다고 말한다면, 할 수 있는 최선은 성경을 그에게 건네 주며, 당신에게 한 가지 보여주겠다고 친절하게 요청하는 것이다.

2. 사이비와 다른 종교인들

지난 30년 동안 사이비 종교와 새로운 종교 교파의 증가는 미국 사회의 뚜렷한 부분이 되어왔다. 회원 수가 오십 명 이하에서 수십만 명에 이르기까지 수많은 새로운 종교 집단들이 생겨났다. 몰몬교와 여호와증인과 같은 다른 집단들은 훨씬 더 오래 있어왔다. 다른 세상 종교들도 미국에서 성장하고 있다. 특히, 이슬람의 대두는 신앙과 기독교 신앙에 대한 다른 도전들과 융합하여, 다원주의와 혼합주의에서 엄청난 증가의 원인이 되었다.

사이비 종교란 무엇인가?

캘리포니아에 있는 영적사이비연구소(Spiritual Counterfeits Project)의 공동설립자인 브룩스 알렉산더(Brooks Alexander)는 사이비 종교에 관한 신학적인 정의를 제공한다.

---

4 Ibid., 59.

① 사이비 종교는 구원에 대한 잘못되거나 부적절한 기초를 가지고 있다. 다시 말해, 구원론이 잘못되었다. 이것은 잘못된 기독론에서 나온다.

② 사이비 종교는 권위에 대한 잘못된 기초 위에 있다. 성경적인 기독교는 하나님의 말씀인 성경에 근거해서 세워졌다. 반면, 사이비 종교는 다른 권위자들, 즉 메시아적인 인물인 데이비드 코레쉬(David Koresh)같은 리더나 『몰몬의 책』(The Book of Mormon)이나 『값진 진주』(The Pearl of Great Price)와 같은 다른 저술들을 찾는다.[5]

게다가 젠 선종(Zen Buddihism), 하레 크리슈나교(Hare Krishna) 그리고 통일교회(Unification Church) 같은 다른 종교 교파들도 마찬가지다.

미국 복음주의 교회들은 어떤 다른 하나의 집단이나 다수의 집단보다 더 많이 몰몬교나 여호와 증인들과 맞서야 한다. 우리는 사이비 종교가 "교회의 미지급 청구서"(the unpaid bills of the church)[6]를 나타낸다는 사실을 인정해야 한다.

1) 사이비나 다른 종교인에게 증거하기 위한 원리들

사이비 종교나 다른 종교 사람들에게 증거하기 위한 다섯 가지 원리들이 있다.

(1) 가능한 언제든지 이런 사람과의 관계에 집중하라.

그들이 독실하다면, 이 사람들은 처음엔 복음을 듣더라도 그리스도께 인도되지는 못할 것이다. 목회자로서 나는 한 몰몬교도를 그리스도께 이끄는 특권이 있었지만, 그녀의 가족과의 깊은 관계를 맺은후에라야 그녀를 그리스도께 인도했다.

---

5   Brooks Alexander, "What Is a Cult?" *Spiritual Counterfeits Project Newsletter* 5, no. 1 (January-February 1979).

6   J. K. Van Baalen, *The Chaos of the Cults* (Grand Rapids: Eerdmans, 1938).

나는 또한 이슬람교도들과 불교도 역시 그리스도께 인도했다. 모든 상황에서, 그들을 알게 되었으며 많은 시간을 그들과 보냈다. 그과정에서 그들은 그리스도께서 나의 인생에 행하셨던 변화를 보았다.

(2) 당신의 신앙과 그들의 신앙을 파악하라.

우리 중 누구도 모든 다른 사이비 종교의 전문가가 될 수는 없다. 하지만 예를 들어, 당신 지역에서 몰몬교가 우세한 종교집단이라면, 그들과 현명하게 대화할 수 있도록 그들의 신앙에 대한 것을 알아야 한다. 북아메리카선교회의 초교파전도부(Interfaith Witness Department of the North America Mission Board)와 영적사이비연구소(Spiritual Counterfeits Project)는 도움이 되는 훌륭한 자료들을 가지고 있다.

내 친구 존 애반트(John Avant)는 몰몬교 선교사를 그리스도께 인도했다. 그는 몰몬교의 신앙을 공부했기에, 그들의 신학의 단점을 증명할 수 있었다. 하지만 그는 이것을 주도적으로 이용하지는 않았다. 선교사와 이야기하는 시간을 가진 후, 그는 일반적인 요점을 정리하여 몰몬교의 잘못된 점들을 보여주기 시작했고, 이 사람을 몰몬교로부터 참된 기독교 신앙으로 이끌 수 있었다.

(3) 다른 사람의 신앙을 공격하는 방식으로 시작하지 말라.

이것은 존 애반트의 사례와 모순된 것처럼 보일 수도 있다. 하지만 원리는 분명하다. 예를 들어, 당신이 사이비 종교를 공격함으로 사이비에 소속된 한 사람에게 복음을 증거하기 시작한다면, 그 사람은 당신의 견해를 존중하지 않을 것이다.

당신이 증거하는 모든 상황처럼 친밀한 관계를 형성하면서, 그 집단에 대해 할 수 있는 모든 것을 확인함으로 증거를 시작하라.

그 다음에 하나님의 진리로 이동하라.

(4) 당신 자신의 간증을 나누라.

이것은 중요하다. 내 학생들 중에는 몰몬교 배경에서 온 출신으로, 몰몬교로부터 사람들에게 그리스도를 아주 효과적으로 증거했던 이들이 있었다. 레리(Larry)라는 한 학생은 4대째 몰몬교인이었다. 그는 인터넷에서 자신의 간증을 나누고 어떻게 그가 몰몬교에서 나왔는지 이야기 해서 서너 사람을 그리스도께 인도했다.

(5) 죄의 실재와 구주의 필요성에 특별히 언급하면서, 복음을 분명히 설명하라.

그들의 구원론은 거의 언제나 행위구원론이다. 그들은 은혜의 복음을 들어야 한다.

2) 바울의 예

사이비 집단과 다른 종교들을 대할 때, 도움이 되는 성경적인 패러다임이 있다. 사도 바울은 복음을 전하기 위해 아덴으로 갔다. 그는 그 도시에 우상이 가득한 것을 보고 당황했다. 종교다원주의가 만연했다. 그는 도시가 우상들에 빠진 것을 보았을 때 화가 났다.

그는 그들에게 하나님과의 관계와 그분을 위한 필요를 이야기하면서, 유대인과 이방인의 회당 그리고 장터에서 논리적으로 변론했다(행 17:17). 그 후 그는 그들에게 붙들려 아레오바고로 가서 그가 믿는 것에 관해 이야기할 것을 요청받았다.

바울은, "아덴 사람들아 너희를 보니 범사에 종교심이 많도다"라고 말했다. KJV는 마지막 단어를 '미신을 믿는'(superstitious)으로 번역한다. 바울은 그들과 공통점을 만들며, 그들이 하나님을 찾고 있는 현실을 단언했다. 그는 그들이 진리를 찾고 있었다는 것을 깨닫게 하며, 그들이 찾고 있음을 확인했다.

바울은 또한 그들의 신앙을 알고 있었다. 그는 심지어 그들의 시인들 중 두

명을 인용했다(행 17:28을 보라). 바울은 그들의 잘못에서 진리로 옮겼다. 그는 "알지 못하는 신에게"(행 17:23)라고 우상에 새겨진 것에 주목했다.

그는 창조주(Creator)라는 일반적인 용어로 하나님에 관해 이야기하기 시작했고, 하나님의 아들인 예수님이라는 구체적인 실재로 이동했다. 바울은 복음에 타협하지 않았다. 대신, 그는 그들이 있었던 곳에서 시작하여, 그들이 있을 수 있는 곳으로 데리고 갔다.

바울은 복음을 명확히 제시했다. 그가 그렇게 하지 않았다면, 일반적인 신에 대해서만 말하므로 복음을 버렸다고 비난받을 수 있었다. 그는 하나님에 대한 일반적인 이해에서 십자가에 대한 특정한 주장으로 옮겼다. 그는 하나님의 심판과 부활에 대해서도 이야기했다(행 17:23-31).

바울이 부활에 대해 말할 때, 사람들은 물러서기 시작했다. 실제로 이 본문에서 사람들은 세 가지 방식으로 복음에 반응했다. 어떤 사람들은 복음을 믿었고 다른 사람들은 그것을 거부했다. 반면, 그외 사람들은 "이것에 대해 더 듣고 싶어요"라고 말했다. 그것이 사람들이 반응한 방식이다. 사이비집단이나 다른 종교 사람들에게 복음을 증거할 때 이 원리들을 따른다면, 우리는 이런 종류의 반응들을 기대할 수 있다.

3. 세상 사람들에게 도달하기

미국에는 불신자들이 1억 2천만 명이다. 수백만 명 이상이 사이비집단과 다른 종교에 빠져있다.

우리는 어떻게 그들에게 복음을 전해야 하는가?

특별한 집단을 대하기 전, 증거가 없는 것보다 어떤 증거가 있는 것이 낫다는 것을 다시 말하겠다. 내 친구 중 살레임(Saleim)이라는 한 친구는 이슬람교도로 성장했다. 그는 고등학생 시절에 주변에 그리스도인들이 있었지만, 그들은 한번도 그에게 복음을 증거한 적이 없었다. 그들은 그에게 다가갈 수 없다고 생각했다. 결국 살레임은 대학 때 그리스도를 영접했다. 그는 나에게 누군가가 자기에게 복음을 함께 나눌 시간을 가졌었다면, 더 일찍 구원받을 수 있었다고 말했다.

지난 세대 동안 미국 문화의 풍경이 급속도로 바뀌었다. 오늘날 민족적 다양성에서 보여지듯이 **유산**(heritage)에 관한 어떤 합의도 없는, 낙태, 동성애 그리고 안락사에 대한 논쟁에서 증명되듯이 **도덕적 법규**(moral code)에 관한 어떤 합의도 없는, 그리고 다른 세상 종교의 성장과 사이비 집단의 폭발적 증가에서 보여지듯이 **종교적인 신앙**(religious belief)에 관한 어떤 합의도 없는 문화 안에서 우리는 그들과 그리스도를 나누도록 부름받았다.

모든 세대에서 변증론, 즉 믿음의 방어는 복음전도에서 중요한 역할을 한다. 그것은 바울, 저스틴 마터(Justin Martyr) 그리고 어거스틴의 삶과 연결되어, 오늘날에는 라비 자카리아스(Ravi Zacharias)와 고인이 된 프란시스 쉐퍼(Franscis Shaeffer)와 같은 사람들의 삶 속에서 볼 수있다.

변증론은 명제적 진리를 기초로 세워졌고, 이것은 여전히 본질적이다. 하지만, 포스트모던 문화에 도달하기 위해서 '감각 변증론'(sensory apologetics)이 필요하다는 칼빈 밀러(Calvin Miller)에게 나는 동의한다.[7]

예를 들어, 현대 문화에서 몰몬교의 영향은 인식론적 근거로 인한 성공 때문이 아니다. 그들은 예술을 잘 이용한다(그들의 TV 광고는 감정을 만지는 것에 비할 데가 없다). 그들은 **진리**(truth)를 주장하면서 사람들에게 다다르지 않는다. 그들은 감각 어필을 사용한다.

지금 교회가 믿음의 인식론적인 기초에 전념하는 것에 타협하지 않고, 진리의 선포를 돕기 위해 예술에 호소하는지 생각해 보라.

---

[7] 나는 1997년 8월 11-12일, 일리노이의 집회에서 칼빈 밀러(Calvin Miller)의 "The War to Narrative Preaching"라는 제목의 강의에서 다음 주제에 대한 통찰력을 얻은 것에 대해 감사한다.

많은 교회에서 드라마가 효과적인 이유가 바로 이것이다. 우리는 감각적이고 TV가 지배하는 시대에 살고 있다.

그렇다면 어떻게 포스트모던 문화 속에서 영원한 진리를 나눌 수 있는가?

성경과 같은 방법으로 해야 한다. 성경은 주로 이야기이며, 그것과 관계된 사람들에게 쉽게 다가간다. 그것은 어떻게 하나님이 사람과 관련되는가에 대한 이야기로 **관계적**(relational)이다. 예를 들어, 탕자 이야기는 어떤 사람들에게 도달하기에는 로마의 길(Roman Road) 전도 접근법보다 더 효과적일 수 있다.

진리는 같다. 하지만, 접근은 다르다.

60년대에 어떤 사람이 "하나님은 어디에도 없다"라고 말했다. 지금 하나님과 우상들은 어디나 있다. 영적인 경험은 오늘날 굉장히 흥미롭다. 릭 워렌(Rick Warren)은 말씀을 전하는 것과 오늘날 경험을 결합시켜, 매 주일 그의 메시지의 일부로 교인에게 간증을 하게 한다.

음악은 교회에서 예술을 사용하는 가장 좋은 예이지만, 우리는 예술과 복음 증거를 통합할 방법을 찾아야 한다. 예를 들어, 드라마나 개인적인 인터뷰를 예배에 추가할 수 있다. 동시에 우리가 하는 모든 것을 성경의 영원한 진리에 연관시켜야 한다. 밀러는 오늘날 우리가 직면한 문화적 변화를 언급했다.

① 종교개혁 시대부터 1950년까지는 '그것'(It) 세대였다. 이것은 교과서 시대였다.

② 1950년대부터 1970년대까지는 '당신'(You) 세대, 즉 강요의 시대였다.

③ 1980년대는 '나(Me) 세대, 즉 나르시스(Narcissus, 물에 비친 자기의 모습을 연모하여 빠져 죽어 수선화가 된 미모의 청년-역자 주) 시대였다.

④ 1990년대는 '우리'(We) 세대로 특징지어진다. 그것은 다문화, 포스트모던 가치의 시대이다.8

---

8   Ibid.

조시 헌터(George Hunter)는 세상 사람을 기독교에 의해 크게 영향받지 않은 사람이라고 정의한다.[9] 세상 사람은 일반적으로 그리스도인들에게 세 가지 반응을 한다.

① 그리스도인은 이것을 정말로 믿는가?
② 그리스도인은 이것을 정말로 사는가?
③ 그것이 정말로 중요한가?

60년대에 세상 사람들은 교회가 너무 영적이기 때문에 흥미를 잃었다. 지금 그들은 충분히 영적이지 못하기 때문에 흥미를 잃는다.

미국에는 350,000개 이상의 교회가 있다. 그들 중 80%는 침체상태에 있다. 성장하고 있는 20% 중 대부분은 생물학적이거나 이동성장에 의해서 그렇게 하고 있다. 1% 이하가 회심에 의해 성장하고 있다. 우리는 세상 사람들에게 다다르지 못하고 있다.

어떻게 우리는 변화하는 문화와 관련을 맺을까?

우리는 대중 문화와 전통 문화를 구별해야 한다. 헌터는 대중 문화는 어느 곳에나 거의 같은 것이라고 정의한다. 그것은 공간에 따라 거의 변하지 않지만, 시간에 따라서는 빠르게 변한다. 도쿄에서 유행하는 음악이 시카고에서 발견된다. 변화는 **유행**(fads)이라 불려진다.

반면 전통 문화는 공간에 따라 크게 변하지만, 시간에 따라서는 거의 변하지 않는다. 변화가 일어나고 **경향**(trends)라 불린다. 변화하는 문화와 관련하여, 헌터는 이렇게 말한다.

---

9   George Hunter, *Church for the Unchurched* (Nashville: Abingdon, 1996).

① 이해할 수 없는 찬송가, 인쇄된 게시물, 관련 없는 광고와 같은 것들은 버려져야 한다.

② 설교, 노래, 기도, 헌금과 같은 것들은 유지되어야 한다.

③ 예배 유형, 예배 순서와 같은 것들은 다시 꾸며져야 한다.[10]

1) 버스터 세대(Busters)에게 도달하기

소위 베이비 버스터 세대(Baby Buster, 출생률 격감기에 태어난 세대-역자 주)는 교회를 위한 커다란 도전과 기회들을 제공한다. 이것은 분노하는 세대이고, 불리는 이름들이 주어지면 누군가 그들을 비난할 수 있다.

모든 것이 '망해가고'(bust) 있을 때 영광스런 부머 세대(Boomers)의 뒤를 이었기 때문에 그들은 버스터 세대(Busters)이다. 그들은 'X 상표'(Brand X)처럼 놀랄만큼 소리나는 'X 세대'(Generation X)라고도 불린다. 게다가, 그들은 '열세 번째 세대'(Thirteenth Generation)라고도 불려졌다.

어떻게 당신은 숫자 13으로 알려지고 싶은가?

나는 대학에서 이 세대를 가르쳤고, 지금도 신학교에서 이 세대의 많은 사람들을 가르친다. 그들은 라벨이 붙여져 있으며, 숫자가 줄어들고 있으며, 점점 무시당하는 추세다. 나는 개인적으로 그렇게 라벨 붙여진 것에 신경 쓰지 않지만, 단순히 대략 1965년과 1981년 사이에 태어난 이 집단(한국에 적용하면 현재 20~40 세대라고 볼 수 있음 -편집자 주)을, 나처럼 1946년에서 1965년 사이에 태어난 사람들과 구분하기 위해 **버스터**(Buster)라는 용어를 사용할 것이다.

버스터 세대는 상대주의와 주관주의의 특징이 있다. 그들은 미국 사람들이 과거에 있었던 것보다 덜 성별적이다. 아주 많은 사람들이 깨지거나 역기능적인 가정 출신이기 때문에, 감정적인 이슈들이 더 중대하게 여겨진다. 그들은

---

10 George Hunter, "The Rationale for a Culturally Relevant Worship Service," *Journal for the American Society of Church Growth* 7 (1996): 137-38.

보안이 어려운 점점 더 난폭해진 사회 속에서 산다. 그들의 달력은 꽉 차있고 삶은 텅 빈 강박적인 문화 속의 성인이 되고 있다. 대부분의 핵심 가치인 절대적인 진리를 상실해 왔다. 켈빈 그레햄 포드(Kelvin Graham Ford)는 버스터 세대를 복음화 하는 것에 관한 책에서, 이 세대에 대한 세 가지 근본적인 가정들을 지적했다.[11]

첫째, 세상은 사용하기 쉽지 않다.
둘째, 세상은 단순하지 않다.
셋째, 세상은 규칙이 없다.

또한 포드는 버스터 세대의 중대한 가치와 그들이 불신하는 것들을 지적한다.

가치	불신
단순성	권위
분명한 행동	체계와 구조
가시적인 실제 결과	행동보다는 말
하한선	본질보다는 상징주의
자기만족을 통한 생존	부머 세대 사람들
경계들	
친화력과 관계성	

포드의 책은 내가 주장한 이 두 가지가 X 세대에게 이르기 위해 매우 중요하다는 것을 확인한다. 개인전도는 필수 수단이다. 하지만, 특히 이 그룹은 "거짓된 것들과 그것들을 사용하고 싶어하는 사람들을 대단히 의심한다."[12]

최근에 한 버스터 세대의 여학생이 한 전도자가 모임에서 자기에게 책과 테

---

11   Kevin Graham Ford, *Jesus for a New Generation* (InterVarsity Press, 1995), 37–39.
12   Ibid., 69.

이프를 파는데 너무 많은 시간을 소비할 때, 얼마나 미치게 했는지를 이야기한 적이 있다. 이러한 일은 그것들이 거짓이라는 기미가 보이게 한다. 복음에는 위대한 영향력이 있다. 포드에 따르면, "X 세대들은 이 세상의 제도에서 발견할 수 없는 그런 **진정성**과 **충실성**을 갈망한다."¹³

여기 하나의 예가 있다.

여전히 많은 사람에게, "당신은 영원한 생명을 가지고 있음을 확실히 아세요?"라는 질문을 할 수 있다. 하지만, 영원한 생명에 대해 X 세대에게 물으면, 멍한 눈으로 빤히 바라보거나 환생에 대해 질문할 수 있다. 뉴욕에서 온 한 대학생이 그 질문에, "저하고는 상관없는 거예요"라고 대답했다. 나는 이 그룹과 이야기하면서 예수님과 개인적인 관계에 대해 묻는 것이 훨씬 더 효과적이라는 것을 알았다.

극화된 사례에서, 포드는 그란트(Grant)라는 이름의 청년에게 이 진리를 설명한다.

"내가 죽음에 대해 생각할까?

물론 그렇다.

항상 생각한다.

하지만 그런 생각이 나를 더 조심스럽게 살도록 만들지 못한다. 그것은 나를 더 치열하게 살고 싶도록 만든다."¹⁴

그란트는 복음이 그에게 다가올 삶뿐만 아니라 지금 여기에서 **현실의**(real) 삶을 어떻게 줄 수 있는지를 알아야 한다.

버스터는 근대주의에서 포스터모더니즘까지 문화적으로 철학적인 변화가 구체화된 것을 증명한다. 근대주의는 중세와 르네상스 끝에 시작된 시간과 관련 있다. 이것은 과학적인, 철학적인, 정치적인, 그리고 신학적인 혁명을 가져

---

13 Ibid., 70.

14 Ibid., 91.

오면서, 계몽주의를 시대를 열었다.

근대주의에서 포스터모더니즘으로 변화의 시작은 양자물리학과 아인스타인의 상대성 이론의 대두에서 발견할 수 있다. 포스터모더니즘은 절대적인 진리의 거부와 객관적 현실보다 주관적인 경험을 더 존중하는 특징이 있는 오늘날의 문화에서 번성한다. 스탠 그렌즈(Stan Grenz)는 포스트모더니즘에 대해 네 가지 가설을 제공한다.[15]

(1) 감정과 관계가 논리와 이성보다 더 중요하다

미신은 계몽주의 시대에 크게 거절당했지만, 포스트모더니즘 세계에서 받아들여졌다.

(2) 비관주의

다윈론의 발견과 발명에 힘입어, 근대주의는 계속해서 환한 새 세상을 보았다. 부머 세대는 세상을 구원하기 원했지만, 버스터 세대는 오직 생존하기만 원한다.

(3) 전체론/총체주의/공동체

근대주의는 개인을 높인다. 말하는 사람이 모든 것들의 척도다. 포스트모더니즘은 공동체를 바란다. '스타 트랙: 다음 세대'(Star Treck: The Next Generation)이 '엔터프라이즈'(Enterprise)에 탑승한 공동체에 대한 것인 반면, '스타 트랙'(Star Treck)은 컬크(Kirk) 선장의 영웅주의에 대한 것이다.

(4) 진리는 상대적이다

진리는 지적인 사람들의 이성적인 영역에서 경험의 주관적인 영역으로 변

---

15 Ibid., 114-17.

화되어 왔다. 복음을 제시하는 것에 대해 긍정적인 면이 있다. X 세대들과 소통함에 있어서, 성경의 영원한 진리를 거절하지 않고 우리의 삶에 기독교의 영향력을 더할 수 있다.

우리는 공동체의 수준을 강조하고 자율적이고 싶어하는 사람이 실패하는 것을 강조하면서, 초자연적인 지점에서 버스터 세대들과 접촉할 수 있다.

변증학은 X 세대를 위한 역할이 있지만, 믿지 않는 사람들을 복음전하는 것보다 믿는 사람들을 제자훈련하는데 더 중요하다. 포드는 "X 세대에게 다다르려 할 때, 우리는 '진리의 요새'를 방어하는 하는데 적은 에너지를 소비하고 관계의 안정성에 대한 안전하고 보살피는 안식처를 제공하는데 더 많은 에너지를 소비하는 것이 좋을 것이다"라고 말한다.[16]

하지만, 우리는 관계성을 강조하려는 바람에서 성경적인 진리를 타협하지 않으려고 주의해야 한다. 포드는 세 가지 접근법이 X 세대들에게 다다를 것이라고 주장한다.[17]

① 구체적인 변증(embodied evangelism)

칼빈 밀러의 '감각 변증'(sensory apologetic)처럼, "구체화, 즉 하나님을 위한 살아있고 숨 쉬는 논쟁"이 있어야 한다.[18] 그 질문은, '그리스도인이 믿음을 증명할 수 있는가?'는 말할 것도 없고, 나아가 '그리스도인은 믿음을 살 수 있는가?'이다.

② 과정전도(process evangelism)

오늘날 질문은 '하나님이 존재하는가?'가 아니라 '어떤 하나님인가?'이다. 과정전도는 시간이 지나면서 성육신적으로 일어나는 관계 전도가 정상적으

16　Ibid., 136.

17　Ibid., chapters 9-11.

18　Ibid., 174.

로 의미하는 것이다. 물론, 그리스도를 한 번도 나누지 못할 위험이 있다. 포드는 현 세대는 1세기와 상당히 비슷하다는 것을 안다. 하지만, 신약에서 과정은 복음을 항상 **의도적으로**(intentionally) 나누려는 것과 관련되었다. 내가 알기로는 신약성경의 이야기에서는 신자가 오랫동안 의도적으로 복음을 나누는 것을 거부했던 어떤 기록도 없다. 예수님은 의도적으로 하나님 나라의 복음을 나누었다. 과정전도는 의도성과 분리될 수 없다.

③ 이야기전도(narrative evangelism)

방법이나 느낀 욕구에 초점을 맞추는 접근법이라기보다 이야기전도는 우리 자신의 개인적인 이야기와 교차하는 방식으로 복음 이야기를 말한다. 복음의 이야기와 비교할 때, 우리는 성경의 진리와 비교된 세계관의 차이와 그 실패를 인정한다. (사영리와 전도폭발에서 처럼) 명제적 접근법과 비교해서 이야기 전도는 더 관계적이다. 그러나 성경으로 정확하게 그리고 일관되게 말하면, 그것은 X 세대들에게 이르는데 강력하다.

진리가 기독교에 필수적이기 때문에, 이야기전도는 복음의 본질적인 요소가 들어있어야 한다. 그것은 마음에 이야기할 수 있고 영혼에 닿을 수 있는 더 많은 것을 한다. 좋은 설교가 마음에 감동을 주는 사례들과 이야기들을 포함하듯, 이야기전도는 정신과 마음 모두를 변화시킨다.

오늘날 많은 사람들에게 삶이 무의미하다. 복음의 이야기가 중요하다. 나는 인터넷에서 한 X 세대에게 복음을 증거하고 있었다. 그녀는 내가 어떻게 그리스도를 영접했는지에 대한 나의 간증에 감명을 받았다.

그 때 나는 간단한 복음의 진리를 나누었다. 나는 "예수님이 우리의 죄 때문에 우리를 위해 돌아 가셨어요"라고 말했다. 그녀는, "그래서 뭐요, 전 제 친구를 위해 죽을 거예요"라고 대답했다.

나는 "하지만 예수님은 죽은 자들 가운데서 살아나셨어요"라고 계속했다. 그녀는 "맞아요, 전 그렇게 할 수 없어요"라고 인정했다. 그녀는 부활의 가능성을 부정하지 않았다. 그녀는 나에게 자신이 왜 부활의 진리를 전적으로 확신했던 내 간증 때문에 말할 수 있었는지 그 이유를 이야기했다.

그녀는 또한 내가 미치거나 순진하지 않다고 확신했다. 어떤 면에서 내 주장이 그렇게 되지 않아서 내 이야기가 그녀에게 감명을 주었다.

이것은 양자택일의 문제가 아니라는 것에 부디 주목하라.

계시된 성경에서 명제적 진리가 중요하다. 나는 우리가 그 진리를 **전하는**(deliver) 방식을 언급하고 있다.

우리의 이야기에 복음을 섞어 넣거나 탕자, 우물가의 여인 같은 성경 이야기를 하면서, 이 시대에 말하라.

이야기나 비유는 예수님 메시지의 중요한 부분이었다(막 4:33-34).

4. 적용

당신이 복음을 가지고 접촉하고 싶은 5,000개의 가정이 있는 지역 사회에 있다고 상상해 보라.

대중전도, 주일학교, 소그룹, 심방, 봉사활동 등 이런 모든 가치 있고 전통적인 도구들을 사용하면서, 당신은 많은 사람들에게 다다를 것이다.

하지만 얼마나 많은 사람들에게 진실로 영향을 미칠까?

당신이 결코 접촉할 수 없는 사람들, 즉 근본적인 비신자들의 상당한 비율이 있다.

당신이 열매맺는 주일학교 캠페인을 한다고 가정해 보자.

당신이 나가서 3년 안에 주일학교 전체의 10%인 500 가정을 등록시킨다. 그 후 당신은 매년 복음전도운동을 펼친다. 3년 동안 매년 50명씩 150명이 그리스도께 온다. 그리고 3년 동안 650 가정에 다다랐다.

주일학교에서 구원받지 못한 사람들 1/3이 마침내 그리스도를 영접한 것이 통계로 나타난다. 그렇게 당신이 주일학교에 등록시켰던 500명 중 약 170명이 그리스도께 올 것이다.

이제 우리는 대중전도를 통해 복음으로 다다른 150명과 주일학교를 통해 다다른 170명을 더해서 총 320명이 있다.

3년 동안 다른 방법으로 그리스도를 영접한 80명을 더하라.

5,000가정에서 400명이 그리스도께 나왔다.

그렇다! 놀라운 성과이다.

하지만, 그야말로 그 지역 사회에는 아직 그리스도의 복음을 듣지 못한 수천명의 사람들이 있다.

이 방법들에서 아무 것도 빼앗지 않으면서, 진실로 복음전도의 가장 큰 단 하나 놓친 요소는 전체 참여이다. 로이 피쉬(Roy Fish)는 현대적인 예배, 전도 행사 그리고 콘서트를 포함해서 우리가 사용하는 복음전도 방법들이 실제로 지상명령의 미묘한 전환을 만들어낸다고 주장했다. 그것은 '가서 말하라'는 예수님의 지상명령에 순종하는 대신, '와서 들으라'거나 '와서 보라'고 강조한다.[19]

우리가 미국과 세계에 도달해야 한다면, 우리 주변의 수많은 믿지 않는 사람들 모두의 삶 속에 침투하여 개입해야 한다. 그리고 우리가 그렇게 하므로, 그들이 이해할 수 있는 방식으로 영원한, 그리고 변함없는 복음을 그들에게 말해야 한다.

---

19 이러한 방법으로 생각하도록 한 것에 대해, Roy Fish에게 감사한다.

참고문헌

Ford, Kevin Graham. *Jesus for a New Generation*. Downers Grove: InterVarsity Press, 1995.

Hunter, George. *Church for the Unchurched*. Nashville: Abingdon, 1996.

_____. *How to Reach Secular People*. Nashville: Abingdon, 1992.

Kramp, John. *Out of Their Faces and into Their Shoes*. Nashville: Broadman & Holman, 1995.

Roof, Wade Clark. *A Generation of Seekers*. San Francisco: Harper-Collins, 1994.

이 기관들은 사이비 집단과 다른 종교 사람들에게 증거하도록 돕기 위한 정보를 제공한다.

Christian Research Institute, P.O. Box 500, San Juan Capistrano, CA 92693-0500.

Interfaith Witness Department, North American Mission Board of the Southern Baptist Convention, 4208 North Point Parkway, Alpharetta, GA 30202.

Spiritual Counterfeits Project, P.O. Box 4308, Berkeley, CA 94704.

제14장

MTV와 인터넷, 혹은 예수 그리스도와 고기잡이 그물: 다음 세대 전도하기

1996년 여름, 청소년캠프 목회자로 다시는 섬기지 않겠다고 다짐했다. 아이들이 싫어서도 캠프가 싫어서도 아니였다. 도리어 아이들과 캠프 모두 **사랑한다**(love). 단지 이 특별한 캠프에서, 내 나이와 체력을 무시하고 진흙 배구 경기에 참여했기때문이었다. 우리 상담자들 팀이 최고의 청소년 팀을 이겼다. 나는 상대팀을 자극하기 위해 너무 많은 독설을 내뱉었다.

경기 후, 약 200명(솔직히, 여섯 명이나 여덟 명 정도)의 아이들이 누워있는 내 위에 **탑처럼** 싸인채 올라갔다. 그들이 나에게서 떨어졌을 때, 나는 거의 걸을 수 없었다. 하지만, 너무 자존심이 상해서 다쳤다는 것을 인정할 수 없었다. 고통을 숨기기 위해, "신에 돌이 들어갔나 봐"라고 말했던 것 같다.

다음 석 달 동안, 엉덩이가 부서졌다는 것을 알기까지 절뚝거리며 걸어다녔다. 곧바로 나는 두 가지 현실에 직면하고 있었다.

첫째, 빠른 시일 내에 엉덩이 대수술을 받아야 한다는 것이었다(이렇게 되면 하루 전체를 낭비해야만 한다!).

둘째, 청소년 캠프가 내 건강에 위험하다는 현실을 받아들였다.

내가 청소년캠프를 피하고 싶어했던 것처럼, 불행하게도, 대부분의 교회는 젊은 사람들에게 닿을 기회를 포기해 온 것 같다. 우리 SBC교단은 청소년들에게 효과적으로 다가가고 있지 않다. 또한 어린이들에게 다가가는 많은 활동들이 잘못 인도되어 왔다.

2세기 변증가 저스틴 마터(Justin Martyr)는 "60, 70대의 많은 남녀들은 어렸을 때부터 예수님의 제자였다"[1]라고 말했다. 112년에, 플리니(Pliny)는 성인들을 비롯해서 어린이들도 크리스천이었다고 말했다. 최근 톰 라이너(Thom Rainer)는 그의 책 『브리저 세대』(*The Bridger Generation*)에서, 구원받은 사람들의 80퍼센트가 20세가 되기 전에 그리스도께 돌아온다고 상기시킨다.[2] 초대교회부터 현대까지, 성인 이전의 아이들에게 이르는 것은 교회에 대단히 중대한 필요가 되어왔다.

1. 어린이들 전도하기

아이들을 전도하는 것에 관해 상세하고, 제대로 된 조언을 주는 자료들은 거의 없다. 하지만 남부침례교단 같은 많은 교파에서, 신앙고백을 하는 사람의 절반 정도가 13세 이하의 아이들이다.

남서침례신학교(Southwestern Baptist Theological Seminary)에서 30년 이상을 가르쳐온 복음전도 학장인 로이 피쉬(Roy Fish)는 이 중요한 주제에 대해 현명한 조언을 준다.[3] 피쉬는 어린이에 관한 성경 구절에서 몇 가지 특별한 것들을

---

1 Green, *Evangelism*, 219.
2 Thom S. Rainer, *The Bridger Generation* (Nashville: Broadman & Holman, 1997).
3 Roy Fish, Introducing Children to Christ, TC1794, Southwester Baptist Theological Semi-

언급한다.

첫째, 유아들과 어린이들은 하나님의 보호하심 아래 안전하다.
둘째, 만약 그들이 죽는다면, 천국에 갈 것이다.

남동침례신학교(Southeastern Baptist Theological Seminary)에서 내 전임자인 델로스 마일스(Delos Miles)는 다음과 같이 진술했다.

> 아이는 '축소된 성인'이 아니다. 회심할 수 있는 능력이 있기 전에 죽은 유아들과 어린 아이들은 천국에 간다. 그들은 하나님 나라에 속해있다. 성경이 말하는 하나님 나라의 본질을 기초로, 하나님께서는 미성숙한 어린 아이들에게 그들이 할 수 없는 결정을 하도록 책임지게 하지 않을 것이다.[4]

1) 책임질 나이

피쉬는 아이들이 하나님께 책임질 수 있는 때가 있다고 말한다. 다시 말해, 우리는 '책임질 나이'(age of accountability)가 되었을 때 문제에 직면해야만 한다는 것이다. 마일즈(Miles)는 이 용어를 다음과 같이 정의한다.

"유아들은 그들이 책임을 질 수 있는 능력이 있을 때까지 하나님의 보호하심 아래 안전하다."[5]

윌리암 핸드릭스(William Hendricks)는 책임의 나이를, "누군가 성령에 의해

---

nary, 1997. 달리 언급이 없으면, 본 장에서 피쉬를 언급한 모든 문헌은 이 대단한 오디오테이프에서 나온 것이다.

4　Miles, *Introduction to Evangelism*, 235.
5　Ibid., 325.

그리스도를 받아들이든지 배척하든지 결정을 내리는 은혜의 순간"[6]으로 정의한다.

물론 다양한 전통들이 다른 방식으로 이 문제를 다룬다. 성례신학은 유아세례처럼 성례의 역할에 집중한다. 하지만 성경 본문은 개인의 나이와 상관없이 회심신학을 가리킨다.[7] 나는 책임지는 것에 대한 정해진 나이가 없다는 피쉬, 마일즈, 핸드릭스 그리고 다른 이들의 의견에 동의한다.

회심에 관한 성경적인 가르침과 회심 후 신자의 세례/침례의 이행 때문에, 책임의 나이는 중요한 개념이다. 그러나 이러한 개념을 명백하게 설명하는 성경 구절이 없음도 인정해야만 한다. 아마도 로마서 14:12이 그 개념을 함축하고 있다.

> 이러므로 우리 각 사람이 자기 일을 하나님께 직고하리라(롬 14:12).

아이들을 전도하는 데 걱정되는 이유들 중 하나는 다음과 같이 말하는 사람들이 놀라울 정도로 많다는 것이다.

"9살 때 나는 내가 무엇을 하고 있는지 몰랐다. 교회에 갔지만 현명한 결정을 할 능력이 없었다. 7살이나 8살 때는 정말 아무 일도 일어나지 않아 참된 그리스도인이 되기 위해 후에 구원의 경험이 필요했다."

이러한 경험을 한 성인들의 숫자가 증가하고 있다는 사실은 어떤 사람들에게는 어린이 회심에 대한 가능성을 의심의 눈초리로 바라볼 수밖에 없게 했다.

더욱이, 더 이른 나이에 세례/침례를 받고 있는 아이들의 수가 증가하고 있는 것은 우리가 세례/침례를 주고 있는 아이들의 비율에 대해 어떤 사람들을 놀라게 했다. 이 문제는 심각한 걱정을 하게 한다. 이것은 이 주제에 존재하는

---

6 William Hendricks, "The Age of Accountability," in *Children and Conversation*, ed. Clifford Ingle (Nashville: Broadman Press, 1970), 97.

7 William Hendricks, *A Theology for Children* (Nashville: Broadman Press, 1980), 15.

극단적인 면에 반영된다.

첫째, 아이들을 전도할 가능성에 대해 질문하는 사람들이 있다.

이 문제를 의심스럽게 보는 사람의 예로 『목양 전도』(*Pastoral Evangelism*)의 저자, 샘 사우사드(Sam Southard)가 있다. 심리학자와 신학자 모두를 크게 의존하는 사우사드는 회심에 있어 책임질 수 있는 회개의 태도가 중요한데, 이것은 사춘기 혹은 십대 초반까지 불가능하다고 결론 지었다.

둘째, 어떤 그룹들은 아주 어린 나이의 아이들을 전도하고자 한다.

피쉬는 어린이전도협회(Child Evangelism Fellowship) 전 대표가 아이들이 3세에서 5세의 나이에 전도를 받아야 한다고 주장했던 것을 언급했다.

복음에 있어 가장 간단한 것일지라도 3살 난 아이가 그 함축적인 의미를 이해한다는 생각은 큰 문제가 있고, 나에게 있어서는 유아세례에 대한 생각과 아주 가까운 것 같다. 그럼에도 불구하고 다른 한편으로는 심리학에 너무 의존해서 성령을 무시한다.

여기서 피쉬의 의견을 들어보자.

> 우리는 그리스도인이 회심할 때 성령의 역사에 대해 무지한 세상 심리학자들에게 많은 관심을 기울일 필요는 없다. 회심이나 부흥은 심리학적인 기초로 설명이 불가능한 기적이다. 성령님이 죄의 자녀들을 정죄할 수 없고, 그들을 구원하시는 그리스도를 드러낼 수 없으며, 그들 안에 거듭남의 기적을 일으킬 수 없다고 선포할 권한이 어떤 심리학자나 신학자들에게도 주어져 있지 않다.[8]

---

8 Fish, *Introduction Children to Christ*..

피쉬는 기독교 심리학자 클라이드 나라모어(Clyde Narramore)와의 대화를 회상했다. 피쉬가 말한 바에 의하면, 나라모어는 그의 어린 시절 경험을 들려주었다. 그는 11살 때 회심했지만, 훨씬 더 어린 나이에 회심했을 수도 있다고 말했다. 5살 때 죄에 대한 가책을 느꼈다. 그는 캘리포니아 산골짜기 오지에 있는 교회에 있었던 것에 대해 말했다. 건물 중앙에 작은 난로가 있었다. 그가 죄책감 가운데 있었을 때, 난로 뒤에 앉아서 목사님의 시선을 피할 수 있을 거라 생각했다. 이렇게 함으로 그가 느끼고 있었던 죄책감을 줄일 수 있을 것 같았다.

여름에도 그 난로를 치우지 않았기에, 일 년 내내 그 난로 뒤에 앉을 수 있는 기회가 있었다. 목사님이 설교단의 오른쪽을 보았을 때, 그는 난로의 오른쪽으로 방향을 돌렸고, 목사님이 왼쪽으로 움직이면 그는 또 난로의 왼쪽으로 움직였다.

나라모어는 "하나님께서 마침내 나를 사로잡으실 때까지 수년 동안 목사님의 시선을 피했지. 그리고 11살 때에 나는 크리스천이 되었어"라고 말하였다.

사람들이 점심 때 식탁에 둘러앉았을 때, 피쉬는 그에게 말하였다.

"나라모어 박사님!

박사님의 말씀에 비추어 보았을 때, 상당히 어린 나이에 크리스천이 되었을 수 있었을 거라는 생각이 드는군요."

"네, 정말 그랬을 수 있을 거라고 믿습니다."

피쉬는 계속해서 이야기했다.

"우리 리더들 중 몇몇은 어린이 회심에 관해 의심을 갖고 보기 시작했습니다. 어디에서 그들이 이러한 생각을 갖게 되었을까요?"

나라모어는 세계에서 으뜸가는 직설자가 아닐 수 없었다.

빙그레 미소를 지으며 대답하길,

"글쎄, 로이, 나는 그들의 그러한 생각이 마귀로부터 왔다고 생각하네."

2) 어린이들을 전도하는 것에 관한 성경적인 가르침

우리는 성경이 어린이들을 전도하는 것에 관한 명확한 언급이 거의 없다는 것을 알아야 한다. 하지만 구약은 여호와를 섬기는 아이들에 대한 예를 제공한다.

사무엘이 엘리의 가르침으로 여호와께 사역하기 시작했을 때는 꽤 어렸다. 구약 시대 동안, 유대 아이들은 12세 때 경배하는 공동체의 책임 있는 일원이 되어야한다는 개념이 발전되었다. 이것은 왜 예수님께서 12세 때 예배하기 위해 예루살렘에 가게 되었는지를 보여준다. 이것은 구약성경에 정확하게 명시되지 않았다. 단지 구약 시대 동안에 그러한 개념이 발전했다.

신약성경의 특정한 구절들이 이 주제에 도움이 되는데, 디모데는 어린 시절부터 예수님을 따랐다는 암시가 있다(딤후 3:15을 보라). 예수님은 "예수께서 보시고 노하시어 이르시되 어린 아이들이 내게 오는 것을 용납하고 금하지 말라 하나님의 나라가 이런 자의 것이니라"(막 10:14)라고 말씀하셨다. 그러나 신약성경에서 어린이 회심에 관련된 가장 명확한 구절은 마태복음 18장에서 발견된다.

> 그 때에 제자들이 예수께 나아와 이르되 천국에서는 누가 크니이까?
> 예수께서 한 어린 아이를 불러 그들 가운데 세우시고 이르시되 진실로 너희에게 이르노니 너희가 돌이켜 어린 아이들과 같이 되지 아니하면 결단코 천국에 들어가지 못하리라 그러므로 누구든지 이 어린 아이와 같이 자기를 낮추는 사람이 천국에서 큰 자니라 또 누구든지 내 이름으로 이런 어린 아이 하나를 영접하면 곧 나를 영접함이니 누구든지 나를 믿는 이 작은 자 중 하나를 실족하게 하면 차라리 연자 맷돌이 그 목에 달려서 깊은 바다에 빠뜨려지는 것이 나으니라 실족하게 하는 일들이 있음으로 말미암아 세상에 화가 있도다 실족하게 하는 일이 없을 수는 없으나 실족하게 하는 그 사람에게는 화가 있도다
> 만일 네 손이나 네 발이 너를 범죄하게 하거든 찍어 내버리라 장애인이나

다리 저는 자로 영생에 들어가는 것이 두 손과 두 발을 가지고 영원한 불에 던져지는 것보다 나으니라 만일 네 눈이 너를 범죄하게 하거든 빼어 내버리라 한 눈으로 영생에 들어가는 것이 두 눈을 가지고 지옥 불에 던져지는 것보다 나으니라 삼가 이 작은 자 중의 하나도 업신여기지 말라 너희에게 말하노니 그들의 천사들이 하늘에서 하늘에 계신 내 아버지의 얼굴을 항상 뵈옵느니라 (없음) 너희 생각에는 어떠하냐 만일 어떤 사람이 양 백 마리가 있는데 그 중의 하나가 길을 잃었으면 그 아흔아홉 마리를 산에 두고 가서 길 잃은 양을 찾지 않겠느냐 진실로 너희에게 이르노니 만일 찾으면 길을 잃지 아니한 아흔아홉 마리보다 이것을 더 기뻐하리라 이와 같이 이 작은 자 중의 하나라도 잃는 것은 하늘에 계신 너희 아버지의 뜻이 아니니라 (마 18:1-14).

이 구절에서 예수님은 두 단어를 사용하여 어린 아이들을 묘사했다. 하나는 '파이디온'(paidion, 2, 4, 5절)이고, 다른 하나는 '미크로스'(micros, 5, 10, 14절)이다.

'파이디온'(paidion)은 아주 어린 아이를 의미하고 보통 유아들을 뜻한다. 이 단어는 유아인 예수님을 의미하는 단어로 사용되었다. 반면, '미크로스'(micros)는 현미경(microscope)과 소우주(microcosm) 같은 영어 단어에서 사용되며 어린 나이의 아이들을 의미한다.

3) 피쉬(Fish)의 마태복음 18:1-14

로이 피쉬(Roy Fish)는 이 구절에 대해 다음의 해설을 제공한다.

(1) 회심은 어린 아이 수준에서 일어난다

예수님께서는 말씀하셨다.

너희가 돌이켜 어린 아이들과 같이 되지 아니하면 결단코 천국에 들어가지 못하리라(마 18:2).

우리는 흔히 구원을 어린이들이 획득해야 하는 어른들의 경험으로써 생각한다. 하지만 이 구절은 그와는 정반대의 의미를 나타낸다, 어린이들에게도 회심이 가능하다는 것과 하나님의 나라에 들어가려는 모든 어른들 역시 먼저 어린아이처럼 되어야 한다는 것이다. 우리는 아이들에게 "성인이 될 때까지 기다려라. 그래야 크리스천이 될 수 있어"라고 말한다.
하지만 예수님께서는 그것을 반박하시면서 이렇게 말씀하셨다.
"이런, 너희는 정반대로 생각해왔어. 너희 같은 성인들이 어린 아이가 되어야 크리스천이 될 수 있단다."

(2) 겸손, 이미 아이에게 속한 하나님 나라의 위대함의 필수적인 자질

예수님께서는 "그러므로 누구든지 이 어린 아이와 같이 자기를 낮추는 사람이 천국에서 큰 자니라"라고 말씀하셨다. **겸손**(humility)이라는 단어는 위대함을 결정짓는 나약함과 의존성의 상태를 의미한다, 우리가 나이가 들면 들수록 교만도 함께 자란다.

(3) 어린 아이도 예수님을 믿을 수 있다

예수님께서는 "이 작은 자 중에 하나도 업신여기는" 자들에게 경고하셨다. 이것이 어린이들을 전도하는 것에 관한 가장 중요한 구절이라는 피쉬의 주장에 동의한다. 이것으로 어린이가 구원 받을 수 있는지에 관한 문제를 최종적으로 결론지을 수 있다. **믿는다**(believe)에 대해 예수님이 사용하신 단어는 요한복음 3:16; 사도행전 16:31; 로마서 10:9-10에서 나온 단어와 같다.

(4) 예수님께서는 어린 아이를 넘어지게 하는 것은 아주 심각한 것이라고 말씀하신다

한 사람이 예수님을 믿는 사람을 실족하게 한다면, 연자 맷돌을 목에 매여 깊은 바닷물 속에 던져지는 것이 나을 것이다.

진심으로 예수님을 찾는 아이를 거절하는 것은 얼마나 심각한 일인가.

영적인 관심을 갖는 어린 아이에게 무관심으로 대하는 부모에게 얼마나 정신이 바짝들게 하는 말인가.

(5) 목자이신 주 예수님께서 길 잃은 양을 찾으셨기 때문에, 우리는 어린 아이를 찾아야 한다

이 문맥에서 양은 성인이 아니라 어린이를 뜻한다. 이 전과 이 후의 구절들 모두 아이를 가리킨다. 목자에 의해 방황하는 길 잃은 양이 찾아지듯이 예수님을 위해 어린이들을 찾아 발견해야 한다고 그분은 말씀하고 계신다.

(6) 하나님 아버지의 뜻은 어떤 어린 아이도 멸망하지 않는 것이다

이 말이 부정적인 용어로 표현될지라도, 바꾸어 말하면, 하나님 아버지는 모든 아이들이 구원받기를 바라신다는 것을 단언한다. 이것은 우리가 어린이들을 구원의 주님께 인도하고자 하는 기도와 능숙하고 신중한 복음전도에 있어 두 배의 노력을 하게 한다.

나는 피쉬의 다음의 말을 길게 인용하므로 이 마지막 부분을 결론 맺고자 한다.

요약하자면, 아이들은 회심이 필요 없는 때, 그들이 하나님께 책임이 있거나 책임을 맡을 수 없는 순수함의 때가 있다. 하지만, 성인들과 마찬가지로, 아이들이 하나님께 부정적으로 반응하고, 하나님에 대해 아는 것에 거절함으로 반응하는 것을 성경이 가르친다면, 부정적(negative)과 거절(rejection)은 모두 함께 너무 온화한 단어들일 수도 있다.

그들은 하나님께 반항하며 반응한다. 그리고 신약성경은 어른이나 아이나 하나님이나 그분에 대해 아는 것에 부정적으로 반응할 때, 그는 하나님께 책임이 있게 되거나 책임을 맡을 수 있게 된다고 가르친다. 내 생각에, 이것은 아이들에게 확실히 가능하다.

하나님은 사람들을 구원하는 것에 대해 두 가지 방법, 즉 성인들을 구원하는 한 가지 방법과 아이들을 구원하는 다른 한 가지 방법을 가지고 계시지 않는다.

그렇다면, 어느 정도까지, 아이가 극적인 어른의 회심 경험의 고리를 통과하게 해야 하는가?

그 대답은 아주 간단하다. 아이들도 성인들과 같은 비율로다. 구원 경험에 필수적인 요소가 아무리 세밀하게 보일지라도, 아이들에게 있어야 한다. 죄에 대한 제한된 인식에 기초할지라도, 아이에게 회개는 하나님을 기쁘시게 하지 않는 스스로의 거절을 포함할 것이다. 그는 그리스도를 따르는 희생에 대한 모든 생각을 배워야한다.

하지만, 아이의 회심 경험에서 극적인 성인 회심의 모든 특징을 기대하는 것은 비현실적인 것이다. 물론 아이들을 위한 회심 경험의 필요성에 대한 경계선을 유연하게 하고 싶지 않다. 하지만, 우리는 회개와 믿음을 위한 것처럼 신약성경의 요구는 극적인 회심에 대해 그렇게 많지 않다는 것을 기억해야 한다.[9]

---

[9] Ibid.

4) 역사적인 예들

기독교 역사상 어린 시절 회심에 대한 유명한 예들이 있다. 서머나의 교부, 폴리갑(Polycarp)은 1세기 때, 9세의 나이에 회심했다. 그는 85년 동안 신자였던 대략 160년에 순교할 때 간증했다. 그는 95세 때 순교당했다. 그는 사도 요한의 사역을 통해 회심되었을 수 있다.

영국 찬송가의 아버지 아이작 와츠(Isaac Watts)는 9살 때 그리스도께 나왔다. 조나단 에드워즈의 전기 작가들 중 어떤 사람들은 그의 구원이 7살에 있었다는 것에 동의한다. 주석가 매튜 헨리(Matthew Henry)는 10세 때였고, 여러 해 동안 남침례교단의 해외선교국의 수장이었던 베이커 제임스 코센(Baker James Cauthen)은 6세 때에 회심했다. 텍사스, 달라스제일침례교회의 크리스웰(W. A. Criswell)이 그리스도를 만났을 때는 10세보다 어렸다.[10]

5) 어린이들을 다루기 위한 원리들[11]

(1) 각 어린이를 인격적으로 다루라

이 원칙은 어른들에게도 유효이지만, 아이들에게도 아주 중요하다. 아마도 많은 아이들이 거짓된 결정을 내리거나 진정한 헌신에 자신이 없는 이유는 그들이 조언받은 서투른 방법 때문이다. 어떤 아이들은 실제로 준비되어 있을 수 있지만, 다른 아이들은 단순히 주변 사람들을 기쁘게 해주고 싶어한다. 각 어린이를 구체적으로 다루기 위해 훈련된 일꾼들을 활용하는 것이 필요하다.

어린이들이 한 집단의 일원으로 나선다면, 어떤 아이들은 또래 집단의 압박감 때문에 그렇게 할 것이다. 수많은 아이들이 예수 그리스도께 헌신할 준비가

---

10   Ibid.

11   Fish, Miles, *Introduction to Evangelism*, 그리고 이 원리들에 대해서는 Jim Eaves에게 감사한다.

되어 있기 때문에 나오지 않을 것이다. 하지만 어떤 아이들은 사람들이 그들에게 권하고 방법을 보여준다면, 기꺼이 그런 헌신하러 나올 것이다.

(2) 예 또는 아니오라는 답이 예상되는 단답형 질문을 피하라

아이들은 기쁘게 해주고 싶어한다. 그들은 아마 당신이 듣고 싶어 한다고 믿는 대답을 할 것이다.

(3) 아이의 종교적인 배경을 고려하라

내 아들 조슈아는 6세 반이 되었을 때, 내가 만난 많은 믿지 않은 십대들보다도 복음에 대해 더 많이 이해했다. 그는 매일 성경을 읽고, 영적인 문제들에 대해 정기적으로 토론하며, 교회에 출석하는 것이 가정생활의 주요 부분인 기독교 가정에서 양육되었다.

실제로 그는 8세 때까지 성경 일반상식(Bible Trivia) 퀴즈에서 나를 이겼다(그렇다, 나는 그에게 어린이 수준의 질문들을 물었다)!

한 어린이가 종교적 배경이 전혀 없다면, 그가 그리스도인이 되는 것에 대한 관심을 처음 표현할 때, 그 아이는 그런 헌신을 할 수 있는 준비가 되어있지 않을 가능성이 높다. 아이들이 복음을 한번 듣고 진심으로 회심하는 경우는 거의 없다(그 점에 대해서는 어른들도 마찬가지다).

(4) 주된 동기로써 두려움을 이용하지 말라

나는 두려움이 모든 나이의 사람에게 복음을 전할때 사용 가능한 도구라고 믿는다. 많은 사람들은 그분을 거절하면 그 결과가 무서워서 그리스도께 나온다. 하지만 이러한 두려움을 만들기 위해 의도적으로 극단적인 방법을 사용할 필요는 없다. 구원받게 하기 위한 동기로 소년 소녀들의 삶 속에 두려움을 만드는 가혹한 노력을 자제해야 한다.

(5) 아이의 수준으로 복음을 설명하라

매년 두세 번, 나는 교회에서 말씀을 전한 후, 어린 아이들과 악수하는 시간을 갖는다. 그리고 그 아이가 나에게 "정말로 당신 설교 좋았어요," 또는 "난 그걸 이해했어요"라고 말하게 한다.

이런 칭찬은 어떤 사람들이 말할 수 있는 것보다 나에게 더 많은 것을 의미한다. 어린이가 나의 설교를 이해할 수 없다는 식으로 말한다면, 내 설교가 깊이 있거나 심오하다는 증거는 아니다. 그것은 내가 부족한 의사 전달자임을 의미한다!

당신은 **화해**(reconciliation), **칭의**(justification), **회개**(repentance) 같은 용어들을 사용하지 않아야 한다. 당신은 그런 용어들을 어린이 수준에서 설명해야 한다. 특별한 단어들보다 전달하는 의미가 더 중요하다.

또한 그리스도인이 되는 것에 대해 소년, 소녀들에게 말할 때, 그리스도인의 책임에 관해서도 그들에게 이야기하라.

그리스도의 주권에 관해 이야기하라.

그들이 그분을 구주로 받아들일만한 나이가 충분하다면, 그리스도인의 삶의 책임에 관한 것을 이해하기에 충분한 나이다. 나이든 성인 못지않게 어린 아이도 그리스도께 순종할 의무가 있다. 믿기에 충분히 나이든 사람들은 순종하기에도 충분한 나이다. 복음의 요구, 하나님의 율법 그리고 그분에 대한 우리 필요는 나이에 상관없이 어떤 사람에게나 명확하게 진술되어야 한다.

짐 엘리프(Jim Eliff)는 그리스도인 부모의 역할에 대한 문맥에서 여기에 적절한 내용을 추가한다.

> (양심에 대한 하나님의 요구인) 법을 주의 깊게 배치함으로, 또 그 율법을 어긴 결과를 설명함으로, 그리고 그런 양심에서 그 어린이를 구원할 때, 그리스도의 배타성을 계속해서 강조함으로, 부모들은 이런 특별한 마음의 준비에 있어서 성령과 함께 협력한다.… 우리는 아이들에게 죄의 무서운 결과

를 가르침으로 성령께서 확신시키는 과정에도 협력할 수 있다.[12]

(6) 이해하는 수준에 상관없이 아이에게 확인시켜 주라

아이의 고백의 진정성에 대해 의심스럽다면, 그 아이가 그리스도를 받아들인 것으로 **결코**(never) 마무리하지 않아야 한다. 하지만 어느 정도까지는 아이에게 단언할 수 있다. 크리스웰(W. A. Criswell)은 "하나님을 향한 걸음"[13] 과정을 통해 강대상 앞으로 나오는 아이에게 확증시켜 준다. 아이가 예배 중에 강대상 앞으로 나아올 때, 그 아이는 이런 말들로 인사받아야 한다.

"나는 네가 오늘 앞으로 나오게 되어 너무도 기쁘단다."

이렇게 말하기를 거부할 정도로, 어른들이 아이의 관심을 무시한다면, 이것은 아이가 어른들을 불신하게 만들 것이며 그의 자라나는 믿음까지 망칠 수도 있다.

아이가 보이는 관심의 표현이 그 아이가 회심의 경험을 위해 준비되었음을 의미하지는 않는다. 하지만 성령께서는 한 사람을 새 생명으로 변화시키기 전에, 먼저 그리스도께 한 발자국이나 두 발자국 정도 더 가까이 이끌 수 있음도 기억해야 한다. 준비를 위한 일은 때때로 지겹지만, 그것 역시 성령의 사역이며 거듭남 못지않게 중요하다.

(7) 회심의 내적 경험과 그것과 관련된 외적인 표현을 구별하라

어린이는 상징과 실제를 쉽게 혼동한다. 실제적인 것은 그들이 주 예수님을 구주로 믿을 때 일어난다. 하지만 상징이라는 외적인 표현은 그들이 통로를 따라 걸어가서 교인들과 세례/침례를 위해 자신을 나타낼 때 일어난다. 어떤 아이들은 구원을 세례/침례 그리고 교회에 등록하는 것와 동일시하는 경향이 있다.

다음은 대부분의 아이들이 앞으로 나갈 때 하는 방식이다.

---

12 Jim Elliff, "Childhood Conversation," *Heartland* (Summer 1997), 4.

13 Miles, *Introduction to Evangelism*, 328.

어린 쟈니(Johnny)가 통로로 내려간다. 우리는 기뻤다. 그는 열 살이지만, 이 문제에 관해 그와 이야기할 기회가 없었다. 우리는 왜 그가 가고 있는지 묻는다. 쟈니는 "교회에 등록하고 싶어요"라고 말한다. 우리는 그의 구주 되시는 예수님을 믿어야 한다는 것을 빠르게 설명한다.

그 후 회중 앞에서 그에게 질문하기 시작한다.

"쟈니, 넌 죄인이란 걸 알고 있지, 그렇지?

예수님께서 널 위해 돌아가셨다는 것도 알고 있지, 그렇지?"

그리고 우리는 긍정의 방식으로 고개를 끄덕이기 시작한다.

"그리고 쟈니, 오늘 너의 구주로 그분을 믿고 있어, 그렇지?"

고기가 먹이를 물고 있을 때의 낚시 코르크처럼, 그때까지 우리 고개는 까닥거리고 있다.

아이들이 앞으로 나갈 때, 이렇게 말하는 것은 어떤가.

"쟈니, 나는 오늘 아침 네가 앞으로 나와서 너무 기뻐. 왜 네가 나왔는지 네가 할 수 있는 만큼 나에게 말해 보렴."

그가 그렇게 한 것에 대해 당신에게 그의 감정을 표현하도록 하라.

서두르지 말고 강단에서 그 아이에게 권면하라.

예배 후에 이것을 위한 시간을 계획하라.

아이의 구원은 너무 중요해서 서두르지 않을 수 없다.

이런 질문들을 사용하라.

"그리스도인이 되는 것에 관해 생각하고 있던 것을 이야기해보렴.

왜 넌 그리스도인이 되고 싶니?

뭐가 너에게 그것을 생각하기 시작하게 했니?

사람이 그리스도인이 되려면 뭘 해야 한다고 생각해?"

아이들이 그리스도를 받아들여야 한다는 것만 기억하라.

그들에게 복음을 너무 상세히 설명할 필요는 없다. 아이들은 이런 것이 왜 필요한지 설명할 수 없지만, 그들은 예수님에 대한 필요는 느껴야 한다. 그들은 그들이 느끼는 필요를 충족시키는 하나님의 공급하심이 예수님이라는 것을 이해한다.

그들은 모든 신학적인 대답을 들을 필요는 없지만, 하나님이 예수님을 통해서 그들이 경험하고 있는 필요를 충족시키신다는 것을 이해해야 한다. 그들은 또한 그들의 삶을 그리스도께 헌신함으로써 믿음을 통해 그분을 신뢰함으로 하나님의 공급하심을 적절히 하거나 요구하는 법을 알아야 한다.

2. 십대에게 복음전도하기

나는 튼튼한 청소년그룹이 있는 교회에서 자랐던 것에 감사한다. 그 영향 때문에, 나는 감리교인인 친구와 함께, 기독인운동선수협회(Fellowship of Christian Athletes) 지부와 우리 공립고등학교에서 기독교 동아리를 시작할 수 있었다. 나는 내 삶을 변화시키는 영향을 끼쳤던 청소년수련회에 참석했다. 그리고 성가대와 전국 선교 여행에도 참석했다. 우리 교회에서는 젊은이들을 중요하게 여겼으며 우리 역시 그것을 알고 있었다.

새로운 세기에 교회가 직면하고 있는 가장 위대한 도전은 청소년 사역과 관련 있다. 우리는 청소년 전도의 이슈, 즉 십대를 복음화시키고 학생들이 친구들에게 복음을 증거하도록 준비시키는 것에 관한 둘 모두를 고심해야 한다.

상관성이 있으면서도 확신을 갖도록 하는 성경적 가르침을 기초로 세워진 청소년 사역이 절실히 필요하다. 교회는 청소년의 이상을 그리스도인의 진리와 가치로 충족시키기 위한 열린 문을 가지고 있다.

페이지 패터슨(Paige Patterson)은 한 때 청소년 사역에 관한 조언을 구했던 학생과 이야기를 나눴다. 패터슨은 그에게 세 가지를 이야기했다.

첫째, 즐겁게 해주지 마라.

둘째, 성경을 가르치고 그들의 부모가 모르는 것들도 가르칠 것이라고 청소년들에게 말하라.

셋째, 청소년들에게 나가서 증거하게 하라.

패터슨은 2년 후에 그 학생을 보았다. 그 청소년 사역자는 그러한 단순한 진리를 기초로 그의 사역을 시작했고 그 주에서 가장 강력한 청소년 사역들 중 하나를 세웠다.

나는 젊은이들에게 증거하기를 좋아한다. 청소년 그룹을 이끌면서, 전도를 목적으로 아이들을 밖으로 데리고 가지 않는 것은 범죄다. 수많은 교회에 방문하여 청소년 사역자들의 점수를 이야기하며 비공식적인 관찰을 할 때, 대부분의 교회들이 청소년들을 4학년짜리 어린이들처럼 대우한다는 것은 인상적이었다.

우리는 그들이 확실한 일들을 하도록 하지만, 그들이 중대한 영향을 미칠 수 있다는 것을 실제로 믿지 못한다. 우리는 그들이 '미래의 교회'라면서도, 마치 어린 아이 다루듯 하는 말투로 말한다.

나는 수년 동안 플로리다의 잭슨빌제일침례교회에서 학생 사역자로 섬겼던 케니 존(Kenny St. Jone)의 말에 쉽게 동의한다. 그는 청소년들이 일반적으로 우리가 기대하는 수준만큼 충분히 성취한다고 말한다. 아이처럼 대하면, 그들은 아이처럼 행동할 것이다. 그리스도를 영화롭게 할 수 있는 잠재력과 능력을 가진 청년들로 대하면, 그들은 그리스도를 영화롭게 할 것이다.

1) 청소년/청년의 잠재력

근대 영적 각성운동들에서 간과된 특징들 중 하나는 젊은 사람들이 한 중요한 역할이다. 제4장에서 괄목할 만한 부흥들이 언급된 반면, 다음 조사는 이런

하나님의 행하심에서 특히 청년의 역할을 검토한다.[14]

18세기 경험적 각성인 경건주의는 할레대학교(University of Halle)에서 졸업한 학생들의 영향으로 성장했고, 그 후 전 세계에 경험의 강조를 확산시켰다. 진젠도르프(Zinzendorf)는 할레대학교를 졸업했다. 할레대학교에서 그의 영향력으로 시작된 100년 기도운동은 본질적으로 젊은이들의 운동이다.

제1차 대각성에서 청년의 역할은 아주 명백하다. 조나단 에드워즈는 그의 지도 아래 1734년부터 1735년까지의 부흥에 관해 이야기하면서, 그것의 기원에 청년의 역할을 언급했다.

"1733년 말에, 우리 젊은이들에게 아주 특이한 유연성과 충고를 따르는 것이 나타났습니다."[15]

이것은 에드워즈가 안식일에 대한 그들의 불손함에 반하여 말하기 시작한 후에 일어났다. 또한 청년들에게 영향을 준 것이 그 도시에서 한 젊은이와 젊은 유부녀의 갑작스런 죽음이었다.

그러자 에드워즈는 청년들이 노스햄프턴(Northampton)에서 소그룹 모임의 시작해야 한다고 제안했다. 그들은 성공적으로 진행되었고 많은 어른들이 그들의 그런 모습을 따라했다.

이 청년 부흥의 결과에 관해 에드워즈는, 이렇게 말했다.

> 나는 하나님이 다른 사람들을 깨우고, 그 마을을 지나갔던 모든 것의 가장 위대한 일을 행하셨다고 생각한다…. 그 뉴스는 마을 도처에, 청년들의 가슴에, 그리고 다른 많은 사람들의 가슴에, 번쩍이는 번개와 거의 흡사해 보였다.[16]

---

14 이 자료 중 어떤 것들은 Reid의 "젊은이들에 대한 열정"에서 각색되었다.
15 Edwards, "Narrative of the Surprising Work of God."
16 Ibid.

에드워즈는 더 나이든 신자들의 무관심을 고발하면서, 그의 보고서인 『부흥에 대한 생각들』(Thoughts on the Revival)에서 이 부흥에서 청년의 역할에 관해 언급했다.

> 이 일은 주로 젊은이들 사이에서 일어났고 비교적 적은 성인들이 함께했다. 하나님이 자신의 교회 부흥을 위해 엄청난 일을 시작하셨을 때, 정말로 그렇게 되어왔다. 그분은 젊은이들을 택했고 나이든 목이 곧은 세대는 포기하셨다.[17]

학생들과 관계된 제1차 영적 대각성운동의 또 다른 특징은 윌리암 테넌트(William Tennent)의 통나무대학(log college)이었다. 장로교인이었던 테넌트는 사역 훈련을 시키기 위해 통나무집을 건축했다. 그의 아들 세 명과 열다섯 명의 다른 청년들이 최초의 학생들이었다.[18] 조지 휫필드는 통나무대학을 방문한 후, 그의 일기에 다음의 생각들을 기록했다.

> 지금 젊은이들이 공부하는 장소는 무시당하는 대학(The College)이라고 불리워졌다. 그것은 약 20피트의 길이와 거의 같은 넓이의 통나무집이었다. 그리고 그들의 거주지는 더러워서, 오래된 선지학교를 닮은 것처럼 보였다.... 이 괄시받은 장소에서 예수님의 일곱에서 여덟 명의 훌륭한 사역자들이 최근에 파송되었다. 더 많은 사람들이 보냄받을 준비가 거의 되어있다. 그리고 현재 더 많은 다른 사람들을 가르치기 위해 기초가 놓이고 있다.[19]

---

17 Jonathan Edwards, "Some Thoughts Concerning the Present Revival of Religion."
18 W. W. Sweet, *The Story of Religion in America* (New York: Harper and Brothers, 1930), 140.
19 George Whitefield, *George Whitefield's Journals* (Edinburgh: Banner of Truth, 1985), 354.

제1차 대각성운동의 지도자가 된 서너 명의 청년들이 그 통나무대학에서 성장했다. 이 사람들에는 윌리엄 테넌트의 아들들인 장로교인들 중 가장 뛰어난 부흥 지도자 길버트(Gilbert)와 사무엘 블레어(Samuel Blair)와 더불어 존 윌리엄 주니어가 포함되었다.

추가로, 많은 졸업생들이 비슷한 자신들의 통나무대학을 설립했다. 결과적으로 뉴저지대학(지금의 프린스턴대학교)으로 성장한 통나무집은 "근대 신학교의 전신"[20]으로 불려졌다. 따라서 오늘날 그런 사역 훈련의 대들보 같은 신학교의 대두는 이 대각성 때의 학생들에게서 찾아 볼 수 있다.

영국의 복음주의각성운동에서 웨슬리 형제들과 조지 휫필드 같은 뛰어난 지도자들이 나왔다. 그들의 사역은 홀리클럽(Holy Club)을 통해 대학에서 세워진 토대에서 성장했다. 휫필드는 미국 식민지에서 놀라운 부흥을 목격했을 때가 단지 26세였다. 이 젊은이들은 그들의 젊음이 자신들의 영향력을 결코 방해하게 하지 않았다.

제2차 대각성운동에는 대학캠퍼스에서 강력한 부흥운동들이 나왔다. 햄턴-시드니, 예일, 윌리엄스 그리고 기타 대학은 오늘날도 하나님이 하실 수 있다는 것을 선명하게 상기시켜 준다. 교회들이 청년들부터 떨어졌더라면 그와 같은 부흥의 깊이를 결코 경험하지 못했을 것이다. 베넷 타일러(Bennet Tyler)는 제2차 영적대각성운동 동안 일어난 스물 다섯 개의 목격담을 모았다.

이 부흥 기록들 중 20개는 청년들이 한 중요한 역할을 묘사했다. 열 개의 목격담은 부흥이 청년들과 함께 시작했다고 기록했고, 다섯 개는 그들 지역의 부흥이 어떤 다른 집단보다도 청년들에게 영향을 미쳤다는 사실을 기록했다. 25개 중 단 한 개의 목격담만이 청년들이 한 명도 관련되지 않았다고 주장했다.[21]

1857-59년 평신도기도부흥(Layman's Prayer Revival)에서도 대학들은 부흥을

20　Cairns, *An Endless Line of Splendor*, 42.

21　Bennett Tyler, ed., *New England Revivals as They Existed at the Close of the Eighteenth Century and the Beginning of the Nineteenth Centuries* (Wheaton: Richard Owens Roberts, 1980).

경험했다. 젊은이들과 관련해서 이 부흥의 중요한 한 가지 특징은 그 당시 20세였던 드와이트 무디(Dwight Lyman Moody)에게 끼친 영향이었다. 1857년 무디는 시카고에서 일어나고 있었던 것에 대한 자신의 깊은 인상에 대해 이렇게 기록했다.

"이 도시에 거대한 종교부흥이 있다.... [그것은] 마치 하나님 자신이 여기 계신 것처럼 보인다."[22]

전기 작가인 존 폴락(John Pollock)은 "1857년 초의 부흥은 무디를 종교에 대한 자신의 자만한 견해로부터 벗어나게 만들었다."[23] 무디는 19세기의 남은 기간 동안 계속해서 그리스도를 위한 극적인 영향을 끼쳤다.

간과될 수 없는 학생들에 대한 무디의 영향력의 측면은 학생자원운동(Student Volunteer Movement)에서의 그의 리더십이었다. 그 운동의 뿌리는 제2차 대각성운동과 1806년 해이스택기도회(Haystack Prayer Meeting)까지 거슬러 올라간다. 하지만, 1886년 집회를 위해, 매사추세츠 헬몬산(Mt. Hermon, Massachusetts)에 251명의 학생들을 초청했던 사람이 무디였다.

피어슨(A. T. Pierson)의 도전적인 개회사에 의해 시작된 이 모임의 결과, 백 명의 학생들이 해외선교에 자원했다. 1888년 학생자원운동이 존 모트(John R. Mott)를 의장으로 하고 공식적으로 조직되었다. 다음 몇 십년 동안, 그야말로 수천 명의 학생들이 외국 선교사로 나갔다.

에드윈 오르(J. Edwin Orr)에 따르면, 1904, 5년의 웰시부흥(Welsh Revival)의 시작은 카디갠서 주 뉴퀘이(New Quay, Cardiganshire)의 한 교회와 십대 소녀의 간증에 의해 커다란 영향을 받았다. 조셉 젠킨스(Joshep Jenkins) 목사는 "예수님은 당신에게 어떤 의미가 있는가"라는 질문에 대한 반응을 요청한 예배에서 간증 시간을 인도했다. 최근에야 회심된 15세의 플로리 이반스(Florrie Evans)

22　John Pollock, *Moody* (Chicago: Moody, 1983), 34.
23　Ibid.

라는 청소년이 일어나, "아무도 없다면, 제가 주 예수님을 전심으로 사랑한다고 말해야만 해요."[24]라고 말했다.

그녀의 간단한 간증은 많은 사람들이 그리스도께 항복하기 시작한 원인이 되었고 부흥의 불이 떨어졌다. 젊은이들이 교회에서 교회로 가면서 간증했을 때 부흥이 확산되었다. 세스 조슈아(Seth Joshua)라는 이름의 한 순회 설교자는 뉴퀘이로 가서 말씀을 전했고 하나님의 능력으로 감동되었다.

그 후 그는 뉴케슬 엠빈(Newcastle Embyn)대학으로 가서 말씀을 전했다. 그 다음 주에는 블랜애너치(Blaenannerch) 근처에서 말씀을 전했다. 그곳에서 대학에서 사역자 이반 로버츠라 이름의 젊은 석탄 광부가 강력한 개인 부흥을 경험했다.

로버츠는 모교회로 돌아가 청년들에게 말씀을 전하라는 감동을 받았다. 다음 월요일 예배에서 17명이 그에게 말씀을 들었다. 그는 계속해서 말씀을 전했고 거기에서 부흥이 시작되었다.[25] 부흥은 전국으로 확산되었고 각성의 소식은 세계로 퍼졌다. 많은 대학들이 부흥을 알렸다. 오하이오의 데니슨대학교(Denison University)에서 보고된 부흥이 좋은 예였다.[26]

또한 많은 대학이 1950년대도 부흥을 증거했다. 미네소타에서, 노스웨스턴스쿨(Northwestern School), 세인트폴바이블전문학교(St. Paul Bible Institute) 그리고 미네소타대학교에 이르렀다. 시카고의 북침례신학교(Northern Baptist Theological Seminary) 줄리우스 만티(Julius Mantey) 교수는 "내가 물었던 거의 모든 학생이 깊게 감동받았다고 말한다.... 우리는 모두 한층 높은 수준에 있다"[27]라고 말했다.

---

24 W. T. Stead, *The Story of the Welsh Revival* (London: Fleming H. Revell, 1905), 42–43.

25 J. Edwin Orr, *The Flaming Tongue* (Chicago: Moody Press, 1975), 3–7; Stead, *Welsh Revival*, 66–67; Bob Eklund, *Spiritual Awakening* (Atlanta: Home Mission Board, 1986), 31을 보라.

26 Llewellyn Brown, "The Torrey Mission in Cleveland," *Watchman* (14 February 1907), 32.

27 Ibid., 63.

1951년에 배일러대학교(Baylor University) 캠퍼스에 눈에 띄는 영적 각성이 있었다. 화이트(W. R. White) 총장은 이 학교의 부흥에 대해 적절한 이야기를 했다. 프레드 호프만(Fred Hoffman)은 이 기간 동안 휘튼대학(Wheaton College)에서 일어났던 것을, "아마도 가장 놀랍고 강력한 영적 각성들 중 하나는 1950년 2월 휘튼대학에서 경험된 것이었다"[28]라고 기록했다.

> 지난 해 가을, 수많은 기도회가 학생 리더들에 의해 시작된 후, 저녁모임에서 한 학생이 그의 변화된 삶에 대해 간증을 나누었을 때, 부흥이 시작되었다. 다른 사람들도 간증하기 시작했고, 이것은 이틀 이상 계속되었다. 켄터키의 애즈버리대학(Asbury College)도 부흥을 경험했다. 역사가 클리톤 옴스테드(Cliton Olmstead)의 주장에 의하면, 이 기간에 더 강력한 운동들 중 하나는 1944년에 시작된 캠퍼스선교운동인 십대선교회(Youth for Christ)였다.[29]

끝으로, 제4장에서 언급된 예수운동(Jesus Movement)은 사실상 청년 각성운동이었다. 교회, 교단, 그리고 캠퍼스선교단체들의 많은 지도자들이 이 부흥에 의해 영향을 받았다. 상당한 숫자의 복음주의 목회자들과 다른 지도자들이 자기들의 인생에 끼친 예수운동의 영향에까지 주님께 대한 자신들의 열정을 추적한다.

학생들은 아마도 하나님의 영이 일하시기 위한 가장 비옥한 현장이다. 만일 교회들이 청년들의 열정을 가볍게 두드리기만 한다면!

---

28 Fred W. Hoffman, *Revival Time in America* (Boston: W. A. Wilde Co., 1956), 164. 또한 Cairns, *An Endless Line of Splendor*, 213을 보라.

29 Clifford E. Olmstead, *The History of Religion in the United States* (Englewood Cliffs, N.J.: Prentice-Hall, 1960), 590.

2) 브리저 세대 (Bridger Generation)에게 도달하기

항상 만회하려고만 하기 때문에, 미국의 전도현장을 잃어버렸다고 말할 수 있는가?

우리는 젊은 세대에게는 소홀하면서, 어른들에게만 맞추고, 어른들을 위해서만 자료를 제공하고, 청구서를 지불하는 사람들에게만 모든 에너지를 집중하기 위해 그렇게 열심히 사역하는가?

우리는 베이비붐 세대와 베이비 버스터 세대들에 대한 정보로 잠식당해 왔다. 가장 나이든 부머 세대가 50대이고, 가장 어린 버스터들이 이제 성인이다.

미국에서 어떤 그룹이 40세 이하인가?

1977-94년에 태어난 브리저(Bridger) 세대이다.[30]

밀레니엄(2000년 이후에 태어난 밀레이엄 세대)과 에코부머(Echoboomers)로도 알려진 이 세대는 7천 2백만의 아주 많은 수로 미국 역사상 두 번째로 많다(부머 세대의 수는 7천 6백만 명이다). 1946-64년에 태어난 내 세대인 부머에 관한 글은 아주 많다. 부머 세대는 자기 일에 열중하는 자아도취적으로 묘사되었다.

우리는 1965-76년(또는 우리가 읽었던 사람들에 따르면, 1980년까지)에 태어난 버스터 세대에게 이르기 위해 수십억 달러를 소비했다는 것을 지금 안다.

예를 들어, 당신은 다음 펩시 세대(Generation Next Pepsi)라는 그런 광고를 보았는가?

하지만 교회에서 브리저 세대와 버스터 밀레니엄 세대에게 도달하기 위한 활동들은 종종 너무 적고, 너무 느리다. 대대로 우리는 그 전쟁에 지고 있다.

우리는 전략적으로 이 세대에 도달하려고 해야 한다. "브리저 세대 사람들에게 다다를 때는 2020년이 아니라 지금이다."[31]라고 레이너(Rainer)는 말한다.

---

30 이 용어는 Rainer, *Bridger Generation*에서 만들어졌다.

31 Ibid., 14.

청소년 세례/침례의 수와 그 비율에 있어서 과거 25년 동안 남침례교단에서는 일반적인 감소가 있어왔다. 1970년대 초반 예수운동 이래로 한 교단으로써 우리는 청소년들에게 효과적으로 도달하지 못했다.

미국 청소년의 숫자가 증가하고 있기 때문에, 교회가 의도적으로 그들에게 도달해야하지 않겠는가?

우리 시대에 부흥에 대한 수많은 이야기가 있다. 많은 사람들이 금식기도를 하면서, 몇몇 희망찬 징후들이 분명히 드러난다. 부흥에 관한 대부분의 토론에서 놓친 것은 청소년들이 과거 각성운동들에서 했던 역할이다.

교회들이 십대들을 4학년 아이들처럼 대우하기를 멈추고, 하나님이 부흥에서 하고 싶어 하시는 것에 젊은이들을 덜 **주변적**(peripheral)이고 더 **필수적인**(essential) 사람들로 보기 시작한다면, 무슨 일이 일어날까?

과거 삼년 동안, 나는 참된 부흥의 감동으로 강력하게 하나님께서 움직이신 몇몇 교회에 있어왔다. 이런 상황들의 모든 교회에 예외 없이, 교회생활에 중요하게 관여한 강력한 청소년 그룹이 있었다.

우리의 학생사역의 방법에 있어서 패러다임 전환이 필요하다. 우리 교단에서 뛰어난 전도자였던 한 친구는 최근에 SBC에서 가장 강력한 몇몇 교회들에서 온 학생 사역자들과 만났다. 그는 나에게 그 사람들이 인정한 것들 중 하나는 자신들이 개인 전도자가 되어야 한다는 시야를 잃었었다고 말했다.

청소년에게 도달할 **수 있다**(can).

내가 인디애나에서 섬겼을 때, 1980년대 우리 주는 매년 세례/침례 수가 감소했고, 청소년 세례/침례가 가장 많이 감소했다는 것을 알고 슬퍼했다. 우리는 젊은이들에게 이르는데 집중하기 위해 전략적인 시도를 했다.

청소년 전도집회는 200명에서 2,000명까지 성장했고, 세례/침례는 4년 연속 늘어났다. 청소년 세례/침례가 현저한 역할을 했다. 청소년사역은 성경적인 복음전도를 하는 학생사역을 구축하는 것에 중요성을 두어야 한다. 이 사역들은 부모들을 달래는 것보다 친구들을 복음전도하는 것에, 스키여행보다 관련된 성경적인 가르침에 더 많은 초점을 맞추어야 한다.

대대적으로, 교회 본연의 목적으로의 사고방식의 변화를 위한 교회에 진지하고 긴급한 요청이 요구된다.

교회는 성도들을 위한 호텔이 아니다.

죄인들을 위한 병원도 아니다.

청소년들에게 도달하는 것에 실패하는 것은 복음전도에 있어서 더 큰 실패의 징후이다.

청소년들을 향한 복음전도를 할 때 테크놀로지와 친구가 되어야 한다. 레이너는 텔레비전이 베이비붐 세대들에게 영향을 미쳤던 식으로 인터넷이 브리저 세대에게 영향을 미칠 것이라고 지적한다. 역사를 통틀어, 교회는 전성기에 테크놀로지의 선두 주자가 되어왔다.

성경을 출판하기 위해 인쇄기가 어떻게 사용되었는지 그리고 세계적인 선교 확장을 무역로가 어떻게 도왔는지 생각해 보라.

하지만 최근 역사에서는 뒤떨어져버렸다.

나는 인터넷을 통해 누군가를 그리스도께 인도할 특권이 주워졌다음을 안다. 테크놀로지는 그것을 쉽게 가능하도록 만든다.

TV 복음전도자와 MTV가 문화에 영향을 미치는 것에 관해 비교해 보라!

인터넷은 브리저 세대에게 도달하기 위해 가장 실행 가능한 도구들 중 하나가 될 수 있다. 이 세대에게 그리스도를 선포하기 위해 성경적인 방법으로 미디어와 예술을 사용해야 한다. 음악과 다른 예술은 브리저 세대의 생활에 중대한 역할을 한다.

우리는 이 그룹에 다다르기 위해 예술을 사용할 수 없는가?

버스터 세대에게 가수 앨라니스 모리세티(Alanis Morissette)보다 더 좋은 전형적인 예는 없다. 얼굴에 고뇌로 가득 찬 그녀의 가사는 여러 권의 책을 이야기한다. 모리세티가 버스터 세대에 대해 말한다면, 핸슨(Hanson)은 많은 밀레니엄 세대 사람들, 즉 20세 이하의 모든 이들에 대해 이야기한다. 당신은 그들에 대해 한 번도 들어본 적이 없겠지만, "더 단순한 시대에 대한 향수어린 느낌"[32]을 가진 1997에 대히트한 '음-밥'(Mmm-Bop)은 브리저 세대 사람들이 더 비관적인 X 세대와 대조를 이루었을 때 보이는 표면적인 행복을 보여준다. 예술을 통하여, 우리는 밀레니엄 세대 사람들 사이에서 화음을 낼 수 있다.

십자가와 성경의 진리성을 붙잡으라.

레이너는 타협하는 복음으로가 아니라 예수 그리스도가 하나님께 가는 유일한 길임을 용감하게 선포함으로 브리저 세대의 다원주의에 맞서라고 격려한다. 불확실한 바다는 강한 손과 견고한 키를 필요로 한다. 우리는 타협 없이 용기를 가지고 그 세대의 다원주의와 맞서야 한다.

하나님 그리고 사람들과의 친밀함을 보이라.

청소년들은 친밀함을 갈망한다. 밀레니엄 세대 사람들은 아버지가 없는 세대이다. 우리는 그들의 가족들의 상황 속에서 그 문제를 위해 어린이들에게 사역해야 한다. 청소년 사역자들은 십대들에게 뿐만 아니라 그들의 부모들에게도 사역자들이다. 오늘날 가족 붕괴의 시대에 교회는 가족들을 더 강하게 만들기 위해 그들의 노력들을 강화시켜야 한다.

(아버지가 없는 가정에서 사는) 아버지 없는 아이들의 수는 1970년에 14%에서 1993년에 거의 1/3까지 늘어났다. 더구나 학교에 다니는 연령대의 아이들이 가진 일하는 어머니들의 비율은 1960년에 39%에서 1987년까지 70%로 증가했다. 오늘날 결혼한 사람들 50%가 이혼한다.[33] 청소년 갱들의 부상과 결부된 가정의 붕괴는 친밀감에 대한 욕구를 알려준다.

최근 아틀란타 고속도로를 운전할 때, 라디오 채널을 탁 돌리다가 한 어머니에게 말하고 있는 DJ를 발견했다. 그녀는 어린 십대인 자녀에 대해 솔직하게 말했다. 라디오 진행자가, "DJ에게 무슨 말을 하고 싶으세요?"라고 물었다. "더

---

32 이와 같이 www.Hansonline.com의 공식적인 웹사이트에서 그 그룹이 설명되었다.

33 Rainer, *Bridger Generation*, 54-56.

많은 핸슨 음악을 틀어 주세요!"라고 그녀는 대답했다. 그가 튼 음악은 이런 가사가 들어 있었다.

"우리는 지금 그리고 영원히 당신의 친구가 될 거예요."

그리고 "우리 모두는 우리가 의지할 수 있는 누군가가, 항상 이해해 주는 누군가가 필요해요."

그 다음 후렴이 울렸다.

"당신을 인도할 어떤 빛도, 당신 옆에서 걸어줄 누구도 없을 때, 내가 당신께 갈게요."

밀레니엄 세대들은 안내자, 밀접함, 그리고 친밀함을 찾고 있다. 우리는 세상의 빛이신 예수 그리스도와 함께 그들에게 진실한 친밀감을 보여줄 수 있다.

3. 적용

교회의 주류에서 떨어진 청소년 사역의 분열이라는 지역 교회들의 미묘한 경향을 이야기할 필요가 있다. 예를 들어, 지난 20년 동안 청소년 전임 사역자의 수는 증가해 왔다. 반면 청소년 세례/침례는 동시에 감소해왔다. 이것은 청소년 사역에 대한 폐단의 흔적은 아니다.

하지만, 그것은 자체 독립체로써 청소년 사역의 성장은 교회의 주류에서 젊은이들을 빼내는 것을 도왔다는 것을 나타낼 수도 있다. 뛰어난 청소년 사역을 하는 많은 교회들에서, 젊은이들이 주목받되는 유일한 시간은 그들이 캠프에서 돌아올 때나 부흥회예배 때 청소년을 강조하기로 계획될 때이다.

교회는 청소년을 더 높은 우선순위에 놓아야 한다. 그들은 미래의 교회가 아니다. 그들은 오늘의 교회이다. 교회는 성숙한 신자들의 지혜와 청년의 열정 모두가 필요하다. 예수운동과 그 후 여러 해 동안, 청소년 성가대가 수많은 교회들을 가득 채웠다. 그들은 예배의 강조점이었고 커다란 영감의 근원이었다.

학생들을 교회 생활의 중심으로 데리고 갈 수 있는 방법들이 있다.

당신의 교회는 학생들을 안내할 책임이 있다. 성숙한 그리스도인들은 젊은 이들이 그리스도를 영화롭게 하는 대로 그들의 열정을 쏟도록 도와야 한다. 구원받지 못한 친구들에 대한 그들의 관심에 동의할 수 있고, 그들이 계속해서 확신을 갖도록 격려할 수 있다.

'참 사랑이 기다린다'(The True Love Waits) 캠페인은 자신들의 몸으로 하나님을 영화롭게 하고자 하는 거룩한 남녀 무리들의 아름다운 실례이다. 저자는 십대처럼 그리스도께 급진적인 헌신을 하도록 격려했던 교회로 인해 하나님께 너무도 감사한다.

당신의 교회 예배를 통해 성숙한 청소년에게 책임을 위임하라.

헌금을 가져오게 하고, 기도를 인도하며, 연극을 상연할 수 있다. 예배에서 목회자가 가끔씩 확언하는 말은 매우 긍정적이다.

마지막으로, 더 나이든 우리들은 젊은 사람들에게 귀 기울일 수 있다. 그들 역시 하나님으로부터 들을 수 있다. 때때로 그들은 우리들 중 상당수보다 성령의 음성에 더 민감하다.

다음 말들이 나이에 상관없이 젊음의 열정에 대한 중요성을 우리에게 상기시켜 줄 수 있는가?

> 우리는 남녀 중년층의 사람들을 자세히 살피면, 아주 종종 모두가 영적인 불이 없고 하나님을 위해 이루고자하는 열정이 없는 것을 볼 수 있다. 이 상태는 그 나이에 갑자기 찾아오지 않는다. 당신의 나이가 어떻든 지금 그것을 조심해야 한다.
>
> 그것은 사람이 알아차릴 수 없을 정도로 열정이 시들해지고 무기력이 생기기 시작한 당신 자신 안에 아주 편한 자리를 발견했을 때 즉시 찾아온다.

오, 계속해서 끝까지 밝게 불타오를 수 있기를!³⁴

참고문헌

Fields, Doug, *Putpose Driven Youth Ministry*. Grand Rapids: Zondervan, 1998.

Fish, Roy. *Introducing Children to Christ*. Audiotape TC1794, Southwestern Baptist Theological Seminary, Fort Worth, Texas.

Rainer, Thorn S. *The Bridger Generation*. Nashville: Broadman & Holman, 1997.

---

34 A. J. Broomhall, *Time for Action* (Downers Grove, Ill.: InterVarsity Press, 1965), 132.

제15장
과거의 잔재인가 다듬지 않은 보석인가?:
대중전도

당신은 뇌 고문(cerebral torment) 게임을 해 본적이 있는가? 이것을 해보라.

9+7은 15이다(is), 혹은 9+7은 15이다(are) 중 어느 것이 맞는가?[1]

좋다.

다른 것을 해보자.

다음 줄에서 여섯 글자(six letters)를 없애면, 한 단어가 남는다(영어로만 해보라!). 어떤 단어인가?

BSIAXNLAETNTAESRS

포기하겠는가?

여기 답이 있다.

첫 문제의 답은 9+7은 15가 아니라 16이다!

---

1 본 장의 일부는 저자의 논문, "Observing 'Mass' in the Southern Baptist Church," *SBC Life* (October 1996)에서 발췌되었다.

다음 문제인 단어들 중에서는 'SIX LETTERS'를 빼라.

남는 단어는 'bananas'이다.

B S I A X N L A E T N T A E S R S

대부분의 사람은 질문을 신중하게 활용할 생각을 하지 못하고, 답을 찾는 데만 바빠서 이것을 맞추지 못한다.

지역 교회사역에 관한 질문 하나를 더 해보자.

잃어버린 사람들에게 이르기 위해, 하나님은 개인전도 외에 다른 접근법으로 어떤 방법을 사용하셨는가?

그 대답은 대중전도이다. 이것은 기술적으로 모든 복음전도가 한 사람이 또 다른 한 개인에게 증거하는 것이든, 한 개인이 한 그룹의 사람들에게 전하든 하는 것이기에 약간 헷갈리는 질문이다.

하지만 정확히 구분하여 말하자면, 대중전도란 한 무리의 사람들에게 복음을 전하는 뜻으로, 특히 지역 교회나 사회에서 전통적 전도운동에서 전하는 복음전도를 말한다. 일반적인 뜻으로, 대중전도는 뮤지컬, 드라마, 주민파티 또는 어떤 다른 도구를 비롯하여, 대중에게 제시된 복음 메시지를 말한다.

대중전도는 성경에서 하나님의 의해 정해져 세월이 흘러도 변함없는 방법으로 지속되어 왔고 역사적으로 놀라운 효과를 거두며 사용되어 왔다. 여기에 신약성경 시대부터 오늘날까지 순회 전도자들이 주로 사역해 왔다.

신약성경은 대중들에게 복음을 전하는 것을 보여주고 있다. 그 접근은 청중에 따라 다양했다. 세례/침례 요한은 바리새인 무리를 비방했다. 예수님은 그들에게 회개를 전했고 베드로는 오순절에 구약성경으로 시작하여 유대인 무리에게 말하기시작했다. 바울은 유대인 청중들을 향해 비슷한 접근법을 따랐지만, 그는 아덴에서 헬라인들에게 말할 때는, 조금 다른 기술을 사용했다.

1. 역사에서 대중전도

역사상 가장 효과적인 복음전도 시대에는 가장 효과적인 몇몇 대중전도자들이 나타났다. 어떤 사람들은 목회자들이고 어떤 사람들은 순회전도자들이었다. 물론 그외 사람들은 순회목회자들이었다. 그외 다른 시대에는 특정한 청중에게 복음을 선포하기 위해 다른 수단들이 사용되었다.

근대 유럽에서 초창기 경건주의자들이 일부 대중모임에서 설교했지만, 복음설교는 영국의 복음주의각성운동에서 두드러졌다. 조지 휫필드(George Whitefield), 존 웨슬리(John Wesley) 그리고 다른 사람들은 실외에서, 길거리와 들판에서, 큰 성공을 거두며 복음을 전했다. 당시에 그것은 매우 비전통적이었기 때문에 그들은 이런 접근으로 고군분투했다.

회중교회주의자 조나단 에드워즈(Jonathan Edwards)는 한 번 예배대중전도(one-service mass evangelism) 행사에서 회중에게, "진노하신 하나님의 손 안에 있는 죄인들"(Sinners in the Hands of an Angry God)라는 유명한 설교를 전했다. 샌디크릭교회(Sandy Creek Church)의 침례교 지도자로 유명한 슈발 스티언스(Shubal Stearns)는 일정기간 지속되는 신앙부흥전도집회(protracted meetings)를 활용하거나 확장된 복음전도 예배를 운영했다.

미국 국경 지역의 전도집회에서 약 1800개의 모임이 자발적으로 생겨났고, 많은 사람들이 복음을 전하고 수많은 사람들이 구원받을 길을 대비했다. 감리교 순회 목회자들은 국경에서 순회 복음전도자가 되었다.

찰스 피니(Charles Finney)는 부흥회에 하나님의 불이 임한 후, 처음 며칠 밤 동안 예배를 더 연장하는 연속부흥 전도집회를 활용했다. 뉴욕 로체스터에서, 피니는 1830년 9월 10일부터 1831년 3월 6일까지 98번의 설교를 했다. 허드슨은 피니의 집회를, "마을에서 일어난 전도집회"[2]라고 불렀다.

---

2 Winthrop Hudson, *Religion in America* (New York: Charles Scribner's Sons, 1981), 143.

제임스 맥그리디(James McGready) 같은 사람이 인도한 국경에서의 전도집회든, 동부 도시 지역에서 피니(Finney)가 인도한 연속부흥 전도집회든, 1830년대까지 부흥회(revival meeting)라는 용어는 보통 연장하여 지속된 신앙부흥 전도집회를 언급하는데 사용되었다.

무디(D. L. Moody)는 대중전도에서 다음 중대한 변화를 보여주었다. 그는 최초의 근대 도시복음전도자였다. 그는 철저히 준비하여 집회를 계획하고, 날짜를 정하고, 여러 날 동안 머무르고, 도시 전체를 포함했다.

윌버 채프만(Wilbur Chapman), R. A. 토레이(R. A. Torrey), 빌리 선데이(Billy Sunday), 그리고 인류 역사상 누구보다도 더 많은 사 람들에게 복음을 전했던 유명한 복음전도자 빌리 그레이엄(Billy Graham)을 포함하여, 전체 복음전도자들이 그의 뒤를 따랐다. 그것이 현장 설교든 야외집회든 도시전체집회이든지, 우드는, "하나님이 복음전도를 계획하신 모든 세대를 위하여"[3]라고 적절하게 결론지었다.

2. 대중전도의 중요성

조지 휫필드의 시대에, 현장에서 일어난 대중전도는 획기적인 것이었기 때문에 대부분의 교회지도자들에 의해 거절당했다.

오늘날, 몇몇 교회지도자들은 그것이 너무 전통적이라고 간주하기 때문에, 복음전도집회를 지속하는 것을 중지했다!

교회는 왜 대중전도를 고려해야 하는가?

---

3   Arthur Skevington Wood, *John Wesley: The Burning Heart* (Grand Rapids, Eerdmans, 1967), 97.

1) 성경적인 개념

대중전도와 복음전도자들은 성경적인 개념을 가지고 있다. 둘 모두 하나님의 생각이다. 이것은 매년 또는 격년으로 열리는 복음전도 캠페인을 행하지 못하는 교회들이 나쁘다는 것을 의미한 것은 아니다.

그것은 어떤 교회들은 방법에 관해 조급하게 포기했다는 것을 시사한다. 불행하게도, 일부 복음전도자들은 복음전도집회와 복음전도자들에게 좋지 않은 평판을 주었다. 하지만, 추수꾼으로서 은사가 있는 경건한, 효과적인 설교자들도 많다.

2) 복음전도의 긴급성

대중전도는 신자들에게 사람들이 주님을 잃어버렸기에 그들에게 다가가야 한다는 것을 생각나게 한다. 관용이 미덕이고 확신이 악덕인 오늘 날, 너무 많은 신자들이 그리스도와 멀어지므로 자신이 잃어버린 존재라는 감각을 잃어버렸다. 우리 문화는 우리에게서 사람들의 버린받은 존재로서의 감각과 그에 대한 복음전도의 절박성을 빼앗았다. 복음설교는 잃어버린 사람들에게만 말하는 것이 아니다. 그리스도인들 역시 '오래고 오랜 이야기'를 들어야 한다.

3) 효과적인 방법

대중전도는 계속해서 효과가 있다. 우리는 변화하는 세상에서 세월이 흘러도 변치않는 복음을 전할 수 있다.

빌리 그레이엄의 전도집회 역사상 가장 큰 예배는 젊음의 밤에 일어났다!

빌리 그레이엄은 변화하는 세상 속에서 시대를 초월한 복음을 전하는 법을 배웠다. 나의 가장 소중한 추억들 중 일부는 복음전도집회들 중에 있다. 깊은 깨어짐과 눈물 속에서 그리스도께 나온 친한 친구의 아버지, 다른 교회 배경에서 결혼한 형식적 종교인에서 하나님과의 참된 관계로 변한 부부, 하룻밤에 그리스도께 나온 주니어고교풋볼팀 사분의 일, 삶을 변화시키는 하나님의 능력을 증거함으로 변화된 교회 등이 있다.

최근 연구는 복음전도를 하는 남침례교회들 이분의 일이 정기적으로 '부흥회전도'(revival evangelism)를 사용한다고 나타났다.

그 방법이 어떻게 그렇게 성공적이었을까?

첫째, 광범위한 계획이 수립된다.
　　어려운 일과 높은 기대는 이런 교회들의 특징이다.
둘째, 기도는 이러한 활동의 중심에 있다.
셋째, 이런 교회들은 보통 전문 복음전도자들을 활용한다.[4]

젊은 목회자로서 나는 그런 복음전도자를 이용했다. 우리가 가진 국내선교회(Home Mission Board) 자료들을 활용하면서, 우리 작은 교회에서 부지런히 준비했다.

금요일 하루는 밤새토록 기도했다!

그리고 반복해서 지역 사회로 나갔다.

그리고 하나님이 복을 주셨다!

지난 80년 동안 도달해온 것보다도 더 많은 사람들이 그리스도께 나와 그 교회에서 세례/침례를 받았다.

그 방법을 포기하지 말라.

우리가 올바로 준비한다면, 오늘날에도 그것은 효과가 있을 것이다.

많은 복음전도자들이 지역 교회나 지역에서 전도집회를 계속한다. 배일리 스

4　Rainer, *Effective Evangelistic Churches*, 33.

미스(Bailey Smith)는 지역 교회와 지역 전체 전도집회에서 복음을 전한다. 그리고 전 세계 엄청난 군중들에게 복음을 전했다. 가장 영향력 있는 몇몇 복음전도자들은 작거나 중간 크기의 도시들에서는 지역 전체 전도집회가 여전히 효과적이라고 나에게 말한다. 대중전도, 즉 한 집단에게 복음을 전하는 것은 신약성경에 충분히 드러나 있다. 오순절에 베드로의 설교가 가장 유명한 사례이다. 하지만 예수님, 바울 그리고 다른 사람들도 큰 대중들에게 복음을 전했다.

근대에, 지역 교회와 광역지역의 더 조직화되고, 구조화된 복음전도운동들이 대중들의 회심을 위한 수단이 되어왔다. 남침례교단에서 복음전도집회들이 동시적으로 두드러지게 나타났던 여러 해에, 세례/침례 받은 수에 있어서 부분적으로 가장 눈에 띄게 증가되었다.

토저(A. W. Tozer)는 경건과 거룩한 생활을 강조한 그의 책,『하나님을 추구함』(The Pursuit of God)으로 알려져 있다. 많은 사람들이 그에 대해 알지 못하는 것이 있다. 열일곱 살 때, 오하이오 애크론(Akron, Ohio)의 굿이어(Goodyear)에서 일할 때 집으로 걸어가는 길에, 길거리 전도자가, "당신이 구원받는 법을 모른다면, 그냥 하나님께 요청하세요"라고 말하는 것을 들었다.

그 후, 그는 자신을 구원해 달라고 그리스도께 부르짖었다. 토저는 길거리 전도자를 통해 그리스도께 나왔다. 우리는 복음전도 방법을 내버리는 것에 대해 조심해야 한다.[5]

3. 복음전도 설교

『효과적으로 전도하는 교회』(Effective Evangelistic Churches)에서, 톰 레이너(Tom Rainer)는 조사된 대부분의 교회에서 설교가 중요한 역할을 했다고 언급

---

5 Susie Hilsman, "A Map of Words in the Magazine," *Worldwide Challenge* (March-April 1986), 45-46.

했다. 강단의 역할이 예배스타일이나 사역들보다도 더 중요했다. 조사된 교회들의 90% 이상이 설교가 교회의 복음전도 성장에 중요한 역할을 했다고 보고했다. 또한 응답자들은 이 교회들의 거의 네 명 중에 세 명의 목회자들이 강해 메시지를 전함을 보여주었다.

어떤 사람들은 현 세대에 도달하기 위해 강해 설교를 포기하고 주제적이고 필요 중심적인 설교를 선호해야 한다고 주장한다. 하지만, 강해설교가 여전히 많은 복음전도를 하는 교회들에서 중요하다고 연구에 나타난다.

우리는 성경이 느껴진(felt) 필요와 실제적인(real) 필요 둘 모두를 말하고 있다는 것을 기억해야 한다. 본문을 해석하고 그것을 오늘의 세상에 적용하기 위해 더 많은 작업을 해야 하지만, 장기간의 노력으로 얻은 결과는 그만한 가치가 있다. 하나님이 이미 내일의 표제를 알고 계시기 때문에, 하나님의 말씀은 내일처럼 연관되어 있다. 견고한, 성경적인, 강해 설교를 가볍게 여기지 않고, 지루한(boring) 설교를 효과적인(effective) 설교로 대체하기 위해 노력해야 한다.

남동신학교(Southeaster Seminary) 교수로 일한 첫 해에, 버지니아 출신의 한 목회자가 자기 교회 저녁예배에 참석한 한 어린 소년에 대한 진솔한 이야기를 나눴다. 그날 저녁 그 목회자는 웅변하듯 아주 길게 말씀을 전했다. 그리고 그 아이는 지루해서 가만히 있지 못했다.

"엄마, 저 분 언제 끝나요?"

그 아이가 물었다.

"조용히 해!"라고 그의 엄마가 톡 쏘며 말했다.

"엄마, 저 분 언제 다 끝날까요?"

그 어린 아이는 곧 다시 물었다.

"얘야, 그대로 앉아서 조용히 하지 않으면, 밖으로 데려가서 엉덩이 때려 줄 거야"라고 그 엄마는 다시 대답했다.

마침내, 그 목회자가 거의 한 시간을 설교하고 있자, 그 소년은 참을 수 있는 한계에 다다랐다.

"엄마, 날 밖으로 데려가서 엉덩이를 때려줘요 제발!"이라고 그 아이는 간절히 청했다.

그 소년은 매 맞는 것이 설교 듣는 것보다 낫다고 생각했다!

복음전도 설교는 효과성, 간절함 그리고 성경적인 충실성이 뚜렷해야 한다. 그리고 지루하지 않아야 한다.

1996년 남동신학교 강의에서, 해돈 로빈슨(Haddon Robinson)은 어떤 세대에게나 메시지를 전달하기 위해 설교자가 알아야 할 네 가지 세계를 이야기했다.

① 그는 성경의 세계를 알아야 한다. 그것은 철저한 본문 주해를 포함한다.
② 그는 또한 우리가 사는 현재의 문화를 알아야 한다.
③ 설교자 자신의 개인적인 세계, 즉 그의 강점과 약점이다.
④ 현재 말하고 있는 자신의 지역 교회나 회중과 밀접한 세계이다.

이런 세계들을 알고 진지한 연구를 통해, 설교자들은 복음을 모든 세대에 적용할 수 있다. 조나단 에드워즈 시대에 교양 있는 문화는 사고의 깊이와 심오한 이미지들을 요구했다. 오늘날 텔레비전의 영향을 받은 삽화가 어느 때보다도 더 큰 역할을 한다. 이런 세대에 전하는 것은 우리 문화에서 매우 중요한 부분인 관계의 이해를 요구한다. 그것은 하나님의 말씀 해설이 우리 설교의 기초로 쓰일 수 있어야 한다고 말했다.

복음전도 설교는 열정적이고, 성경적이며, 긴급하고, 그리고 관련 있어야 한다. 다른 사람에게 배우기도 해야 하지만, 하나님으로부터 메시지를 받아야 한다. 그 후 우리는 다른 설교자에게서 나온 메아리가 아닌, 하나님으로부터 내린 말씀을 선포할 것이다.

위대한 설교자들의 다음 통찰들에 주목하라.

(1) 찰스 스펄전(Charles Spurgeon)

"불타는 마음이 그 자체로 타오르는 혀임을 발견할 것이다."[6]

(2) 제리 바인스(Jerry Vines)

"나는 많은 소의 우유를 짜지만, 나 자신의 버터를 만든다."

(3) 마틴 로이드 존스(Martyn Loyd-Jones)

"설교는 불타는 사람을 통해 오는 신학이다....
무엇이 설교의 주안점인가?
그것은 하나님의 감각과 그분의 임재를 남자들과 여자들에게 제공하는 것이다"[7]

(4) 이 엠 바운즈(E. M. Bounds)

"사람을 만드는데 20년이 걸리기 때문에 하나의 설교를 만드는데 20년이 걸린다."[8]

4. 복음 초청

복음전도 예배의 중심에 공적 초청이 있다. 조종에 능하며 진실되지 못한 몇몇 복음전도자들의 부정적인 모습 때문에, 일부 설교자들은 열린 초청과 멀어져왔다. 나는 초청이 효과적인 복음전도 설교에 필수적이라고 주장한다.

---

6 Spurgeon, *Lectures*, 148.

7 Duewel, *Ablaze for God*, 22.

8 E. M. Bounds, *Power through Prayer* (Grand Rapids: Baker, 1972), 8.

1) 초청에 대한 성경적 증거

어떤 사람들은 공적 초청이 사람들을 구원으로 부르기 위해 실현 가능한 방법인지, 심지어 성경적 방법인지를 묻는다. 하지만 알랜 스트리트(Alan Streett)는 그의 뛰어난 책, 『효과적인 초청』(*Effective Invitation*)에서 신약성경은 공적인 부름의 필요성을 일관되게 논증한다.

스트리트는 구약성경에서도 하나님께서 공개적인 순종으로 일관되게 부르신다고 인정했다. 더구나 그는 초청과 관련된 예로 예수님의 사역을 언급했다. 예수님과 그의 제자들을 부르심, 나사로, 그리고 다른 사람들의 이야기 이상으로, 헬라어 '파라칼레오'(parakaleo)의 사용은 이 논의에서 아주 중요하다. 페이지 페터슨(Paige Patterson)은 '나란히 오는 것'(to come alongside)이라는 의미의 이 단어가 번역될 수 있는 한 가지 방법을 설명한다.

> 나는 자주 그것을 '초청하다'(give an invitation)라고 번역한다. 당신이 신약성경의 지면에서 권고(exhortation)라는 단어를 마주할 때, 언제든지 사실상 그가 하는 것이 뭐든지 사람들이 와서 설교자와 함께 서 있도록 호소한다. 이것은 물론 많은 방식을 취할 수 있다…. 어쨌든 결정을 위한 초청이다.[9]

스트리트는 '파라칼레오'(parakaleo)가 복음전도 설교와 다섯 번 연관된 것을 지적했다. 이것이 의미하는 것의 다른 표현은 로마서 10:9-10의 심고 거두는 것에서부터 그리스도에 대한 공적인 인정을 요청하기까지 다양하다. 따라서 신약성경은 그리스도에 대한 공적 부름의 중요성을 가르친다.

---

9   R. Alan Streett, *The Effective Invitation* (Grand Rapids: Kregel, 1995), 63에서 인용됨..

2) 역사 속의 공적 초청

스트리스에 따르면, 회심된 사람들이 그리스도를 믿는 믿음을 선언하도록 한 공적 부름은 콘스탄틴(Constantine) 시대까지 공공연히 지속되었다.[10] 하지만 콘스탄틴 이후 천년 이상 동안, 은혜로 말미암은 구원으로부터 그리스도에 대한 믿음과 가톨릭교회의 성례제도로 그 강조점이 변질되었다.

이 시대 동안, 공적 초청은 사라졌다. 때때로 클레르보의 버나드(Bernard of Clairveaux) 같은 설교자들은 어떤 형태의 공적인 반응을 요청했지만, 이것은 규칙이 아니라 예외였다.

종교개혁 시대에, 재세례파들(Anabaptists)은 "사람들이 죄를 회개하고, 그리스도를 믿고, (유아세례는 아무 가치 없고 헛된 것이었기 때문에) 재세례를 위해 스스로를 나타내도록 일관되게 요청했다."[11] 제1차 대각성운동에서 조나단 에드워즈는 사람들이 그의 설교에 반응한 후 그들을 개인적으로 만났다. 조지 휫필드와 다른 사람들은 사람들이 회개하도록 요청하고, 다음으로 그들의 영적인 필요에 대해 개인적으로 만나는 방식을 따랐다. 때때로 휫필드는 상담을 요구하는 사람들이 많아서, 잠을 자거나 음식을 먹을 수 없었다.

하워드 올리브(Howard Olive)는 존 웨슬리가 공적인 초청을 활용했던 네 가지 방식을 논한다.

> 첫째, 그는 불안한 영혼들을 찾는 개인 사역자들을 이용했다.
> 둘째, 그는 구도자들에게 자신들의 믿음을 증명하기 위해 주중 예배에 참석하도록 요청했다.
> 셋째, 그는 교회 등록을 위해 공개적으로 나오도록 구도자들을 초청했다.

10　Ibid., 81.

11　Ibid., 87.

넷째, 그는 참회자의 의자나 구도자의 좌석을 이용했다.[12]

분리파 침례교도들(Separate Baptists)은 공적 부름의 흐름을 이어갔지만, 근대로 넘어오면서 찰스 피니가 가장 큰 영향을 미쳤다. 그는 참회자의 의자나 구도자의 좌석을 사용했고, 사람들이 앞으로 나와 재단에 무릎을 꿇도록 청했다.

지난 150년 동안 무디, 빌리 선데이, 그리고 빌리 그레이엄 같은 대중 복음전도자들과 함께, 복음전도 초청은 복음주의 식단에서 주성분이 되어왔다. 무디는 질문자 방을 사용했고, 선데이는 죄인들에게 "갱생의 길로 떠날" 것을 권고했으며, 그레이엄은 사람들에게 "있는 그대로" 공개적으로 나올 것을 요청하였다.[13]

3) 효과적인 초청 방법[14]

과거에 나는 복음전도자들이 성령의 역사보다 사람들의 큰 반응에 더 관심이 있는 것처럼 보였던 몇몇 예배를 드렸었다. 그런 남용조차 우리가 복음 초청을 확장하는 것을 막지는 못했다.

(1) 영적으로 준비된 마음으로 하라

초청 시점에, 설교자는 성령에 의존해야 한다. 그래서 우리는 그분의 움직임에 민감해야한다.

---

12 Howard G. Olive, "The Development of the Evangelistic Invitation," (Th.M. Thesis, Southern Baptist Theological Seminary, 1958), 24-25.

13 더 자세한 설명을 위해서는 Streett, *Effective Invitation*, 98-130을 보라.

14 Roy Fish, "Preparation for Invitation in a Revival Meeting," in *Before Revival Begins*, ed. Dan Crawford (Fort Worth: Scripta, 1996)에서 각색됨.

(2) 기대하며 하라

하나님이 자신의 말씀에 충실한 설교를 영화롭게 하실 것을 믿으라.

(3) 의지하며 하라

(4) 성령님을 의지하라

(5) 명확히 하라

(6) 구체적으로 호소하라

사람들은 종종 그들이 행하도록 부름받은 것에 관해 불분명하기 때문에 반응하지 않는다.

(7) 용기 있게 하라

(8) 직접 하라

사람들을 조종하지 말라.

(9) 자신 있게 하라

(10) 긴급하게 하라

방법에 다음 초청하는 것이 들어 있을 수 있다.

① 그리스도를 고백하기 위해 앞으로 나오도록.
② 상담 또는 질문의 방으로 가기 위해 앞으로 나오도록.
③ 그리스도를 따르기 바라는 표시로 손을 들도록.

④ 위 방법들의 결합.

효과적으로 초청하는 것을 배우는 최선의 방법은 효과적인 복음전도자를 관찰하는 것이다.

5. 효과적인 복음전도집회 진행하기

1) 게스트 복음전도자 초대하기

지역 교회에서 가장 두서 없는 활동들 중 하나는 게스트 복음전도자를 초대하는 일이다. 내 동료 다니엘 포쉬(Daniel Forshee)는 복음전도팀을 초대하기 위해 다음과 같이 제안한다. 만약 당신이 집회를 주최하는 목회자라면, 몇 가지 할 수 있는 실제적인 것들이 있다.

(1) 당신이 알고 있는 성실한 복음전도자를 확보하라

가능한 언제든지, 전문 복음전도자를 확보하라.
그가 추천할 수 있는 음악 복음전도자가 있는지 물으라.
만일 가능하다면, 성공적인 모임을 위해 음악은 중요한 역할을 하기 때문에 뮤지션도 확보하라.

(2) 날짜를 정하라

가을부흥회를 위해 가장 좋은 날짜는 8월에서 11월이다. 봄부흥회를 위해서는 3월에서 5월이 가장 좋은 시간이다. 당신이 원하는 강사를 선택하는 것이 더 좋다.
그 다음 날짜를 정하라.

날짜를 미리 정하고 나서 일정에 맞는 사람을 찾는 것은 강사 선택에 있어서 좋은 방법이 아니다.

(3) 철저한 준비 매뉴얼을 확보하라

어떤 복음전도자들은 당신에게 매뉴얼을 제공한다. 남침례교단의 북미선교회는 그런 집회를 위해 우수한 자료들을 제공한다. 나는 이런 자료들을 사용해 왔고 그것들이 효과적이라는 것을 발견했다.

(4) 3~6개월 미리 준비를 시작하라

제직회/교회협의회, 집사회, 교사회 그리고 다른 핵심 지도자들과 활기차게 나누라.

준비를 도울 부흥기획팀을 조직하라.

대부분의 준비매뉴얼들은 이 과정을 안내한다.

목회자여, 열정적으로 하라!

당신은 교인들을 참여시키는 열쇠이다.

집회주제를 선택하라.

'예수의 빛을 비추라,' '그리스도 안에서 새생명,' '그리스도 안에서 자유' 등이 가능한 주제들이다.

이것은 당신의 광고홍보를 도울 것이다.

(5) 예산된 부대비를 사용하라

교회는 여행, 숙박, 음식, 피아노 반주자, 오르간 반주자 등을 위한 예산을 세워야 한다.

준비팀에게 사랑헌금(집회 준비를위한 헌금-편집자 주)을 줄 것이고 그 헌금에서 집회 비용을 쓸 것이라고 절대로(never) 복음전도자에게 말하지 말라.

이것은 진실성이 부족하다. 이런 일이 자주 일어난다.

괜찮은 호텔에서 그 팀을 묵게 하라.

그들이 운전해서 온다면 교통비를 지급하라.

교통비에 지급에 관한한 국세청이 하듯이 같은 수준에서 하나님의 부름 받은 사람들을 확실히 대우할 수 있다!

(6) 재정에 관한한 복음전도팀과 분명히 하라

교통비, 항공료 그리고 관련 비용(주차료, 도중에 식사료)을 제공하라.

나는 얼마나 많은 여행비가 드는지 경험으로 안다.

품질은 품질을 낳는다!

모든 예배, 특히 주일 아침 예배에서 사려 깊고 준비된 사랑헌금에 대한 요청을 포함하라.

성경, 실례 그리고 개인적인 예를 사용하라.

계획 없이 헌금을 다루지마라.

복음전도자들은 정해진 사례비 없이, 엄격하게 사랑헌금에서 지급되고 있음을 설명하라.

회중에게 헌금의 즐거움을 강조하라.

주일아침을 포함하여, 매 예배시 특별사랑헌금 봉투를 준비하라.

나는 헌금뿐만 아니라 출석 여부를 알기 위해 봉투를 사용하는 한 목회자를 안다. 그는 모든 사람들이 출석 봉투에 자기 이름을 붙이게 하여, 모두 헌금할 필요는 없음을 보여주었다. 하지만, 그 속에 헌금을 넣어 봉헌하므로 예배드리고 싶어했던 사람들도 격려했다. 어떤 중압감도 주지 않고 오직 격려만이 있었다. 사랑헌금은 그 규모의 교회에서 매우 높게 나왔다.

사람들에게 기회를 주라!

하나님에 대한 사랑으로 헌금하도록 그들을 가르치라.

그러면 그들은 할 것이다!

매일 밤 팀을 소개하라.

초청된 사람들을 소개해야 한다. 예배 초반 환영의 시간 동안에 소개하는 것이 가장 좋다.

약간의 재미, 예를 들어 골프를 계획하라.

만일 당신이 그랜드 캐년의 제일침례교회를 목회한다면, 그 때 당신은 게스트를 어디로 데려갈지 알고 있다.

특히 청소년의 밤을 위해 가능한 훈련된 상담사들을 확보하라.

이것은 복음전도에 평신도들을 참여시키기 아주 좋은(great) 시간이다.

게다가 하나님은 사람들이 그분의 복을 준비할 때 기뻐하셨다!

목회자여! 초청을 포함하라.

사람들이 그를 알고 있기 때문에, 목회자들이 추가적인 호소를 하면 반응이 더 대단하다!

예를 들어, "헌트 박사가 어린 소년에 관한 그림을 사용했을 때, 하나님은 내 마음을 확신시켜 주셨습니다...."라고 말하라.

은혜로운 주최자가 되라.

복음전도자들이 가지고 있는 유일한 관심사가 복음을 전하고 예배를 인도하는 것임을 반드시 확인하라.

1) 복음전도집회 준비하기

효과적인 대중전도집회를 진행하는 두 가지 열쇠가 있다.

① 실제적이거나 조직적이다.
② 영적이다.

(1) 조직적인 준비

대중전도집회는 업데이트 되고 관계가 구축된 가능성 목록(prospect list)에서부터 진행해야 한다. 그 집회가 추수행사이고 경작하는 행사가 아니라면, 구원받지 못한 사람들이 예배 안에 있어야 한다. 그들은 이미 복음을 들어왔고, 그 요구들에 반응할 준비가 되어 있을 것이다. 이것은 그 집회가 있기 전 여러 주 여러 개월의 시간이 걸릴 것이다.

당신이 6주 정도 미리 시작한다면, 그 집회가 시작하기 전에 어떤 사람들에게 집회소식이 알려질 것이다. 예를 들어, 내가 섬겼던 교회에서는 신약성경을 복사하여 전 지역 사회에 돌렸고, 라디오를 사용했고, 가능성 목록을 업데이트했으며, 많은 사람들을 방문했다. 그 집회가 시작되기 전 주에 우리 교회는 누군가 그리스도께 나오는 것을 보았다.

집회가 시작된 바로 그 주일 아침에, 약 12세 이후로는 한 번도 교회를 다녀본 적이 없는 젊은 여인이 자신의 삶을 그리스도께 드렸고, 그날 밤 세례/침례를 받았다. 이것은 우리가 그녀를 계속해서 만나왔고, 관계를 쌓아왔기 때문에 일어난 일이었다.

복음전도집회 동안, 목회자와 전도자가 구원받지 못한 사람들을 방문하기 위해 그들과 특별한 약속을 하라.

당신이 그런 약속을 정하는 것을 주도한다면, 그들의 삶 속에 성령께서 움직이셔서 당신이 방문한 몇몇 사람들을 얻을 수도 있다.

추가로, 집회를 위한 조직적인 준비는 홍보(publicity)를 필요로 한다.

당신이 할 수 있는 모든 방법을 사용하라.

우리는 심방, 집집마다 신약성경 배포, 집회 전날 가가호호 전단지 나눠주기, 전화통화, 라디오광고, 신 광고 등의 다양한 접근법들로 지역 사회에 접촉하려고 노력했다. 한 번은 우리의 부흥집회가 남침례교회로서 우리가 정기적으로 후원하는 동시 집회의 일부였다. 텔레비전 광고도 있었고 우리에게 가능한 직송 광고 전단도 있었다.

우리는 특정 사람들을 목표로 정하고 심방했다. 작은 고군분투하는 교회로써, 우리 지역 사회의 많은 사람들과 접촉했다. 결과적으로, 많은 사람들이 그리스도께 나왔고 집회가 끝난 후에도 계속해서 다른 사람들에게 세례/침례를 주었다.

또한 부흥집회를 위한 조직적인 관심사는 참석(attendance)이다. 때때로, 교인들은 교회에 참석하지 않는다. 예를 들어, 월요일 밤은 참석률이 저조한 밤으로 악명 높다. 또 다른 문제는 잃어버린 사람들이 참석하지 않는다는 것이다.

그들이 복음을 듣도록 제시하지 않는다면, 어떻게 그리스도께 갈 수 있을까?

참석하는 밤에서 핵심은 특별한 주안점들을 지원하는 것이다. 예전에 시골 교회에서, 좌석을 채우는 밤은 대성공이었다. 그룹, 반, 또는 개인들은 누가 가장 많은 좌석을 채우고 가장 많은 사람들로 좌석을 채우는지 보려고 경쟁했다. 이러한 접근법은 오늘날도 잘 사용하지는 않지만, 다른 주안점들은 꽤 높은 가능성이 있다. 오늘날 특별히 가장 중대하게 강조하는 것은 청소년의 밤이다.

(2) 영적인 준비(spiritual preparation)

당신은 부흥을 위해 교회를 **영적**으로 어떻게 준비하는가?

① 집회 서너 주 전에 구원받지 못한 사람들의 목록을 복음전도자에게 제공하라.

이것은 당신이 준비하는 동안 그로 하여금 교회와 함께 특별하게 기도하게 할 것이다. 그것은 또한 교회가 사람들에게 이르는 것에 대해 진지하다는 것을 그가 알도록 격려할 것이다.

② 교회를 위한 집중기도를 체계화하라.

이것은 적어도 집회 6주 전에 시작하는 매 주일학교 반 모임, 매 예배, 그리고 매 집회를 위해 기도하는 것을 포함한다. 하나님의 복은 종종 우리의 기대 수준과 같다. 철야기도회나 금식기도 시즌이 효과적일 수 있다.

③ 마지막으로, 집회 주간 동안 특별기도 시간을 갖도록 격려하라.

지역 사회를 걷는 기도 걸음은 신자들이 기도하도록 동원하는 수단으로 점점 더 사용된다.

매 예배 전에 기도 시간을 갖고 예배드리는 동안 기도할 사람들을 모집하라. 복음전도집회는 기도에 교회의 헌신을 깊어지게 하는 탁월한 시간이다!

6. 혁신적인 복음전도집회

어떤 복음전도자들은 시대를 초월하는 복음 메시지를 나누기 위해 혁신적인 접근법을 사용하고 있다. 켈리 그린(Kelly Green)은 프론티어스(Frontiers)라고 부르는 접근법을 사용했다. 매 여름마다 그는 밤에 집회를 인도하고 낮 동안 전국에서 온 청소년그룹을 복음전도 봉사활동에 참여시킨다. 이 청소년 선교 여행과 추수집회의 결합은 효과적이었다.

웨인 브리스토우(Wayne Bristow)는 비전통적인 찬양 예배를 드리는 교회들에서 토탈라이프(Total Life)대회를 이용한다. 이 대회는 4, 5일 동안 계속해서 참석하기 어려운 전통적 부흥회 형식이 불편한 공동체 청장년들을 목표로 한다. 토탈라이프행사는 복음전도 저녁식사와 오찬, 그리고 청년들, 큰 아이들, 노인들, 청장년들을 위한 특별행사, 그리고 혼합된 청중집회를 포함한다.

부흥(revival)과 전도집회(crusade) 같은 단어들은 비교인들에게 혼란을 주거나 겁을 주기도 한다. 웨인은 이 용어들이 많은 의미를 상실했다고 인정하면서 다른 용어를 사용한다. 그는 자신의 집회를 토탈 라이프 대회라고 부른다. 용어를 바꾸는 것은 배경에 따라 강조점도 바꿀 수 있다. 하지만 이것은 모든 교회에 맞지 않거나 실행가능하지 않을 수도 있다.

1) 행사전도

톰 레이너(Thom Rainer)의 책, 『효과적으로 전도하는 교회』(*Effective Evangelistic Chuches*)에는 몇 가지 놀라운 것들이 들어있다. 예를 들어, 레이너는 행사전도가 약간의 영향밖에 미치지 못하는 것처럼 보인다는 것을 발견했다. 우리가 회심에 관점에서 성공이나 효과를 정의한다면, 이는 사실이다.

하지만 이것이 궁극적인 목적이더라도, 복음전도는 수확하는 것 이상이라는 것을 기억해야 한다. 우리는 수확에 더하여 심고 경작해야 한다. 행사전도는 사람들, 특히 어떻게 해서도 복음을 듣지 못할 수도 있는 사람들에게 그것을 들을 기회를 줄 때 효과적일 수 있다.

예를 들어, 이웃주민파티는 교회문에 선뜻 접근하지 못하는 사람들에게 그리스도를 제시할 것이다. 성탄절이나 부활절에 교회에서 하는 복음전도콘서트는 전해진 하나님의 말씀을 들으려고 평소에 오지 못할 수도 있는 사람들을 끌어 모을 수 있다. 얼마나 많은 사람들이 회심되었는가하는 것으로 그런 행사를 엄격하게 판단할 필요는 없다.

당신이 지역 공동체의 잃어버리고 혼란스러워하는 사람들은 많은 사람이 대답을 요구하는 당신 교회에 들어가지 않을 것 같다. 따라서 우리는 창조적인 방법으로 그들에게 메시지를 전해야 한다. 이것은 "행사전도"[15]라고 알려진 것을 통하여 이루어질 수 있다.

당신의 지역 공동체의 그 요구와 활동들에 민감해지므로, 사람들을 그리스도께 소개하기 위해 있는 행사를 활용하거나 새로운 행사들을 개발할 수 있다.

당신이 사는 지역은 퍼레이드를 하고 있는가?

---

15 다음 자료에 대해서 Vitor Lee에게 감사한다. Lee는 이 문제에 관해 북아메리카선교회(North America Mission Board)에 의해 사용된 많은 자료를 저술한다.

교회가 장식차량을 만들어, 교인들이 전도지를 나눠주며 퍼레이드 행렬을 따라 걷게 해보라.

발렌타인데이, 할로윈, 크리스마스 그리고 새해에, 당신 교회가 비신자들을 인도하는 행사를 만들 좋은 기회를 가질 수 있다. 그 때 그들과 함께 예수님을 재치있게 나눌 수 있다.

복음전도 행사를 개발함에 있어서, 신자가 아니라 비신자의 마음을 끌기 위함이라는 것을 잊지 말라!

이것은 당신 스타일에 맞게 하기보다 약간 다르게 할 수도 있다. 하지만 이것은 당신이 복음에 타협하지 않는 한 괜찮다. 또한 교회건물 이외의 다른 곳에서 행사를 가질 수도 있다. 더구나 광고할 때, 교회보다는 행사나 초청한 유명인에 초점을 맞출 수도 있다. 당신은 교회를 숨기거나 복음을 부끄러워하지 않을 수 있다. 다만 제시할 때, 능수능란해야 한다.

복음전도 행사의 개발과 실행을 위한 다음의 A-B-C법은 북미선교회 행사전도간사인 토비 프로스트에 의해 고안되었다. 이 지침들은 당신이 그 개념을 이해하도록 도울 것이다.

(1) A는 매력을 나타낸다

행사가 얼마나 역동적이든, 음악이 얼마나 영광스럽든, 강사가 얼마나 매력적이든 간에, 비교인 청중들 없이 복음전도는 일어날 수 없다!

비교인들의 마음을 끌 행사를 계획하라.

그 행사를 홍보할 때 지역 회의 흥미를 확실하게 붙잡으려고 하라.

그리고 홍보 할 때 모집도 같이 해야 함을 기억하라.

교인들은 친구들, 이웃들, 친척들 그리고 직장동료들을 행사에 데리고 올 것이다.

(2) B는 다리를 나타낸다

예수님을 함께 나누기 위해 위축감을 주지 않고, 관계의 다리를 제공하라.

함께 어울려서 그리스도의 메시지를 듣기 위해 음식, 특별한 음악, 그룹을 형성하는 교제 활동, 복음전도용 영화, 또는 기타 많은 다른 요소들을 공급할 수 있다.

(3) C는 복음 전하는 것을 나타낸다

이것 없이 행사는 아무런 의미가 없다!

복음은 청중에게 분명하고 확실하게 표현되어야 한다.

행사의 다른 모든 요소들을 계획할 때 사용한 것만큼, 많은 돌봄과 구체적인 것으로 그리스도를 나누도록 계획하라.

후속조치가 중요하다. 주님께 그들의 삶을 내어주는 모든 사람들을 기록하고 후속조치를 취해야 한다.

2) 스포츠전도

복음전도 행사의 전문화된 유형은 스포츠전도이다. 연합감리교회를 위한 세계복음전도의 대표인 에디 폭스(Eddie Fox)는 1세기에 로마의 길을 통해 복음을 옮겼지만, 오늘날은 스포츠가 그것을 나르는 수단이라고 말한다. 미래의 복음전도자는 빌리 그레이엄보다 레기 화이트(Reggie White)를 더 많이 닮을 수 있다. 하나님의 나라는 스포츠전도가 크게 효과적일 수 있다는 사실을 일깨우고 있다.

다른 많은 형태를 취할 수 있겠지만, 다음은 스포츠전도 유형의 일반적인 분석이다.

(1) 주요 행사중심의 스포츠전도

이것은 올림픽처럼 한 번의 행사뿐만 아니라, 대부분의 프로 스포츠와 많은 주요 대학 행사를 포함하여, 미국에서 매년 수많은 행사들을 잠재적으로 포함한다.

대부분의 도시에서 대부분의 교회들은 거의 매주 그들 앞에 있는 올바른 복음전도의 노다지가 무엇인지를 깨닫지 못한다. 잃어버린 사람들에게 이르기 위한 이런 행사들을 사용하는 것은 어렵고 복잡하지 않다. 그것은 성도들에게 동기부여하고, 교육하고 가능하게 하는 것의 문제이다!

(2) 유명인 중심의 스포츠전도

이러한 접근은 군중의 마음을 끌기 위해 유명한 운동선수를 활용하는 것이다. 집회동안 그는 자신의 간증과 구원의 방법을 함께 나눈다. 청중의 마음을 끄는 선호하는 한 명 또는 여러 운동선수들은 거의 항상 있기 때문에, 이런 종류의 방법이 모든 스포츠전도 유형에서 사용된다.

활용하는 유명인과 방법에 대해 교회들과 협회들의 네트워킹이 중요하다. 유명인 중심의 스포츠전도는 다양한 방법으로 작용할 수 있다. 운동선수는 실황이나 비디오로 보여줄 수 있다. 스포츠나 행사를 위해 그 사람의 간증이 담긴 소책자를 특별히 준비할 수 있다.

(3) 시합중심의 스포츠전도

이것은 성인남성 농구경기, 리틀리그 등의 연속사역 같은, 비전문적인 동호회 수준의 리그대회 정도를 기본으로 한다. 이것은 흔히 레크리에이션사역이라고 불려졌다. 우리는 전국적인 레크리에이션시합을 중심으로 작성된 기록된 자료나 행사를 통해 복음을 나누는 것이다.

변화는 끊이지 않는다. 행동하는 운동선수들(Athletes in Action)과 기독교 운동선수협회(Fellowship of Christian Athletes) 같은 단체들은 오랫동안 이런 사역들에 참여해 왔다. 하지만, 가장 작은 교회들도 참여할 수 있다.

전 세계에 스포츠전도팀을 보내는 국제스포츠연방(ISF)의 체릴 울핑거(Cheryl Wolfinger)는 자기 기관에 스포츠전도팀에 대한 국내 요청이 쇄도한다고 보고한다. ISF가 국내 요청을 받으려 하지 않아도, 이것은 일어나고 있다. 울핑거는 미 전역에 스포츠전도에 대한 관심을 강조하기 위해 이런 늘어나는 요청들을 활용한다.

남침례교단의 국제선교회(IMB)의 매체와 스포츠전도자문위원인 마크 스노우덴(Mark Snowden)은 미국에서 스포츠전도개발에 대한 급증하는 요구를 울핑거가 분석한 것을 확인해 준다. 그는 IMB는 계속해서 스포츠전도를 이용해서 다다르기 어려운 나라에 들어간다고 보고한다. 스노우덴은 과거에 했던 것처럼 이런 사역을 단기 선교사들에게 떠맡기는 대신, IMB가 전임 스포츠선교사들을 임명하기 시작하고 있다고 말했다.

톰 펠튼(Tom Felten)은 운동에 관심이 많은 잃어버린 사람들에게 도달하기 위한 중요한 도구인 전국 기독교 스포츠 잡지인 「스포츠 스펙트럼」(Sports Spectrum)의 발행인이다. 펠튼은 이렇게 말한다.

> 우리가 바로 지금 목격하는 것은 전임 스포츠전도요원들을 직원으로 추가하고 있는 선교단체들과 교단들이 점점 더 많아지고 있다는 것이다. 그것이 눈에 띄게 성장하고 있다. 그것을 나타낸 것이 우리의 슈퍼볼 아웃리치킷(Super Bowl Outreach Kit)일 것이다. 6년 전에 2,100개 교회가 참여하여 그것을 시작했다. 올해는 6,000에서 7,000교회가 복음전도 슈퍼볼파티를 열 것이다. 스포츠전도는 계속해서 있어왔고, 발전되고 있다.

교회는 큰 그림을 보고 미국에서 스포츠전도의 가능성을 구체적으로 적용해야 한다. 울핑거의 동료인, 코트니 캐쉬(Courtney Cash)는 어떤 교회들은 스포츠전도를 활용하고 있지만, 그 비율은 낮다고 말한다. 캐쉬는 말한다.

그들은 강습, 조직적인 시합, 목회자 공급, 다세대주택에서 토너먼트 경기 제공 그리고 시내 청소년들과 즉석 경기를 주최하고 있다. 하지만, 미국에 거의 100개의 스포츠사역들이 있어도, 교회들이 현존하는 새로운 도구를 활용하거나 스포츠를 좋아하는 사람들에게 이르는 방법을 가르치거나 자기들의 노력으로 완전히 성공하기 위해 필요한 재료들에 연결하도록 돕는 네트워크는 거의 없다.

당신의 교회에서 대중전도가 도외시되고 있다면, 교회에서 복음전도집회나 행사를 계획하는 것을 고려해 보라.

그 같은 집회는 내가 목회자로 섬겼던 교회에서 복음전도에 다시 집중하게 했다. 당신 교회에서도 똑같은 일이 일어날 수 있다.

참고문헌

Douglas, J.D., ed. *The Work of an Evangelist: International Congress for Itinerant Evangelists. Amsterdam, The Netherlands.* Minneapolis: World Wide Publications, 1984.

_____. *Equipping for Evangelism: North American Conference for Itinerant Evangelists, 1994.* Minneapolis: World Wide Publications, 1996.

Frost, Toby, Bill Sims, and Monty McWhorter. *Special Evangelistic Events Manual.* Atlanta: North American Mission Board, 1995.

Hamilton, Thad. *Evangelistic Block Party Manual.* Alpharetta, Ga.: North American Mission Board, 1991.

Streett, R. Alan. *The Effective Invitation.* Grand Rapids: Kregel, 1995.

제16장
교회전도:
성경적인 교회 성장

1995년 총 6,700개 SBC 교회들에는 새롭게 세례/침례 받아 회심한 사람이 한 명도 없었다. 그것은 일곱 개 남침례 교회와 선교단체들로부터 조사된 것이다. 1950년에 복음전도대회를 이끌었던 매튜(C. E. Matthews)는 1년 내내 한 명의 세례/침례자도 없는 교회는 깊이 뉘우치고 금식과 겸손의 시간을 선포할 충분한 이유가 있다고 말했다.

교회는 성도의 휴양지가 아니다. 그것은 죄인들을 위한 응급실이다. 우리는 사람들에게 주 예수 그리스도의 교회를 위한 주요한 사역의 장소가 교회 건물 밖이라는 것을 가르쳐야 한다. 지역 사회에서 가장 많이 복음화되고 가장 많이 다다른 지역은 일요일에 당신의 교회가 만나는 건물이다.

단 한 가지 문제가 있다. 이곳은 가장 적은 잃어버린 사람들이 있을 것 같은 장소이기도 하다. 잃어버린 많은 사람들은 장례식 때에도 교회 건물에 절대로 들어오지 않는다. 로이 피쉬(Roy Fish)에 따르면, "교회 건물은 복음증거사역을 위한 주요 **장소**(place)가 아니다. 그것은 복음증거사역을 위한 주요 **기지**(base)가 되어야 한다."

윌리엄 템플은 "교회는 자기 회원이 아닌 사람들을 위해 존재하기 위해 세워진 지구상에서 유일한 기관이다"[1]라고 말했다.

교회 성장은 최근 수년 동안 복음주의의 인기 있는 주제였다. 본 장은 성경적인 의미에서 참다운 교회 성장인 복음전도의 성장에 특히 초점을 맞출 것이다. 오순절 때, 예루살렘교회에 하루에 삼천 명을 더해졌다. 그 후 회심자들이 매일 더해졌다. 곧 남자들의 수는 오천 명 이상이 되었다. 그 후 제사장들이 믿게 되었고, 마침내 그 숫자는 누가가 보고할 수 없을 만큼 아주 많았다(행 4장).

어떤 사람들은 교회의 수적 성장에 대해 불평한다.

나는 그런 사람들에게 성경의 한 책이 민수기라고 불렸던 것을 상기키시고 싶다!

진지하게, 사람은 숫자에 대해 지나친 질투심을 가질 수 있지만, 숫자에 대한 강조를 비난하는 사람들은 보통 자기들의 수가 적기 때문에 그렇게 한다. 나는 오직 숫자에 의해서 교회 성장을 측정할 수 없다는 것에 동의한다.

인구가 감소하는 지역의 교회와 빠르게 증가하는 지역의 교회가 같은 비율로 성장하고 있다고 가정해보자.

두 번째 교회를 효과적인 교회라고 할 수 있는가?

숫자에 변함없이 고정된 교인들은 어떤가?

매년 백 명에게 세례/침례를 주는데, 출석은 매년 단 열 명 정도만 성장한다면 효과적으로 성장하는 교회라고 할 수 있는가?

정상적인 환경에서 교회는 성장해야 한다는 말이 옳다. 결정적인 문제는 교회 성장(growth)이 아니라 교회건강(health)이라고 한 릭 워렌(Rick Warren)의 말이 맞다.[2] 건강한, 그리스도를 영화롭게 하는 교회는 나눠지거나 영적으로 죽은

---

[1] Geroge Hunter, "Doing Church' to Reach Secular, Urban, Pre-Christian People." Address to the Annual Meeting of the American Society for Church Growth, November 22, 1997에서 인용됨.

[2] Rich Warren, *The Purpose Driven Church* (Grand Rapids: Zondervan, 1995), 17.

회중보다도 더 성장할 것 같다.

1. 교회 성장운동

우리는 지난 세대 동안 교회 성장운동의 영향을 고려하지 않고 성장하는 교회들을 논의할 수 없다. 1세기 이후 교회는 성장해 오고 있다.

하지만 교회 성장**운동**(movement)은 도날드 맥가브란(Donald McGavran)의 영향으로 발생하고 피터 와그너(Peter Wagner), 윈 안(Win Arn), 엘머 타운스(Elmer Towns)와 같은 사람들, 그리고 기타 다른 많은 사람들의 사역을 통해 계속되고 있는 특별한 현상을 의미한다. 오늘날 미국교회성장학회(American Society for Church Growth)로 알려진 전문적인 기관에서 가장 명확하게 나타난다.

1) 역사

교회 성장은 1955년에 도날드 맥가브란의 『하나님의 다리』(Bridges of God)라는 책의 출판과 함께 시작했다. 이 운동은 해외에서 시작해서 미국으로 수입되었다. 맥가브란(1897-1991)은 이 운동의 설립자이다. 그의 부모와 조부모는 선교사였다.

그는 1923년에 그리스도의 제자들(Disciples of Christ)교회에서 안수 받았고, 1936년에 콜럼비아대학교에서 박사학위(Ph.D.)를 받았다. 그는 인도에서 선교사로 봉사했다. 맥가브란은 "다른 교회들이 성장하지 않을 때, 왜 어떤 교회들은 성장하는가?"라고 물었다. 그의 책『하나님의 다리』는 이것과 다른 중요한 질문들을 다루기 위해 출판되었다.

피터 와그너(1930년 출생)는 남미 볼리비아에서 16년 동안 해외 선교사로 봉사했다. 1971년에 풀러신학교에서 가르치기 시작했다. 그는『교회 성장과 총체적인 복음』(*Church Growth and the Whole Gospel*), 『유유상종』(*Our Kind of People*), 『교회 성장을 위한 지도력』(*Leading Your Church to Growth*), 그리고 기타 수많은 책들과 논문을 썼다. 레이너는 이렇게 기록한다.

> 비록 맥가브란이 교회 성장운동의 개척자였을지라도, 피터 와그너는 가르치고 강의하고 핵심 직책을 맡아 세계를 여행한 최고의 판매원이었다. 하지만, 그의 가장 중요한 사역은 저술이었다. 그는 1956년에 저술사역을 시작했고, 1966년에 첫 번째 책을 출판했다. 와그너는 1956년 이래로 거의 40권의 장편의 책을 포함하여 700편의 작품을 출판했다.

다른 교회 성장 지도자들과 교회 성장 옹호자들은 랄프 윈터(Ralph Winter), 아더 글래서(Arthur Glasser), 찰스 크래프트(Charles Kraft), 윈 안(Win Arn), 존 윔버(John Wimber), 커트 헌터(Kert Hunter), 조지 헌터(George Hunter), 엘머 타운즈(Elmer Towns), 존 본(John Vaughn), 릭 워렌(Rick Warren), 커크 해더웨이(Kirk Hadaway), 톰 레이너(Thom Rainer) 그리고 게리 맥킨토시(Gary McIntosh)를 포함한다.

특정한 교회 성장운동 외의 교회 성장 영역에서 영향력 있는 다른 목소리들도 있다. 영향력 있는 목회자들은 릭 워렌, 빌 하이벨스, 레이스 앤더슨(Leith Anderson) 그리고 척 스미스(Chuck Smith)를 포함한다. 특히 톰 레이너는 남침례교회들과 복음주의자들 사이에서도 지도자로서 점점 더 눈에 띄고 있다.

레이너는 혁신적인 접근법에 대한 모든 관심과 또한 성장하는 더 많은 전통 교회들이 균형을 이루는데 특히 영향력이 있어 왔다. 더구나 레이너는 교회 성장 지도자들에게 무엇보다도 복음전도의 영향에 의해 성장을 측정해야 한다고 상기시켜왔다.

교회 성장운동은 복음전도하는 교회 성장에 많은 도움이 되는 공헌을 했다. 예를 들어, 이 운동은 복음전도에 대한 다른 기준이 있다고 언급했다.

> [교회 성장운동에 따른 복음전도 유형][3]
>
> E-0 복음전도: 회중 안에 있는 구원받지 못한 사람들에게 복음을 전하는 것.
>
> E-1 복음전도: 교회 건물이나 구원받지 못한 사람들의 사고방식으로 교회를 인식하는 것과 관련된 장애물을 넘는 복음전도.
>
> E-2 복음전도: 윤리적, 문화적 그리고 계층 장벽은 넘는 복음전도.
>
> E-3 복음전도: 언어적 장벽을 넘는 복음전도.

와그너는 교회 성장 운동을 여섯 가지 전제로 요약하였다.

① 성장하지 못한 것은 하나님을 기쁘시게 하지 못한다.

② 교회의 수적 성장은 하나님이 우선순위이며, 결단하는 사람들보다 새로운 제자들에게 집중한다.

③ 제자는 수적으로 교회를 증가시키는 유형의 알아볼 수 있고, 셀 수 있는 사람들이다.

④ 제한된 시간, 돈 그리고 자료들은 교회가 결과에 기초한 전략을 개발할 것을 요구한다.

⑤ 교회 성장을 측정하고 격려함에 있어서 사회과학과 행동과학이 귀중한 도구이다.

⑥ 최대한의 성장을 위해 연구는 필수적이다.[4]

교회 성장운동의 결과는 교회의 성장을 돕는데 도움이 되어왔다. 일부 결과나 강조들은 논란의 여지가 많은 것으로 증명했다. 예를 들어, (극단의 결과를

---

3 Towns, ed., *Evangelism and Church Growth*, 206을 보라.

4 Ibid., 78.

강조하는)실용주의의 강조는 성경적 진리를 소홀히 하게 할 수 있다.

교회 성장운동의 몇몇 측면은 동질 집단 원리보다 더 많은 논란을 일으킨다. 그 원리는 사람들이 전형적으로 "인종, 언어, 또는 계급의 장벽을 넘지 않고"[5] 그리스도께 나온다고 명시한다. 와그너는 "동질 집단이 결정되는 근거는 '편안함을 느낄'(feel at home) 수 있는 집단"[6]이라고 말한다.

동질 집단 원리의 문제는 그 적용에 있다. 설명으로 사용하면 도움이 될 수 있다. 우리와 가장 많이 닮은 사람들에게 도달할 것이다. 이것을 알려고 머리가 좋은 사람이 될 필요는 없다. 하지만 이것은 규정되거나 우리와 비슷한 사람들에게만(only) 접근해야 한다고 말하는 것과는 크게 다르다.

2. 복음전도를 통한 교회 성장 모델들

새로운 세기 초반에 교회 성장의 중요한 변화들 중 하나는 교회 성장의 지도자들로서 경향을 분석하는 전문가들에서부터 그같은 성장을 모델로 하는 효과적인 복회자들까지의 운동이다. 이것은 교단 지도자들에게도 그렇다. 오래된 패러다임은 교단 지도자들과 두뇌 집단으로부터 나온 새로운 도구, 방법 그리고 전략의 개발을 강조했다.

미래의 교회 성장을 위한 효과적인 도구와 전략들은 현장에서 탄생될 것이다. 교단 지도자들은 그것들을 발견하거나 만드는 것보다 오히려 교회에서 증명된 방법들을 발견하거나 알리는 쪽으로 바꿀 것이다. 교수나 전문가들이 아니라 성장하는 교회들이 효과적인 교회 성장의 속도를 정할 것이다.

나는 복음전도를 하는 교회 성장의 몇몇 원리들을 나열하는 것보다 다른 회중들에 의해 사용될 수도 있는 지역 교회에 의해 개발된 두 가지 모델들을 검

---

5 Donald McGavran, *Understanding Church Growth* (Grand Rapids: Eerdmans, 1980), 223.

6 C. Perter Wagner, *Our Kind of People* (Atlanta: John Knox Press, 1979), 75.

토하기 원한다. 이것들은 작은 교회의 시작부터 대형 교회에 이르기까지 목회사역에서 개발된 다렐 로빈슨(Darell Robinson)의 '총체적인 교회생활'(*Total Church Life*)과 릭 워렌의 '목적이 이끄는 교회'(*Purpose Driven Church*)이다. 이러한 접근들을 간단하게 개관하고, 오늘날 그것들이 왜 도움이 되는지를 논증할 것이다.

1) 총체적인 교회생활

1985년 나는 굉장한 열정으로 신학교 교목직을 시작했다.

불행히도 그 당시 나를 설명하자면, 불타는 무식함이었다!

나는 신학교에서 많은 훌륭한 것들을 배웠었다. 하지만 목회하는 것에 대해 규칙적으로 따분함을 느끼며, 나는 신학교에서의 가르침을 지역 교회의 실습 현장으로 옮기기가 어렵다는 것을 발견했다. 그런 경험을 한 후, 나는 신학교 경험을 실제 사역으로 옮기는 것을 도울 도구들이 필요하다는 확신을 갖게 되었다.

그 후 다렐 로빈슨이 저술한 『총체적인 교회생활』(*Total Church Life*)이라는 책을 읽었다. 이 책의 간단한 사실들이 내가 신학교에서 교회 현장으로 이동하도록 도왔다.

'총체적인 교회생활'은 교회 목적에 적절한 중점을 두는 사역에 대한 단순하면서도 총체적인 접근법이다. 이 전략은 다렐 로빈슨이 텍사스 파사데나의 제일침례교회(First Baptist Church, Pasadena, Texas)와 알라바마 모빌의 도핀웨이침례교회(Dauphin Way Baptist Church)에서 목회할 때 개발했다. 그 전략은 SBC 국내선교회(Home Mission Board)의 복음전도 수장으로서 로빈슨의 지도 하에 많은 사람들에게 알려졌다.

나는 '복음신병훈련소'(gospel boot camp)나 '교회 성장 101'(gospel boot camp)이라고 말하기를 좋아한다. 그것은 프로그램이나 방법이 아니다. 그것은 전략, 즉 사역 철학이다. 그것은 신약 교회의 본질에 대한 이해를 상실한 더 많은 전통 교회들에 특히 효과적이다.

복음주의 교회의 2/3이상이 정체되거나 쇠퇴하고 있다. 모든 개신교회들의 4/5도 그와 같다. 이것은 앉아서 마음 졸이는 성도들보다 더 그럴만한, 거룩한 하나님 앞에 가증스러운 일이다. 그것이 다만 전국적인 금식과 겸손의 시간을 갖는 이유이다.

로빈슨은 (워렌의 목적이 이끄는 모델과 비슷한) 소위 전략에 집중된 교회(strategically focused church)와 프로그램에 집중된 교회(programmatically focused church)를 비교하면서, 정체를 벗어나고자 하는 교회들에게 도움을 준다. 두 번째 범주에 속한 대부분의 교회는 쇠퇴하는 교회이다.[7](표 16.1과 16.2를 보라)

로빈슨은 정체되고 쇠퇴하는 교회들의 딜레마와 A.D. 1세기 후반의 에베소 교회와 비교한다. 이 교회는 놀랄만한 출발을 했지만, 1세기 말에 어려움이 있었고 후에 사라졌다(계 2장을 보라). '총체적인 교회생활'은 모든 지역 교회가 세 가지 본질적인 기능을 가지고 있다는 믿음을 바탕으로 한다.

① 구주를 찬양하라.
   이것은 그리스도께 영광을 돌리는 예배, 연합된 교제, 동원된 기도, 그리고 건강한 조직을 통해 이루어진다.
② 성도들을 준비시키라.
   이 일은 주일학교와 다른 기관들을 통해 평신도를 사역에 참여시키는 것에 대한 중요성을 강조한다.
③ 죄인들을 복음화하라.
   이것은 교회가 지상명령을 수행하도록 인도하므로 이루어진다.[8]

---

7 Robinson, *Total Church Life*, 3에서 허락에 의해 사용됨.
8 Gene Mims, *Kingdom Principles for Church Growth* (Nashville: Convention Press, 1995)에서 비슷한 전략이 나타난다.

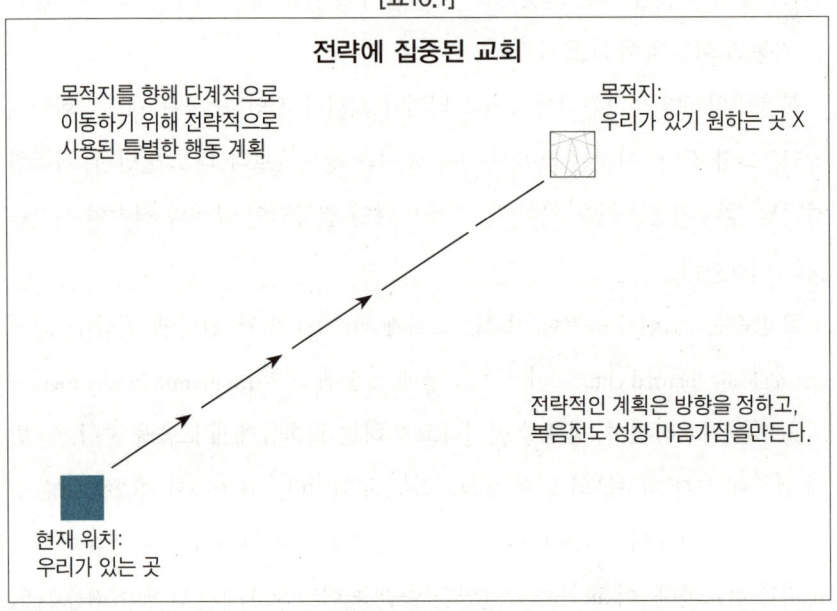

[표16.1]

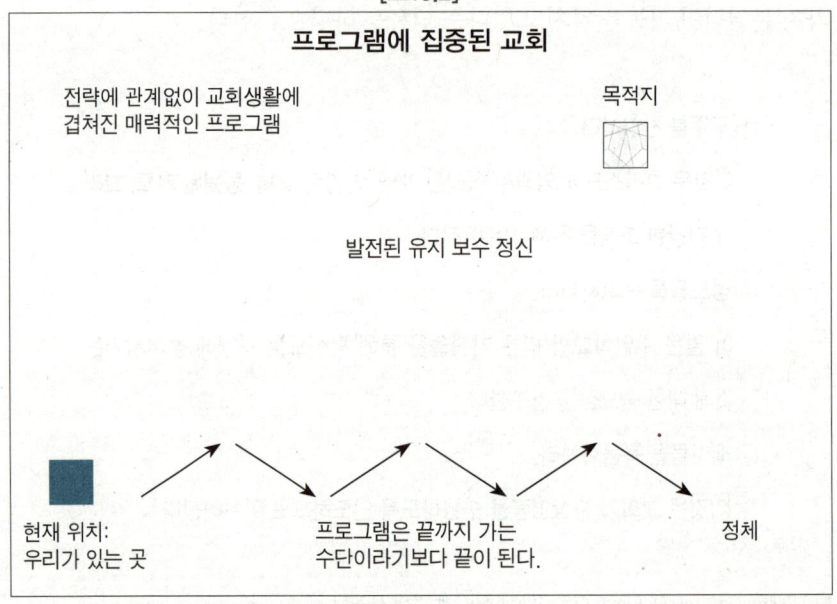

[표16.2]

복음전도를 위한 '총체적인 교회생활' 중에서 가장 도움이 되는 측면은 이런 것들이다.

① 더 큰 교회생활에 교회의 복음전도 봉사활동을 둔다. 교회의 본질에 중요하다는 깨달음 없이 너무 많은 교회들이 복음전도를 하나 더한 프로그램이나 역점으로 본다.
② '총제적인 교회생활'은 교회 현장에 다다르기 위해 교회의 책임을 강조한다. 많은 교회가 교인들의 **전체 참여**(total participation)를 통한 교회 현장의 **전체 침투**(total penetration)라는 이중적인 접근을 간과한다.
③ 그것은 총체적인 복음전도사역을 발전시키는 실제적인 접근을 제공한다. 이 접근은 효과적인 복음전도와 관련된 세 가지 핵심적인 결정을 제공한다.

* **시간** 결정: 일정 계획.
* **재정** 결정: 예산.
* **사람** 결정: 평신도를 참석시키는 것.

[표16.3]

총체적인 교회생활의 복음전도전략 일정 계획

_____년 _____교회명

___년	활동 준비하기	복음전도 행사	목표 집단
1월			
2월			
3월			
4월			
5월			
6월			
7월			
8월			
9월			
10월			
11월			
12월			

① 일정 계획은 전략의 핵심적인 부분이다.

일정은 행사 계획과 기회 준비하기라는 두 개의 동시에 일어나는 트랙에서 운영한다. 특히 남침례교회들은 부흥회, 친구초청의 날 등의 행사에서 운영된다. 과정은 효과적이지 않다. 행사와 준비하는 것 둘 모두를 강조함으로 평신도들에게 복음전도를 가끔 하는 특별한 행사라기보다는 주 예수님의 교회가 되는 과정의 지속된 부분으로 보도록 가르친다(표 16:3을 보라).

② 총체적인 교회생활은 회중으로 하여금 목적에 대한 진술을 간결하게 발전시키게 할 때, 매우 유용한 도움을 준다.

나는 몇 교회 이상의 교회가 비전에 '찬양하라, 준비시키라, 복음화하라'는 주제를 각색한 것을 보았다. 어떤 교회들은 다른 용어를 사용할 때, 이 개념에 관해 생각한다. 내가 교인으로 있는 교회는 "우리가 그리스도 안에서 **완전히**(fully) 세워질 때까지, 예수님이 필요한 사람들을 **찾으라**(find), 말씀으로 모두를 **먹이라**(feed)"라는 사명선언문에 이 세 부분의 논지를 실지로 보여준다.

2) 목적이 이끄는 교회 모델

복음전도를 하는 교회를 세우는 두 번째 접근은 남 캘리포니아의 새들백교회(Saddleback Community Church)에서 평생을 지냈던, 릭 워렌의 '목적이 이끄는 교회'(Purpose Driven Church) 모델이다. 워렌의 책,『목적이 이끄는 교회』(*Purpose Driven Church*)는 필독서이다!

> 새들백교회(Saddleback Valley Community Church)는 거의 16년 동안 학교, 컨트리클럽, 텐트, 그리고 정신병원에서까지 모임을 가졌다. 그 후, 1995년 8월 17일에 교회 소유의 시설로 옮겼다. 세 번의 캘리포니아 래이크 포레

스트(Lake Forest) 회중헌신예배에 거의 12,000명이 교회를 가득 채웠다.

새들백교회는 1980년에 웨렌의 집에서 일곱 명의 멤버들과 시작한 이래로, 급성장하는 회중의 다양한 사역들을 수용하기 위해 5개의 다른 도시에서 79개의 다른 시설을 사용해 왔다. "당신이 우리가 매주 있던 곳을 알 수 있었다면, 당신은 왔을 것이다"라고 한 교인이 농담을 할 정도였다.

새로운 시설의 테라스의 새들백의 실외 세례/침례 연못에서 384명의 새로운 회심자들에게 세례/침례를 주는 행사가 포함되었다. 예배자들은 새 건물 안에 있는 세 개의 커다란 비디오 스크린에서 실황으로 보여준 세례/침례를 주는 일부 장면을 지켜보았다. "우리는 변화된 삶(changed lives)이라는 우리 교회의 주제를 계속해서 강조하고 싶었습니다"라고 워렌이 말했다. 1995년에 그 교회의 세례/침례자 수는 남침례 교단에서 가장 많았다.

그 다음 주, 교인들은 지역 사회를 위한 건물에 대한 웅장한 개관식을 가졌다. 교인들은 수많은 믿지 않은 이웃들을 예배에 데리고 와서, 210명이 믿음을 고백했고, 또 다른 64명이 세례/침례를 받았다.

1995년 6월, 새들백은 버지니아 린치버그의 리버티대학교(Liberty University, Lynchburg, VA) 연구에 의하면, 한 가족에서 16년 동안 11,000명 이상으로 성장한 미국 역사상 가장 빠르게 성장한 침례교회로 알려졌다.

당신은 교회의 성장을 건물을 세운다기보다는 사람을 세우는 것을 훨씬 더 강조하는 목적이 이끄는 교회라고 불리는 웨렌의 사역철학의 결과로 볼 수 있다. "우리는 교회는 건물이 아니라 사람(people)이고 교회가 성장하기 위해서 건물은 필요치 않다는 것을 세상에 증명하고 싶었다. 나는 우리의 주장을 입증했다고 생각한다"라고 워렌은 말했다.[9]

---

9 1995년 9월 10일, 워렌이 저자에게 보낸 편지에 첨부되어 언론에서 발표됨.

워렌의 전략은 프로그램, 재정, 건물, 행사나 구도자 같은 부수적인 문제에서 성경적인, 목적이 이끄는 강조라는 주된 이슈로 이동하는 것에 집중한다. "어떤 것도 목적을 재발견하는 것보다 더 빠르게 낙심한 교회를 전혀 회생시키지 못할 것이다"[10]라고 그는 주장한다. 그는 교인들이 질문받는 친숙한 조사를 언급한다.

"교회가 왜 존재하는가?"

약 89%가 "교회의 목적은 나의 필요와 가족의 필요를 돌보는 것이다"고 응답했다. 단 11%만이 세상을 그리스도께 인도하는 것이 교회의 목적이라고 말했다. 같은 질문을 받았던 목회자들 중 9%가 교회는 세상을 그리스도께 인도하기 위해 존재한다고 말했고, 10%는 교인들을 돌보기 위해 존재한다고 말했다.[11]

새들백의 슬로건은 신약에서 직접 가져왔다.

> 지상명령(마 28:19-20)처럼 위대한 명령에 대한 위대한 헌신은 위대한 교회로 자라게 할 것이다(마22:37-39).[12]

목적이 이끄는 교회 모델에서 교회의 다섯 가지 목적을 요약하기 위해 다섯 개의 핵심 단어가 사용되었다.

1. **예배**(worship)

"네 마음을 다하여 주 너의 하나님을 사랑하라"(**확대**, magnification).

2. **사역**(ministry)

"네 이웃을 너의 몸과 같이 사랑하라"(**사역**, ministry).

3. **복음전도**(evangelism)

---

10 Warren, *The Purpose Driven Church*, 82.

11 Ibid.

12 Ibid., 102. 다음 자료는 102-109에서 요약되었다.

"가서 제자 삼으라"(**사명**, mission).

4. **교제**(fellowship)

"세례를 주라"(**등록교인**, membership).

5. **제자도**(discipleship)

"가르쳐 지키게 하라"(**성숙**, maturity).

워렌은 또한 **교화시키라**(edify), **격려하라**(encourage), **칭찬하라**(exalt), **구비시키라**(equip) 그리고 **복음화하라**(evangelize)라는 단어들로 교회의 5중 목적을 설명한다.

마지막 세 개는 '총제적인 교회생활' 접근에서 사용된 핵심 용어임에 주목하라.

어떤 원리들은 시대를 초월하고 변하지 않는다!

새들백은 교회생활에서 한 번도 나타난 적이 없는 훌륭한 목적 선언을 가진 교회가 아니다. 전체 조직구조는 대략 다섯 가지 목적으로 세워진다. 가장 중요한 것은 사람들을 그들이 **있는**(are) 곳에서 **있어야 할**(need to be) 곳으로 이동할 필요를 인정하는 것이다. 워렌은 이것을 지역 사회에서 중심으로 이동하는 사람들이라고 부른다. 삶의 발전과정은 교회의 목적과 직접 연결 된다(표 16.4와 16.5를 보라).

야구다이아몬드 표에 따라 교회의 목표는 그들을 1루가 아니라 홈까지 들어오도록, 즉 능동적인 사역과 전도를 할 수 있는 수준으로까지 변화시키는 것이다. 워렌은 교회 안에 있는 모든 것, 즉 새로운 회원을 동화시키는 것, 그들을 훈련시키는 것, 교육, 소그룹들, 사역자가 되게 하는 것, 조직화하는 것, 설교하는 것, 예산을 짜는 것, 계획을 세우는 것, 과정을 평가하는 것이 그 목적을 성취하기 위해 존재해야 한다고 주장한다.

나는 새들백교회의 모델이 불신자들에게 도달하도록 교인들을 의도적으로 성장시키는 것에 대한 가장 실행가능한 모델이라고 확신한다. 새들백교회는 다른 교회들도 그것의 강점들을 덧붙여 그렇게 하도록 돕고 있다.

현대 모델 중 하나로 유명한 시카고 근교의 윌로우크릭교회(Willow Creek Community Church)를 집중 조명하지 않고 교회 성장을 논할 수 없다. 빌 하이벨스(Bill Hybels) 목사는 교회에 소속되지 않은 비교인들에게 도달하는 것에 대한 깊고 진지한 부담을 가지고 있다. 격려하고 있는 윌로우크릭의 몇 가지 측면이 있다.

[표 16.4]

첫째, 그 사명은 '비종교인들을 전적으로 헌신된 예수그리스도를 따르는 사람들이 되게 하는 것'이다.

둘째, 교회는 예수 그리스도 복음으로 잃어버린 사람들에게 도달할 수 있는 정확한 계획과 전략을 가지고 있다.

셋째, 그 비전은 '성경적으로 기능하는 공동체'를 만드는 것이다.

넷째, 그 희망하는 것은 '하나님을 위해 우리가 하는 모든 것에서 탁월함'을 추구하는 것이다.

다섯째, 하이벨스는 교회가 분명한 비전을 가지고 그것을 고수하는 것이 얼마나 중요한가에 대한 탁월한 예를 제공한다.

하지만, 나는 현행 복음전도를 하는 교회 성장의 가장 좋은 모델이 윌로우크릭이라는 것에는 동의할 수 없다. 나는 어떤 계기로 한번 이상 윌로우크릭에 갔었고 그 예배에서 은혜를 받았다. 하지만, 장기간 이 모델의 영향은 논쟁거리가 되었다.

[표 16.5]

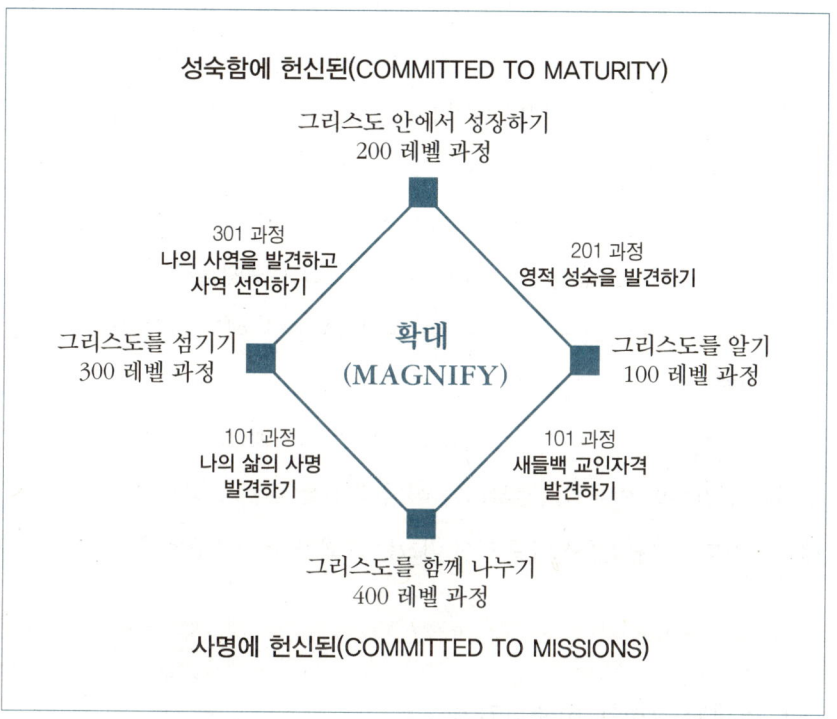

성경을 문화에 연관지을 때, 항상 그 선을 넘어가는 위험이 있다. 우리는 성경보다 문화에 의해 움직여질 때, 장기간의 결과는 대개 건강하지 못하다. 이 이상, **하나**(one)의 모델에 너무 많이 집중하는 것은 위험하다. 예를 들어, 윌로우크릭은 플로리다 잭슨빌의 제일침례교회, 테네시 멤피스의 벨리뷰침례교회, 텍사스 휴스턴의 제이침례교회, 또는 로스앤젤리스의 새들백교회보다 주어진 주에 더 많이 출석하지 않는다. 여전히 윌로우크릭은 전국적인 화제가 가장 많은 되고 있다. 윌로우크릭 모델은 복음주의 공동체를 뒤흔들고 있다.

명확하게 하자!

나는 윌로우크릭이 하고 있는 많은 것들을 좋아한다. 우리 대부분은 교회에 소속되지 않은 비교인들에게 도달하는 것에 너무 무기력해서 부끄러워해야 한다.

하지만 비교인들에게 이르기 위한 우리의 희망이 굳건한 기초 위에 세워져야 한다. 윌로우크릭의 교회론은 그 방법과 예배스타일만큼 면밀히 검토되어야 한다. 남침례신학교의 대니 애킨(Danny Akin)은 윌로우크릭의 등록교인이 어떻게 되는지가 전혀 명확하지 않다고 지적했다.[13]

1996년 가을리더십대회에서, 하이벨스 목사는 수많은 사역스텝들도 교회 등록교인이 아니라고 밝혔다. 더구나 윌로우크릭은 세례/침례식에 있어서 매년 한 번씩 물에 담그고 두 번씩은 물을 뿌리면서 매우 에큐메니칼적인 접근법을 보여왔다.

애킨은 실용주의와 여성주의에 관해서도 지나치게 강조한다고 지적했다. 우리는 인간론인 인류학으로부터가 아니라 신학 또는 신론으로부터 교회를 세워야 한다. 하나님 중심의 목적이 이끄는 교회가 당장 필요하다.

3. 정체된 교회를 회생시키기

대부분의 교회가 성장하고 있지 않다면, 우리는 어떻게 그들을 다시 성장시킬까?

이 주제에 관해 많은 책들이 쓰여져 왔다. 가장 중요한 요소는 새로워지고 있는 교회의 중심에 하나님의 임재가 있다는 것만 해도 충분할 것이다. 예수님

---

13 Daniel L. Akin, "Willow Creek Community Church: Driven by Culture or the Scriptures?" *National Liberty Journal* (May 1997).

은 "내가(I)...내(my) 교회를 세우리니"(마 16:18)라고 말씀하셨다. 정체하는 교회들은 그들의 목적의 방향을 전환해야 한다. 마지막 장에서 언급된 리더십이 이것에서 중요하다.

정체에서 성장으로 돌이킨 한 교회의 예를 들어보자.

복음전도를 하는 교회성장의 사례연구: 텍사스 코린트의 FBC

쇠퇴하고 있는 시골 교회가 성장하는 교회가 될 수 있을까?

텍사스의 코린트제일침례교회(First Baptist Church of Corinth)는 교외 지역이 되고 있었던 달라스 북쪽의 작은 시골 교회였다. 그 교회는 10년 이상 동안 느리게 쇠퇴해왔다. 지난 18개월간 아무도 세례/침례를 받지 못했고, 그 교회는 10년 이상 동안 10명도 세례/침례를 주지 못했다. 많은 교회들처럼 FBC는 변화하고 있는 환경에 적응하려고 몸부림치고 있었다.

주일에 그들이 모였던 건물은 축 처지고 있었다. 세례/침례탕에 지나지 않는, 원래 오래된 군대막사였던 콘코리스 벽에서 건축된 구조물은 다소 엉망진창이었다.

세례/침례탕은 판금으로 지어졌다. 여러 달 동안 누구도 세례/침례를 받지 못했지만, 수도꼭지에서 느리게 뚝뚝 떨어지는 물방울이 있었다. 계속 떨어지는 물방울 때문에 배수관이 닫혀 막혔다. 세례/침례탕 바닥에는 2~3인치 가량의 아주 더러운 녹물이 있었다. 첫 번째 회심자였던 젊은 여인이 그리스도를 구주로 믿었을 때, 교회는 문제가 있었다.

녹슬고 낡은 세례/침례탕에서 어떻게 누군가에게 세례/침례를 줄까?

문톤(Munton) 목사가 했던 것을 들어보라.

"내가 할 수 있는 최선은 녹물을 걸레로 닦아내는 것이었요. 나는 세례/침례탕을 물로 채웠어요(배수관은 막을 필요가 없었어요). 젊은 여인에게 파상풍

주사를 맞힌 후(농담이다!), 우리는 일 년이 넘도록 처음으로, 교회의 첫 번째 회심자였던 그녀에게 세례/침례를 줬어요. 대단히 흥분되었어요. 하지만 다음 서너 달 동안, 나는 세례/침례탕에서 정원 호스로 억지로 물을 뽑아냈어요.''

최초 몇 년 동안 주일학교 성장과 복음전도 봉사활동은 주로 목회자와 두세 명의 헌신된 평신도들이 개인 심방해서 나온 결과였다. 참석률이 높은 날, 부흥집회, 여름성경학교 그리고 특별한 행사들이 있었다. 굉장하지는 않았을지라도, 주일학교 출석과 복음전도 둘 모두 꾸준한 성장이 있었다. 더 많은 평신도들이 봉사활동에 열정을 갖기 시작했다. 사람들에게 다다르는 것을 위한 열정을 가진 새로운 직원들이 추가되었다. 성장하고 사람들에게 다다르기 위한 헌신이 강화되었다.

하지만, 그 교회는 몇몇 중대한 장애에 부딪쳤다. 공간 문제가 대단히 중요해졌다. 주일학교의 많은 반들이 건물 밖에서 모이기 시작했다. 그 교회는 수십 년 동안 차지했었던 1에이커짜리 구획에서 이전하기로 결정했다. 결국, 그 교회는 주일 예배를 위해 지역의 한 학교에서 모이기 시작했다. 변화 때문에 두세 사람이 교회를 떠나게 되었지만, 그들의 수는 더 많은 열정적인 새로운 그리스도인들로 메워졌다.

시간이 흘러 교회는 주일 아침 예배에 더 많은 구도자중심의 접근으로 발전시켰다. 많은 젊은 부부들이 현대적인 취향의 음악과 실제적이면 강해적인 설교에 매료되었다. 주일아침은 복음전도 수확의 시간이 되었다.

전통적인 방법들도 사용되었다. 복음전도집회는 매우 성공적이었다. 여름성경학교는 항상 성공적이었다. 교회가 프로그램으로 큰 성과는 거두지 못했을지라도, 복음전도 프로그램이 활용되었다. 새로운 회심자들 대부분은 친구들에 의해 초청된 사람들이었다. 종종 그리스도를 믿기 전 몇 주 동안, 찬양 예배와 주일학교 반에도 왔다. 그들 중 많은 사람들이 찬양 예배를 드릴 때 그리스도를 믿었다.

교회는 특히 교회가 없는 사람들에게 도달하는 것에 효과적이었다. 회중의 약 65%가 교회에 소속되지 않은 배경을 가지고 있었다. 새신자들이 가장 효과적인 복음전도자가 되었다.

복음전도 훈련은 끊임없는 도전이었다. 복음전도 훈련을 위한 소그룹 반이 정기적으로 열렸다. 복음전도운동과 연관된 특별한 복음전도 훈련 강의가 제공되었다. 적어도 일 년에 한 번, 주일 밤에 사람들에게 로마의 길(Roman Road) 복음전도 플랜을 이용하여 그들의 믿음을 나누는 법을 가르치는 것에 헌신했다.

마침내 강력한 청소년프로그램이 개발되었다. 많은 십대들이 그리스도께 나왔고 십대청소년 복음전도가 특히 효과적이었다. 종종 십대들 스스로 학교와 교회 활동에서 믿음을 나누었다.

1995년 봄 동안, 교회는 진정한 부흥의 시간에 의해 깊게 영향을 받았다. 이미 부흥을 경험했던 하워드패인대학교(Howard Payne University) 학생들은 주일 저녁에 회중과 함께 나눴다. 다음 여러 달은 깨어짐, 깊이 있는 믿음, 영적 활력 그리고 복음전도의 열정의 결과를 가져왔다. 초창기 십년 동안 평균 30명이었던 텍사스 크린트제일침례교회가 지금은 정기적으로 300명 이상 예배에 출석하고, 4년 동안 200명 이상 세례/침례를 받았다.

코린트제일침례교회에서 복음전도는 배움 이상의 붙잡힘이었다. 복음전도집회가 계속해서 특히 십대들 사이에서 효과적이었지만, 프로그램은 약간의 효과가 있었을 뿐이었다. 하지만 교회가 없는 친구들을 초대하고, 개인관계를 통해 복음을 증거하는 교인들의 헌신은 정말 탁월했다. 사람들에게 닿는 열정과 평신도 리더들의 헌신과 희생은 교회 성장과 복음전도와 보조를 맞췄다.

여기 텍사스 코린트제일침례교회의 통계적인 성장이 있다.

주일학교 평균		
	출석	세례/침례
문톤(Munton) 목사가 오기 전		
1985	31	0
온 후		
1986	54	10
1987	76	15
1988	85	17
1989	97	15
1990	124	18
1991	148	21
1992	177	56
1993	220	58
1994	234	46
1995	222	60

성장의 열쇠는 도우그 문톤(Doug Munton)의 실제적인 리더십이었다. 이것은 **항상**(always) 있는 사례이다(제18장을 보라). 문톤은 변화를 구현할 때 인내했고, 성장을 위해 꼭 필요한 것들만 바꿨다. 예배 형태는 극적으로 바꿨지만, 주일학교 기관은 기본적으로 손대지 않고 그대로 유지했다.

신자들을 관리하는 것에서 잃어버린 사람들에게 이르는 것으로 초점을 변화시켰지만, 설교는 계속해서 성경적이고 강해적으로, 신자들과 구도자들 모두와 관련되도록 했다. 기도에 더 큰 우선순위를 두었다.

죽어가는 작은 교회도 다시 **살 수**(can) 있다!

4. 정체된 교회가 회생하도록 돕기 위한 접근법

1) 주일학교

풀러신학교의 에디 깁스(Eddie Gibbs)는 곧 교회가 없어질 지역에서 16세에 회심했다. 그의 부모는 교회에 나가지 않았지만, 그를 주일학교에 보냈다. 나중에 깁스는, "나는 주일학교에 출석한 마지막 세대였다"라고 사색에 잠겨 혼잣말을 했다.

이것은 영국에서 그럴 수 있지만, 미국에서는 그렇지 않다. 기관으로써 주일학교는 사라지지 않는다.[14] 하지만 주일학교 운영방식은 많은 교회들에서 사장되어야 **한다**(should be buried). 주일학교반 신자들에게만 초점을 맞추며 수업하는, 훈련받지 않은 일꾼들이 있는 교회들은 생존할 수 없거나 해서는 안 된다.

여전히 남침례교단(SBC)에서 성장하는 대다수의 교회들은 주일학교를 통해서 눈에 띄게 성장했다는 기록이 있다. 복음전도와 새신자들의 동화 둘 모두에 있어서 주일학교는 대단히 중요하다.

조지아 데카터(Decatur, Georgia)에 있는 흑인 교회인 그린포레스드침례교회 (Green Forest Community Baptist Church)는 조지 맥칼렙(Georgy McCalep) 목사의 리더십 아래, 1980년에 교인 25명에서 1997년 4,500명으로 성장했다. 그 교회 성장의 중요한 요인들 중 하나는 주일학교였다.[15]

나는 주일학교를 믿는다. 신학생 시절에 주일학교 원리와 성장나선형 (Growth Spiral)[16]을 배웠던 것을 하나님께 감사한다. 나는 주일학교 등록, 트랙에 맞춘 등록 그리고 새로운 수업을 시작하는 것의 중요성을 배웠다. 내가 들

14　Ken Hemphill, *Revitalizing the Sunday School Dinosaur* (Nashville: Broadman & Holman, 1996)을 보라.

15　Olivia M. Cloud, "Growing a Church through Sunday School," *Facts and Trends*, November 1997, 45.

16　Andy Anderson, *The Growth Spiral* (Nashville: Broadman Press, 1993)을 보라.

었던 통계 중 하나는 당신이 새로운 주일학교 수업을 시작하고 전도를 위한 봉사활동에 집중한다면, 일 년 안에 평균 26명의 새로운 사람들이 등록할 것이라는 것이었다.

내가 목회자로서 그리고 교육사역자로서 있었던 두 교회에서 우리가 시작했던 각 성인반에는 정확히 평균 26명의 사람들이 있었다!

두 교회는 모두 빠르게 성장했고, 하나는 일 년에 두 배가 되었고, 주일학교를 통해 조직적으로 성장했다.

우리는 주일학교 등록, 전도를 위한 봉사활동 그리고 새로운 유닛과 같은 문제들에 초점을 맞춘 성장나선형 개념을 취하여, 그것을 축소하고 간소화하여 우리 교회에 응용했다. 우리 교인들은 주일학교에 대한 정보가 없었다. 그들은 연달아 3주간 출석하지 않았다면, 제적 처리해야 한다고 생각했다.

사람들을 출석부에 남겨 놓아야 한다는 것을 교인들에게 알리는 것은 아주 힘든 일이었다!

주일학교는 가르침은 말할 것도 없고 사람들에게 다다르는 것에 대한 것이다. 내가 섬겼던 교회들에서, 우리는 교인들이 주일학교의 진정한 목적을 갖도록 새로운 방향을 제시해야 했다. 대부분의 사람들은 주일학교가 성경을 가르치기 위해 존재한다고 생각한다. 남침례 생활에서, 주일학교 운동이 시작했을 때, 주일학교는 세 가지 목적이 있었다.

첫째, 성경을 가르치기 위하여.
둘째, 복음으로 사람들에게 도달하기 위하여.
셋째, 그리스도의 몸 사역을 위하여.

우리는 사역자 모임을 가졌고, 주일학교를 통하여 복음전도는 증가했다. 우리는 서약서를 만들었고 주일학교 교사들에게 그것에 서명하게 했다. 그것은 주중에 접촉하고 다른 사람들을 위해 보조를 맞추겠다는 헌신이 들어있었다. 교사들이 매주 심방할 필요는 없었지만, 접촉하는 것에 자발적으로 헌신했다.

과거에는 회심자들 중 무려 80퍼센트가 주일학교를 통해 나왔다. 이것은 도달되지 않은 사람들에게 이르는 데 앞 문, 즉 찬양 예배가 더 중요한 요인이 되고 있기 때문에 변화하고 있다.[17]

어떻게 주일학교 교사들을 전도활동에 참여하게 하는가?

주중 사역자 모임이 중요하다. 다음 단계는 주일학교 책임자가 될 만한 가르칠 수 있는 평신도를 확보하는 것이다. 가르칠 수 있는 정신이 절대적으로 중요하다.

나는 이같은 책임자를 모집했고 두세 명의 다른 리더들을 택해 그들을 주일학교 컨퍼런스에 데리고 갔다.

그들은 그곳에서 주일학교 전도활동에 대한 비전을 얻었다!

점차, 일 년의 시간이 지나 우리는 몇몇 그런 변화들을 실행하기 시작했다. 당신의 주일학교가 복음전도를 하고 있지 않다면, 변화되기 까지 1년 또는 2년이 걸릴 수 있다.

전도활동에 열려있고 함께 일할 그런 교사들을 찾으라.

모두를 격려하라.

당신이 변화하므로, 모든 사람을 사랑하라.

그러나 움직이는 사람들과 함께 움직이라.

당신은 또한 주일학교의 뒷문을 닫아야 한다. 튼튼한 주일학교가 있는 수많은 교회들을 관찰했을 때, 이것이 대단히 중요하다고 확신한다. 내가 섬겼던 지난 교회들에서는 새로운 그리스도인들을 훌륭하게 정착시켰고, 그것은 주일학교에 기초한 교회였기 때문에 가능했다.

---

17 James Emory White, *Opening the Front Door* (Nashville: Convention Press, 1992)을 보라.

2) 전체 출석일

교회와 주일학교반의 출석 목표를 정하라.

교회 목표보다 더 많은 전체 반 목표를 정함으로써, 교회 목표에 도달할 가능성을 높인다.

예를 들어, 총동원 출석일 목표가 120명이라면, 전체 주일학교반 목표를 140명으로 정하라.

주일학교 사역자들은 그 다음 주에 반드시 총동원 출석일에 참석한 사람들을 등록시키고 심방할 준비를 해야 한다. 이렇게 강조한 다음 여러 주 안에 출석률이 높아진다면, 그 날은 특히 성공적이다.

3) 영혼구원을 위한 헌신의 날

남침례 교단의 주기에서 이러한 강조는 복음전도에 초점을 유지함에 있어서 특히 효과적이었다. 다른 많은 전통적인 교회들이 비슷한 복음전도 날을 강조한다. 심지어 이스라엘 국가가 매년 특정 성결의 날을 가졌던 것처럼, 교회는 매년 복음전도에 대한 공적인 헌신으로 부름받아야 한다고 확신한다.

남침례 교회들은 북미선교부(North American Mission Board)로부터 굉장한 자료들을 지원받아 10월에 이날을 지킨다. 이 달은 증거 훈련을 하면서 그것을 함께 지킬 때만 성공적이다(successful only). 복음을 들려주지 않고 뭔가를 열매를 맺어야 한다는 것보다 사람들을 좌절시키는 것은 없다.

나는 이런 수많은 날 동안 말씀을 전하며 대단한 성공을 거뒀다. 여기 영혼구원을 위한 헌신의 날을 효과적으로 만들기 위한 몇몇 실제적인 단계들이 있다.

그 날을 교회에서 진지하게 기도해야 할 중요한 일로 만들어라.

그 날을 열정적으로 홍보하라.

북미선교부는 모든 교회나 교단도 사용할 수 있는 훌륭한 자료들을 제공한다.

헌신할 핵심 지도자들을 모집하라.

그 일이 있기 2, 3주 동안, 안수집사(장로)들이나 주일학교 부서지도자들 같은 합당한 권한을 가진 사람들에게, "우리는 2-3주 동안 영혼구원의 날을 가질 것입니다. 하나님이 당신을 지도자로 섬기게 하는 헌신에 대해 기도하시겠습니까?"라고 말하라.

특히 당신이 알고 있는 복음전도에 민감한 사람들을 모집하라.

'나의 영혼구원 서약서'(My Soul-Winning Commitment) 같은 헌신카드를 사용하라.

나의 영혼구원 서약서

나, _____는 다음을 행하여 복음을 나누기 위해 내 주 예수 그리스도께 자신을 내어드립니다(하나 또는 그 이상을 체크하세요).

✦ 나는 세상의 빛이신 예수 그리스도를 내 인생의 주님과 구주로 영접하기 원합니다.

✦ 나는 우리 교회의 복음전도사역을 위해 정기적으로 기도하겠습니다.

✦ 나는 잃어버린 사람과 복음을 나누기를 시도하겠습니다.

　□매일　　□매주　　□매월　　□적어도 한 번

✦ 나는 증거 훈련에 등록하겠습니다.

✦ 나는 다음 사람들과 그리스도를 함께 나누려고 하겠습니다.

　_____　　_____
　_____　　_____
　_____　　_____
　_____　　_____

이 카드들 중 하나를 모든 십대와 어른들에게 주라.

당신은 예배 초반에 회중들에게 교회를 공적인 헌신으로 부르고 있음을 말하라.

모든 사람이 기도에 헌신할 수 있고, 그들이 할 때, 정말로 지원할 수준이 어떻든지 헌신할 수 있다는 것을 언급하라.

당신이 그 메시지를 시작할 때, 그때 그 시점에 사람들이 카드에 자기들의 이름을 적게 하라.

그리고 그들은 초청하는 동안 적절한 칸에 체크할 수 있을 것이다.

사람들이 서약할 때, 강단에 전도지를 배치하라.

그들에게 스스로를 하나님께 성별하는 무릎 꿇고 기도하도록 요청하라.

그 다음에 복음전도 접촉시 다른 사람들과 함께 나눌 전도지를 가져갈 것을 요청하라.

영혼구원에 헌신할 교인들을 위한 간단한 훈련을 제공하라.

서약 바로 다음에 훈련이 있다는 것을 확실하게 하라.

훈련은 방문하러 밖으로 나가는 것을 포함해야 한다. 섬김전도와 관련된 간단한 훈련은 첫 단계로 훌륭하다.

① 모든 사람에게 일반적인 편지를 쓰라.
② 각자의 특별 서약서를 기록하면서, 그것들을 컴퓨터에 입력하고 개인맞춤형 편지를 쓰라.

그 다음 한 달, 석 달 그리고 여섯 달 후에 두 번째 편지를 쓰라.

컴퓨터로 이것을 쉽게 할 수 있다. 후속 조치는 그 일을 크게 강화시킨다.

복음전도에 헌신할 때 한 단계 더 걸쳤던 사람들부터 여러 주 동안 간증하게 하라.

4) 교회 개척

교회 개척(planting)이라는 주제를 다루지 않고 교회 성장을 논할 수 없다. 톰 울프(Tom Wolfe)는 미국 교회에서 회심을 방해하는 두 가지가 있다고 말했다.

① 모든 사람들에게 이르는 일에 대한 비전의 부족이다.
② 회중의 비전이 잘못되어 있다.

울프는 교회 성장에 대한 필수적인(essential) 것으로 교회 개척을 생각해야 한다고 주장한다.[18] 울프의 권유가 타당하다는 것이 통계에 나타난다. 과거 수십 년 동안, 미국 인구가 11% 증가한 반면, 개신교회는 9.5% 감소했다. 개신교회의 81%가 쇠퇴하고 있다. 미국에서 매년 3,500에서 4,000개 교회가 문을 닫는다. 반면, 1,100개 교회가 개척되고 있다.[19]

성장하는 교회의 가장 눈에 띄는 모범은 자신의 현장에 있는 사람들에게 도달하면서, 또한 다른 교회들을 개척하는 것이다. 강의 중에 학생들은 종종 '모델'(model) 교회를 설명해 달라고 요청한다. 많은 성공적인 교회들이 있지만 (신약성경 안에 있는 다른 유형의 교회들만 자세히 보라), 나는 성경적으로 근거를 두고, 하나님의 말씀을 부끄러워하지 않는 교회를 모델 교회라고 설명한다(describe). 더구나, 이 교회는 시간을 초월한 성경의 진리를 어떻게 시기적절하게 제시할지를 이해한다. 그것은 하나님께 대한 열정, 잃어버린 사람들에 대한 부담, 그리고 세계를 품을 만큼 큰 마음을 가진 모든 인종을 품는 교회이다.

모델 교회는 그 지역 안에서 모든 사람들과 함께 그리스도를 나누려고 한

---

18 Tom Wolfe, "Postmodernism," Annual Meeting of the American Society for Church Growth, 20 November 1997.

19 Charles Arn, "The State of the Church in the 21st Century," Annual Meeting of the American Society for Church Growth, 20 November 1997.

다. 하지만 그것은 거기서 멈추지 않는다. 이런 교회는 다른 교회들의 개척(planting)에도 헌신된다.

"나는 당신의 교회의 출석율보다 당신의 교회의 파송 숫자로 교회의 건강과 능력을 측정한다"는 릭 워렌의 충고를 들으라.[20]

그런 교회는 국내와 해외에서에서 지상명령을 수행하기 위해 동원된다.

새로운 세기에 가장 긴급하게 이야기되어야 하는 것은 주요 도심지의 교회 개척 장소이다.

하나의 예로 로스앤젤리스(Los Angeles)를 생각해보라.

그것은 지상에서 두 번째로 가장 큰 히스패닉 도시이다. 그것은 두 번째로 가장 많은 중국인과 일본인 도시이고 자신들의 국가들을 벗어나서는 가장 큰 베트남인, 필리핀인, 그리고 한국인 도시이다.

히스패닉 88%와 동양계 미국인 90%가 살고 있는 것처럼, 아프리카계 미국인의 81% 이상이 그 도시에 살고 있다. 하지만, 백인은 25%만이 그 도시에 산다.[21]

엘머 타운즈(Elmer Towns)는 우리가 그 도시들을 복음전도하지 않은 이유와 교회 개척이 필요한 이유를 언급했다. 우리는 보통 그들이 가난하고 문맹이거나 외국인이기 때문에, 그 도시 사람들을 탐탁치 않게(undesirable) 본다. 전형적인 백인(Anglo) 회중의 사람들과 비슷하지 않아서, 그들을 반갑지 않게(unwanted) 본다.

우리 백인들은 우리와 비슷하지 않은 사람들을 보지 않은 채 지나치기 때문에, 그들이 보이지 않는다(unseen). 타운즈는 교회 개척을 위한 다섯 가지 원리를 제공한다.[22]

---

20 Warren, *The Purpose Driven Church*, 32.

21 Elmer Towns, "Church Planting in the Urban Setting, the Key to Reaching America," *American Society for Church Growth*, November 22, 1997.

22 Ibid.

미국에서 교회 개척을 위한 새로운 원리

1. 미국의 도시를 벗어난 지역과 시골 지역에 적합하게 맞추어진 전통적인 미국 교회 개척방법은 미국 도시 지역에서는 효과가 없음을 알라.
2. 미국을 세속 선교 현장으로 보고, 국가적인 것에 국한된 도시전략을 개발하라.
3. 외국의 성공적인 교회 성장개념들을 미국 도시에 적용하라.
4. 방법적으로 창조성을 추구할지라도, 원리적으로는 성경적인 교회 개척 전략을 개발하라.
5. 각 지역화된 도시 배경에서 적합한 효과적인 혁신적인 방식(새로운 방법)으로 복음(변함 없는 원리)을 전하도록 허락하라.

우리는 도시에 도달해야 한다. 1870년에 미국 인구의 10%가 도시에 있었고 90%가 시골에 있었다. 수십년 후에는 인구의 90%가 도시에 몰릴 것이고 10% 만이 시골에 머물 것이라고 추정한다. 교회는 이러한 필요를 이야기할 때 항상 무관심했었다.

5. 적용

총체적인 교회생활(Total Church Life)전략에서 다음의 간단한 표를 이용하여, 만약에 있다면, 어떤 범주가 적합한지 결정하면서, 당신의 현재 교회사역들과 역점을 두는 것들 전부를 나열하라.

복음전도를 하는 교회 성장의 저자는 하나님이심을 기억하라.

[표16.6]

총체적인 교회생활 평가표

사역 (MINISTRY)	칭찬 (EXALT)	준비 (EQUIP)	복음전도 (EVANGELIZE)

참고문헌

Rainer, Thorn. *The Book of Church Growth*. Nashville: Broadman & Holman, 1994.

Robinson, Darrell. *Total Church Life*. Nashville: Broadman & Holman, 1996.

Terry, John Mark. *Church Evangelism*. Nashville: Broadman & Holman, 1997.

Warren, Rick. *The Purpose Driven Church*. Grand Rapids: Zondervan, 1995.

제17장
예배 전도:
하나님의 영광을 복음과 연결하기

자유로운 회중교회 전통 출신인 한 여성이 예전적 예배를 드리는 교회를 방문했다. 그녀는 목회자가 메시지를 전할 때, "여호와를 찬양하라!"라고 말하며 계속해서 간간이 끼어들었다. 마침내, 한 교인이 몸을 돌려 그 방문객에게 말했다.

"실례지만, 우리 루터 교회에서는 여호와를 찬양하지 않습니다."

그 교인의 아래쪽에 앉아 있던 한 남자가, "맞아요. 그것은 19쪽에 있어요"라고 보충하며 말했다.[1]

현대 복음주의의 찬양예배 혁명은 명확하다. 25,000개 이상의 교회가 매주일 노래하는 현대 합창단을 돕기 위해 프로젝터를 사용한다. 내가 정기적으로 참석한 교회는 예배에 드라마를 포함시킨다. 수많은 다른 회중들이 믿음에 대한 옛날 찬송만 노래한다.

---

[1] Paul Anderson, "Balancing Form and Freedom," *Leadership*, Spring 1986, 24. 본 장의 일부는 Alvin Reid, "Substance, Style, and Spirit: A Theology of Worship and Church Growth," *The Journal of the American Society of Church Growth* 7 (Fall 1996)에서 발췌됨.

많은 교회들이 교인들의 욕구를 충족시키고 교회에 속하지 않은 비교인들의 입맛에 맞는 예배를 드리기 위해 '혼합'(blended) 스타일의 예배를 드린다. 연합예배의 급격한 변화는 몇몇 회중들보다 더 많은 데서 "예배 전쟁"[2]으로 이끌었다.

대일(R. W. Dale)은 "찬송과 교회 음악을 쓰게 해 주세요. 그리고 전 신학을 쓴 사람에게 거의 관심이 없습니다"[3]라고 말했다. 그는 예배가 교회에 미치는 강력한 영향력을 이해했다. 지역 교회의 연합예배는 그 복음전도의 성장에 영향을 미쳤다.

마틴 루터(Martin Luther)는 예배에서 음악의 힘을 이해했다. 그는 이렇게 말했다.

> 나는 신학과 대등한 것으로 음악 이외에 동등한 어떤 예술도 없다고 믿고 주장하는 것이 조금도 부끄럽지 않다.[4]

루터는 더구나 "경험상 하나님의 말씀 과 함께, 음악은 마음의 감정에 대한 여교사와 가정교사로 격찬받을 자격이 있음을 증명한다"[5]고 인식했다.

예배에 대한 대부분의 질문은 본질보다 오히려 스타일을 다룬다. 하지만 나중에 그것에 대해 더 많이 다룰 것이다.

성경을 살피면서 예배신학을 시작해 보자.

---

2   Elmer Towns, *Putting an End to Worship Wars* (Nashville: Broadman & Holman, 1997)은 이 문제를 자세히 고려한다.

3   R. W. Dale, *Nine Lectures on Preaching Delivered at Yale, New Haven, Connecticut* (London: Hodder and Stoughton, 1952), 271.

4   Preserved Smith, *The Life and Letters of Martin Luther* (New York: Barnes and Noble, 1968), 346.

5   Roland Bainton, *Here I Stand* (Nashville: Abingdon, 1947), 267.

1. 성경적인 예배

흔히 예배에 대한 히브리어, '샤카흐'(shachah)는 '몸을 엎드리는 것'을 의미한다. 히브리인들을 위한 예배는 여호와 앞에 겸손히 나오는 것을 의미했다. 히브리 예배는 여호와께 제물을 드리는 것을 강조했다. 신약성경에서 수많은 단어들이 예배를 나타낸다. '라트레우오'(latreuo)는 하나님 숭배를 강조하는 많은 것들 중에 하나이다. 친숙한 단어 '프로스쿠네오'(proskuneo)는 여호와께 충성에 초점을 맞춘 '~을 향해 키스하는 것'을 의미한다.

간단히 말해서, 예배는 하나님 중심이 되는 것이다. 교회에서 우리가 하는 많은 것은 더 위대한 목적에 도달하기 위한 수단이다. 예배는 그 자체로 중요한 것이다. 예배는 감정과 직접 관련 있다. 하지만 참된 예배는 더 심오하다.

고대 히브리 사람들의 참된 예배는 역사 속에서의 하나님의 활동, 특히 그의 백성들에게 자신을 나타내기 위한 하나님의 주도권에 근거했다. 아브라함은 하나님께 부름받았다(창 12장을 보라). 이에 반응하여, 아브라함은 경배의 제단을 쌓았다. 하나님은 노아에게 인류에 대한 다가올 심판을 보이셨다. 노아는 방주를 건축함으로써 순종으로 반응했다.

그리고 홍수 후에 제단을 쌓아 하나님을 예배했다. 궁극적으로 예배를 위한 정교한 과정은 장막과 성전을 통해 발전되었다. 하나님의 백성들은 그들의 의식에서 하나님과의 진정한 관계를 맺는데 매우 자주 실패하였다. 그래서 아모스 같은 선지자들은 백성들에게 진실한 예배를 권고했다. 시편은 예배를 위한 노래들을 제공했다. 반면 국가적 축제는 백성들에게 여호와를 구하라고 상기시켰다. 결국 회당 예배는 유대 예배의 중심이 되었다.

신약 예배는 회당을 따라 자체적으로 예배를 패턴화하였다. 하지만, 피퍼(Phifer)는 초대 교회 기독교인의 예배에서의 핵심적인 차이를 지적했다.[6] 신약

---

6 Kenneth G. Phifer, *A Protestant Case for Liturgical Renewal* (Philadelphia: Westminster, 1965), 23.

저술들, 특히 바울의 편지들과 복음서는 곧 예배의 중요한 부분이 되었다. 시편에 기독교 찬송가가 더해졌다. 그 중 일부는 아마도 바울의 서신에 포함되었다(빌 2:5-11). 바울은 "시와 찬송과 신령한 노래들"을 노래하도록 격려했다(엡 5:18-19). 세례/침례와 성찬이 기독교 예배의 특징에 추가되었다. 열정이 예배를 특징지었다. 부활의 강조는 축하하는 정신으로 이끌었다. 예수님의 부활을 기념하는 기독교 예배는 유대 안식일에서 주일로 이동했다.

랄프 마틴(Ralph Martin)은, 초대 교회 예배에 대한 일반적인 지식은 얻을 수 있지만, "교회가 예배의 어떤 정해진 순서가 있었다는 것을 분명하게 진술한 곳은 신약에 어떤 곳에서도 찾을 수 없고 사용되고 있었던 외적인 형식에 대해서도 아주 적은 정보만이 제공된다"[7]고 상기시킨다. 초기 2세기까지, 디다케(didache)는 예배의 구조에 대한 더 큰 관념을 제공했다.

이것은 예배의 **형태**(style)가 신약에서는 규정되지 않았지만, 예배의 **본질**(substance)은 특별히 부활하신 주님을 축하한다는 것을 의미한다. 마치 복음전도가 변함없는 메시지와 변하는 방법 사이에 적절한 긴장을 유지해야 하는 것처럼, 예배 역시 예배의 한 형태를 규정하기 위한 유혹을 피하면서, 성경적 초점에 주의를 기울여야 한다. 이 긴장은 역사적으로 입증되었다.

2. 시대를 통한 기독교 예배

중세의 의식주의는 참된 예배를 방해했다. 더욱더 불길한 전조는 거듭남을 강조하는 것에서 자신들이 예배하는 유일신에 대한 개인적인 지식 없이 예전을 준수하는 대중들로 이끌어간 신학적인 변화였다. 극적인 신학적 개혁만이 예배를 구제할 수 있었다.[8]

---

7 Ralph P. Martin, *Worship in the Early Church* (Grand Rapids: Eermans, 1974), 134.

8 역사적인 자료는 Alvin L. Reid, "Evangelistic Music," in *Evangelism and Church Growth*, ed.

종교개혁이 그같은 개혁을 가져왔다. 마틴 루터는 성경과 찬송가를 사람들에게 돌려주었다. 루터는 신학적으로 풍부하면서도 보통 사람의 언어로 쓰여진 더 친숙한 음을 가진 찬송가를 소개했다.

도날드 허스태드(Donald P. Hustad)는 "훌륭한 가사는 세속적인 곡을 성화시킨다"[9]고 말했다. 로마가톨릭의 제수잇에 속한 아담 콘제니어스(Jesuit Adam Conzenius)는 "루터의 찬송가는 그의 저서들보다 더 많은 영혼들을 망쳤다"[10]고 불평했다.

루터가 성경적 가사들과 매력적인 멜로디의 역동성을 붙잡았던 것처럼, 오직 현대 교회가 그렇게 할 수 있었다면!

칼빈은 자신의 예배에서 시편을 노래하는 것을 강조했다. 17세기 후반과 18세기 초반의 경건주의자들은 마음의 종교를 강조하는 것에 집중했기에 주관적인 찬송가를 쓰기 시작했다.

동시에 영국 목회자인 아이작 와츠(Isaac Watts)는 찬송가를 작곡하기 시작했다. '주 달려 죽은 십자가'(When I Survey the Wondrous Cross)와 '시온성 올라가세'(We're Marching to Zion)는 영국 교회 노래들의 새로운 기준을 세웠고, 이처럼 그는 '영국 찬송가의 아버지'로 불려졌다. 19세기가 바뀔 때 쯤, 130개 이상의 찬송가 모음집이 인쇄되었다.

프랭클린 세글러(Flanklin Segler)은 "종교적인 각성은 항상 예전적인 수정이 동반되었다"[11]고 썼다. 최근 몇 세기는 교회의 복음전도 사명에서 음악의 역할이 증가하는 것을 증거해왔다. 목적을 위해 사용된 음악의 뿌리를 복음전도의

Elmer L. Towns (Ventura, Calif.: Regal, 1995)에서 응용되었다.

9　Donald R. Hustad, *Jubilate! Church Music in the Evangelical Tradition* (Carol Stream, Ill.: Hope Publishing Co., 1981), 127.

10　Steve Miller, *The Contemporary Christian Music Debate: Worldly Compromise or Agent of Renewal?* (Wheaton: Tyndale, 1993), 115.

11　Franklin M. Segler, *Christian Worship: Its Theology and Practice* (Nashville: Broadman Press, 1967), 46.

각성과 존(John)과 찰스 웨슬리(Charles Wesley)의 사역에까지 추적할 수 있다. 찰스 웨슬리는 6,000개 이상의 찬송가를 작사했다. 이것들은 초기 감리교 신학에 대단히 중요했다. 그의 형제 존(John)은 본문을 삶에 적용하는 것을 강조했던 성경적인 말씀을 전했다.

웨슬리 형제의 노래의 영향은 과소평가하기 힘들다. 글을 모르는 많은 사람들에게 "부흥사의 열정과 규칙을 잘 따르는 시와 성경적 신학의 냉각 요소"[12]를 결합한 찬송가를 통해 교리를 가르쳤고, 그리스도인의 경험을 도왔다.

더구나 복음주의 각성운동(Evangelical Awakening) 초기에, 찬양의 광범위한 사용, 특히 도시와 시골길을 따라 젊은이들 무리 등의 찬양의 광범위한 사용이 깊이 있는 영향을 끼쳤다. 이것을 통해 수많은 형식적인 그리스도인들이 오래된 형식과 전통을 깨부수고 전체 회중을 위한 영적인 성장의 새로운 활로를 연 복음전도의 열정에 휘말렸다.[13]

제2차 대각성운동의 전도집회는 단순하며 감정적인 찬송, 복음전도를 호소하는 찬송이 특징이었다. 절과 후렴의 특징을 지닌 전도집회 찬양들은 복음찬송가로 발전되었다. 1835년 출판된 전도집회 찬양모음집인 『남부 하모니』(*The Southern Harmony*)는 25년 동안 60만부가 팔렸다.

찰스 피니(Charles Finney)는 도시의 중심에서 지역 교회와 긴밀하게 사역했다. 도시 사람들에게 닿기 위해 다른 유형의 부흥찬양이 필요했다. 교회 찬송가는 어떤 사람들의 취향을 맞추려고 수준을 너무 높게 정했지만, 일반적인 전도집회 찬양집의 수준은 너무 낮았다. 따라서 그는 도시 출신 음악가로 초창기 찬송가를 출판했던 토마스 해스팅스(Thomas Hastings)를 활용했다.

널리 알려진 첫 번째 진정한 음악 복음전도자는 복음전도자 무디(D. L.

---

12 Hugh McElrath, "Music in the History of the Church," *Review and Expositor* 69 (Spring 1972): 156.

13 Donald Paul Ellsworth, *Christian Music in Contemporary Witness* (Grand Rapids: Baker, 1979), 86.

Moody와 팀이었던 아이라 생키(Ira D. Sankey, 1837-99)였다. 생키는 회중 노래를 선창하며 독창을 불렀다. 생키는 음악 복음전도자에 대한 새로운 모델로 섬겼다. '양 아흔 아홉 마리'(The Ninety and Nine), '나사렛 예수가 지나가신다'(Jesus of Nazareth Passes By)와 기타 다른 노래들은 신자들과 비신자들에게도 비슷하게 커다란 영향을 끼쳤다.

로드 새프터스버그(Lord Shaftersbug)는 "무디와 생키가 우리에게 '요새를 지켜라'(Hold the Fort)만을 가르쳤다면, 그들의 방문은 가치가 있었을 텐데"[14]라고 말하며 과장하지 않았다. 그와 필립 블리스(Philip P. Bliss)는 1875년에 『복음찬송가와 성가』(Gospel Hymns and Sacred Songs)를 출판했다. 이 모음집에는 패니 크로스비(Fanny Crosby, 1823-1915)와 다른 사람들이 썼던 찬송가가 들어있었다. 1900년까지 5만에서 8만부가 팔렸다.

복음전도자들과 팀을 이루었던 다른 음악가들의 작품이 생키의 뒤를 이었다. 이 사람들은 윌버 채프만의 동역자인 찰스 알렉산더(Charles Alexander)와 토레이(R. A. Torrey), 빌리 선데이와 팀이었던 호머 로드히버(Homer Rodeheaver), 그리고 더 최근에는 빌리 그레이엄 팀과 함께 한 클리프 버로우즈(Cliff Barrows)를 포함했다.

20세기에, 라디오 음악, 스탬프스-백스터(Stamps-Baxter) 복음 4중주곡, 그리고 부흥운동가의 남부찬송가가 복음전도곡에 추가되었다. 복음전도 음악의 부상과 함께, 하나님을 예배하려고 의도된 음악과 주로 잃어버린 사람들에게 닿는 것을 겨냥한 음악 사이에 긴장이 고조되었다.

---

14 Mendell Taylor, *Exploring Evangelism* (Kansas City: Nazarene Publishing House, 1984), 326.

3. 연합 예배에서의 최근 변화들

1960년대 후반과 1970년대 초반 동안, 예수운동은 미국 교회의 연합예배에서 중대한 변화를 위한 기틀을 놓았다. 은사주의운동은 예배에서의 자유가 필요하다는 커져가는 인식에 더해졌다.

1960년대와 그 이후 일어났던 혁명까지 이끌었던 찰스 프롬(Charles E. Fromm)은 수십 년 동안 교회는 예배에서의 변화를 반대했다고 지적했다.

> 1960년대 중반까지 하나님이 모든 음악을 통해 말씀하신 적이 있다면 그것은 사람들에게 선조들의 소중한 찬송가와 시편에만 있었던 것이었다.으로, 음악적으로 현대적인 모든 것은 기껏해야 오염되어 있고 무익했던 것으로, 그리고 영적 노래는 의식의 신성함 안에 안전하게 가둬 두는 것이 가장 좋았던 것으로 일반적으로 인식되었다.[15]

음악적 형태의 변화는 예수운동을 통해 그리스도께 나온 젊은이들에 의해 영향받았다. 그 혁신은 예배에 새로운 신선함을 제시했다. 그리고(and) 결과적으로 다른 사람들에게 유용하게 다가갔다. 사실상, 새로운 음악의 주된 초점은 복음전도를 하는 것이었다. 도날드 허스타드(Donald Hustad)는 "오늘날의 모든 인기 가스펠송 현상 뒤의 동기는 복음전도라는 것을 분명히 해야 한다"라고 말했다.[16]

현대 기독교 음악의 대두와 1970년 이후 기독교 라디오방송국의 폭발적인 증가는 찬양예배의 극적 변화에 대한 기틀을 놓았다. 합쳐진 두 줄기는 오늘날 현대 기독교 음악으로 알려진 장르를 만들었다. 청소년 뮤지컬에서 포크음악

---

15 Reid, "Impact of the Jesus Movement," 99에서 인용됨..

16 Donald R. Hustad, "Music in the Outreach of the Church," (Southern Baptist Church Music Conference, 9–10 June 1969), 48.

이 나타났던 것처럼, 오늘날 현대 기독교 음악으로 쉽게 인식되도록 만들기 위해, 마침내 예수운동 커피하우스의 락사운드와 어우러졌다.

1960년대 후반과 1970년대 초반에 청소년 뮤지컬은 젊은이들을 복음메시지로 끌어당기기 위한 강력한 매체가 되었다. 그런 뮤지컬과 밥 딜란(Bob Dylan), 조안 배즈(Joan Baez), 피터, 폴, 그리고 메리 같은 유명인들은 1960년대와 점점 더 증가하는 포크송의 인기에서 나왔다.

"주여, 하소서"(Do Lord), "나의 등잔에 기름을 주소서"(Give Me Oil in My Lamp) 그리고 "내 마음 속에 기쁨, 기쁨, 기쁨, 기쁨 있네"(I've Got the Joy, Joy, Joy, Joy down in My Heart)는 교회 청소년들의 교제의 일부가 되었다.

처음 널리 사용된 청소년 뮤지컬은 "좋은 소식"(Goon News)이었다. 그 제목에서 뮤지컬이 복음전도를 강조한 것을 증명한다. 그 후 랄프 카마이클(Ralph Carmichael)과 커트 카이저(Kurt Kaiser)는 "있는 그대로 말하라"(Tell It Like It Is)를 썼다. 버릴 레드(Buryl Redd)와 지미(Jimmy)의 "삶을 축하하라"(Celebrate Life) 그리고 캐롤 오웬(Carol Owen)의 "모이라"(Come Together)도 여기에 포함된다. 이어 청소년 합창단 순회 여행이 북미를 포함시키면서, 금새 청소년 합창단은 많은 청소년 그룹의 중심이 되었다.

현대 기독교 음악은 커피하우스와 그 기간의 청소년 단체에서 시작되었고 1990년까지 매년 5억 달러 산업으로 급속도로 성장했다. 1993년에 가스펠송 송협회(Gospel Music Association) 회장이자 「현대 기독교 음악」(Contemporary Christian Music) 잡지 발간인 존 스틸(John Styll)은 그 장르의 출현을 다음과 같이 요약했다.

> 현대 기독교 음악은 1960년대 반문화운동으로부터 탄생되었다. 환멸을 느낀 히피들이 그리스도 안에서 답을 발견한 후 구원의 기쁨을 선언하고 다른 사람들과 그리스도를 함께 나누기 위해 자신들의 가장 자연스런 표현의 수단으로 음악을 사용했다. 그것은 오르간 음악도 아니었다. 그것은 그들

이 이해했던 음악이었다.[17]

수십 개의 '예수락그룹'(Jesus rock groups)들이 남부 캘리포니아에서 연주하기 시작했다. 예수운동의 '국민 시인'(poet laureate)이라 불린 래리 노만(Larry Norman)은 가장 유명한 리더들 중 한 사람이었다. 그리스도의 재림에 대한 그의 단순한 발라드, "우리 모두 준비되어 있었더라면 좋았을 텐데"(I Wish We'd All Been Ready)는 그 운동의 대표적인 노래였다.

어떤 사람들은 척 기라드(Chuck Girard)와 사랑노래(Love Song)를 '기독교 음악계의 비틀즈'라 불렀다. 낸시 하니트리(Nancy Honeytree), 돈 프랜시스코(Don Francisco), 사도행전 2장(the Second Chapter of Acts), 배리 맥귀어(Barry McGuire), 케이스 그린(Keith Green), 에디 디가모(Eddie DeGarmo), 다나 키(Dana Key), 페트라(Petra), 애미 그랜트(Amy Grant), 브라운 배니스터(Brown Bannister) 그리고 독우드(Dogwood)는 커피하우스와 1970년대 유사한 사역들에서 갑자기 등장했다. 예수음악 축제는 그들의 노래를 함께 나누기 위해 뮤지션들을 위한 또 하나의 장을 제공했다.

현대 기독교 음악은 대중 집회, 고등학교 집회 프로그램 그리고 축제들을 통한 복음전도에 효과적이었다. 리차드 호그(Richard Hogue)는 1970년대 초에 젊은 사람들이 귀 기울였던 목소리는 운동선수가 아니라 '음악가이자 지성인'[18]이었다고 말했다.

예수운동 음악은 그 운동이 맨 처음 시작된 주된 이유와의 긴밀한 관계 때문

---

17 John W. Styll, "Sound and Vision: 15 Years of Music and Ministry," *Contemporary Christian Music* (July 1993), 42. 1981년까지 현대 기독교 음악은 재즈나 클래식보다 앞선 다섯 번째로 우수한 앞서가는 음악의 범주였다. 1983년에, 모든 레코드 판매의 5%로 그중에 가장 많았던 것이 현대 기독교 음악인 가스펠송이었다. 또한, 1980년대 초까지 300개 이상의 기독교 음악 라디오방송국이 있었다. Carol Flake, *Redemptorama: Culture, Politics, and the New Evangelicalism* (Garden City: Anchor Press, 1984), 175-76을 보라.

18 Reid, "Impact of the Jesus Movement," 119.

에 지속되었다. 예수운동은 긍정적으로는 그리스도와의 관계를 강조하는 경험적이고 복음적이었다. 부정적으로는, 제도적인 교회에 대한 반대운동이었다. 음악은 '세대 차이'(generation gap) 때문에 권리 박탈감을 느끼던 세대에 영적 나침반을 제공했다.

모겐샐러(Morgenthaler)는 "1970년대와 80년대에, 많은 복음주의 교회가, 뒤늦었지만 중요했던 '문화적 각성'(cultural awakening)에 의해 야기된 전통적 예배 형태의 격변인 **예배 혁명**(worship revolution)을 경험했다"[19]고 말했다. 청소년들 사이에 새로운 음악 유형이 점차 많은 교회들에서 호응을 얻었다. 하지만 호응은 캐롤 플래이크(Carol Flake)가 다음과 같이 말했듯이 보편적이지 않았다.

CCM[현대 기독교 음악]의 성공으로 모든 복음주의자들이 환호받은 것은 아니었다. 그들이 고수했던 그 세대의 돌(rock)은 그 시대와 함께 구르지(roll) 못했다. 놀랄 것 없이, 전국 종교방송(National Religious Broadcasters)에서 랄프 카마이클(Ralph Carmichael)의 첫 공연은 좀처럼 아멘을 유발하지 못했다. 현대 기독교 음악의 성장과 성스러운 것과 세속적인 장르 사이의 문을 개방하는 것은 락큰롤(rock and roll)에서 마귀의 역할에 관한 오랫동안 심화된 논쟁을 불러 일으켰다.[20]

기타, 전자키보드 그리고 드럼 같은 대중음악과 관련된 악기들이 새로운 노래들과 함께 교회 속으로 쇄도했다. 그런 악기들은 청소년 모임에서 사용했기 때문에 어떤 교회들에서는 더욱 받아들여졌다. 한 목회자의 관찰에서 보여지듯이, 예배에서 전자기타에 대한 생각은 많은 사람들에게 가상 뇌졸중을 야기시켰다.

---

19 Sally Morgenthaler, *Worship Evangelism: Inviting Unbelievers into the Presence of God* (Grand Rapids: Zondervan, 1995), 282.

20 Flake, *Redemptorama*, 178.

나는 그들이 거기에 그런 모든 기타들을 가지고 있었던 첫 주일을 결코 잊지 못할 것이다. [어떤 교인들은] 분노만 터졌다.[21]

예배 리더이자 작곡자였던 밥 버로우즈(Bob Burroughs)는 기타, 확성기 등등은 "아이라 생키(Ira Sankey)가 무디와 함께한 이래로 기독교 음악을 가장 크게 히트시킨 것"[22]이었다고 말함으로써 예수운동을 과거 부흥주의와 연결시켰다. 현대 기독교 음악의 대두와 함께, 예수운동에서 발전했지만 특별히 은사운동에서 유발된 찬양과 경배 합창단의 출현이 더해졌다. 그 기간 동안 마라나타 뮤직(Maranatha! Music)과 스패로우음반사(Sparrow Records) 같은 발행사가 생겨났다.

합창단이 예배의 주류에 침투되었다. 믿음의 경험적인 측면을 강조했던 그런 노래들은 새롭고 필요한 해방감을 주었다. 하지만, 예수운동은 예배에 스며든 지나치게 단순하면서도 자기중심적인 신학의 특징도 있었다. 불행히도 이런 초점은 하나님께 예물을 드리기보다 하나님으로부터 축복을 받는 것으로 소비자 중심 문화 안에서의 변화를 추가했다.

요약하자면, 성경에서 예배는 하나님의 성품에 초점을 맞췄다. 역사를 통틀어, 음악과 예배스타일은 교회의 성장과 확장을 변화시켰다. 근세에, 음악적 변화는 종종 영적 각성과 갱신의 시대와 함께하였다. 지난 세기 동안, 예배를 강조한 음악과 복음전도 예배를 위해 기획된 음악 사이의 구별이 생겼다. 예배에 대한 진정한 이해를 논하지 않고, 동 시대의 필요를 충족시키는 것에 초점을 맞춘 예배라는 결과를 낳은 예수운동의 경험 중심의 합창단과 은사운동이 이것에 더해졌다.

---

21 Reid, "Impact of the Jesus Movement," 124. 또한 Elwyn C. Raymer, "From Serendipity to Shindig!" *Church Recreation*, July/August/September 1968, 22.

22 Bob Burroughs, "What Did You Say?" (Southern Baptist Church Music Conference, 4—5 June 1971), 43; Forrest H. Heeren, "Church Music and Changing Worship Patterns," *Review and Expositor* LXIX (Spring 1972): 190.

어떻게 우리가 성경적인 초점을 버리지 않고 현대 예배에서 가장 좋은 것을 유지할 수 있을까?

4. 성경과 역사로부터 짚어낸 예배의 의미

우리는 우리가 행한 모든 것 안에서 신학의 중요한 역할(vital role of theology), 특히 예배와 교회 성장을 긍정해야 한다. 신학은 중요하다. 하지만 우리는 그 역할을 자주 강조하지는 않는다. 교회 성장을 돕기 위한 현대적 방법들에 대한 우리의 초점은 복음주의 교회로 하여금 신학적인 근거로 비판하도록 개방해 왔다. 샐리 모겐샐러(Sally Morgenthaler)는 그 요점을 잘 말하고 있다.

> 1990년대 우리는 특정한 사람의 생활 양식, 습관, 결핍 그리고 필요들을 연마하는 연습에 상당히 잘 해왔다. 하지만 그 중심을 타격하려는 우리의 열심의 과정 속에서, 하나님만이 영적인 능력으로 교회를 성장시키신다는 것을 잊어왔다.[23]

더구나 모겐샐러는 교회에서 비교인들이 찾고 있는 핵심적인 것은 특정 예배스타일이 아니라 특별한 교리적인 믿음이라는 것을 발견했던 바나의 말을 인용한다. 그녀는 "교리를 스타일로 대체하는 것은 우리 문화가 보내고 있는 메시지를 전체적으로 잘못 해석한 것이다"[24]고 추가한다.

바나는 또한 말한다.

---

[23] Morgenthaler, *Worship Evangelism*, 36.
[24] Ibid., 29.

우리는 325,000개 개신교회들, 1,200개 기독교 라디오방송국, 300개 기독교 텔레비전방송국 그리고 300개 기독교 대학교를 가지고 있다. 지난 8년 동안, 기독교 공동체 안에서 우리는 국내 사역을 위해 2,500억 달러 넘게 소비하고 이 나라의 거듭난 성인 기독교인들 중 일부에서 0%의 증가를 보았다.

우리는 이것에 관심이 있는가?

우리는 이런 상황에 대해 어떤 책임을 느끼는가?[25]

대부분의 교회들은 너무 소극적이어서 예배 경험을 통해 하나님을 영화롭게 하는 것이나 새 신자들을 통해 열매를 거두는 것에 대해서는 별 관심이 없다는 것이다. 슬픈 사실은 우리 거듭난 그리스도인은 무시당한, 자아도취증에 빠진 하부 문화이고, 스스로 교회 밖의 극히 소수의 사람들과만 관계를 맺고 있다는 것이다.

만일 우리가 그런 인상착의와 일치하는 사람을 모른다면, 어떻게 잃어버린 사람들에게 증거할 수 있을까?

"어떤 교회들은 다른 교회들을 빼내가는 기술에서는 완벽하다."[26]

우리는 삶의 주된 목적이 하나님께 영광을 돌리는 것이라는 것을 스스로 상기해야 한다. 하나님께 대한 경배는 사역의 어떤 다른 목적을 초월해야 한다. 그것은 교회들이 성장하는 것을 보고 싶어하는 우리의 희망을 포함한다. 잃어버린 양을 목자에게 데리고 오는 것보다 하나님께 영광을 돌리는 더 좋은 방법은 없다(눅 15장).

모겐샐러는 예배송을 시험하기 위해 PASS공식을 제공한다.

---

25 George Barna, "How Can Today's Churches Minister More Faithfully?" *Growing Churches* (January–March 1992), 18.

26 Morgenthaler, *Worship Evangelism*, 27-28.

P - 개인적인(Personal), 즉 그들은 사람들의 매일의 삶과 어떻게든 연관되며, 그들의 감정을 포함한 전 존재와 관련 있다.

A - 매력적인(Attractive), 그것들은 사람들의 주의를 끈다.

S - 간단한(Straightforward), 즉 구도자 밥(Seeker Bob)과 성스러운 빌(Saintly Bill) 둘 다 빠르게 이해하며 그것과 하나될 수 있다.

S - 실질적인(Substantive), 즉 성경의 전체 충고에 충실한 성경적인 메시지를 준다."[27]

우리는 **찬양예배**(worship services)와 **복음전도예배**(evangelistic services)의 차이를 인식해야 한다. 현대 구도자 예배로부터 전통 대중 복음전도에 이르기까지 범위인 복음전도 예배는 찬양의 요소를 포함할 수 있다. 하지만 그 목적은 다르다. 많은 교회 지도자들이 복음전도를 기획한 구도자 예배와 구원받지 못한 사람들을 환영하는 구도자 중심의 찬양 예배를 구분하지 못한다. 복음전도 예배가 필요하지만, 찬양 예배에 소홀함이 없어야 한다. 오스 기니스(Os Guiness)는 그것을 잘 표현한다.

> MTV를 극복할 수 없는 비문학적 세대에게 만화로 복음을 전하는 것이 지극히 타당하다…. 하지만 5년 후에, 새로운 제자들이 그리스도께 진실로 나아간다면, 그들은 바울의 편지를 로마서까지 읽고 이해하고 있을 것이다.[28]

하나님을 경배하는 것에 헌신된 주중 예배들이 복음전도에 영향을 **미칠 수 있다**(can). 조지 헌터(George Hunter)와 다른 사람들은 우리의 문화는 점점 더 사도 시대처럼 되어가고 있다고 진술했다.

27　Ibid., 213. 또한 Marva Dawn, *Reaching out without Dumbing Down* (Grand Rapids: Eerdmans, 1995), 202을 보라.

28　Os Guinness, *Dining with the Devil* (Grand Rapids: Baker, 1993), 28-29.

우리 탈 근대, 즉 후기 기독교 시대는 그들의 삶으로 하나님께 영광을 돌리는 급진적으로 변화된 신자들에 의한 참된 예배를 요구한다. 그런 예배는 하나님께 영광을 돌릴 뿐만 아니라 비신자들의 관심을 이끈다(시 126편; 행 2:47; 16:25 이하; 롬 15:9-11; 고전 14:23-25).

예배인도자 토미 쿰즈(Tommy Coomes)는 예수운동의 모교회인 캘리포니아 코스타 메사의 갈보리채플(Calvary Chapel, Costa Mesa)의 진정한, 역동적 예배로 인해 그리스도를 믿게 되었다. 그것은 그를 그리스도께 이끈 예배였다. 나중에 그는 "참된 예배 속에는 이성으로 이해될 수 없는 계속적인 영적인 동력이 있다"[29]라고 말했다. 돈 맥민(Don McMinn)은 그것을 잘 이야기했다.

> 음악은 구원을 위한 하나님의 능력이 아니고, 쓰기나 말하기, 또는 수화도 아니다. 복음이 구원을 위한 하나님의 능력이기에, 그것이 어떻게(how) 제시되는지와 상관없이, 일단 제시되면, 인생은 변화될것이다.[30]

우리는 예배에서 자신의 경험을 축하하는 것이 아니라 부활하신 주님을 축하하는 그 **축하**(celebration)에 적절한 관심을 기울여야 한다. 허스타드(Hustard)는 "'새로운 즐거움'(new enjoyment)은 하나님을 예배하는 대신 경험을 숭배하는 우상숭배의 또 다른 형태인 예배쾌락주의로 이끌 수 있다"[31]고 경고했다.

고백과 깨어짐은 정직한 예배가 발생하기 위해 반드시 필요하다.[32] 예수 그리스도의 부활을 축하하는 것이 여전히 우리의 예배의 초점이 되어야 한다. 그분이 우리의 초점이 될 때, 기독교는 재미있는 것이 아닌 본질(essential)임을 상

29　Morgenthaler, *Worship Evangelism*, 92. 이 책은 예배와 교회 성장의 관계에 관심 있는 사람을 위한 필독서이다.

30　Don McMinn, "The Practice of Praise" (Word Music, 1992), 129.

31　Hustad, *Jubilate!* 164.

32　죄의 공개적인 고백을 특징으로 하는 성장하는 부흥운동은 오늘날 이것이 필요하다는 것을 증명한다. Avant, McDow, and Reid, *Revival!*을 보라.

기하게 된다.

우리는 용납할 수 없는 잘못된 이분법을 묵살해(dismiss false dichotomies)야 한다. 즉, '베이비붐 세대는 찬송가를 싫어한다'거나 '베이비붐 세대는 교회처럼 보이는 교회를 싫어한다' 같은 그런 일반론은 정확하지 않다. 그런 이분법은 시대를 초월한 것과 유행하는 것, 당대의 것과 일시적으로 유행한 것 간의 구분을 못하는 환원주의(reductionism)로 이어진다.

어떤 사람들은 하나님을 경배하는 일임을 거의 생각하지 않으면서 합창곡을 노래한다. 다른 사람들은 자기들의 마음에, 그것이 진정한 예배임을 증명하기 때문에, 더 역사적, 전통적 접근을 고수한다. 아마도 진실은 그들이 단지 변화를 싫어한다는 것이다!

스타일과 본질은 둘 다 중요하지만, 본질이 스타일의 문제를 이끌어야 한다. 우리는 사실상 '둘 다'(both-and)인 '양자택일'(either-or)을 절대로 하지 말아야 한다. 대중들에게 도달하면서도 우리의 위대한 하나님을 찬양할 그 모두를 아우르는 하나의 예배 방식은 없다.

최근에 복음전도하며 성장하는 교회들[33]을 가장 잘 조사한 책은 톰 레이너의 『효과적으로 전도하는 교회』(Effective Evangelistic Churches)이다. 그 책은 576개의 복음전도하며 성장하는 남침례 교회들을 조사하여 발견한 것들을 알린다. 예배스타일을 조사한 부분에서, 레이너는 다음의 범주들을 정의했다.

예전적인, 전통적인, 부흥사, 현대적인, 구도자 그리고 혼합된 예배스타일 (표17.1을 보라).[34]

복음전도를 하는 교회 중에서 가장 많은 수(44.4%)가 전통적이다. 두 번째 많은 수(31.2%)는 혼합된 형식을 따르는 반면, 현대적인/구도자(21.3%, 이들 중 제일 큰 교회는 현대적인) 예배는 세 번째 그룹이다.

---

33 불행히도 교회 성장에 대한 어떤 통계학적 분석도 복음전도나 회심 성장을 강조하지 않는다.

34 Rainer, *Effective Evangelistic Churches*, 101. 이것들은 권위적이지 않고 설명적이다.

이런 교회들에서 참다운 구도자 예배의 역할은 너무 작았다.
이 조사에서 나타난 중요한 결론이 무엇이었는가?

① 다양한 예배 방식이 효과적이다.
　이 조사에서 특정 방식보다도 예배의 질이 더 중요한 것으로 나타났다.
② 사람들에게 이르기 위해서 예배 분위기가 대단히 중요하다.
③ 예배를 인도하는 사람들의 태도가 방식보다 더 큰 요소로 작용한다.
　인도자들은 따뜻한, 신나는, 다정한, 활기찬, 희망찬 그리고 경배하는 등과 같은 단어들로 자신들의 예배를 묘사한다.[35]

우리는 **새로운 음악**(new music)과 **지속적인 노래**(lasting songs) 사이의 건강한 균형을 유지해야 한다. 밥 버로우즈(Bob Burroughs)는 많은 현대적인 작품들을 확인하고 작사할 때 찬송가 대신 합창곡 노래를 지나치게 강조하는 것은 해로울 수 있다고 생각한다.

> 어떤 교회들에서 찬양 합창음악이 찬송가를 대신해 왔다. 그리고 그 음악은 너무 피상적이어서... 신학과 교리를 가르치는데 도움이 되는 위대한 교회 찬송가는 사라졌다. 당신이 "강한 성"(Mighty Fortress)이나 "선한 목자 되신 우리 주"(Savior, Like a Shepherd Lead Us), 또는 그들 중 일부 대신 "알렐루야, 알렐루야"(Alleluia, alleluia)를 부를 때, 청년들과 청장년들은 진정으로 어떤 위대한 신학을 놓치는 결과를 낳는다.[36]

35　Ibid., 116.
36　Reid, "Impact of the Jesus Movement," 134-135. Burroughs는 하나의 장르로 현대 음악을 반대하지 않았다. 그는 반주 트랙과 컴퓨터에서 생성된 반주에 사용된 첫 번째 것을 포함하여, 몇 개의 현대 청소년 뮤지컬을 작곡했다.

예배 중심은 우리가 부르는 노래나 음악의 박자가 아니다. 방식이 중요할지라도 그 중심은 방식이 아니다. 그 핵심은 영이다. 그 핵심은 **생명**(life)이다. 지난 십년간 나는 20개 이상의 주에서 대부분 주로 남침례 교회였지만, 약 500개 교회에서 말씀을 전할 특권이 있었다. 나는 죽어가는 무기력한 교회에 대한 많은 이야기들을 나눌 수 있었다.

그런 교회들이 가장 좋아하는 노래는 "흔들리지 않으리"(I Shall Not Be Moved)나 "나의 생명 드리니"(Take My Life and Let It Be)이다. 그리고 그들은 "그렇게 되게 하소서"(let it be)에 '나를 괴롭게 하지 마소서!'(don't bother me!)라는 뜻을 담는다.

사후 경직성(rigor mortis)과 경외심을 혼동하는 교회들이 너무 많다. 하지만 나는 오히려 큰 교회, 작은 교회, 새로운 사명 그리고 1세기 이상 오래된, 시골과 도시의 생명이 전염되는, 하나님이 일하시는 몇몇 다른 교회들을 언급하고 싶다.

여기 몇몇 예들이 있다.

① 합창곡이 전혀 없는 찬송가, 남부 가스펠, 컨츄리 음악의 특징을 지닌 특별한 음악을 하는, 노동자 계층의 이웃들이 사는 텍사스 주 휴스턴의 한 교회.
② 구 찬송가를 새 찬송가와 합창곡을 혼합한, 드라마를 포함한, 그리고 프로젝트를 사용하는, 신분 상승 지역에 있는 방금 언급된 교회에서 30분 떨어진 한 혁신적이고 현대적인 대형 교회.
③ 젊은 목회자가 있는, 마치 어제 쓰여진 것처럼 전통적인 찬송가를 부르는, 그리스도의 사랑으로 채워진, 노스캐롤라이나의 한 시골 교회
④ 매우 자유로운 예배 순서가 있는, 친숙한 노래와 때때로 몇몇 곡은 교인들에 의해 쓰여 진 새로운 곡을 둘 다 사용하는 미 북동부의 한 중형 교회
⑤ 25년 전의 "그 이름에 대한 중요한 것만"(There's Just Something about That

Name)와 "놀라운 그 이름"(His Name Is Wonderful) 같은 노래들을 **현대적인**(contemporary)이라는 뜻을 담아 부르는 사우스캐롤라이나의 한 작은 마을의 교회. 하지만, 생명으로 가득차고 사람들에 닿는 교회.

[표 17.1]

예배스타일

① **예전적인**(Liturgical)

분위기: 형식적인, 엄숙한, 장엄한.

음악: 파이프 오르간, 전통적인 찬송가, 고전적인 성가.

목적: 교회가 초월적인 하나님의 영광에 공동으로 인식하도록 인도하기 위해. 연관성에 경외심을 선호.

성경 모델: 이사야 6장.

② **전통적인**(Traditional)

분위기: 순서대로, 장엄한, 묵상의.

음악: 오르간과 피아노, 전통적인 그리고 복음 찬송가, 전통적이고 현대적인 성가.

목적: 회중이 하나님의 선하심을 찬양하고 감사하도록 인도하고, 하나님의 말씀을 통해 그분이 말씀하시는 것을 듣기 위해. 종교적인 배경을 가진 사람들을 위해 맞춰진.

성경 모델: 골로새서 3:16-17.

③ **부흥사**(Revivalist)

분위기: 활기 넘치는, 축제적인, 비형식적인.

음악: 오르간, 피아노, 그리고 녹음된 복음 찬송가, 현대적인 노래, 성가.

목적: 잃어버린 사람들을 구원하고 신자들이 증거 하도록 격려하기 위해. 예배보다 복음전도에 더 많은 강조.
성경 모델: 사도행전 2-3장.

④ **현대적인**(Contemporary)
분위기: 보여주는, 축제적인, 현대적인, 비형식적인.
음악: 키보드, 피아노, 녹음된 음악, 찬양단과 현대적인 노래.
목적: 즐거운 찬양의 영으로 주님께 찬양의 제사를 드리기 위해. 어떤 비교인들이 초청되었을지라도, 신자들을 위한 현대적인 예배.
성경 모델: 시편 150편.

⑤ **구도자**(Seeker)
분위기: 축제적인, 현대적인, 비형식적인.
음악: 피아노, 녹음된, 신디사이저와 밴드, 성경적인 음악과 현대적인, 적은 전통적인 회중 찬송.
목적: 분명히 하나님을 말하지 않는 용어들과 현대적인 형태로 복음을 제시하기 위해. 활기찬, 복음전도 예배.
성경 모델: 사도행전 17:16-34.

⑥ **혼합된**(Blended)
전통적이고 현대적인 요소들의 결합.

더 많은 교회들이 언급될 수 있지만 요점은 분명하다. 어떤 하나의 예배 방식만이 오로지 성경적인 접근은 아니다. 성경, 특히 신약성경은 예배 형식에 대한 특별한 가르침을 주지는 않는다.

그렇다고 모든 것이 예배라는 의미는 아니다. "품위 있고 질서 있게"는 바울이 고린도 사람들에게 말했던 예배드리는 방식이다. 어떤 형식, 전통이나 예배식은 세대에서 세대로 지속된다. 근본적인 예배 신학과 성경적인 교회론이 있어야 한다.

내가 말하고자 하는 것은 그래니(Granny)가 그랬던 것처럼 어떤 사람들은 교회를 사랑하기 때문에, 전통적인 교회들에 대한 필요가 있다는 것이다. 하지만 그리스도께 영광을 돌리면서(and) 문화와 관련된 방식으로 예배드리는 교회들 또한 반드시 필요하다.

5. 열린예배와 복음전도

사람들은 찬양예배 중에 일어나는 일에 대해 열정적이다. 예배는 회중을 기쁘게 하기 위해서가 아니라 하나님을 기쁘시게 하기 위해서 기획된다는 것을 사람들에게 가르쳐 주어야 한다.

구원받은 사람을 위한 찬양예배와 복음전도예배 또는 주중 구도자예배 사이를 엄격하게 구분하려는 경향이 있다. 하지만, 하나님께 찬양 드리는데 초점을 맞추지만, 사람들을 그분의 임재로 이끄는 열린예배의 개념에 대한 성경적인 증거는 충분하다. 이것은 죄인들을 구원으로 이끄는 것을 포함한다.

오늘날 우리는 **예배개혁**(worship reformation), 즉 형식을 넘어 예배의 핵심 그 자체인 성경적인 본질까지 이어지는 예배형식의 문제(타당성)를 계속해서 고심하는 운동의 중심에 있다. 이것은 복음주의 교회가 지난 75년 동안 보여준 것보다도 더 생명에 도달하고 생명을 변화시키는 잠재력을 가진 예배운동이다.

예배와 복음전도 분야에 디시 토크(dc Talk, 디스 토크는 1987년 버지니아 린치버그의 리버티대학교에서 결성된 크리스챤 랩과 락의 3인조 그룹—역자 주)의 노래, "하나님은 새 일을 행하고 계신다"(God Is Doing a New Thing)라는 노래를 인용하여 설명할 수 있다. 사실상 새로운 것은 오래된 것이다. 여호와께서 모세에게 예배에 대한 분명한 가르침을 주셨다.

> 너희 중에 거류하는 타국인이나 너희 중에 대대로 있는 자나 누구든지 여호와께 향기로운 화제를 드릴 때에는 너희가 하는 대로 그도 그리할 것이라(민 15:14).

그렇게 타국인들도 기대되었다. 신명기 26:10-11도 손님들이 어떻게 예배드리는가를 언급한다. 시편 기자는 "호흡이 있는 자마다 여호와를 찬양할지어다 할렐루야"라고 선포했다. 비신자들의 존재도 신약성경에서 기록되었다(고전 14:22-25을 보라).

이스라엘은 제사장 나라와 열방의 빛이 되었다. 실제로 예배는 하나님과 그 백성들과의 조우이다. 잃어버린 사람들은 잠재적인 하나님의 자녀들이다. 성경은 의인은 하나도 없다고 말씀하지만, 그들의 찾음이 참되다면 하나님을 찾는 사람들은 그분을 발견할 것이라고도 말한다. 예배에서 우리는 참석할 수도 있는 구원받지 못한 사람들에게 불필요한 부담을 주지 않아야 한다.

모겐샐러(Morgenthaler)는 "어떻게 그렇게 '온전히 찬양받는'(fully worshiped) 예배에서 복음전도가 일어나는가?"라고 수사적으로 묻는다. 그것은 두 가지 방식으로 일어난다고 답변한다.

첫째, 비신자들이 (찬양송, 기도, 성찬식, 세례/침례, 성경[설교], 간증, 드라마 등을 통해) 하나님에 관한 진리를 들을 때.

둘째, 그들이 예배자들과 하나님 사이의 실제적인 관계를 목격할 때.[37]

---

37 Morgenthaler, *Worship Evangelism*, 88.

이러한 그녀의 대답은 고려할 가치가 있다. 이것은 구약성경의 시편 126편에서와 신약성경의 사도행전에서 보여질 수 있다.

프랭클린 그레이엄(Franklin Graham)과 그렉 로리(Greg Laurie)의 추수집회(Harvest Crusades)를 포함하여, 몇몇 복음전도자들은 그들의 복음전도집회에서도 예배 경험을 지향하고 있다. 아마도 열린예배에 대한 아주 작은 예는 바울과 실라가 빌립보감옥에서 예배드리고 그 예배가 간수로 하여금 그리스도를 알고 싶어 하도록 이끌었을 때일 것이다(행 16장을 보라).

게릿 구스탑슨(Gerrit Gustafson)은 예배전도를 열린예배 상황에서 일어나는 일종의 복음전도, 즉 "하나님의 온 맘을 다하는 예배에 온 세상을 부르는 온 맘을 다하는 예배자...[그리고] 하나님의 임재의 능력과 복음의 능력의 결합"[38]이라고 정의한다.

그럼 예배전도의 특징은 무엇인가?

모겐샐러는 통찰력 있게 말한다.[39]

① 친밀함(nearness)

예배전도는 하나님의 임재 의식을 특징으로 삼는다.

② 지식(knowledge)

예배는 그리스도 중심이다. 예배는 구도자나 우리 중심이 아니다. 그것은 부활하신 주님 중심이다. 어떤 구도자예배는 구도자들이 불쾌하게 여긴다고 생각해서 복음을 거절한다. 우리는 예배 때나 어느 때나 기분이 상하지 말아야 하지만, 복음이 어떤 사람들의 기분을 상하게 할지라도 놀라지 말아야 한다(고전 1장을 보라). 구원 메시지로 기분이 상한 사람들에 대한 두려움은 훨씬 더 깊은 문제, 즉 비신자들을 교회로 데리고 가지만 그

---

38 Gerrit Gustafson, "Worship Evangelism," *Psalmist* (February–March 1991), 50.

39 Ibid., 102–28.

리스도께는 데리고 오지 않으려고 뭐든지 기꺼이 할 수도 있다는 문제를 나타낼 수도 있다!

③ 연약함(vulnerability)

이것은 하나님께 마음을 여는 것이다. 잃어버린 사람들은 완전한 그리스도인들을 찾고 있는 것이 아니다. 또 그들은 진정한(real) 사람들, 거룩한 하나님 앞에서 자신들의 마음을 열고 자신들이 하나님이 아니라는 것과 그분께 예배드리려고 하는 것을 분명히 하는 사람들을 찾고 있다.

아마도 우리는 친절하게 구도자 되는 것은 덜 말하고 친절하게 우리가 죄인인 것은 강조해야 한다. 무엇보다도, 예수님이 죄인의 친구로 부름 받으셨다. 연약함의 요점은 예배는 정직함에 관한 것이어야 한다는 것이다. 우리는 완벽하지 않다. 세상으로 하여금 우리가 실수할 수 있다는 것을 알게 해야 한다. 하지만 배가 표류할 때 예수 그리스도 안에서 닻을 놓아야 한다.

④ 상호작용(interaction)

예배전도는 하나님과 다른 사람들과의 관계에 참여하는 것을 의미한다. 어떻게 교회와 예배가 관련되게 할 수 있는가?

관련성의 핵심은 사람들을 행복하게 하기 위해 복음이나 우리의 예배를 변질시키지 않는 것이다. 하나님은 우리가 행복해지는 것이 아니라 거룩해지는 것을 바라신다. 거룩할 때, 행복을 발견한다. 관련되기 위한 유일한 방법은 실재가 되는 것이다. 주된 문제는 **관련된**(relevant) 것이 아니라 **중대한**(significant) 것이다.

모겐샐러는 "일반적인 믿음과 달리, 천년기의 미국에 문화적으로 관련이 없으므로 모든 기독교 소통 자료를 던져버릴 수 있다"[40]라고 말을 더한다. 모겐샐러는 교회에 속하지 않은 비교인들의 47%가 전통적인 찬송가를 부르고 싶지

---

40 Morgenthaler, *Worship Evangelism*, 128.

않다고 나타난 것을 발견한 조사를 언급한다. 더 오래된 찬송가를 택하여 음악을 새롭게 하는 것이 현시대와 소통하곤 한다.

휴스턴에서 우리는 크고, 도시적이며, 현대적인 대형 교회인 텍사스의 슈가랜드에 있는 슈가크릭침례교회(Sugar Creek Baptist Church)의 등록교인이었다. 우리는 '예수로 나의 구주 삼고'(Blessed Assurance) 같은 전통적인 찬송가를, 하지만 더 현대적인 스타일로 부르곤 했다.

예를 들어, 우리 예배인도자가 어쿠스틱 기타를 연주하며, "주의 친절한 팔에 안기세"(Leaning on the Everlasting Arms)를 불렀다. 그것은 다만 찬송가에 조금 다른 소리를 더했다. 같은 가사와 내용이었지만, 그 회중의 예배 상황과 어울리는 것이 아주 조금 달랐다.

6. 적용

당신 교회의 연합예배에 대해 생각할 시간을 잠시 가져보라.
그것이 하나님을 찬양하는가?
그것은 부활하신 주님을 축하하는가?
잃어버린 사람이 참여해서 구원받을 수 있는가?
그들은 당신의 예배 가운데 나타나신 그 하나님을 알고 싶어 하는가?
모겐샐러는 이 주제에 관해 내가 읽어 본 단연코 최고인 그의 책에서 예배전도를 안내하기 위해 다섯 가지 키를 제공한다.

① 예배하라.
② 복음을 전하라.
    관련성을 위해 진실성을 결코 희생시키지 마라.
③ 빼기 전에 더하라.

④ 현재 당신의 공동체 문화와 의미 있는 종교적 과거에 기초한 관련성을 지켜라.

⑤ 당신 자신의 예배방법을 원하는 대로 만들라.[41]

나는 구도자 중심인 윌로우크릭 같은 교회들에 감사한다. 그런 교회들이 사람들에게 도달하기 때문이다. 그럼에도 불구하고, 나는 "나는 구도자 중심 교회들이 다른 무엇보다도 **예배하는**(worshiping) 교회가 된다면, 그들은 다음 세기에 들어갈 때 복음전도에 다시 힘을 내고 재형성하는데 있어서 아주 중요한 역할을 할 수 있다고 굳게 확신 한다"고 말한 모겐샐러에게 동의해야 한다. 그녀는 이렇게 말한다.

> 나는 구도자들과 예배는 섞이지 않는다 윌로우크릭의 주장에 강하게 반대한다. 예배가 무엇인지를 진정으로 이해한다면, 왜 예배가 하나님 나라를 세우고 다른 사람들을 그곳으로 이끌기 위한 하나님의 전략의 본질적인 부분인지에 감사할 것이다.[42]

우리의 하나님은 그분의 위대한 이름을 찬양하고 죄인들에게 그분을 아는 경이로움을 증명하는 예배받으시기에 합당하신 분이시다.

---

[41] Ibid., 284.

[42] Ibid., 45-46.

참고문헌

Dawn, Marva. *Reaching out without Dumbing Down: A Theology of Worship for the Turn of the Century Church.* Grand Rapids: Eerdmans, 1995.

Hustad, Donald R. *jubilate! Church Music in the Evangelical Tradition.* Carol Stream, Ill.: Hope Publishing Company, 1981.

Morgenthaler, Sally. *Worship Evangelism: Inviting Unbelievers into the Presence of God.* Grand Rapids: Zondervan Publishing House, 1995.

White, James Emory. *Opening the Front Door: Worship and Church Growth.* Nashville: Convention Press, 1992.

제18장
배움보다 더 붙잡힘:
복음전도 리더십

모든 것이 리더십과 함께 흥하고 망한다. 이것은 스포츠, 사업, 가족, 정부, 그리고 교회에서도 진실이다. 본서는 학생들, 사역자들, 그리고 평신도, 사실상 복음전도에 대해 더 많이 배우고자 하는 모든 신자들을 위해 쓰여졌다. 그러나 본 장은 특히 목회자들을 위한 것이다. 목회자가 복음전도의 열정으로 교회를 이끌지 않는다면, 교회의 헌신은 곧 약해질 것이다.

필립 브룩스(Philips Brooks)가 "말씀을 전하기 위해 하나님이 당신을 부르셨다면, 그 분야에서 왕이 되기를 멈추지 마라"라고 말했을 때, 그는 옳았다. 반면, 스펄전은 당신이 말씀을 전하는 것 외에 뭔가 할 수 있다면, 무슨 수를 써서라도 그것을 하라고 고쳐서 충고했다. 지역 교회 목회자로의 부르심은 참으로 고차원적 소명이다. 이 시대는 교회를 복음전도로 이끄는 목회자가 필요하다. 바울은 목회자 사무실을 뜻하는 교체 가능한 세 단어를 사용했다.

첫째, '포이맨'(poimen), 즉 '목회자'는 무리를 인도하는 것을 나타낸다. 따라서 목회자는 먹이고 보호하고 회중을 양육해야 한다.

둘째, '주교'나 '감독'으로 번역된 단어는 '에피스코포스'(episcopos)이다.

목회자는 교회의 지도자이다. 예수님은 교회의 최고 머리이시지만, 목회자는 인간의 지도자이다.

셋째, 목회자는 '장로,' 즉 그 무리의 성숙한 모범인 '프레스버테로스'(presbuteros)이다.

불행하게도, 어떤 사람들은 자신들의 셔츠에 대문자 'S'가 있어야 한다고 생각하면서, 목회자에게 비현실적인 기대를 한다.

완벽한 목회자에 대한 다음의 묘사에 주목하라.

> 그는 정확하게 20분을 설교하고 나서 앉는다. 그는 죄를 정죄하지만, 어떤 사람의 감정을 결코 상하게 하지는 않는다. 그는 오전 8시부터 오후 10시까지 설교에서 관리 봉사까지 모든 종류의 일을 다 한다.
>
> 그는 매주 60불을 받고, 좋은 옷을 입으며, 정기적으로 좋은 책을 사고, 멋진 가족이 있고, 좋은 차를 운전하고, 교회에 매주 30불씩 헌금한다. 그는 나타나는 모든 선한 일에 공헌할 준비도 되어 있다.
>
> 그는 26세이고 30년 동안 말씀을 전해오고 있다. 그는 키가 크고 작으며, 말랐고 건장하며, 잘생겼다. 그는 한쪽은 갈색, 한쪽은 파란색 눈을 가졌다. 머리카락은 가운데서 나뉘어져 있고, 왼쪽은 진하고 곧으며, 오른 쪽은 갈색에 곱슬머리이다.
>
> 그는 십대들과 일하고자 하는 불타는 욕망을 가지고 있고 더 나이든 사람들과 모든 시간을 보낸다. 그는 자신의 일에 계속해서 진지하게 전념하게 하는 유머 감각을 가지고 있기 때문에 무표정한 얼굴로 모든 시간을 보낸다.
>
> 그는 하루에 15번 교인들과 통화를 하고, 비교인들에게 복음 전하는 일에

모든 시간을 보내며, 결코 사무실을 나오지 않는다.[1]

내가 수년간 사역과 복음전도에 대한 것을 배웠다면, 그것은 **모든 것**(everything)이 리더십과 함께 흥하거나 망한다는 것이다. 성경에서, 하나님께서 어떤 일을 시작하셨을 때, 하나님께 겸손과 복종을 이해하지만 대담하고 용기도 있었던 한 사람, 기름부음받은 지도자로 누군가를 곁에 두셨다. 히브리서의 저자는 충고했다.

> 하나님의 말씀을 너희에게 일러 주고 너희를 인도하던 자들을 생각하며 그들의 행실의 결말을 주의하여 보고 그들의 믿음을 본받으라…. 너희를 인도하는 자들에게 순종하고 복종하라 그들은 너희 영혼을 위하여 경성하기를 자신들이 청산할 자인 것 같이 하느니라 그들로 하여금 즐거움으로 이것을 하게 하고 근심으로 하게 하지 말라 그렇지 않으면 너희에게 유익이 없느니라(히 13:7, 17).

사도 바울은 우리에게

> 그가 어떤 사람은 사도로, 어떤 사람은 선지자로, 어떤 사람은 복음 전하는 자로, 어떤 사람은 목사와 교사로 삼으셨으니 이는 성도를 온전하게 하여 봉사의 일을 하게 하며 그리스도의 몸을 세우려 하심이라. 우리가 다 하나님의 아들을 믿는 것과 아는 일에 하나가 되어 온전한 사람을 이루어 그리스도의 장성한 분량이 충만한 데까지 이르리니 이는 우리가 이제부터 어린 아이가 되지 아니하여 사람의 속임수와 간사한 유혹에 빠져 온갖 교훈의 풍조에 밀려 요동하지 않게 하려 함이라. 오직 사랑 안에서 참된 것을 하여

---

1 R. G. Puckett, "The Perfect Pastor," *Biblical Recorder*, February 1, 1997.

범사에 그에게까지 자랄지라. 그는 머리니 곧 그리스도라. 그에게서 온 몸이 각 마디를 통하여 도움을 받음으로 연결되고 결합되어 각 지체의 분량대로 역사하여 그 몸을 자라게 하며 사랑 안에서 스스로 세우느니라 (엡 4:11-16).

그의 마지막 편지에서, 바울은 디모데에게 리더십에 관한 유익한 조언을 했다. 디모데후서 2:1-15에서 우리는 복음전도로 이끄는 원리들을 얻을 수 있다. 1절의 권고의 말 다음으로, 바울은 디모데에게 리더십을 증대해서 사역을 늘리는 법의 개요를 설명했다.

그는 권고에 뒤이어 건전한 지도자에 대한 세 가지 비유를 들었다. 그리고 자신의 사례에 관한 간증과 하나님의 신실하심에 대한 인식으로 결론을 맺었다. 바울의 탁월한 말은 효과적인 리더십의 원리를 발전시키기 위한 완벽한 틀을 제공한다.

1. 하나님의 부르심으로 자신 있게 지도하라

바울은 디모데에게 "내 아들아 그러므로 너는 그리스도 예수 안에 있는 은혜 가운데서 강하고"(딤전 2:1)라고 권고했다. 디모데는 굉장한 일에 직면했지만, 주님 자신께서 안수하셨던 사람이었다. 디모데는 아마도 그분 앞에서 그 일에 몰두했다. 그는 그런 감정과 싸우는 최초이자 마지막 교회 지도자는 아니었다.

내가 존경했던 효과적인 목회자의 특징들 중 하나는 그들의 삶에 대한 하나님의 부르심 안에서 쉬는 능력이다. 애드리안 로저스(Adrian Rogers)는 그가 처음 사역에로 부르심 받았을 때에 대해 이야기한다. 그는 '하나님, 당신은 저 같은 사람을 부르실 수 없습니다. 저는 당신에게 아무 쓸모가 없을 것입니다. 왜 당신은 저 같은 사람을 부르십니까?'라고 생각하기 시작했다. 그는 정말로 그의 부르심에 고군분투했다.

어느 날 밤 그는 밖에 나가 풋볼구장에서 하나님과 함께 시간을 보냈다. 그리고 그는 "하나님께서 당신의 영과 능력으로 저를 채우지 않으신다면, 당신은 저를 결코 쓰실 수 없습니다. 저는 당신에게 아무 쓸모가 없을 것입니다." 그는 하나님 앞에 무릎을 꿇었다. 그는 충분히 낮출 수 없음을 느꼈다.

그래서 땅에 엎드려 하나님 앞에서 자신을 겸손히 낮추고, 자신을 사용하시고, 채워주시고, 능력을 주시라고 간청했다. 그는 여전히 충분히 낮아져 있다고 느끼지 않았다. 그래서 구멍을 파고, 자신이 할 수 있는 만큼 땅에 낮추면서, 그 안에 자기 코를 집어넣었다. 그분과 떨어져서는 우리가 아무것도 아니라는 것을 깨닫지 못한다면, 하나님은 우리를 결코 사용하실 수 없을 것이다.

지도자로서, 당신은 자신의 위치 때문에 학대를 당할 것임을 깨달아야 한다. 존 모건(John Morgan)은 그의 첫 번째 목회사역에서 자기 교회의 한 여인에게 매주 심하게 비난을 받았다. 한 번은 그녀가 그 젊은 목회자를 무자비하게 맹비난한 일이 있은 후에, 존과 그의 아내는 신학교 기숙사로 피신했다. 그날 저녁, 목회자였던 존의 아버지가 전화를 했다. 존은 그의 부서진 마음을 쏟아 부었다. 그 선배 목회자는 그의 아들에게 현명한 조언을 했다.

> 존, 우리가 전화를 끊을 때, 조용한 곳으로 가서 기도하거라.
> 그리고 주님께 말씀을 전할 기회를 주신 것에 감사하렴.
> 하나님께 네가 오늘 밤 집에 온 것에 감사해라.
> 그리고 하나님께 네가 그 여자와 결혼하지 않은 것에 감사해라!

하나님이 당신을 지도자가 되게 부르셨다면, 당신 자신이어야 한다.
다른 사람을 모방하지 마라.
하나님의 은혜 안에서 강하라.
휴스턴에 있는 동안, 나는 휴스턴제일침례교회 목회자인 존 비사그노(John

Bisagno)와 그 광역 도시 안에 제이침례교회 목회자인 에드 영(Ed Young)의 사역을 가까이에서 지켜보았다. 이 사람들은 미국에서 가장 강력한 교회들 중 두 교회를 이끌고 있다. 그리고 그들은 단지 2, 3마일 떨어져 있을 뿐이다. 하지만 그들의 리더십 유형은 상당히 다르다.

당신 자신이 되라!

존 맥아더(John McArthur)가 섬기는 교회는 절별 설교(verse-by-verse preaching)로 성장했다. 척 스윈돌(Chuck Swindoll)은 따뜻함과 유머로 그렇게 됐다. 에드 영은 경제적으로 나아지고 있는 휴스턴 사람들에게 도달하는 교회를 성장시켰다. 존 비사그노는 더 자유로운 스타일을 가진 사람들의 교회를 세웠다.

그리스도 안에서 당신이 **누구**(who)인지, 당신이 누구를 **닮았는지**(like) 그리고 누가 **되는지**(be) 알도록 하라.

2. 다른 리더들을 구비시킴으로 지도하라

대학생선교회(C.C.C.)의 빌 브라이트(Bill Bright)는 "위대한 사람들은 사람들을 이끌지만, 더 위대한 사람들은 리더들을 훈련시킨다." 바울은 "또 네가 많은 증인 앞에서 내게 들은 바를 충성된 사람들에게 부탁하라 그들이 또 다른 사람들을 가르칠 수 있으리라"(딤후 2:2)라고 말했을 때, 디모데에게 이런 충고를 했던 것 같다.

인디애나에서 섬길 때, 나는 교회 성장에서 극복해야 할 가장 커다란 장애물은 출석수 200명의 장벽이라는 현실을 직접 보았다. 이것에 대한 주된 이유는 이 규모로 교회가 성장할 때, 목회자는 성장을 더 가능케 하기 위해 리더를 훈련시키거나 더 많은 직원을 고용해야 한다는 것이다. 리더들을 훈련하는 것은 거의 주목받지 못해왔다. 바울은 디모데를 멘토링했고, 디모데는 다른 사람들을 멘토링했다.

멘토링은 오늘날 아주 보편적이 그것은 좋은 현상이다. 공식적이고 비공식적인 두 가지 종류의 멘토링이 있다. 공식적인 유형은 예수님과 그 제자들의 예를 따른다. 목회자나 지도자는 가르침과 책임을 위해 정기적으로 소그룹 모임을 가질 것이다.

내가 대학생 때, 한 장로교 평신도는 집중적인 제자훈련, 성경암송 그리고 복음증거하는 것을 통해 세 명을 양육했다. 이것은 나에게 귀중한 경험이었다. 나는 핵심 평신도들을 효과적으로 멘토링하는 목회자들과 사역에 헌신하는 젊은 사람들을 멘토링하는 다른 사람들을 알고 있다. 나는 어떤 학생들, 특히 박사과정 학생들과 멘토링관계로 특별하고 꾸준한 시간을 가졌다.

비공식적인 멘토링은 더 짧은 기간이나 일상적으로 멘토할 기회를 찾는다. 우리는 자연스럽게 일어나는 가르칠 수 있는 순간을 과소평가하지 말아야 한다. 당신과 함께 평신도나 학생들을 집회에 데리고 가는 것은 그들의 인생을 변화시킬 수 있다.

동료를 멘토링하는 일에도 커다란 가치가 있다. 신학교 시절의 경험에서 나에게 일어난 가장 큰 일은 박사과정 동안 네 명의 다른 사람들과 멘토링 교우관계가 발전되었을 때였다. 우리 다섯 명과 아내들은 매년 여름마다 함께 모이고, 그 해 동안 전화통화와 편지를 계속했다. 내 나이에도 불구하고, 이 사람들은 나의 영웅들이고, 내가 선한 일을 하도록 자극한다.

복음전도에서 멘토링은 중요하다. 인디애나에서 복음전도 책임자로 있을 때, 나는 교회를 개척하려고 했던 한 젊은이와 함께 일했다. 그는 전도할 준비가 되지 않았다고 생각했고 낙담되어 있었다. 나는 그와 함께 시간을 보내기 시작했고, 그를 격려할 수 있는 사람들과 접촉하게 해주었다. 그는 아틀란트의 복음전도집회에 참석했고, 그곳에서 조지아 주의 우드스톡제일침례교회(First Baptist Church of Woodstock)의 교인으로 영혼구원을 위해 활동하는 한 평신도의 집에 머물렀다.

그는 인디애나에서 특별한 복음전도 훈련도 받았다. 결과적으로, 그는 사람들을 그리스도께 인도하기 시작했다. 효과적으로 복음증거했던 1년 후에, 그의 선교 교회가 세례/침례자 비율에서 그 주를 이끌었다!

철학자 아리스토텔레스(Aristotle)는 그의 『니코마코스 윤리학』(Nichomachean Ethics)에서 세 가지 유대감의 종류를 기술했다. 즉 서로 함께 있는 기쁨을 기초로 한 기쁨의 유대감, 당신의 연관에서 기인한 유용성을 기초로 한 효용성의 유대감 그리고 상호 존경에서 나온 미덕의 유대감[2]을 기술했다. 아마도 멘토링은 이 요소들이 모두 존재할 때와 성경적인 가르침으로 세워질 때 가장 잘 이루어진다.

3. 겸손함으로 지도하라

바울은 또한 디모데에게 병사처럼 되라고 말했다(딤후 2:3-4). 병사는 다른 사람들, 즉 그의 지휘관과 나라 모두를 섬기는 중요성을 이해한다. 독재적인 상황에서 이끄는 것보다도, 섬기는 지도자가 성경적 모델이다. 예수님은 우리가 사역자나 종이 되라고 말씀하셨다.

그는 "인자가 온 것은 섬김을 받으려 함이 아니라 도리어 섬기려 하고 자기 목숨을 많은 사람의 대속물로 주려 함이니라"(막 10:45)라고 말씀하셨다. **섬기다**(serve)라는 단어는 '부러진 뼈를 치료하는 것'를 뜻한다. 그것은 '집을 제공하다'는 것도 의미한다.

소수의 사람들에서 대형 교회가 된 휴스턴의 세이지몬트교회(Sagemont Church)를 설립한 존 모건 목사의 현명한 지혜를 들으라.

---

2   Bennett, *Book of Virtues*, 332.

저는 모범을 보이므로 이끌고 있습니다. 위성 주차를 해야 할 때, 저는 가장 멀리 주차합니다. 먹을 때, 저는 절대 가장 먼저 가지 않습니다. 낮은 목소리를 내세요.

사람들은 저를 '존 형제'라고 부릅니다. 당신은 하나님께만 대답하고, 하나님은 당신에게 말씀하시는 목회자라고 사람들에게 말해야 한다면, 당신은 곤경에 빠져 있습니다.

섬기는 마음을 증명하기 위해 모건은 다음을 행했다.

우리는 수요일 밤 만찬을 갖고 있습니다. 제가 테이블을 차리기 시작했습니다. 그 때 어떤 직원은 저를 도와주었습니다. 저는 집사들에게 말하지 않았습니다. 1년 후, 집사들이 함께 했습니다. 어떤 교인들은 눈에서 눈물을 흘립니다. 그들은 제가 그렇게 하는 것을 원하지 않습니다.

종이 되는 것은 인간이 되는 것, 투명해지는 것을 뜻한다. **비전**(vision)과 **야망**(ambition) 사이에 차이가 있다. 야망의 목적은 자기충족, 자기인정, 그리고 자기만족으로 마음이 기운다. 비전은 우리 자신에 대해 꿈꾸는 것이 아니라 하나님으로부터 받은 것으로 여긴다.

나는 종종 학생들에게 하나님이 그들에게 주시는 비전을 확인하라고 요청한다. 빌리 그레이엄은 자신의 인생에 대한 하나님의 비전에서 절대 빗나가지 않았다. 우리도 또한 결코 빗나가지 않아야 한다. 휴스턴 근처의 슈가크릭침례교회 목회자인 팬튼 무어해드(Fenton Moorhead)는 이렇게 말했다.

우리는 우리의 실수를 인정해야 합니다.

당신이 공적으로 실수한다면, 공개적으로 사과하세요.

적은 것들이 중요합니다. 9살짜리 소녀가 저에게 설교를 즐거워했고 평가했다고 말하면서 글을 썼습니다. 저는 그녀를 불러서 이끌어 주었습니다. 그녀의 엄마는 제가 불렀던 것에 감동을 받았습니다.

리더십의 원리는 지도자가 힘을 잘 다룰 수 있어야 한다는 것이다. "힘은 부패시키고 절대적인 힘은 절대적으로 부패시킨다"라는 로드 액톤(Lord Acton)의 격언이 있다. 그의 경고에 유의하라. 존 비사그노는 이렇게 말했다.

> 지도자로서 갖고 있는 당신의 힘과 권력을 절대로 전부 사용하지 말아야 한다.
> 조작된 방식으로가 아니라 겸손의 영으로, 지도자로서 당신이 받을만한 것보다 더 많은 비난을 받고 당신이 줄만한 것보다 더 많은 칭찬을 하라.

당신이 하나님과 다른 사람들에 대해 이야기하는 중에 섬기는 태도를 증명하라.

릭 워렌은 "저는 설교하기를 좋아합니다"라고 말하는 목회자에 대해 극적인 것은 아무것도 없다고 말한다. 워렌은 훨씬 더 의미 있는 것은 "저는 저희 교인들을 사랑합니다"라고 말하는 목회자라고 주장한다.

하나님이 당신을 부르셨다는 당신의 존경심, 경외심, 경이감은 당신을 따르는 사람들에게 많은 말을 할 것이다. 존 비사그노는 "리더십은 그 사람들에 의해 주어지고 당신에 의해 얻어져야 한다"고 말한다.

4. 사람들을 하나님을 위한 위대함으로 이끌라

바울의 두 번째 비유는 면류관을 위해 경기하는 운동선수에 대한 것이다(딤후 2:5을 보라).

올림픽 금메달리스트들의 몰두하는 것, 즉 현세적인 면류관을 위해 인내하는 희생물을 주시해 보라.

왜 잠깐의 영광을 위해 수년의 훈련을 하는가?

그들은 상을 위한 비전, 열정을 가지고 있다.

나는 모든 개인은 영향을 끼치고 싶어한다고 믿는다. 하나님은 각각의 그리스도인에게 실현시켜야 할 비전을 주셨다. 지도자로서 당신의 역할은 하나님이 그들의 삶을 위해 주신 비전을 붙잡도록 다른 사람들을 돕는 것이다. 다른 사람의 목표를 성취하기 위해 부름받은 사람보다 덜 동기부여된 사람은 없다.

하지만, 비전있는 지도자는 그들 자신들 안에서 보지 못하는 다른 사람들 안에 있는 잠재력을 본다. 괴테(Goethe)는 이렇게 말했다.

> 그가 나타나 있는 대로 사람을 대하라.
> 그러면 당신은 그를 더 나쁘게 만든다.
> 하지만 그가 잠재적으로 될 수 있는 것이 이미 되었다는 듯이 사람을 대하라.
> 그러면 당신은 그를 될 것으로 만든다.

오직 당신의 영향력만으로 선교사가 되게 할 수도 있다는 것을 누가 아는가?

훌륭한 목회자는 어떤가?

그리스도의 대의명분에 수백만 달러를 기부하는 것이 그들의 성공을 의미하는 사업가는 어떤가?

많은 사람들은 그들이 미치는 영향력을 생각하지 못하기 때문에, 복음전도에 참여하지 않는다.

하나님의 사람들에게 비전과 희망을 주라.

5. 믿음으로 지도하라

바울의 충성스러운 농부의 비유를 주목해 보라(딤후 2:6을 보라).

추수할 것이라고 믿는 농부가 땅에서 일한다. 의심하는 농부는 처음 가뭄의 징조가 있을 때 추수를 포기할 것이다.

나는 "기쁨으로 배운 것을 우리는 절대로 잊지 않는다"는 아리스토텔레스(Aristotle)의 이 말을 좋아한다. 기대되고, 신이 나고, 격려하는 리더십은 가장 많이 복음전도하는 교회들에서 발견된다.

시간을 내서, 당신이 그리스도와 동행할 때, 당신에게 가장 많은 영향을 미치는 한 사람을 생각해 보라.

그것은 아마도 가장 큰 영향을 미쳤던 그 사람의 **격려**(encouragement)였다. 믿음은 전염성이 있다. 당신이 격려하는 사람이라면, 당신이 이끄는 사람들은 자신들에 대한 기대감에서 성장할 것이다. 하나님을 믿는 믿음으로 움직이는 긍정적인 지도자는 그분을 기쁘시게 하는 교회를 축복하시는 하나님의 바람 안에서 자신 있게 나아간다.

그런 리더는 일어나는 모든 유행의 인기 있는 쪽에 붙지 않는다. 기대되는 리더는 자신의 능력이 아니라 하나님을 믿는다. 그래서 그는 최신 열광하는 것에 의해 이리 저리 흔들리지 않는다.

우리는 복음에 자신감을 가질 수 있다. 우리는 신실한 교회를 영화롭게 하시는 하나님을 **기대**(expect)할 수 있다. 바울은 문자적으로 우리가 사역하는 사회의 친밀한 이해를 의미하는 때를 알아야 한다고 말했다(롬 13:11). 문화는 변화하기때문에, 잃어버린 사람에게 도달하기 위한 혁신적이고 상황적인 접근법을 요구한다.

하지만 문화에 대한 우리의 이해는 문화가 이끄는 접근이 아니라 그리스도 중심의 해결책을 가지고 사회의 필요를 다루도록 해야 한다(롬 13:12-13).

'엘모의 유행'(Elmo fads)은 잠깐 있다가 없어지게 하자.

하지만 사역에서 가장 중요한 복음은 지켜내자.

장난감은 잠깐 있다가 없어질 것이다. 하지만 영원은 영원하다.[3]

6. 꾸준히 그리고 성경적으로 지도하라

바울은 스스로 모범이 되었다(딤후 2:7-14을 보라). 14절에서, 바울은 디모데에게 그가 지도했던 사람들에게 그와 같은 중요한 진리들을 상기시키라고 명령함으로 이전 구절들을 요약했다. 지도자가 할 수 있는 가장 중대한 것들 중 하나는 무엇이 진짜인지, 진리가 무엇인지를 그가 이끈 사람들에게 정의하는 것이다.

대체로 외향적이고, 카리스마 있는 성격을 가진 A형 사람들은 더 쉽게 지도하지만, 리더십은 사람의 성격의 힘이 아니라 변함없는 성경의 원리들에 근거한다.

리더십은 현실을 규정하는 것이다. 현실에 대한 우리의 이해는 하나님 말씀에서 기인한다. 현실을 규정하는 것은 따르기를 거부하는 사람들에 맞서는 것이다. 그것은 회의적이거나 냉담하거나 무관심한 사람들에 맞서서 확고히 서 있는 것을 의미한다.

심기증 환자의 묘비 비문에, "내가 아프다고 너에게 말했다"라고 적혀있었다. 당신은 기꺼이 죽을 언덕을 끊임없이 선택해야 할 것이다. 어떤 지도자들은 교회에서 부차적인 결정들에 참여함으로 지도하는 자신들의 권위를 상실한다.

사역할 때 무엇을 위해 일 할 것인가?

교회가 복음전도에 반대하는 행동을 완화시킨다면, 당신은 동의할 것인가 아니면 복음을 옹호할 것인가?

많은 목회자들이 좋지 않은 이유들로 그들의 사역을 잃고 있을 때, 일을 잃

---

3 위는 Alvin L. Reid, "The Elmo Enigma," *SBC Life*, February, 1997, 6-7에서 인용되었다.

는 것보다 더 나쁜 것들이 있다. 그것은 당신의 확신을 잃는 것이다. 우리는 사랑의 마음에서 그리고 결과에 대한 두려움 없이 그리스도의 신비한 보화를 담대하게 이야기할 지도자가 필요하다.

7. 인격의 강점으로 지도하라

리더십은 영향력이다. 당신은 진실성, 확신, 그리고 인격이 있어야 한다.

이것이 없으면, 당신이 지도하는 사람들은 당신의 삶에 '바니 파이프'(Barney Fife, 경험 없는 시골 경찰-역자 주) 증후군이라는 응급상황을 알아차릴 것이다.

바니를 기억하는가?

그는 총을 가지고 있지만, 총알은 없었다. 총알 없이 배지만 가지고 있는 것은 존경받지 못하면서 지도자 위치에 있는 것과 같다. 당신이 사람들에게 리더라고 말해야 한다면, 당신은 리더가 아니다!

현재 사역이 단지 당신의 미래 야망을 위한 디딤돌이라면, 사람들이 그것을 알아낼 것이다. 더 중요한 건, 하나님께서 이미 그것을 알아내셨다. 하지만 당신이 사역하는 사람들에게 하나님에 대한 진정한 사랑과 사람들에 대한 사랑을 증명한다면, 두 세 사람 이상이 당신을 따를 것이다.

모든 사람(everyone)을 사랑해라.

그러나 **움직이는 사람들**(movers)과 함께 움직여라.

시간이 흐르면, 그들은 따를 것이다. 잃어버린 사람들에 대한 당신의 부담은 그들의 부담이 될 것이다.

나는 이것을 인디애나에서 배웠다. 내가 거기 처음에는 동료로, 그 다음에는 복음전도 책임자로 갔을 때, 감당하기 어렵다는 것을 알았다. 그래서 텍사스침례교회총회(Baptist General Convention of Texas)의 복음전도 책임자인 칼로스 맥레오드(Carlos McLeod)와 나의 신학교 교수인 말콤 맥도우(Malcolm McDow)

두 사람에게 조언을 구했다.

두 사람은 나에게 대단한 조언을 해 주었다. 그들은 나에게 내 프로그램이나 계획을 홍보할 때, 인디애나에 있는 교회들에 가지 말아야 한다고 말했다.

그들은 내게 하나님의 말씀을 전해서 사람들이 그리스도와 복음에 대한 나의 열정을 느끼게 하라고 충고했다. 내 프로그램을 사용하라고 그들을 설득하는 것보다도 하나님을 향한 나의 사랑과 교회를 도우려는 바람을 그들이 느꼈을 때, 그들은 나의 리더십을 따를 것이었다.

이 지도자들은 정확하게 옳았다. 나는 인디애나에 대해서도 모르지만, 교단의 리더십에 대해서도 잘 몰랐다. 하지만 주님은 나에게 잃어버린 사람들과 인디애나에 있는 교회들에 대한 커다란 부담을 주셨다. 그리고 그분은 내가 구하거나 꿈 꿔올 수 있었던 것 이상으로 거기서 내 사역을 영화롭게 하셨다.

목회자들은 종종 교회를 죽이는 "우리는 전에 절대로 그것을 그렇게 하지 않았어요"라는 일곱 단어에 대해 불평한다. 사람들을 변화시키기는 쉽지 않다. 하지만 사람들이 변화하도록 열리게 이끌 수 있다면, 우리가 변화하기 위해 열려있다는 것을 증명해야 한다.

변화는 적이 아니라 정상이라는 사실의 모델이 되라.

당신이 현대적인 예배를 좋아하지만 전통 교회 안에 있다면, 먼저 사람들처럼 변화되어 그들이 있는 곳에서 그들을 만나야 한다.

당신은 다른 사람을 변화시키는 것에 대한 것만큼 스스로를 변화시키는 것에 대해 흥이 나는가?

교회가 성장함에 따라, 리더십스타일이 변한다. 백 명의 교회를 이끄는 것은 삼백 명, 오백 명 또는 천 명의 회중을 이끄는 것과 다르다. 많은 목회자들이 출석교인 이백 명 이상의 교회를 지도한 적이 결코 없다.

다가갈 더 많은 사람들이 없기 때문이 아니라 목회자가 자신의 리더십스타일을 바꿔야 하기 때문이다. 그는 평신도에게 결국에는 다른 직원에게 책임(권력을 나타낸다)을 양도해야 한다. 그는 청지기가 되는 것에서 목장주로 섬기는 것으로 옮겨야 한다.

8. 적용

사람들이 그리스도를 영접하는 것이 날마다 진정으로 온 마음을 사로잡는 소망이 아니라면, 어떤 그리스도인 지도자도 우리 주님이 그에게 되기를 원하는 하나님의 사람이 아니다.[4]

웨슬리 듀엘(Wesley Duel)의 이 말은 사역에서 리더십과 복음전도가 연결된 중요성을 증명한다.

리더로서, 스스로에게 이렇게 물으라

"내 리더십 때문에 내가 이끌고 있는 사람들이 복음전도에 더 신이 나는가? 그들은 자신들의 믿음을 나눌 때 더 효과적인가?"

아무도 따르는 사람이 없을 때, 이끌고 있다고 생각하는 사람은 단지 산책만 하고 있을 뿐이다.

주님께, "제 리더십 때문에, 더 위대하게 지상명령이 성취되도록 사람들이 따르기 원하는 지도자가 되게 하소서"라고 말하는 시간을 잠시 가져라.

참고문헌

Barna, George. *The Power of Vision*. Ventura, Calif.: Regal, 1992.

Ford, Leighton. *Transforming Leadership*. Downers Grove, Ill.: InterVarsity, 1991.

---

4   Duewel, *Ablaze for God*, 105.

그곳은 당신이 있는 곳이 아니다. 그것은 당신이 향하고 있는 곳이다. 나는 본서의 처음에서 이 말을 했다. 그리고 내 학생들에게 지겹도록 그것을 반복한다. 매일 당신과 나는 우리가 따라야 할 시대에 있을 곳에 영향을 미칠 씨를 심는다.

영원에 영향을 미칠 오늘, 내 삶에서 나는 무엇을 계획하고 있는가?

나는 본서가 당신으로 하여금 복음전도에 탁월함을 향해 나아가도록 격려하기를 기도한다. 윌리암 캐리(William Carey)는 하나님을 위해 위대한 것들을 시도하고 하나님으로부터 위대한 것들을 기대해야 한다고 말했다.

이것은 오늘날 여전히 사실이다!

테디 루즈벨트(Teddy Roosevelt) 대통령은 변화를 가져오기 위해서 안락 지대로부터 나오라는 도전을 한마디로 말했다.

> 그들이 승리할지 패배할지도 모르는 잿빛 황혼에서 살기 때문에, 아주 즐거워하지도 아주 괴로워하지도 못하는 그런 연약한 정신과 어깨를 나란히 하는 것보다 실패로 파란만장할지라도 대단한 것들에 도전하고 영광스러

운 승리를 얻는 것이 훨씬 낫다.[1]

내 학생들에게 말하는 것들 중 하나는 설교는 고통당하는 사람들을 위로하고 편안한 사람들을 괴롭히지 않으면 안 된다는 것이다!

나는 본서가 당신이 복음전도에 대해 갖고 있는 어떤 두려움의 일부를 치유하는 반면, 당신이 이 일에 가지고 있는 어떤 과실에 잘못을 자각하게 하는, 이것들을 조금씩 이루기를 희망한다.

결혼한지 15년 후에, 어떤 것들은 대체가 필요하기 시작한다(당신의 배우자를 의미한 것은 아니다!). 우리 냉장고는 아주 잦은 이사로 닳아서 올해 수명을 다했다. 대략 같은 때에, 내 결혼 반지가 부러졌다.

반지 회사에 그 책임을 묻고 싶지만, 대학생 때 이후로 살찐 20파운드 이상이 범인이라고 생각한다!

나는 결혼생활 내내 단 두 번 그 반지를 뺐고, 수리를 위해 보석상에 맡겼을 때, 그것을 그리워했다. 나는 결혼해서 행복하고, 사람들이 그걸 알기를 바란다.

반지가 돌아오게 되어 대단히 좋았다. 나는 그것이 수리되고 있을 때 결혼하지 않은 것이 아니었던 것처럼, 그것을 다시 끼었을 때 결혼한 것도 아니었다. 복음전도도 이와 같다. 마치 반지 없이 결혼할 수 있는 것처럼, 당신은 그리스도인이면서 꾸준히 믿음을 나눌 수 없다.

하지만 복음전도는 특히 다른 사람들이 우리를 그리스도의 자랑스러운, 감사하게 여기는, 꽉 잡힌 그리스도의 소유로 인정하는 것 그 자체이다. 당신은 그분에 대해 다른 사람들에게 공개적으로 말하지 않고 예수님과 당신의 관계가 바르다고 결코 생각하지 않을 것이다.

나는 본서가 당신이 수리된 것들을 얻기 위한 '보석상까지의 영적 여행'이 되었기를 기도한다.

---

1 Bennett, *Book of Virtues*, 474–75.

당신의 변화된 삶의 보석으로 아들(the Son)의 빛을 빛나게 하라!
강연 후에, 낙태반대 운동가인 페니 리아(Penny Lea)에게 한 노인이 다가왔다. 그는 울면서 그녀에게 다음의 이야기를 들려주었다.

나치 유대인 대학살 때, 나는 독일에 살았어요.

나는 스스로 그리스도인이라고 생각했지요. 어린 소년이었을 때부터 교회에 출석했어요. 유대인들에게 일어나고 있었던 이야기들을 들었어요. 하지만 오늘날 이 나라 대부분의 사람들처럼, 우리는 실제로 일어나고 있었던 현실에 스스로 관여하지 않으려고 노력했어요.

누가 그걸 막으려고 뭘 할 수 있었을까요?

우리 작은 교회 뒤로 철길이 나 있었어요. 매 주일 아침 우리는 멀리서 기적 소리와 철로로 움직이는 바퀴의 덜커덕 거리는 소리를 들었지요. 어느 주일 우리는 기차가 지날 때, 기차에서 나온 울부짖는 소리를 들었을 때, 몹시 불안해졌어요. 우리는 그 기차가 유대인들을 옮기고 있다는 것을 무섭게 알게 되었지요. 그들은 차 속의 소 같았어요.

기차 기적 소리가 울리고 여러 주 동안, 유대인들이 우리 교회를 지날 때 우리에게 외치기 시작한 것을 알았기 때문에 그 낡은 바퀴소리를 들으면 무서워했어요.

그것은 너무 끔찍하게 불안감을 주고 있었지요.

우리는 이 불쌍하고 비참한 사람들을 돕기 위해 아무것도 할 수 없었어요. 하지만 그들의 비명소리는 우리를 괴롭혔지요. 우리는 몇 시에 기적이 울리는지 정확하게 알았고, 그 울부짖음 소리 때문에 너무 불안해지는 것을 막는 유일한 방법은 찬송가를 부르기 시작하는 것이라고 결정했어요.

기차가 교회 마당을 덜커덕 거리며 지나갔을 때까지 우리는 가장 큰 목소리로 노래 부르고 있었어요. 일부 비명소리가 귀에 다다르면, 우리는 더 이상 그것들을 들을 수 없을 때까지 좀 더 큰 소리로 노래를 불렀지요.

여러 해가 지났고 누구도 더 이상 그것에 대해 이야기 하지 않는데도, 잠잘 때 나는 아직도 그 기차 기적소리가 들려요.

여전히 그들이 도와달라고 울부짖는 소리가 들려요.

하나님은 스스로를 그리스도인이라고 불렀던 우리 모두를 용서해 주시고 아무것도 간섭하지 않으셨지요.

아주 여러 해 후인 지금, 나는 미국에서 모든 것이 다시 일어나고 있다는 것을 알아요.

물론 하나님은 수많은 당신들의 자녀들의 비명소리를 못들은 채 해온 미국인들인 당신들을 용서하십니다.

하지만 대학살이 지금 여기서 일어나고 있어요.

그리고 그것에 대한 반응은 내 나라에서 있었던 것과 같아요.

침묵이지요!²

리아가 이 비극적인 이야기를 미국에서 낙태 대학살에 적용했다. 하지만, 그것은 지옥에서 잃어버린 영혼들을 구하기 위해 교회의 태만에 말하는 것이다.

우리 세대가 너무 바빠서 비참한 사람들의 외침을 놓치는 활동에 시간을 보내지 말기를 바란다.

예수님에 대해 누군가에게 말하지 않겠는가?

---

2 Penny Lea의 책자 "Sing a Little Louder"에서.

1. 새로운 기술 사용하기

오늘 아침, 내가 이 부분을 쓰기 시작했을 때, 아홉 살 난 아들이 데스크 탑 컴퓨터의 CD-ROM으로 게임을 하는 동안, 나는 흔들의자에 앉아 노트북컴퓨터에 타이핑하고 있었다. 네 살 난 내 불쌍한 딸은 오래된 VCR에 붙어있었다.

그녀도 최소한 자신의 CD-ROM 게임을 갖고 있었다!

최근 내 형이 우리를 방문했다. 화학박사인 오스틴(Austin)은 네 살 난 조카가 앱티바(Aptiva)컴퓨터를 돌아가게 하고, 디스크에 밀어넣고, 교육용 게임을 신나게 하는 것을 지켜보고는 놀랐다.

기술은 우리를 눈부시게 하거나 속일 수 있다.

이것은 특히 인터넷에서 그렇다.

사람이 월드와이드웹(World Wide Web)에 접속할 때, 좋고 나쁜 정보 모두는 오직 손가락 끝에 있다. 마찬가지로, 온라인채팅방은 어느 정도 익명으로 남아 있으면서, 사람들이 다른 사람들과 만나는 기회를 제공한다. 하지만, 어떤 경우에는 그 연락으로 인해 가정이 깨지고 죽음에 까지 이르게 했다.

이런 새로운 기술들로 접근해서 어떻게 지상명령을 수행할 수 있을까?

2. 채팅방에서 그리스도를 나누기

미국 온라인에는 전 세계 수많은 사람들이 서로 이야기하는 많은 채팅방이 있다. 당신이 컴퓨터와 모뎀은 가지고 있다면, 항공에 대하여 이스라엘 사람과 또는 교육에 대해서 영국 사람과 채팅할 수 있다.

채팅방의 주제는 풍부하다.

어떤 사람은 완전히 불신앙적이다. 예를 들어, 동성애의 존재는 그들의 견해를 크게 다루는 채팅방의 숫자에서 뚜렷하게 나타난다. 이교도, 주술 숭배, 몰몬교 그리고 뉴에이지 관심사에 대한 방들이 있다.

이런 불신앙적인 것은 온라인에서 신자들을 구별되게 한다. 감사하게도, '회심자들의 온라인'(Bornagainers Online)에서부터 '그리스도인 모임'(Christian Fellowship)까지 다수의 그리스도인 채팅방이 있다. 유쾌한 사람들과 함께 하는 '자녀가 있는 기혼자' 같은 방들도 있다. 채팅방에서 그리스도를 함께 나누는 것에 대한 몇 가지 제안이 있다.

첫째, 어떤 채팅방은 피해야 한다.

어떤 방의 성적인 내용과 걷잡을 수 없는 불신앙은 압박감을 줄 수 있다.

(뉴올리언즈의 토플리스바[상반신을 노출한 여자들이 서빙 하는 술집-역자 주]에서 담대하게 증거하는 내가 아는 어떤 사람처럼) 당신이 급진적인 증인이어서 더 어두운 방으로 가기로 결심한다면, 온라인과 그 방에서 또 다른 그리스도인이 당신과 함께 있지 않다면 들어가지 말라.

말은 힘이 있어서, 당신을 넘어지게 할 수 있다.

둘째, 당신이 채팅방에 들어갈 때, 평범한 대화로 시작하라.

나는 '가족과 직업' 방에 들어가면, 몇 번이나 증거했는지 횟수를 늘리러 가지 않는다. 나는 내 가족과 취미에 대해 이야기한다.

아니나 다를까, 어떤 사람이 직업을 물으면, 나는 사역을 위해 준비하는 학생들을 가르치고 있다는 것을 말한다. 나는 이야기할 여지가 있는 사람들의 반응에 따라 말할 수 있다.

사실 그들은 대개 내가 다정하기(friendly) 때문에 나에게 다가오고, 많은 사람들은 찾고 있다(searching). 예수님은 죄인의 친구이셨다(죄의 친구가 아니었다(not)는 것에 주의하라). 나도 그렇게 되기를 원한다. "자녀가 몇 명 있으세요?"같은 단순한 질문을 할만큼 충분히 관심있는 그리스도인이라는 사실은 그리스도를 함께 나눌 문을 열어준다.

이런 기술이 그렇게 멋진 것은 내가 기독교 배경이 전혀 없는(no) 사람들, 즉 너무 세속적이어서 누군가가 그들에게 이야기하거나 예배를 위해서 절대로 자기들 집에 있게 하지 않는 사람들을 그리스도께 나오게 했다. 여러해 전에 교회에서 떨어져 나간 사람들도 만났다.

간증의 힘이 매우 중요하다. 나는 사람들과 내 간증을 정기적으로 나눈다. 인터넷 전도가 도움이 되는 또 다른 특징이 있다.

당신이 부끄러움을 많이 탄다면, 당신이 이야기하는 사람들은 당신을 알 수가 없다!

말하지 않으면, 그들은 당신의 이름도 알지 못한다. 이런 익명성은 당신에게 용기를 줄 수 있다. 당신은 이메일로 사람들에게 간증을 보내서, 답신을 요구할 수도 있다.

내 많은 학생들은 아주 효과적으로 온라인에서 복음증거를 한다. 지금은 구원받은, 전에 이슬람교도였던 티모시 아브라함(Timothy Abraham)이 아주 좋은 예이다. 나는 티모시에게 온라인전도에 대해 익혀왔던 요점을 나누기를 요청했다.

① 기계나 상상의 세계 속 누군가가 아니라 실재하는 사람과 이야기하고 있다는 것을 기억하라.

② 우리가 온라인을 하는 모든 것의 중심에 그리스도가 있어야 한다.

③ 온라인채팅이 재미있을 수 있고, 온라인에서 그리스도의 사랑을 나누는 것보다 더 즐거운 것은 없다.

티모시가 증거할 때, 그는 보통 이야기하는 것보다 듣는 것에 더 많은 시간을 보낸다. 온라인 세계는 외롭고 상처받은 사람들로 가득 차 있다. 온라인에서 채팅한 후, 그는 종종 사람들에게 통화할 것을 요구하므로, 전화를 통해 그들을 위해 기도할 것이다. 이것은 그리스도를 나누기 위한 문을 더 열게 한다.

그는 특히 이슬람교 출신 사람들과 대화를 나누는 경우, "결과적으로 하나님께 영광이 되지 못할, 잠깐 장난삼아 하는 연애가 될 가능성을 없애려고 자매로서 여자들에게 말한다는 것을 확실하게 합니다"라고 조언한다. 티모시는 미국과 외국에서 사람들을 그리스도께 인도해 왔다.

3. 복음전도 웹사이트

기독교 단체들은 그리스도를 나누려는 특별한 목적을 두고 웹사이트를 개발하고 있다. 다음 정보는 내가 발견한 가장 훌륭한 것이고 사실 http://www.soon.org.uk에서 나왔다. 이것은 영국의 복음전도 사역인 순(SOON) 복음문서 사이트이다.

그것은 일반적으로는 인터넷과 특별하게는 복음전도에 관한 훌륭한 조언을 제공한다. 특별히 당신이 이런 방법에 새로운 사람이라면, 여기 온라인에서 그리스도를 나누는 방법을 조사하기 시작할 수 있다. 다음은 그리스도인들이 복음전도에 대해 배울 수 있는 기타 도움이 되는 사이트 목록이다.

① 예수님을 위한 유대인들

　유대인들에게 복음 전하는 것: http://www.jews-for-jesus.org/

② 론 허치크래프트 사역(Ron Hutchcraft Ministries)

　복음전도자 론 허치크래프트에 의해 만들어진 복음전도 웹사이트: http://www.gospelcom.net/rhm/.

③ 예수님과 지성인들(Jesus and the Intellectual)

　대학생선교회(C.C.C.)에서 만든 사이트: http://www.ccci.org.intellectual/.

④ 이벤젤링크스(EvengeLinks)

　온라인에서 복음전도할 때 신자들에게 도움을 주기 위해 고안된 사이트: http://www.cfore.com/EngelLinks.

⑤ 예수 2000 기념 홈 페이지(Celebrate Jesus 2000 Home Page)

　이런 다양한 교단의 복음전도 활동과 연관된 웹사이트. http://www.celebratejesus2000.org.

⑥ 좋은 소식(The Good News)

　남침례교단의 남미선교회(North American Mission Board)에 의해 만들어진 사이트: www.thegoodnews.org.

순 웹사이트는 모든 다른 사상이 온라인에서 '전도하고'(evangelizing) 있어서, 그리스도인들도 그렇게 해야 한다고 언급한다. 남동신학교(Southeastern seminary)에서 우리는 학생들(정말로, 우리는 그들에게 요구할 것이다!)이 우리 지상명령연구센터(Center for Great Commission Studies)의 전용 단말기에서 매주 시간을 보내게 할 것이다.

사람들이 복음과 정면으로 부딪치게 하기 위한 실행가능하면서 필수적인 장소인 온라인 세계를 탐색하라.

복음주의 전도학
Introduction To Evangelism

2018년 6월 30일 초판 발행

| 지 은 이 | 앨빈 레이드
| 옮 긴 이 | 임채남

| 편   집 | 변길용, 권대영
| 디 자 인 | 신봉규, 서민정
| 펴 낸 곳 | 사)기독교문서선교회
| 등   록 | 제16-25호(1980. 1. 18)
| 주   소 | 서울시 서초구 방배로 68
| 전   화 | 02) 586-8761~3(본사) 031) 942-8761(영업부)
| 팩   스 | 02) 523-0131(본사) 031) 942-8763(영업부)
| 홈페이지 | www.clcbook.com
| 이 메 일 | clckor@gmail.com
| 온 라 인 | 기업은행 073-000308-04-020, 국민은행 043-01-0379-646
| | 예금주: 사)기독교문서선교회

ISBN 978-89-341-1814-5 (93230)

* 낙장 · 파본은 교환해 드립니다.

이 도서의 국립중앙도서관 출판시 도서목록(CIP)은 서지정보유통지원시스템 홈페이지(http://seoji.nl.go.kr)와
국가자료공동목록시스템(http://www.nl.go.kr/kolisnet)에서 이용하실 수 있습니다.
(CIP제어번호: CIP2018011973)